公共，政治・経済

JN058938

2025 | 実戦攻略
大学入学共通テスト問題集

総論

大学入学共通テスト「公共，政治・経済」は2025年度から新設されるが，2022年に発表された「試作問題」では，大問6問の構成であり，第1問～第2問が「公共」，第3問～第6問が「政治・経済」からの出題であった。発表や議論といった日々の学習活動を想定した作りは，従来の「現代社会」「政治・経済」を踏襲している。詳しくは第6編で設問ごとに詳しく解説・分析しているので，そちらを参照してほしい。

	出題内容	配点
第1問	東京オリンピック・パラリンピックのテーマの一つである「多様性」と，多様性の中にある共通性について生徒が会話するという場面設定で，生徒の発言と関係の深い考え方の考察，多様な人々と共生するために必要な配慮についての理解や，SDGsの実現に向けた主体的な活動の在り方及び社会制度及びルールの根底にある法について理解しているかを問う。	13点
第2問	人口減少社会の在り方を探究するという場面設定で，人口減少社会が抱える問題を資料から読み取り，その対策として児童手当の支給方法の妥当性を先人の考え方から考察するとともに，人口減少が社会に与える影響と対策について，持続可能な地域，国家，社会及び国際社会づくりに向けた役割を担う自立した主体となることに向けて，考察，構想できるかを問う。	12点
第3問	日本国憲法の基本原則を現在の法や政治に関わる制度・仕組みと関連付け，現代日本及びグローバル化する国際社会において生じている諸問題の原因を追究したり，その解決策の構想に向けて考察したりできるかを確認する。	18点
第4問	現代日本及びグローバル化する国際社会における経済の仕組み・システムの特質を考察したり，それに関わる諸問題の解決策について構想したりできるかを問う。	18点
第5問	現代日本における政治・経済の諸課題を探究する活動を通して，資料から適切に情報を読み取る技能や，他者と協働して問題解決をしたりするために必要な論理的思考が身に付いているかを確認する。	19点
第6問	グローバル化する国際社会の諸課題を探究する活動を通して，人の移動に関わって生じている問題の解決策を，人間社会の普遍的な価値に基づいて構想するために必要な思考や判断ができるかを確認する。	20点

出題形式から見た攻略法

公民の各科目を通じて，共通テストで出題される問題は，次のように大きく2つに分類される。

1－従来型：センター試験を踏襲した問題（基礎力重視）

従来のセンター試験で大部分を占めていた，基本事項に関する理解を，主に正誤問題を通じて問う問題である。大学入学共通テストがセンター試験から引き続き，文理を問わず各科目において最低限必要とされる知識を求める一次試験としての役割を果たしている以上，こうした従来型の問題も一定数出題されている。

2－新傾向型：資料文や図表を用いた問題（思考力重視）

共通テストにおいて数多く出題されるようになった，資料文や図表・グラフなどを与え，それをもとにして考えさせる問題である。従来型のように単純に知識だけで解くことはできず，具体的な事例に即して考えることが求められる。この新傾向型の問題をいかに攻略するかが，共通テストではカギとなる。

公民の各科目では，センター試験から共通テストに移行して設問数が4～5問減少した（「政治・経済」では34問から30問に減少）。これは，新傾向型の問題が従来型の問題よりも解くのに手間と時間がかかることによる。実際，設問数は減っているのにもかかわらず，60分の試験時間内ですべての問題を解くのは厳しいと弱音を吐く受験生は多い。限られた時間の中で効率的に問題を解いていくことが求められる。

そこで，まずは従来型の問題で余計な時間をかけないことが肝心だ。そのために，教科書および本冊の「要点整理」を活用して基本事項をしっかりと押さえてほしい。

そのうえで，新傾向型の問題の攻略は，問題演習を数多く積んで，資料文の読み方や図表・グラフの見方を習得するということに尽きる。本冊の第5編「パターン別問題演習」では，過去問の分析に基づいて新傾向型の問題を類型化し，着眼点が養えるようにした。これを活用して，解き方を身につけてほしい。

　前述の通り，共通テストにおいても従来型の問題で基本事項がダイレクトに問われるが，基本事項の理解が求められるという点では新傾向型の問題も変わらない。というよりも，問題で与えられる資料文や図表は，基本的に教科書で学ぶ事項を前提としているから，知識がなくては何を意味するのが分からない。さらに言えば，資料文や図表の読み取りを踏まえ具体的な事例に即して考えさせる問題では，単に事項を知っているというだけではなく，より深い理解が試される。新傾向の問題でも，いや，新傾向の問題ではよりいっそう，基本事項の徹底した理解が求められるのだ。

　それゆえ，新傾向型の問題の対策としても，本冊の「要点整理」は有効である。また，章別の問題演習は，従来型のセンター試験の過去問を中心に集録しているが，共通テストで問われる内容を踏まえ，過不足なく必要な知識が習得できるようにしてある。別冊の解説で赤字・ゴチックとなっている箇所は，しっかり頭に入れてほしい。

　また，教科書には，共通テストでそのまま出題されても不思議ではないような思想家の文章や各種の統計が掲載されている。こうしたものに普段の学習でも目を通し，意味するところを考えるということが，新傾向型の問題の攻略にもつながっていく。また，教科書には「共有地の悲劇」など具体的な事例に即して考えるべきテーマが，発展学習として与えられている。こうしたものも十分に活用しよう。

▶　教科書で扱われている発展学習の事例－共有地の悲劇

共有の牧草地で，農民たちが羊を飼っている。その一人が自分の利益を増やすために，羊の頭数を増やした。それを見た他の農民も同様に羊の頭数を増やした結果，エサとなる牧草がなくなり，全員が羊を飼えなくなってしまった。この「共有地の悲劇」といわれる思考実験は「公共」のなかでも重要な考え方であるだけでなく，私たちが社会のなかでどのように行動するべきかを検討するためのヒントを与えてくれるものである。

「公共」について

　大学入試センターが発表した「公共」の問題は，おおむね旧来の「現代社会」を踏襲したものであり，「公共，政治・経済」の選択者は，「政治・経済」で扱う「現代日本の政治」「現代日本の経済」「グローバル化する国際社会」に加えて，「公共（公共の扉）」で扱う，青年期の自己形成，古今東西の思想・宗教，民主社会の倫理などについて学習する必要がある。これらの内容に関しては，本冊の第1編で必須事項を網羅しているので，ここから始めよう。

　そのうえで，旧来の「現代社会」では，センター試験から共通テストに移行して，思想・宗教の内容に関してより踏み込んだ出題がなされるようになった。その傾向は，「公共，政治・経済」の試作問題にも反映している（第1問問1・第2問問1など。第6編参照）。それゆえ，高得点を狙うにはこの分野の重点的な学習が欠かせない。

　また，新学習指導要領「公共」で掲げられた「持続可能な社会づくりの主体となる私たち」という大項目を踏まえ，SDGsに関する問題が試作問題では出題された（第2問問2）。SDGsについてはすでに「現代社会」「政治・経済」でも出題されており，SDGsが掲げる17の目標はしっかりと頭に入れておきたい。

第1章　社会を作る私たち　▶▶ 要 点 整 理

1 青年期とは

(1)　青年期…成人として自立する準備期間→〔❶　　　　　〕により身体は大人になるが，心は不安定

(2)　青年期の出現

　　①　近代以前…第二次性徴が出現すると〔❷　　　　　〕を行って大人社会の仲間入り→青年期なし

　　②　近代以降…産業革命により知識や技術の獲得が必要に→社会的成熟期間としての青年期の出現

(3)　青年期の定義

　　①　〔❸　　　　　〕（境界人・周辺人）（レヴィン）…大人の集団にも子どもの集団にも属さない状態

　　②　〔❹　　　　　〕（ルソー）…性的な自我に目覚めて精神的な誕生を迎える時期

　　③　〔❺　　　　　〕（エリクソン）…〔❻　　　　　〕の確立のため社会的な責任が猶予された期間

2 自己形成の課題

(1)　青年と自立

　　①　青年期の発達課題（ハヴィガースト）…同世代の男女との洗練された交際の仕方・親からの情緒的な自立など，社会性という観点から10の課題を挙げる

　　②　欲求階層説（〔❼　　　　　〕）…人間は欲求の健全な充足により成長

　　　→1生理的欲求→2安全の欲求→3所属と愛情の欲求→4自尊の欲求→5自己実現の欲求と次元を高める

　　③　成熟した人間像（オルポート）…人格の構造を日常生活の中で理解することに努め，個人的世界から社会的領域への自己意識の拡大・自己の行動に一貫する人生観など6項目を挙げる

(2)　自我の形成

　　①　パーソナリティ（人格）…遺伝的な素質に環境的な影響が加わり，各人の能力・性質・気質が形成

　　②　〔❻　　　　　〕自分が自分であることに対する確信→他者からの承認が必要

(3)　欲求と適応

　　①　欲求不満

　　　a．フラストレーション（欲求不満）…欲求が満たされない状態

　　　b．〔❽　　　　　〕（コンフリクト）…同時に二つ以上の欲求があり，選択の決断ができない状態

　　②　**防衛機制**（フロイト）…欲求不満などから生じる不安や緊張から自我を守るための，無意識の心の働き

合 理 的 解 決	社会的に受け入れられる方法で解決	
攻撃・近道反応	攻撃的，衝動的な行動をとる	
防 衛 機 制	〔❾　　　〕	不愉快なことを思い出さないようにする
	〔❿　　　〕	もっともらしい理由をつけて正当化する
	同一視	他者の持つ特性を自分が持っていると思い込む
	〔⓫　　　〕	認めがたい自分の感情を他人のものとみなす
	〔⓬　　　〕	思っていることと反対の行動を誇張して，欲求を抑える
	逃避	空想の世界などに逃げ込んで，現実の問題などの立ち向かわない
	退行	幼稚で未熟な行動を取る
	代償（補償）	欲求を他のものに置き換えて満足する
	昇華	満たされぬ欲求を価値の高いものに向ける
失 敗 反 応	動揺・自殺など適応できない状態のこと	

3 職業生活と社会参加

(1)　職業選択

　　①　職業の意義…経済的な自立とともに，自己の能力を発揮して〔⓭　　　　　〕を図ること

　　②　インターンシップ…在学中に行う就業体験→自己の特性を知る

(2)　社会参加

　　①　ボランティア活動…他者との協働により〔⓭　　　　　〕と生きがいを見いだす

　　②　伝統文化に対する関心…自己理解の深化にもつながる

解答 ❶第二次性徴　❷通過儀礼（イニシエーション）　❸マージナル・マン　❹第二の誕生
❺心理社会的モラトリアム　❻アイデンティティ（自我同一性）　❼マズロー　❽葛藤　❾抑圧　❿合理化
⓫投影（投射）　⓬反動形成　⓭自己実現

問題演習

1 次の青年期の特徴**A～D**とその具体的記述**ア～エ**の組合せとして正しいものを，下の①～④のうちから二つ選べ。ただし，解答の順序は問わない。

A　心理的離乳（ホリングワース）　　　　B　第二反抗期（ビューラー）
C　アイデンティティの拡散（エリクソン）　D　境界人（レヴィン）

（注）A～Dの後の（　）内は，それぞれの概念の提唱者名である。

ア 自宅から通学可能な大学に入学したのだが，決して居心地が悪いわけではない親元を離れてでも，一人暮らしを始めることを決意した。

イ 大人と同じような権利や責任を持ちたいと思うとともに，弟や妹の持っているキャラクターグッズにも関心がある。

ウ 親への依存心は持ちながらも，親の言うことやすることには，いちいち反発したくなる。

エ 学校や家庭など違った場所でそれなりに対応できていると思うが，どれが本当の自分なのか分からなくなることがある。

① A－ウ　　② B－ア　　③ C－エ　　④ D－イ　　　　　〈現代社会・2003・本試〉

2 マズローは，欲求が現れる順序はいつも固定されているわけではなく，低次の欲求が強制的に抑圧された場合や，低次の欲求を自発的に放棄した場合でも，高次の欲求があらわれることがあると述べているが，その具体的な事例として最も適当なものを，次の①～④のうちから一つ選べ。
① 他者と関わり親密な関係を築きたいという欲求が満たされると，他者から認められたいという欲求が生じるようになる。
② 芸術家や発明家が，寝食の時間を惜しんで創作活動や開発に没頭し，創造力を発揮しようとする。
③ 高校生の中には，勉強の成績よりも部活動での活躍で賞賛されることを望む人がいる。
④ 周りの人たちから認められたいという気持ちが満たされると，そのことが自己実現への欲求の基礎となる。　　　　　　　　　　　　　　　　　　　　　　　　　〈倫理・2018年・試行調査〉

3 自分を守る心の働きに関して，その一つである「防衛機制」の例として**適当でないもの**を，次の①～④のうちから一つ選べ。
① 頑固なためにアルバイト先の先輩との関係がうまくいかない者が，先輩の頑固さを指摘し，相手のせいにしてしまう。
② 失恋による満たされない気持ちを抱えた者が，楽曲の制作に精力を傾けることで，人気アーティストとして活躍するようになる。
③ 勉強方法が原因で思うように成績が伸びない者が，先生に相談してアドバイスをもらい，勉強のやり方を変える。
④ 友人の度重なる失礼な態度に腹を立てている者が，その友人と話すときに，気持ちとは裏腹に，思わず過度に親切な対応をしてしまう。　　　　　　　　　　　　　　　〈現代社会・2022・本試〉

4 社会参加に関する事象や考え方についての記述として最も適当なものを，次の①～④のうちから一つ選べ。
① リースマンは，アンガジュマンの概念を示し，個人がある行為を選ぶことは，同時に人類全体のあり方を選ぶことであるとした。
② マザー・テレサは，愛と奉仕の精神に基づき，インドのコルカタ（カルカッタ）を拠点に，ハンセン病患者や貧困者などの救済に尽力した。
③ 日本では，労働者はボランティア休暇を取得できることが，労働基準法に明記されている。
④ 障がいのある人もない人も共に生活する社会を目指すフェアトレードの考えに基づき，建物や製品にユニバーサルデザインが導入されている。　　　　　　　　　　　　〈現代社会・2010・本試〉

第2章　人間としてよく生きる　▶▶要点整理

1 ギリシアの思想

(1) 自然哲学…人間の本性としての理性（ロゴス）によって万物の根源（アルケー）を探究
　① 〔❶　　　　　〕…水をアルケーとする。アリストテレスによって哲学の祖とされる
　② ヘラクレイトス…「〔❷　　　　　〕」→火が理法を司り，絶えず変化する世界を統一
(2) ソフィスト…アテネに現れた，知識や弁論によって報酬を得る人
　① プロタゴラス…「〔❸　　　　　〕」→絶対的な真理や客観的な物の見方を否定（相対主義）
(3) ソクラテス
　① 「汝自身を知れ」…〔❹　　　　　〕（何も知らないという自覚）を真理探究の出発点に
　② 問答法…論理的な矛盾を突く問いを繰り返すことで，〔❹　　　　　〕を明らかに
　③ 知徳合一…物に備わる徳（アレテー）を知ることで，「善く生きる」ことができる
(4) プラトン（ソクラテスの弟子）
　① 〔❺　　　　　〕…理性によってのみ認識できる，永遠不変の真の実在
　　→感覚によって捉えられる現実の世界（現象界）とは別に，理想の世界（イデア界）があるとする
　② 魂の三分説…理性（知恵の徳）・気概（勇気の徳）・欲望（節制の徳）
　　→理性が気概と欲望を統御しながら3つが十分に力を発揮したとき，魂は調和を達成し，正義を実現
　③ 哲人政治…理性の備わる哲学者が統治者となれば，国家（ポリス）全体の秩序として正義が実現
(5) アリストテレス（プラトンの弟子）
　① プラトンの理想主義に対し，アリストテレスは現実主義の立場から，物の本質はそれぞれの個物に内在する
　　と考える→形相（エイドス）…本質／質料（ヒュレー）…個物を構成する素材
　② 倫理的徳…中庸のとれた行動の繰り返しで身につく徳→友愛（フィリア）と正義（ディケー）を重視
　③ 「人間は〔❻　　　　　〕である」…共同体に生きるうえで正義の実現が必要
　　→配分的正義…各人の能力に応じて報酬を分配／調整的正義…補償・刑罰を通じて不公平を是正

2 宗教の教え

(1) ヘブライズムの宗教…唯一絶対なる神が世界を創造・支配（一神教）
　① ユダヤ教…ヤハウェを唯一神とし，神から与えられた〔❶　　　　　〕（モーセの十戒など）を遵守
　　→神との契約（〔❶　　　　　〕の遵守／来世での救済）…選民思想が生じる
　② イエスとキリスト教
　　a．形式的な律法主義を批判し，無差別・無償の神の愛（〔❷　　　　　〕）を説く
　　b．隣人愛の実践…敵・味方の別なく，すべての他者を愛すること
　　c．十字架で処刑→3日後にイエスが復活したとの信仰→人類の罪を贖った救世主キリストの誕生
　　d．パウロ…人間は生まれながら〔❸　　　　　〕を負う→神とイエスの復活を信じることで救われる
　③ イスラーム
　　a．ムハンマド…開祖。「最後の預言者（神の言葉を預かった者）」とされる
　　b．聖典『〔❹　　　　　〕』…ムハンマドが授かった神アッラーの言葉を弟子たちが編纂
　　c．六信（アッラー・天使・啓典・使徒・来世・予定）／〔❺　　　　　〕（信仰告白・礼拝・喜捨・断食・
　　　巡礼）→信仰と生活とが密接に結びつく
(2) 仏教
　① ゴータマ・シッダッタ…開祖。人生の真理（ダルマ）についての悟りを開き，〔❻　　　　　〕となる
　② 中道…悟りを得るのに必要な，苦行と快楽の両極端にならない中庸の態度
　③ 生は苦しみ（一切皆苦）→人生の真理の無理解から生じる煩悩が原因→諸行無常（この世のすべてのもの
　　は生滅変化する）などの真理を知ることで，心静かな永遠の幸福の境地（涅槃寂静）に至れる
　④ 縁起の法…この世のすべてのものは他のものと依存し合って存在→〔❼　　　　　〕の実践
(3) 儒教
　① 〔❽　　　　　〕…祖。古代中国の諸子百家の一人。徳治主義を説く
　② 仁…他人に対して自然に持つ親愛の情。孝（親子愛）・悌（兄弟愛）・忠（まごころ）・恕（思いやり）
　③ 礼…心の内面にある仁が言動や態度として現れたもの。「己に克ちて礼に復るを仁となす」

解答　**1** ❶タレス　❷万物は流転する　❸人間は万物の尺度である　❹無知の知　❺イデア　❻ポリス的動物
2 ❶律法　❷アガペー　❸原罪　❹クルアーン（コーラン）　❺五行　❻仏陀（ブッダ）　❼慈悲　❽孔子

3 人間の尊重

(1) ルネサンスと宗教改革

① ルネサンス（文芸復興）…人間性を尊重する精神（ヒューマニズム）の芽生え

  a.〔❶　　　　〕…あらゆる分野で能力を発揮する人間が理想に（レオナルド・ダ・ヴィンチなど）

  b. ピコ・デラ・ミランドラ…自由意志を持つことを人間の尊厳とみなす

② 宗教改革…アガペーを説くイエス，パウロの教えに立ち帰ることを求める運動（プロテスタント）

  a.〔❷　　　　〕…「信仰のみ」「聖書のみ」と説く

  b. カルヴァン…職業召命観（各人の職業は神から与えられた天職）を説く

③ モラリスト…人生観を説く。モンテーニュ…「私は何を知るか」／パスカル…「〔❸　　　　〕」

(2) 近代の合理的精神

① 近代科学の誕生…因果法則によって物体の運動を説明（〔❹　　　　〕的世界観）

  →地動説（コペルニクス，ガリレイなど）・万有引力の発見（ニュートン）

② 経験論（イギリス経験論）…知識の源泉を経験に求める考え方

  a. ベーコン…経験論の祖。「知は力なり」…経験に基づく知識は自然を支配する力になる

  b.〔❺　　　　〕…経験的事実を積み重ねて，一般的な知識を得る思考方法→イドラ（偏見）の排除

③ 合理論（大陸合理論）…知識の源泉を人間の理性に求める考え方

  a. デカルト…合理論の祖。方法的懐疑（すべてを疑う方法）によって真理を探究

  →「〔❻　　　　〕」…考える（疑う）私は間違いなく存在するという絶対確実な真理に到達

  b.〔❼　　　　〕…絶対確実な真理から推論によって個別の結論を導く

4 人間の自由と尊厳（ドイツ観念論）

(1) カント

① 実践理性…善悪の価値判断を行う理性の働き

  →定言命法（無条件に「〜すべし」と命じる）の形式で道徳法則を立てる

② 善意思…実践理性に従い，道徳的に善い行いをしようとする道徳法則

  →自らの理性の立てた道徳法則に自ら従うことに，人間の尊厳と自由がある（意志の自律）

③ 人格…道徳法則を自律的に完成させた主体→互いの人格を尊重し合う〔❶　　　　〕を理想に

④ 『永遠平和のために』…〔❶　　　　〕を国際社会に押し広げ，国際平和機関の創設を主張

(2) ヘーゲル

① 絶対精神…世界を動かす原動力となっている理性の力→自由を本質とし，その実現をめざす

②〔❷　　　　〕…絶対精神による運動の原理→あらゆるもの（正）は内部に対立や矛盾を含む（反）が，それが止揚（総合・統一）されることで，より高次のもの（合）へとあり方へと発展するあり方

③ 人倫…自由な精神が社会制度や組織として具体化された，人間の共同体のあり方・家族（自然な情愛で結ばれる）→市民社会（欲望の体系）→国家（人倫の完成態）と発展

5 個人と社会

(1) 功利主義…行為がもたらす快楽や苦痛を基準に，道徳的な善悪の価値判断を行う考え方

① ベンサム…功利主義の創始者

  a. 出発点…人間は快楽と苦痛に支配されているという自然的事実

  b. 快楽計算…快楽と苦痛は，制裁（人間に働く拘束力）に基づいて数量的に計算できるとする

  c.「〔❶　　　　〕」…諸個人の幸福の総計を最大化することを立法と行政の基本原理に

② ミル…「満足した豚であるよりは，不満足である人間である方がよい」

  →精神的快楽を肉体的快楽の上位に（質的功利主義）

(2) 社会契約説…国家や社会は人民の契約によって成立→王権神授説に対抗

① ホッブズ…自然状態は争いの状態（「万人の万人に対する闘争」）→人民は平和の確保のため自然権（生まれながらにして持つ権利）を国家に譲り渡す契約を結ぶ→国家の命令には絶対服従

② ロック…所有権を自然権として強調，自然状態は平和だが不安定→権利の保障のため契約を結び法の執行を政府の代表者に信託→政府が不法な権力行使を行った場合の〔❷　　　　〕を有する

③ ルソー…自然状態は自己愛と他者への憐みの情に満ちた自由・平等な状態だったが，文明社会の私有財産制によって堕落→〔❸　　　　〕に基づいて人民が自然権を譲渡する契約を結ぶ

解答 3 ❶万能人 ❷ルター ❸人間は考える葦である ❹機械論 ❺帰納法 ❻われ思う，ゆえにわれあり
❼演繹法 4 ❶目的の国 ❷弁証法 5 ❶最大多数の最大幸福 ❷抵抗権 ❸一般意志

(3) 社会主義…生産手段（工場・機械など）の公有化を主張
　① マルクス…科学的社会主義の創始者
　　a．唯物論…物質の根源性を主張する考え方／観念論…精神や意識の根源性を主張する考え方
　　　→マルクスは徹底した唯物論の立場に立つ…「人間の社会的存在がその意識を規定する」
　　b．〔❹　　　　　〕（史的唯物論）…物質的な生産活動（土台・下部構造）の上に，政治制度・芸術・宗教な
　　　どの精神活動（上部構造）が成立
　　c．弁証法的唯物論…下部構造に生じた矛盾が原動力となり，上部構造に新たな社会制度が成立
　　　→社会制度は原始共同体→奴隷制→封建制（大土地所有制）→資本主義と発展
　　d．〔❺　　　　　〕…資本主義の下で生じた矛盾。自己実現という労働本来の意義が失われる
　　　→エンゲルスとの共著『共産党宣言』で，「万国のプロレタリアート（労働者階級）よ，団結せよ」と
　　　呼びかけ，革命による社会主義の実現を主張
　② さまざまな社会主義
　　a．空想的社会主義…オーウェン，サン＝シモンら。資本主義を批判し理想の共同体を描く
　　b．社会民主主義…ベルンシュタイン，フェビアン協会など。議会を通じて社会制度の改善を図る

6 主体性の確立

(1) 実存主義…現実の人間存在（実存）を探究。主体的な自己にこそ人間の本質はあると考える
　① キルケゴール
　　a．資本主義下で平均化した人々を批判→自己の全存在を賭けて選び取った〔❶　　　　　〕を探究
　　b．実存の三段階…絶望を契機として人間は真の実存を獲得
　　　（1美的実存→2倫理的実存→3宗教的実存…神の前にひとり単独者として立つ）
　② ニーチェ
　　a．「神は死んだ」…キリスト教の道徳はルサンチマン（怨念）に基づく奴隷道徳であり，それがデカダンス
　　　（退廃）をもたらしたと批判→既存の価値観をすべて否定（能動的ニヒリズム）
　　b．〔❷　　　　　〕…根源的な生命力に根ざした，自己を乗り越えていく力
　　c．永劫回帰…この世界は無意味・無目的なことの繰り返し→その運命をも愛し（運命愛），力への意志をもって
　　　乗り越えよと主張（そのような主体的な人間のあり方を超人と呼ぶ）
　③ ハイデガー
　　a．死への存在…人間は世界の中で他者や事物と関わりながら存在する世界－内－存在として，その漠然と
　　　した不安から逃れるため，主体性を失った誰でもない人（〔❸　　　　　〕）となる
　　b．現存在…自分とは何者かと問うことのできる人間のあり方
　　　→死に向き合い，自己の有限性を自覚することで，本来の自己に立ち返る
　④ ヤスパース
　　a．〔❹　　　　　〕…死・苦しみ・争い・責めなど，自分では乗り越えられない壁→自己の有限性を自覚し
　　　て挫折した後，包括者（超越者）の存在を感じて真の実存に目覚める
　　b．実存的交わり…真の実存に目覚めた者どうしの関係。緊張と孤独をはらんだ「愛しながらの戦い」
　⑤ サルトル
　　a．「〔❺　　　　　〕」…人間は自らの決断と行動により自らの本質を規定していく自由から逃れられない存在
　　b．アンガージュマン（社会参加）…自らを一定の状況に拘束し，新しい状況を作り出す責任を負う

7 現代の思想

(1) 近代（西洋中心主義）に対する批判
　① レヴィ＝ストロース…構造主義の先駆者。非西洋社会にも西洋社会に匹敵する高度な思考が存在
　② フーコー…近代社会が社会規範から外れた〔❶　　　　　〕を排除→権力に従順な個人を生み出す
　③ レヴィナス…他者は自己と絶対的に異なる〔❷　　　　　〕として立ち現れる→「汝殺すなかれ」という呼
　　びかけに応答することで，人間は倫理的な存在となる
(2) 公共性の確立
　① フランクフルト学派…ナチスによる弾圧を受けた学者を中心に，ファシズム・現代社会を分析
　　a．ホルクハイマー…近代において理性は自然や人間を支配するための道具（道具的理性）になったと批判
　　　→文明の進歩が逆に人間の内なる野蛮をあらわに（啓蒙の弁証法）
　　b．アドルノ…権威をかざして服従を強要する現代人の社会的性格（権威的パーソナリティ）を分析
　　c．〔❸　　　　　〕…道具的理性に代わり，対話を通して合意形成を行う対話的理性を提唱
　　　→対等な立場での自由な討議（コミュニケーション行為）により公共性を確立

② アーレント

  a．人間の生活上の行動の分類…労働（生命維持のための行動）・仕事（生活に必要な道具を作る行動）・〔❹   〕（他者と関わり公共的空間を作り出す行動）

  b．政治や社会のあり方を議論する〔❹   〕にこそ，人間本来の自由を見出す

(3) 公正な社会

① ロールズ…『正義論』で社会契約説を再構成して「〔❺   〕」を提案

  a．平等な自由の原理…他者の権利を侵害しない限りにおいて自由が平等に与えられる

  b．機会均等の原理…誰もが同じスタートラインに立ち，自由競争を行う

  c．格差の原理…競争の結果として生じる不平等（格差）は，社会的に最も不遇な人々の境遇の改善につながるものである限り認められる

② ロールズに対する批判

  a．ノージック…個人の自由は最大限に尊重されるべき（リバタリアニズム・自由至上主義）

  b．サンデル…個人が存在する共同体全体の善（共通善）の実現（コミュタリアニズム・共同体主義）

③ セン

  a．発展途上国における貧困の克服には，読み書き計算などの基礎学力の養成が必要

  b．〔❻   〕（潜在能力）…選択可能な生き方の幅→そのためには基礎的ニーズの充足が不可欠

8 古代日本人の思想

(1) 古代日本人の思想

① 日本人の宗教観

  a．〔❶   〕…あらゆる自然物・自然現象に霊魂（カミ）が宿るとする考え方

  b．〔❷   〕…カミはいたるところに存在する→不可思議で畏怖すべき存在

  c．祖先崇拝…祖先の霊（祖霊）は森や山にとどまり，カミとなって子孫を見守る

② 『古事記』『日本書紀』に記述される神々…王権の正統性を主張する役割をになう

(2) 日本人の倫理観

① ツミ（罪）…健康な生命や日常生活の秩序を逸脱した行為や状態

  a．外部から付着したケガレ（穢れ）→ミソギ（禊）・ハラエ（祓）によって清められる

  b．内面的な罪の意識の希薄さ→ルース・ベネディクトは『菊と刀』で，西洋の「罪の文化」に対して，日本は世間体を気にする「〔❸   〕の文化」と指摘

② 「和」の重視

  a．稲作中心の生活→集団作業を行うため，共同体に調和する精神を重視

  b．〔❹   〕…カミや共同体の成員に対する，偽りや欺きのない朗らかな心

      →日本人の同調圧力に対する弱さ・集団の閉鎖性

③ ハレとケ

  a．ハレ…年中行事や神祭りの日など普段と違う改まった状態／ケ…普段の日常生活

  b．ハレにより共同体の結束を強める→一方で「旅の恥はかき捨て」の意識

(3) 風土による分類（和辻哲郎）…人間を取り巻く自然環境（風土）から独自の文化が形成

〔❺ 〕型	日本を含む東アジア	豊かだが暴威もふるう自然→受容的・忍従的，農耕生活
砂　漠　型	西アジア	厳しい自然→戦闘的・対抗的，放牧生活
牧　場　型	ヨーロッパ	穏やかな自然→自発的・合理的，農耕と牧畜生活

(4) 文化の重層性

① 雑種文化…異質な思想や文化が雑多なまま混在

② 重層的文化…多元的な価値を認める思想的土壌の上に，外来文化を受容しながら独自の文化を形成

解答 **5** ❹唯物史観　❺労働の疎外　**6** ❶主体的真理　❷力への意志（権力への意志）　❸ダス・マン（世人）
❹限界状況　❺人間は自由の刑に処せられている　**7** ❶狂気　❷顔　❸ハーバーマス　❹活動
❺公正としての正義　❻ケイパビリティ　**8** ❶アニミズム　❷八百万神　❸恥　❹清き明き心（清明心）
❺モンスーン

9 日本の仏教思想

(1) 仏教の受容

 ① 仏教伝来（6世紀ごろ）→蕃神（あだしくにのかみ）として受容

 ② 聖徳太子の仏教受容（十七条憲法）

  a．〔❶   〕（煩悩に囚われた者）としての自覚→「和」の尊重

  b．「世間虚仮，唯仏是真」…諸行無常に対する理解

 ③ 奈良時代

  a．〔❷   〕思想…仏教の力で戦乱・疫病などを鎮める（国分寺建立・大仏造立など）

  b．行基…民衆への布教に尽力→初め朝廷に弾圧されるも，後に大仏造立に協力

 ④ 平安時代前期…密教の伝来

  a．密教…秘密の教えを用いて，宇宙の根本仏である大日如来の言葉（真言）を体得

   →加持祈祷などにより現世利益をかなえる仏教として，貴族の間で流行

  b．最澄…天台宗を伝える（比叡山延暦寺）

   →「〔❸   〕」…すべての人に仏となる可能性がそなわっていると説く（一乗思想）

  c．空海…真言宗を開く（高野山金剛峯寺）

   →即身成仏…この身このままで仏となることができると説く

  d．神仏習合…古来の神々に対する信仰と仏教信仰の融合（神前読経・神宮寺の建立など）

 ⑤ 平安時代後期…浄土教の流行

  a．浄土教…南無阿弥陀仏と念仏を唱えれば，極楽浄土に往生できる

   →〔❹   〕を背景に，来世利益をかなえる仏教として，民衆にも広がる

  b．空也…観想念仏に代わって称名念仏を説く。市中で民衆にも布教→「市聖」と呼ばれる

  c．源信…『往生要集』を著し，念仏の教えを平易に説く。「厭離穢土，欣求浄土」

(2) 鎌倉仏教の流行

 ① 背景

  a．武士・民衆の成長→一方で，相次ぐ戦乱など社会不安の高まり→内面的な救いを求める

  b．「選択・専修・易行」…鎌倉仏教の僧侶たちは，日常生活でもできる平易な教えを説く

 ② 主な僧侶

  a．法然（浄土宗）…〔❺   〕＝ひたすら念仏を唱えよと説く

  b．親鸞（浄土真宗）…絶対他力の思想（すべてを阿弥陀仏のはからいに委ねる），〔❻   〕の教え（罪
深さを自覚する悪人こそが阿弥陀仏の救いの対象にふさわしい）を説く

  c．栄西（臨済宗）…禅宗を伝える。公案（師の与える問い）を用いた坐禅の修行

  d．道元（曹洞宗）…〔❼   〕（ひたすら坐禅に打ち込む）により，身心脱落（一切の執着を断った
悟りの無の境地）に到達できると説く→修証一等（修行と悟りは一体である）

  e．日蓮（日蓮宗）…法華経を唯一の帰依の経典とし，「南無妙法蓮華経」の題目を唱えること（唱題）で，
即身成仏できると説く→激しい他宗攻撃（「念仏無間，禅天魔，真言亡国，律国賊」）

10 近世日本の思想

(1) 儒教の展開

 ① 朱子学…中国で宋の時代に朱子（朱熹）が体系化。幕藩の教学となり，封建社会を理論的に支える

  a．林羅山…〔❶   〕（人の世にも天地自然と同じく上下の秩序がある）を説く

  b．山崎闇斎…居敬を重視した厳格な修養主義を説く。垂加神道を創始（神儒一致）

 ② 陽明学…中国で明代に王陽明が創始。〔❷   〕（良知の実践）を説く

  a．中江藤樹→日本陽明学の祖。孝を人間関係の根本原理とし，時・処・位に応じた実践を説く

 ③ 古学…孔子・孟子への回帰を主張する日本独自の学派。原典の実証的研究と日常生活での実践を重視

  a．山鹿素行（聖学）…士道の提唱（武士の職分は農工商の模範となる義の実践）

  b．伊藤仁斎（古義学）…〔❸   〕を孔子の教えの根本と捉え，誠の心による忠信の実践を説く

  c．荻生徂徠（古文辞学）…経世済民として古代聖人が制作した礼楽刑政の実践を説く

(2) 国学の展開
① 国学…漢意（仏教や儒教に感化された考え方）を捨て，日本固有の精神（〔**④**　　　〕）を探究
→『古事記』『源氏物語』などの古典の実証的研究が基盤となる
② 主な国学者
a．賀茂真淵…『万葉集』の研究→そこに表現された「ますらをぶり」（男性的で大らかな人間のあり方・歌風）や「高き直き心」（小賢しくない素朴な心）を評価
b．本居宣長…国学の大成者。『古事記』の研究から惟神の道（人為を加えぬ日本固有の道）を説き，『源氏物語』の研究から「〔**⑤**　　　〕」（物事に触れて生じる感情の動き）を評価
c．平田篤胤…天皇を「万国の大君」とする復古神道を唱え，幕末の尊王攘夷論に影響を与える
(3) 江戸時代の民衆の思想
① 石田梅岩（心学）…〔**⑥**　　　〕と倹約を旨とする町人道徳を説き，商業活動を倫理的に肯定
② 安藤昌益…『自然真営道』で万人直耕の自然世への回帰を主張し，封建社会そのものを否定
③ 二宮尊徳（報徳思想）…天道（自然の営み）と人道（人間の働き）への感謝と，分度（経済力に応じた生活）と推譲（倹約による余剰を社会に還元）の実践を説く
(4) 洋学の受容
① 漢訳洋書の輸入の禁の緩和（徳川吉宗）→長崎（出島）を窓口にオランダから西洋の学術が流入
② シーボルト事件（1828）・蛮社の獄（1839）→受容は実学的な医学・兵学・地理学などに限定
(5) 幕末の思想
① 吉田松陰…一君万民（幕府・藩の別を乗り越え，天皇の下にすべての人が結集）を説く
② 佐久間象山…「東洋の道徳，西洋の芸術」（儒教を精神的基盤に西洋の科学技術を摂取）を説く

11 西洋思想の受容と展開

(1) 西洋思想の受容
① 啓蒙思想
a．福沢諭吉…〔**①**　　　〕の精神と実学の実践を説く
→「一身独立して一国独立す」…個人としての独立が近代国家としての独立にもつながる
b．天賦人権論…人は生まれながらにして等しく権利を持つ
② 自由民権運動
a．植木枝盛…『東洋大日本国国憲按』で人民の幅広い権利と政府に対する抵抗権を認める
b．中江兆民…「東洋のルソー」と呼ばれる。君主（天皇）から与えられた恩賜的民権を，実質的に自らが勝ち取った恢復的民権とすべきことを主張
③ キリスト者
a．内村鑑三…〔**②**　　　〕（イエス（Jesus）と日本（Japan））に生涯を捧げる
→武士道にキリスト教を「接ぎ木」し，近代化に悩む日本人の精神的再生を図る
b．新渡戸稲造…「太平洋の架け橋とならん」ことを志し，武士道とキリスト教の融合を目指す
→著書『武士道』は日本文化を世界に紹介する役割を果たす
(2) 日本独自の思想
① 夏目漱石…日本を代表する文学者。自己の内面に巣食うエゴイズムを見つめる
a．〔**③**　　　〕の生き方…他人に迎合せず，自我の内面的欲求に従った生き方を説く
b．則天去私…晩年には小さな我を捨てて天命に逆らわない境地にいたる
② 西田幾多郎…近代日本の代表的哲学者（西田哲学）。著書『善の研究』は日本初の独創的哲学書
→〔**④**　　　〕…主客未分の経験が人間の根本的なあり方であると説き，西洋の物心二元論を批判
③ 和辻哲郎…日本倫理学の第一人者。著書『風土』で世界の文化を３つに類型化
→〔**⑤**　　　〕的存在…人間は他人との関係において存在すると説く
④ 柳田国男…民間伝承や風習をもとに伝統文化を探究する日本民俗学を創始
→支配者による文献には残らない，「〔**⑥**　　　〕」（無名の人々）の生活や風俗を明らかに

解答 9 ①凡夫 **②**鎮護国家 **③**一切衆生悉有仏性 **④**末法思想 **⑤**専修念仏 **⑥**悪人正機 **⑦**只管打坐 **10 ①**上下定分の理 **②**知行合一 **③**仁愛 **④**やまとごころ **⑤**もののあはれ **⑥**正直 **11 ①**独立自尊 **②**二つのＪ **③**自己本位 **④**純粋経験 **⑤**間柄 **⑥**常民

1 人と社会のあり方についての思想に関する記述として**適当でないもの**を，次の ① 〜 ④ のうちから一つ選べ。

① アリストテレスは，人は本来的に共に生きる存在である「社会的動物」であるとし，人々が共に生きる上では正義が重要であると考えた。

② プラトンは，人々が自然権をもちながらも国家が存在しないような自然状態のことを，「万人の万人に対する闘争」と呼んだ。

③ ベンサムは，最も多くの人々に最も大きな幸福をもたらす行為が最善であると考え，「最大多数の最大幸福」と呼んだ。

④ サルトルは，人は自由であるがゆえにその行動に責任があり，個人として生きることは同時に「社会参加」して生きることを意味すると考えた。　　　　〈現代社会・2013・本試〉

2 知識や思考方法に関する記述として最も適当なものを，次の ① 〜 ④ のうちから一つ選べ。

① ソクラテスは，善などについて完全には知っていないということの自覚が，真の知識への出発点であると主張した。

② アリストテレスは，人間は考える葦であり，思考することのうちに人間の尊厳があると主張した。

③ 観察や実験によって得られた様々な事実を基にして，それらに共通する一般的法則を見いだす思考方法は，弁証法と呼ばれる。

④ 近代において，人間は自分たちのために自然を利用できる存在であるという人間中心主義の考え方が衰退したので，科学技術が発達したとされる。　　　　〈現代社会・2015・本試〉

3 各国の社会において信仰されている宗教に関する記述として最も適当なものを，次の ① 〜 ④ のうちから一つ選べ。

① 神道において信仰される八百万(やおよろず)の神は，事物や現象などすべての自然物に宿る霊的存在を統合した人格神である。

② イスラーム教における五行には，信仰告白・礼拝・喜捨がいずれも含まれている。

③ キリスト教において救世主とされるイエスは，十戒の啓示を神から授かり，人々は神の戒めである律法を遵守すべきであると説いた。

④ 仏教を開いたゴータマ＝ブッダは，人の生における苦の原因の一つとして，縁起の法に無知な状態を意味する涅槃(ねはん)があると説いた。　　　　〈現代社会・2017・追試〉

4 私たちにとって科学とは何か，科学とどのように付き合っていくべきかを考えることは，現代の大きな課題である。次の文章を読んで，**A**さん，**B**さん，**C**さんの意見を下の**ア〜オ**から選び，その組合せとして最も適当なものを，その下の ① 〜 ⑥ のうち一つから選べ。

　科学の本質を**A**さんのように理解するならば，科学に法律などによる規制を加えると発展が阻害されるので望ましくないこととなる。しかし，科学と技術の関係に着目して科学の本質を**B**さんのように考えるならば，技術がもたらす結果によっては，研究すること自体も規制される必要があるだろう。また，科学の本質が何であるかにかかわらず，**C**さんの言うような現代社会の現実に鑑みれば，科学者も科学の社会的影響をよく考えながら研究に携わる必要がある。

ア 科学にとっては，単に観察や実験を重視するだけでなく，他の人々と議論し，相手を説得したり，逆に自分の考えを訂正したりすることも重要だよ。

イ 科学は，もともと自然を支配したり操作したりしようという技術的関心を含むから，技術と科学そのものとを区別できないんじゃないかな。

ウ 科学は，事実だけを対象としながら真理を発見するものだから，社会的通念，道徳，権威等に囚われないことこそが科学の進歩を導くと思うよ。

エ　現代の社会では，科学そのものに携わる人々じゃなくて，その研究の成果を利用する人々にこそ責任が求められるべきだわ。

オ　現代の社会では，科学の成果はすごく身近なものだし，私たちの生活のいろいろな場面で広く活用されているよね。

① A－ア　B－ウ　C－エ　　② A－イ　B－エ　C－ウ　　③ A－ウ　B－イ　C－オ

④ A－ア　B－エ　C－イ　　⑤ A－イ　B－ウ　C－ア　　⑥ A－ウ　B－ア　C－イ

〈現代社会・2002・追試〉

5　本校で「幸福」「公正」を話題に講演を行った書道家は，講演の中で持参した新しい筆を見せながら，次の**考え方X**と**考え方Y**について示した。そして，それぞれの考え方に基づくと，生徒**ア〜エ**のうち，誰にこの筆をあげるのがふさわしいと思うかと生徒に問いかけた。その答えの組合せとして最も適当なものを，次の ① 〜 ⑧ のうちから一つ選べ。なお，生徒**ア〜エ**は全員，書道部に所属し，自分の持っている筆は古くなって使えなくなっているものとする。

考え方X

　誰もが平等に，基本的な自由を保障されるべきである。そして社会的に不平等が許されるのは，誰もが同様に機会を保障されている中で，最も恵まれていない人に，より多くの利益がもたらされるような場合だけである。

考え方Y

　解決策が社会的に正しいかどうか考えるには，人が生活を営むための財をどれだけ持っているかだけでなく，その人が，望む生活を実現するためにどれだけ財を活用できるか，その機会があるのかも考える必要がある。

　生徒**ア**は，講演を依頼する段階から，講演当日までの準備を一手に引き受け，がんばっていた。講演にかかわる交渉では，誰よりも貢献していた。

　生徒**イ**は，書道の初心者でまだ上手とは言えないが，書道家になる夢を抱いている。夢の実現に向けて人一倍練習する努力家である。

　生徒**ウ**は，長年，書道教室にも通い達筆である。書道部の引退前の最後の書道大会でも入賞が確実であるが，その後，書道を続けるつもりはない。

　生徒**エ**は，新しい筆を買おうとアルバイトしてお金を貯めたが，そのお金を落としてしまい，筆を買うことができない。

	考え方X	考え方Y		考え方X	考え方Y
①	生徒ア	生徒ウ	②	生徒ア	生徒エ
③	生徒イ	生徒ウ	④	生徒イ	生徒エ
⑤	生徒ウ	生徒ア	⑥	生徒ウ	生徒イ
⑦	生徒エ	生徒ア	⑧	生徒エ	生徒イ

〈現代社会・2018・試行調査〉

6　一般に日本文化の特徴と言われるところとして**適当でないもの**を，次の ① 〜 ④ のうちから一つ選べ。

①　日本は「タテ社会」と言われ，個人の能力や資格よりも，集団内での地位や上下関係を重視する傾向が強い。

②　「恥の文化」の欧米に対して，「罪の文化」の日本では，人々は内面的な罪の自覚に基づき行動する傾向が強い。

③　個人主義が発達した欧米に対して，人間関係の和を重んじる日本社会は，集団主義的な傾向が強い。

④　日本人は，表面的な意見である「タテマエ」と本当の考えである「ホンネ」とを，時と場合に応じて使い分ける傾向が強い。

〈現代社会・2004・本試〉

7 日本人の宗教観を示す例として**適当でないもの**を，次の ①〜④ のうちから一つ選べ。

① 大みそかに私は，家族と近所のお寺に除夜の鐘をつきに行ったんだけれど，次の日には近くの神社に初詣_{はつもう}でに行ったよ。

② 私のところは家の宗教は仏教なんだけれど，留学経験のある兄はいろいろ考えた末，クリスチャンになったよ。

③ 今年の夏休みに私は，一人暮らしの祖父のところに遊びに行ったんだけれど，家には立派な仏壇と神棚があったよ。

④ 私の姉が今度結婚するんだけれど，チャペルで挙げる結婚式も神前の式もどちらもしてみたいと言っていたよ。

〈現代社会・2004・本試〉

8 日本における宗教や文化をめぐる考え方に関する記述**ア〜ウ**と，それらに対応する名称**A〜C**との組合せとして最も適当なものを，下の ①〜⑥ のうちから一つ選べ。

ア 自然界に存在する様々なものには生命が宿っているとして，これらを崇拝する古代からの宗教意識。

イ 鎌倉時代に，武士や民衆の間で広まった「南無阿弥陀仏」とひたすらに念仏を唱えれば救われるという，仏教の考えの一つ。

ウ 国学において，社会の秩序を維持してきたとされる，人が生まれつきもつ自然な心情。

A 真心

B アニミズム

C 絶対他力

① ア−A イ−B ウ−C   ② ア−A イ−C ウ−B
③ ア−B イ−A ウ−C   ④ ア−B イ−C ウ−A
⑤ ア−C イ−A ウ−B   ⑥ ア−C イ−B ウ−A

〈現代社会・2015・追試〉

9 政治思想家のアーレントは，人々の間で行われる「活動」の特徴の一つと考えた。彼女によれば，活動は，物と人との間で成立する「労働」「仕事」とは異なり，人と人とが直接関わり合う行為であり，ゆえに政治を始めとする公的な営みもまた活動であるべきなのである。アーレントが活動の特徴を述べた次の文章を読み，活動の具体例として最も適当なものを，下の ①〜④ のうちから一つ選べ。

　　話したり何かをしたりすることを通じて，私たちは人間世界に自ら参入するのである。……この参入は，労働のように必要に強いられたものではなく，仕事のように有用性に促されたものでもない。それは，私たちがその仲間に加わりたいと願う他者の存在に刺激されたものである。……語り合うことによって，人は自分が誰であるかを示し，自分がユニークな人格をもつ存在であることを積極的に明らかにし，そのようにして人間世界に自分の姿を現すのである。
（『人間の条件』より）

① 文化祭で劇を上演することになり，Qさんは衣装係を割り当てられたので，演者の個性が引き立つような，ユニークな衣装を作った。

② Rさんは，飢餓に苦しむ人々を支援する運動に同級生が参加していることを知り，自分もアルバイトをして貯めたお金を寄付する。

③ 高校で生徒会選挙があり，仲のよい同級生が生徒会長の候補者となったので，Sさんはその同級生に投票することにした。

④ Tさんは，休み時間に教室で，同級生がその場にいない人を中傷しているのを目にして，憤りを感じたので，彼らに抗議した。

（倫理・2013・本試〉

第3章　民主社会の倫理　　▶▶要点整理

1 人間の尊厳と平等

(1) 現代のヒューマニズム

① ガンディー…インド独立運動の父。

a.〔❶　　　〕（不殺生）…インド思想の源流にある，すべての生命を同胞とみなす考え方

b. 非暴力・不服従…正義は正しい手段によって実現されるべきとの信念（相手に非を自覚させる）

② キング牧師…アメリカ黒人解放運動の指導者。ガンディーに影響を受ける

a. バス・ボイコット運動…州の人種隔離政策の撤廃に成功

b.「〔❷　　　〕」…仕事と自由のための大行進（ワシントン大行進）（1963）で，あらゆる人種が共存する理想を語る

③ シュヴァイツァー…アフリカで医療活動に従事，「アフリカの父」と呼ばれる

a.「〔❸　　　〕」…生命あるすべての生き物に価値を認める

④ マザー・テレサ…カトリック修道女としてインドの貧民街で奉仕活動に従事

a.「孤児の家」「死を待つ人の家」の建設…キリスト教の愛の精神に基づく

b.「今日の最も重い病気は，人から愛されていない，誰からも見棄てられていると感じることです」

(2) 人間の平等

① 形式的平等…権力の介入・干渉を排除し，すべての人に等しく自由・権利を認める（機会の平等）

② 実質的平等…社会的弱者に対する機会の提供を通じて，格差の是正を図る（結果の平等）

→アファーマティブ・アクション（積極的格差是正措置）

a.〔❹　　　〕の禁止…中立的に見えるが差別を生み出す慣行（転勤の条件など）の禁止

b. クオータ制…女性や少数者に一定数の議席や役員のポストを割り当てる

③ 寛容の精神

a. モンテーニュ…人間の理性は不完全→傲慢を戒め，他者を受け入れるべきことを説く

b. ヴォルテール…誰もが弱さと過ちをもつ→愚行を互いに許し合う心を説く

2 自由・権利と責任・義務

(1) 他者との関係

① 公共の福祉…日本国憲法で規定された，各人の間の人権の衝突を調整する原理

→自らの自由・権利を主張するには，他者の自由・権利を認める必要

② 他者危害原理（ミル）…他者に危害を与えない限り，個人の自由は制約されないとする原理

③ 環境倫理学における3つの視点

a.〔❺　　　〕…現在の世代は未来の世代に対して責任をもつ→「持続可能な開発」

b. 自然の生存権…あらゆる生物種や生態系に生存の権利を認める→人間の自己決定権を譲り渡す

c. 地球有限主義…資源にも廃棄物の容量にも限りがある→「〔❻　　　〕」（ボールディング）

(2) 正しい行為についての3つの考え方

① 義務論（カント）…正しい行為は善意志に導かれ義務として行うもの

② 帰結主義（ベンサム）…善い結果を生み出すものが正しい行為

③ 徳倫理学（アリストテレス）…徳のある人が行うと思われることが正しい行為

3 持続可能な開発目標（SDGs）

(1) SDGsとは

① 〔❼　　　〕（MDGs）の後継として，2015年に国連で採択

② 2030年までに達成すべき，社会・経済・環境にわたる17の目標と169のターゲット

③ 先進国・発展途上国の区別なく，その国の能力に応じた責務

(2) 問題点

① 達成基準の多さ（無秩序）

② 経済成長と環境保全の両立の難しさ

③ 人間中心主義に対する固執

解答 ❶アヒンサー ❷私には夢がある ❸生命への畏敬 ❹間接差別 ❺世代間倫理 ❻宇宙船地球号 ❼国連ミレニアム開発目標

1 生命の尊重および平和に対する考え方に関する記述として**適当でないもの**を，次の ① 〜 ④ のうちから一つ選べ。

① ガンディーは，インドにおける独立運動に際して，アヒンサーを徹底して実践することを提唱した。

② シュヴァイツァーは，すべての生命あるものを敬い，大切にする「生命への畏敬」の倫理を説いた。

③ マザー・テレサは，愛と奉仕の精神に基づき，貧困や病気で苦しむ人々の支援を行い，生命の尊さを説いた。

④ カントは，その著書『社会契約論』のなかで，集団安全保障の考え方を提唱した。

〈現代社会・2015・追試〉

2 思考法に関する次の記述 A・B と，それを唱えた人物名 a・b，推論の例 ア・イ の組合せのなかから，演繹法を説明する組合せとして最も適当なものを，下の ① 〜 ⑧ のうちから一つ選べ。

A だれもが疑うことのできないことから出発し，推論と論証を積み重ねて，新しい知識を発見していく思考法。

B 観察や実験によって得られた個々の事実から共通性を見いだして，一般的法則を導く思考法。

a ベーコン

b デカルト

ア 参議院議員は，30歳以上であると定められている。W さんは，参議院議員である。したがって，「W さんは，30歳以上である」と考える。

イ 政党 X は，ウェブサイトを開設している。政党 Y は，ウェブサイトを開設している。政党 Z は，ウェブサイトを開設している。したがって，「すべての政党は，ウェブサイトを開設している」と考える。

① A－a－ア　　② A－a－イ　　③ A－b－ア　　④ A－b－イ
⑤ B－a－ア　　⑥ B－a－イ　　⑦ B－b－ア　　⑧ B－b－イ

〈現代社会・2014・追試〉

3 いわれのない差別への対策の一つに，アファーマティブ・アクションと呼ばれる措置がある。アファーマティブ・アクションについての記述として最も適当なものを，次の ① 〜 ④ のうちから一つ選べ。

① 人種やジェンダーの差異の積極的な承認に向けて集団的権利を保障する措置である。

② 人種的マイノリティや女性に対して就職や結婚の機会を保障するための措置である。

③ 社会における人種やジェンダー等の構造的差別の解消に向けて実施される，暫定的な措置である。

④ 社会における根絶不可能な構造的差別を不断に是正するために実施される，恒久的な措置である。

〈倫理・2016・本試〉

4 物事に対する偏った見方の一つにステレオタイプがあるが，ステレオタイプに当てはまる発言として最も適当なものを，次の ① 〜 ④ のうちから一つ選べ。

① 男性は，物事を論理的に捉えるのが得意で，機械を組み立てたり修理したりするのが好きだよね。

② 塩気の多い食事ばかりしていると，高血圧になりやすいから，バランスのよい食事をした方がいいよ。

③ 昔，星座を考えた人がいたんだよね。電気がない昔は，夜空に輝く星々が今よりずっとよく見えただろうね。

④ あの人，初めて会った人にでも気楽に声をかけるよね。人と喋るのが好きだと自分で言っていたしね。

〈倫理・2019・本試〉

5 現在世代と将来世代とのあるべき関係をめぐる考え方についての説明として最も適当なものを，次の ① 〜 ④ のうちから一つ選べ。

① 持続可能な開発（発展）という理念によれば，現在世代の人々は自分たちの欲求の充足をできるだけ抑制し，将来にわたって高い経済成長率が確実に維持されるように努めなければならない。

② 持続可能な開発（発展）という理念によれば，将来世代の人々の享受すべき利益を損なうことなく，しかも現在世代の人々の欲求をも充足させるような開発が目指されなければならない。

③ 世代間倫理という考え方によれば，現在世代の活動とまだ生まれていない将来世代の活動とは互いに密接に絡み合っているので，両世代の人々は相互に責任や義務を負わなければならない。

④ 世代間倫理という考え方によれば，現在世代はまだ生まれていない将来世代に対して責任を負う必要はなく，自分の世代の問題については同世代の人々の間で責任を分担しなければならない。

〈倫理・2017・本試〉

6 カントにとって，道徳的な人とはどのような人か。次の文章を参考にしながら，その事例として最も適当なものを，下の ① 〜 ④ のうちから一つ選べ。

　　無制限に善いとみなしうるものとしては，世界の内でも外でも，ただ善き意志しか考えられない。……善き意志は……意図された目的の達成に役立つことによってではなく，ただ意志することによって，つまり，それ自体で善いのである。　　　　　　　　　　（カント『道徳形而上学原論』）

① Ａさんは商売で客を公平に扱うことにしているが，それは，そうすることで信用が得られると考えているからである。

② Ｂさんは絶望的な状況にあっても死を選ばなかったが，それは，生き続けることが人間の義務であると考えたからである。

③ Ｃさんはいつも他人に親切であろうと努めているが，それは，他人からも親切にされたいと考えているからである。

④ Ｄさんはある嘘をついたが，それは，自分が嘘をつけば友人が助かることを知り，友情を大切にしたいと考えたからである。

〈倫理・2002・追試〉

7 知的な思考法を代表するものの一つに演繹法がある。演繹法の例として適当なものを，次の ① 〜 ④ のうちから一つ選べ。

① 昨日いとこにもらったおみやげの饅頭はすごくまずかった。「名物にうまいものなし」って言うけど，本当だ。

② 嘘つきはスネオでしょ。スネオとノビタのうち一人が嘘つきで，ノビタは嘘をついていないんだから。

③ 猫って「お座り」しない動物だと思うよ。今まで何匹も猫を飼ったけど，どれも「お座り」しなかったもの。

④ 今日の昼に電話をかけたけど，彼はいなかったわ。確か明日は試験だから，きっと図書館に行ったのね。

〈倫理・2003・本試〉

第1章 民主政治の基本原理　▶▶ 要 点 整 理

1 政治と法

(1) 政治と権力

① 法…秩序の維持のために国家が国民に守らせる社会規範

② 法の種類…文書化された〔❶　　　〕と，判例・慣習などによる〔❷　　　〕がある

公　法	国家と国民の関係を規律…憲法・行政法・刑法など
私　法	私人と私人の関係を規律…民法・商法・会社法など
社会法	公共の利益の実現を目標とする法…労働基準法，独占禁止法など

③ 法と道徳…法＝国家権力による裏打ち／道徳＝個人の良心による

④ 権力…国民を従わせる組織的な強制力（警察権・徴税権など）

⑤ 支配（権力）の正当性…マックス＝ウェーバーによる分類（『支配の社会学』）

伝統的支配	伝統や慣習を背景とした権威による支配
カリスマ的支配	非凡な能力や資質（カリスマ）をもつ支配者の権威による支配
〔❸　　　〕的支配	法に基づき成立した権力に対する信頼による支配

(2) 国家

① 三要素…〔❹　　　〕（領土・領海・領空），国民，〔❺　　　〕（イェリネック）

② 政府…国家の中で意思決定やその執行にあたる機関

③ 〔❺　　　〕の概念

　a.〔❻　　　〕が著書『国家論』で初めて用いる…国家の絶対的で永続的な権力

　b. 市民革命以降，国民主権を意味する

　c. 主権の及ぶ範囲…領域と海岸線（基線）から12海里以内

　　・国連海洋法条約（1994年，日本は1996年に批准）…領海に接続する沿岸（基線）から200海里（領海を含まず）までを排他的経済水域（EEZ），領海の外側12海里以内を〔❼　　　〕とする

④ 〔❺　　　〕の3つの意味

国家権力そのもの	統治権（立法権・行政権・司法権の総称）と同義	「日本国の主権は本州・北海道・九州及四国並に吾等の決定する諸小島に局限せらるべし」（ポツダム宣言）「国会は国権の最高機関……」（日本国憲法）
政治の最終的決定権	政治のあり方を最終的に決定する者	「主権の存する日本国民……」（日本国憲法）
国家のもつ最高の独立性	国家が対外的に独立していること	「自国の主権を維持し，他国との対等関係に立たうとする……」（日本国憲法）

2 民主政治と人権保障の発展

(1) 民主政治の誕生

① 絶対王政（絶対君主制）の時代…専制的な権力による支配→〔❽　　　〕を根拠とする

② 市民革命（ブルジョア革命）…封建制・絶対王政から近代民主主義への転換

イギリス	清教徒（ピューリタン）革命（1642）名誉革命（1688）→〔❾　　　〕…立法権・課税権を議会に
アメリカ	独立革命（1776）→〔❿　　　〕
フランス	フランス革命（1789）→〔⓫　　　〕（人および市民の権利宣言）

(2) 社会契約説…国家や社会は人民の契約によって成立したとする説

思想家	ホッブズ	〔⓬　　　〕	ルソー
著　書	『リヴァイアサン』	『市民政府二論（統治二論）』	『社会契約論』
自然状態	争いの状態，「万人の万人に対する闘争」	自然権として〔⓭　　　〕をもつ平和で理想的な状態	自己愛と憐憫の情をもつ人間による，自由・平等の状態
考え方	平和と秩序のために国家の統治者に自然権を譲渡し，その命令に従う	社会契約により政府に法の執行を信託。政府が不法な権力行使をした場合，人民に〔⓮　　　〕を認める。	社会全体の利益を目指す〔⓯　　　〕に従って契約。そこに生じる主権は分割も譲渡もできない
政治制度	絶対王政の擁護	代議政治による民主制	人民主権の〔⓰　　　〕

(3) 国家機能の変化

近　　　代　　　　　　⟶	現　　　代
近代国家（18～19世紀）…主権国家・法治国家として ヨーロッパで成立	現代国家（19世紀末～20・21世紀）
市民社会（封建社会の身分秩序を打破したブルジョ アジー（主に商工業者層）による支配，制限選挙）	大衆社会（財産を持たない労働者が政治参加，普通 選挙による参政権の拡大）
〔⓱　　　　　〕…国防と治安維持を主な任務に。 ドイツの〔⓲　　　　　〕は「夜警国家」と呼ぶ	〔⓳　　　　　〕…国家が積極的に市場に介入し，経 済政策・福祉政策を推進。積極国家
立法国家（法の制定，議会政治中心）	〔⓴　　　　　〕（行政権・行政機能の拡大）

(4) 民主政治の基本原理

① 法の支配

　　a．国の政治は法に基づいて行われなければならないとする考え方。イギリスで生まれる

　　b．超越的な国王による「人の支配」を否定し，コモン・ロー（慣習法）などを尊重

　　c．17世紀イギリスの法律家〔㉑　　　　　〕（コーク）が13世紀の裁判官ブラクトンの言葉である「国王 といえども神と法の下にある」を引用し，絶対王政を批判

②〔㉒　　　　　〕

　・手続きや形式の適法性を重視する考え方。ドイツで発展

③ 人権（基本的人権）の保障

　　a．すべての人は等しく人権を生まれながらにして持つ…国家はそれを国民に保障しなければならない

　　b．主な人権宣言のあゆみ

1215	マグナ・カルタ（英）	封建貴族が国王の権限を制限する
1628	権利請願（英）	議会による王権の制限，〔㉑　　　　　〕（コーク）の起草
1689	権利章典（英）	議会による王権の制限，言論の自由，請願権などを規定
1776	バージニア権利章典（米）	自由権を網羅した世界で最初の憲法典
1776	独立宣言（米）	人権，国民主権，革命権，権力分立などを規定
1789	フランス人権宣言（仏）	自由・平等・博愛に基づいた18世紀的人権の集大成
1919	ワイマール憲法（独）	世界で初めて〔㉓　　　　　〕を規定，20世紀的憲法の先駆
1948	世界人権宣言（国連）	すべての人と国連が達成すべき共通の基準としての人権を宣言
1966	国際人権規約（国連）	世界人権宣言の条約化，締約国に人権保障を義務づける
1989	子どもの権利条約（国連）	18歳未満の子どもを市民的自由の権利行使の主体と認める
2006	障害者権利条約（国連）	障害者に障害のない人と同等の権利を保障し社会参加を促す

❸ 国民主権と民主主義の発展

(1) 国民主権の原理

① 政治の最終的決定権（主権）は国民にあるとする原理

②〔㉔　　　　　〕（1776）に明示され，以降の憲法典に受け継がれる

③「人民の，人民による，人民のための政治」（アメリカ大統領リンカーン）

(2) 議会制民主主義（代表民主主義，間接民主主義）

① 三大原理…国民代表の原理，慎重な〔㉕　　　　　〕の原理，〔㉖　　　　　〕の原理

② 少数意見の尊重…「多数者の専制（横暴）」に対する警告（トクヴィル，ミルら）

(3) 権力分立

① 目的…国家権力を分散し，抑制と均衡を働かせることで，濫用を防止し，人権を保障する

② ロック（イギリス）…立法権と執行権に分離，立法権優位の制度を提案

③〔㉗　　　　　〕（フランス）…著書『〔㉘　　　　　〕』，立法権・行政権・司法権に三分

④「権利の保障が確保されず，権力の分立が規定されないすべての社会は，〔㉙　　　　　〕をもつものでない」 （フランス人権宣言第16条）

解答 ❶成文法　❷不文法　❸合法　❹領域　❺主権　❻ボーダン　❼接続水域　❽王権神授説　❾権利章典
❿アメリカ独立宣言　⓫フランス人権宣言　⓬ロック　⓭財産（所有）　⓮抵抗権（革命権）　⓯一般意志
⓰直接民主制　⓱夜警国家　⓲ラッサール　⓳福祉国家　⓴行政国家　㉑エドワード＝クック　㉒法治主義
㉓社会権（生存権）　㉔バージニア権利章典　㉕審議　㉖（行政）監督　㉗モンテスキュー　㉘法の精神
㉙憲法

4 世界の政治体制

(1) 議院内閣制
  ① 立法府（議会）が行政府（内閣）の優位に立つ政治制度
    a．内閣は議会（下院）の信任に基づいて存立→内閣は議会に対して連帯して〔❶　　　〕を負う→信任を失った場合，〔❷　　　〕するか議会を〔❸　　　〕しなければならない
    b．議会における多数党の党首が〔❹　　　〕になり，内閣を組織
  ② イギリスの議院内閣制…「国王は君臨すれども統治せず」

議　会	上院（貴族院）と下院（庶民院）の二院制，〔❺　　　〕優越の原則…ウォルポール内閣が確立に尽力（18世紀前半），議会法制定により確立（1911） 議員・内閣とも議会に法案提出権がある
内　閣	連帯して議会に対して〔❶　　　〕を負う（責任内閣制，政党内閣制） →野党は〔❻　　　〕を組織する 不信任の場合→内閣は〔❷　　　〕するか下院を〔❸　　　〕しなければならない
裁判所	不文憲法（憲法典がない）→〔❼　　　〕をもたない 2009年，最高裁判所の設置（立法府から司法府が独立）

(2) 大統領制
  ① 行政府（大統領）が立法府（議会）優位に立つ政治制度
    a．国民から選出された大統領により，議会から独立して行政権を行使
    b．大統領…議会に対しては責任を負わず（相互の独立性），直接国民に対して責任を負う
      →厳格な三権分立
  ② アメリカの大統領制

大統領	議員とは別に〔❽　　　〕で選出，任期〔❾　　　〕…三選禁止 法案提出権はない→〔❿　　　〕で議会に立法を勧告，〔⓫　　　〕をもつ 議会解散権も議会からの不信任もない，議会議員との兼職は禁止
議　会	上院と下院の二院制（対等の関係）→上院（各州から2名選出），下院（各州から人口比例で選出），委員会中心主義，大統領の法的責任を問う〔⓬　　　〕をもつ 上院→高級官吏の任免，条約締結に対する同意権（承認権）をもつ，議長は副大統領がなる
裁判所	連邦最高裁判所が〔❼　　　〕（法令審査権）をもつ…憲法に規定はないが，19世紀初めに判例法として確立

(3) 権力集中制（民主集中制）
  ① 権力分立制を否定，全人民を代表する機関に権力を集中
  ② 社会主義国（中国・旧ソ連などで）が採用
  ③ 〔⓭　　　〕による一党支配…実権は人民の代表機関ではなく，〔⓭　　　〕が握る
  ④ 中国の政治体制

元　首	国家主席，〔⓮　　　〕（全人代）で選出，任期5年，任期制限なし
議　会	〔⓮　　　〕（閉会中は常務委員会）に集中→国家権力の最高機関，一院制，年1回開催
行政府	〔⓯　　　〕…国家の最高行政機関（内閣に相当），全人代に対して責任を負う
司　法	最高人民法院（最高裁判所にあたる）と地方各級人民法院からなる

(4) その他の政治体制
  ① ファシズム（第二次世界大戦前）
    a．イタリアのムッソリーニ，ドイツのヒトラー（ナチス），日本の軍国主義
    b．対内的…全体主義（反対勢力の弾圧，自由・権利の否定），対外的…民族主義・膨張主義
  ② 開発独裁（第二次世界大戦後）
    a．1960年代以降，発展途上国でみられた軍事独裁・一党独裁などの強権的政治体制
    b．経済開発と〔⓰　　　〕を名目とし，国民の政治的自由を制限・禁止する

解答 ❶責任 ❷総辞職 ❸解散 ❹首相 ❺下院 ❻影の内閣（シャドーキャビネット）
❼違憲立法審査権 ❽間接選挙 ❾4年 ❿教書 ⓫法案拒否権 ⓬大統領弾劾権 ⓭共産党
⓮全国人民代表大会 ⓯国務院 ⓰経済成長

問題演習

1 政治と法

❶ 古代ギリシャのポリスで活躍した哲学者アリストテレスに，「人間はポリス的（政治的，社会的）動物である」という言葉がある。この言葉に表現される，ポリスにおける人間と政治のあり方についての記述として最も適当なものを，次の①〜④のうちから一つ選べ。

① 人間はだれも他者に優越し，他者を支配したいという願望をもっているため，利益をめぐる闘争は避けられない。

② 人間は共同体の中で協力し合い平和に生きるべき存在であるから，人間性が向上すれば政治権力は必要とされなくなる。

③ 人間は政治社会の一員として活動することによって初めて，立派な市民として人間形成を実現する。

④ 人間は自由に他者と契約し，自発的に社会関係を形成する存在であるから，国家の役割は警察活動に限定される。 〈2004・追試〉

❷ 生徒Xと生徒Yは，民泊に関連する法律の内容を調べた上で，次のような会話をしている。次の会話文中の空欄 ア 〜 ウ に当てはまる語句の組合せとして正しいものを，後の①〜⑧のうちから一つ選べ。

X：調べてみたら民泊を営むにも利用するにもいろんな法律がかかわるんだね。

Y：そうだね。まず民泊の解禁を定めた住宅宿泊事業法があるけど，ほかにも，利用料金を支払って民泊を利用する契約には ア が適用されるね。ちなみに，私人間の関係を規律する ア は，公法か私法かという分類からすれば イ に該当するね。

X：また，民泊を営業する人は事業者だから，不当な勧誘による契約の取消しを可能にしたり，消費者に一方的に不利な条項の無効を定めたりする ウ も関連するよ。

Y：一つの事項についてもさまざまな法律が重層的にかかわることが確認できたね。

① ア 民 法 イ 私 法 ウ 消費者契約法
② ア 民 法 イ 私 法 ウ 独占禁止法
③ ア 民 法 イ 公 法 ウ 消費者契約法
④ ア 民 法 イ 公 法 ウ 独占禁止法
⑤ ア 刑 法 イ 私 法 ウ 消費者契約法
⑥ ア 刑 法 イ 私 法 ウ 独占禁止法
⑦ ア 刑 法 イ 公 法 ウ 消費者契約法
⑧ ア 刑 法 イ 公 法 ウ 独占禁止法 〈2022・本試〉

❸ 主権には複数の意味があるが，その説明A〜Cとその具体例ア〜ウとの組合せとして正しいものを，下の①〜⑥のうちから一つ選べ。

A 国家の統治権

B 国家権力の最高・独立性

C 国家の政治のあり方を最終的に決定する最高の権力

ア 「主権の存する日本国民の総意」（日本国憲法第1条）

イ 「すべての加盟国の主権平等の原則」（国連憲章第2条）

ウ 「日本国ノ主権ハ本州，北海道，九州及四国…（中略）…ニ局限セラルヘシ」（ポツダム宣言第8項）

① A−ア B−イ C−ウ ② A−ア B−ウ C−イ
③ A−イ B−ア C−ウ ④ A−イ B−ウ C−ア
⑤ A−ウ B−ア C−イ ⑥ A−ウ B−イ C−ア 〈2008・本試〉

❹ 「主権は，政治権力の一部であり，国家の政治的支配の一つといえますね。」という講師の話を聴きながら，生徒Xは，「政治・経済」の授業で学習したマックス・ウェーバーの話を思い出していた。それをまとめたものが，次のノートである。ノート中の空欄　ア　～　ウ　には支配の正当性（正統性）に関する類型が，空欄　エ　～　カ　には各類型についての説明の一部が，それぞれ入る。空欄　ア　・　オ　に入る語句の組合せとして正しいものを，後の ① ～ ⑥ のうちから一つ選べ。

授業のまとめ―ウェーバーによる「支配の正当性」の議論―
正当性に関する類型　　　ウェーバーはどのように説明したか

　　ア　支配　　　→　「　エ　に対して服従が行われ」る。
　　　　　　　　　　　典型例として官僚制

　　イ　支配　　　→　「　オ　と支配権力との神聖性を信ずる信念」に基づく。
　　　　　　　　　　　典型例として家父長制。

　　ウ　支配　　　→　「支配者の人と，　カ　（呪術的能力，啓示や英雄性など）に対する精神的帰依」
　　　　　　　　　　　に基づく

① ア　伝統的　オ　制定された規則　　　　② ア　伝統的　オ　この人のもつ天与の資質
③ ア　伝統的　オ　昔から存在する秩序　　④ ア　合法的　オ　制定された規則
⑤ ア　合法的　オ　この人のもつ天与の資質　⑥ ア　合法的　オ　昔から存在する秩序

❺ 主権に関連する記述として最も適当なものを，次の ① ～ ④ のうちから一つ選べ。
① ブラクトンやエドワード・コーク（クック）は，国王のもつ絶対的な支配権を擁護する議論を行った。
② アメリカ合衆国憲法が連邦制を採用したのは，各州にも対外的主権を与えるためであった。
③ フランスでは，主権という考え方が，ローマ教皇の権威と結びついて，キリスト教社会の連帯を強めるために主張された。
④ 絶対主義王権を擁護しようとした王権神授説は，国王の権力は神の意思以外の何ものにも拘束されないと主張した。

〈2001・追試〉

２ 民主政治と人権保障の発展

❶ 近代民主政治の理論的な基礎に関連する記述として最も適当なものを，次の ① ～ ④ のうちから一つ選べ。
① ホッブズは，君主は外交権を握るべきであるが，国内においては，国民の信託を得た代表が国政を担当すべきであると説いた。
② ロックによれば，政府が国民の生命や財産を侵害した場合，国民は政府に抵抗する権利をもっている。
③ アメリカ独立革命を目撃したモンテスキューは，一般人民を主権者とする社会契約説を唱えて，フランス革命に影響を与えた。
④ 「人民の人民による人民のための政治」というリンカーンの言葉は，ルソーの説く一般意志と同じように，間接民主治を否定している。

〈2001・追試〉

❷ 近代国家のあり方を支えるさまざまな考え方を唱えた書物A～Cと，その主張内容ア～ウとの組合せとして正しいものを，後の ① ～ ⑥ のうちから一つ選べ。

A 『社会契約論』　　　B 『国富論』（『諸国民の富』）　　　C 『リバイアサン』

ア　利己心に基づいて私的利益を追求する各個人の行動が，「見えざる手」の作用によって，社会全体の利益の調和をもたらす。

イ　自然状態は万人の万人に対する闘争状態であり，平和を確立するには，契約を結び，絶対的支配権をもつ国家を形成する必要がある。

ウ　人間は社会では鎖につながれており，それを克服するには，自由で平和な自然状態から契約を結び，人民主権の国家を形成する必要がある。

① A－ア　B－イ　C－ウ　　　② A－ア　B－ウ　C－イ

③ A－イ　B－ア　C－ウ　　　④ A－イ　B－ウ　C－ア

⑤ A－ウ　B－ア　C－イ　　　⑥ A－ウ　B－イ　C－ア

〈2001・本試〉

❸ 次の文章は，国家の権力のあり方について書かれたものからの抜粋である。この著書の名称として正しいものを，下の①～④のうちから一つ選べ。

　同一人，または同一の執政官団体の掌中に立法権と執行権が結合されているときには，自由はない。なぜなら，同じ君主あるいは同じ元老院が暴政的な法律を定め，それを暴政的に執行するおそれがありうるからである。

　裁判権が，立法権と執行権から分離されていないときにもまた，自由はない。もしそれが，立法権に結合されていれば，市民の生命と自由を支配する権力は恣意的であろう。なぜならば，裁判官が立法者なのだから。もしそれが執行権に結合されていれば，裁判官は圧制者の力をもちうることになろう。

(資料)　井上幸治責任編集『世界の名著　28』

① 『統治二論』　　　② 『国家論』

③ 『法の精神』　　　④ 『戦争と平和の法』．

〈2018・追試〉

❹ 法の支配に関連する記述として最も適当なものを，次の①～④のうちから一つ選べ。

① コーク（クック）は，コモン・ローの伝統を重視し，国王といえども法に従わなくてはならないと主張した。

② ボーダンは，国王の絶対的支配を否定し，権力分立に基づく国家権力の抑制の必要を説いた。

③ マグナ・カルタは，国民の平等な権利を認め，統治者が法に拘束される法の支配の思想を示した。

④ 英米における法の支配は，ドイツで発達した法治主義と比べ，成文法重視の思想であった。

〈2007・本試〉

❺ 近代人権宣言の一つに数えられる「バージニア権利章典」についての記述として最も適当なものを，次の①～④のうちから一つ選べ。

① アメリカの大規模農場主による奴隷の虐待を非難した文書であり，奴隷解放のきっかけとなった。

② 国王の専制に対して貴族の伝統的な自由を擁護する宣言であり，法に基づかない逮捕・監禁の禁止を要求している。

③ 人はすべて財産を取得し，幸福と安全を追求する生来の権利を有することを定めており，人権宣言の先駆けとなった。

④ 精神的自由権は，国家の積極的な作為によって貧者に保障される社会権の一種であると宣言している。

〈2004・本試〉

❻ 18世紀に人権宣言・憲法として公的に採択された文章の例として正しいものを，次の①～④のうちから一つ選べ。

① 「男性と女性は，平等な権利と自由，またそれらを実現するための平等な機会を有する」

② 「経済生活の秩序は，すべての者に人間たるに値する生活を保障する目的をもつ正義の原則に適合していなければならない。」

③ 「勤労者の団結する権利及び団体交渉その他の団体行動をする権利は，これを保障する。」

④ 「権利の保障が確保されず，権力の分立が規定されないすべての社会は，憲法をもつものではない。」

〈2001・追試〉

7 憲法という概念は,「まとまった法典」という意味をはじめ,いくつかの意味で用いられる。次の記述A～Cに含まれる「憲法」は,それぞれ**ア**～**ウ**のいずれの意味で用いられているか。その組合せとして正しいものを,下の①～⑥のうちから一つ選べ。

A 権利の保障が確保されず,権力の分立が規定されないすべての社会は,憲法をもつものでない。
B イギリスは,憲法をもっていない。
C 日本の国会法,内閣法,裁判所法は,憲法の一部を構成する。

ア 国家の統治機構の基本を定めた法
イ 立憲主義理念に基づいて定められた国家の基礎法
ウ 「憲法」という名前をもつ成文の法典

① A－ア B－イ C－ウ　　② A－ア B－ウ C－イ
③ A－イ B－ア C－ウ　　④ A－イ B－ウ C－ア
⑤ A－ウ B－ア C－イ　　⑥ A－ウ B－イ C－ア

〈2005・本試〉

8 憲法についての記述として正しいものを,次の①～④のうちから一つ選べ。
① 国民主権の下で国民により制定された憲法を,欽定憲法という。
② イギリスは,多数の法律や慣例が憲法の役割を果たしているため,成文憲法をもつ国である。
③ ドイツのワイマール憲法は,世界で初めて社会権を規定した憲法である。
④ 特別の改正手続を必要とせず,一般の法律と同じ手続で改正できる憲法を,硬性憲法という。

〈2015・追試〉

9 すべての人に人間らしい生活を営む権利をも保障しようとする考え方をとり入れた憲法の初期の代表例であるワイマール憲法についての記述として最も適当なものを,次の①～④のうちから一つ選べ。
① 宰相ビスマルクによる「あめとむち」の政策の一環として制定された。
② 「ゆりかごから墓場まで」の社会保障をめざすビバリッジ(ベバリッジ)報告から大きな影響をうけて成立した。
③ 第一次世界大戦後,所有権に対する公共の福祉による制限の規定を含むものとして成立した。
④ ドイツ社会民主党の中のニューディール政策信奉者により立案された。

〈2001・本試〉

10 人権は社会情勢の変化に合わせて発展してきた。その過程で登場した,人権の発展を象徴する表現が含まれる次の憲法・宣言の一節**ア**～**ウ**を,そのような発展の段階を踏まえて古い順に並べたとき,その順序として正しいものを,下の①～⑥のうちから一つ選べ。

ア 「経済生活の秩序は,すべての人に,人たるに値する生存を保障することを目ざす,正義の諸原則に適合するものでなければならない」
イ 「人類社会のすべての構成員の固有の尊厳と平等で譲ることのできない権利とを承認することは,世界における自由,正義及び平和の基礎である」
ウ 「人は,自由,かつ,権利において平等なものとして生まれ,生存する」

(資料) 外務省Webページおよび樋口陽一・吉田善明編『解説世界憲法集第4版』

① ア－イ－ウ　　② ア－ウ－イ　　③ イ－ア－ウ
④ イ－ウ－ア　　⑤ ウ－ア－イ　　⑥ ウ－イ－ア

〈2014・追試〉

❶ 次の文章は，自由と平等についての**考え方**をまとめたものである。この文章の ☐X☐・☐Y☐ のそれぞれには下の考え方ア・イのどちらかが入る。 ☐Y☐ に入る考え方と，その**考え方**に対応する具体的な政策や取組みの例 a～d の組合せとして最も適当なものを，下の ①～⑧ のうちから一つ選べ。

　　近代の市民革命では，人間が生まれながらにさまざまな権利をもつ存在であるという考え方から導かれた自由と平等という二つの理念が，封建社会を打ち破る原動力となった。市民革命の後に各国で定められた多くの人権宣言は，自由と平等を保障している。ここでは， ☐X☐ との考え方がとられていた。

　　しかし，その後の歴史の経過をみると，自由と平等とは相反する側面をもっていることがわかる。19世紀から20世紀にかけて， ☐X☐ との考え方は，現実の社会における個人の不平等をもたらした。資本主義の進展によって，財産を持てる者はますます富み，それを持たざる者はますます貧困に陥ったからである。そこで，平等について新しい考え方が現れることになった。すなわち， ☐Y☐ との考え方である。

　　もっとも，平等についてこのような考え方をとると，今度は平等が自由を制約する方向ではたらくことになる。国家は，持たざる者に対する保護の財源を，持てる者からの租税により調達する。持てる者にとって，その能力を自由に発揮して得た財産に多くの税を課されることは，みずからの自由な活動を制限されるに等しい。また，国家は，持たざる者に保護を与えるにあたり，その資産や収入を把握する。持たざる者は，これを自由に対する制約であると感じるだろう。

　　このようにみると，自由と平等との関係は一筋縄ではいかないことがわかる。

考え方

ア すべての個人を国家が法的に等しく取り扱い，その自由な活動を保障することが平等である。

イ 社会的・経済的弱者に対して国家が手厚い保護を与えることで，ほかの個人と同等の生活を保障することが平等である。

政策や取組みの例

a 大学進学にあたり，高等学校卒業予定またはそれと同等の資格をもつ者の全員に大学受験資格を認定する。

b 大学進学にあたり，世帯の年収が一定の金額に満たない者の全員に奨学金を支給する。

c 大学入試において，国際性を有する学生を確保するため，帰国子女の特別枠を設定する。

d 大学入試において，学力試験のみでは評価しにくい優れた能力をもつ学生を獲得するため，アドミッション・オフィス入試（ＡＯ入試）を実施する。

① ア－a　　② ア－b　　③ ア－c　　④ ア－d
⑤ イ－a　　⑥ イ－b　　⑦ イ－c　　⑧ イ－d

〈2018・試行調査〉

❷ 西ヨーロッパにおける議会制の思想をめぐる記述として正しいものを，次の ①～④ のうちから一つ選べ。

① 国王も神と法の下にあり，法に従わねばならないとするエドワード・コーク（クック）の思想は，イギリスの議会制を支える伝統となった。

② イギリスのジョン・ロックは，議会の専制から国民の権利を守るために，立法，行政，司法の三権分立を提唱した。

③ 16世紀にフランスのボーダンが展開した主権の概念は，国王に対する議会の力を強化する上で有利に働いた。

④ 18世紀にルソーは，国民は代表者を通じて一般意志を表明するゆえに，国家の主権は議会にあると主張した。 〈2003・追試〉

❸ 直接民主制に関連する記述として正しいものを，次の ①〜④ のうちから一つ選べ。

① ロックは，『近代民主政治』の中で，直接民主制を行うための小共同体を社会契約によって設立することを説いた。

② モンテスキューは，イギリスでは市民は選挙のときに自由であるにすぎず，それ以外のときは代表に隷属していると主張し，代表制を批判した。

③ アメリカの一部で植民地時代から実施されてきたタウン・ミーティングは，直接民主制の一つの形態である。

④ 「草の根の民主主義」という言葉は，古代ギリシャのアテネにおける自由民による直接民主制についていわれたものである。 〈2002・本試〉

4 世界の政治体制

❶ 各国の政治体制を次の表中の A〜F のように分類したとき，それぞれの国の政治体制の記述として最も適当なものを，下の ①〜④ のうちから一つ選べ。

	議院内閣制	半大統領制	大統領制
連邦国家	A	B	C
単一国家	D	E	F

（注）　ここでいう「単一国家」とは，中央政府に統治権が集中する国家を指す。また，「連邦国家」とは，複数の国家（支分国）が結合して成立した国家を指す。「連邦国家」は，国家の一部を構成する支分国が，州などのかたちで広範な統治権をもつ点などにおいて，「単一国家」と異なる。

① アメリカは F に該当する。　　② イギリスは C に該当する。
③ フランスは E に該当する。　　④ ロシアは A に該当する。 〈2019・本試〉

❷ 今日の日本，アメリカ，イギリスの議会についての記述 a〜c のうち，正しいものはどれか。当てはまるものをすべて選び，その組合せとして最も適当なものを，下の ①〜⑦ のうちから一つ選べ。

a 日本では，両議院は全国民を代表する選挙された議員で組織するものとされており，衆議院と参議院の議員ともに国民の直接選挙によって選出されている。衆議院で可決し参議院でこれと異なった議決をした法律案は，衆議院で出席議員の3分の2以上の多数で再び可決したときは，法律となる。

b アメリカでは，連邦議会の上院議員は各州から2名ずつ選出されるのに対し，下院議員は各州から人口に比例して選出されている。連邦議会は立法権や予算の議決権などをもつが，政府高官人事への同意など下院にのみ与えられている権限もある。

c イギリスでは，上院は非公選の貴族を中心に組織されるのに対し，下院は国民の直接選挙によって選出される議員によって組織される。下院優越の原則が確立しており，下院が国政の中心に位置している。下院には解散もある。

① a　　　　② b　　　　③ c　　　　　　④ a と b
⑤ a と c　　⑥ b と c　　⑦ a と b と c 〈2021・第1日程〉

❸ 各国の立法府と行政府との関係についての記述として**誤っているもの**を，次の ①〜④ のうちから一つ選べ。

① アメリカでは，大統領は下院の解散権を有する。

② イギリスでは，原則として下院の多数党の党首が首相となる。

③ フランスでは，大統領制と議院内閣制とをあわせた形態を採用している。

④ ドイツでは，大統領には政治の実権がなく議院内閣制を採用している。 〈2012・本試〉

4 民主的な政治体制についての記述として最も適当なものを，次の ①～④ のうちから一つ選べ。

① すべての成人に選挙権を保障する普通選挙制度は，19世紀中ごろに，各国で普及した。

② さまざまな意見や利益を集約して政策を実現する政党は，大衆政党から名望家政党へと，各国で発展してきた。

③ イギリスでは，議会に対し内閣が連帯して責任を負う。

④ フランスでは，大統領を議会が選出する。　〈2014・追試〉

5 政治体制について二つの次元で類型化を試みる理論に接した生徒Yは，その理論を参考にいくつかの国のある時期の政治体制の特徴を比較し，次の図中に位置づけてみた。図中の a～c のそれぞれには，下の政治体制ア～ウのいずれかが当てはまる。その組合せとして最も適当なものを下の ①～⑥ のうちから一つ選べ。

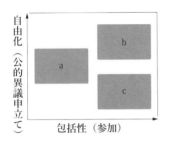

ⅰ．包括性（参加）：選挙権がどれだけの人々に認められているか（右に行くほど，多くの人々に認められている）。

ⅱ．自由化（公的異議申立て）：選挙権を認められている人々が，抑圧なく自由に政府に反対したり対抗できるか（上にいくほど，抑圧なく自由にできる）。

ア　日本国憲法下の日本の政治体制

イ　チャーティスト運動の時期のイギリスの政治体制

ウ　ゴルバチョフ政権より前のソ連の政治体制

① a－ア　b－イ　c－ウ　　② a－ア　b－ウ　c－イ　　③ a－イ　b－ア　c－ウ

④ a－イ　b－ウ　c－ア　　⑤ a－ウ　b－ア　c－イ　　⑥ a－ウ　b－イ　c－ア

〈2021・第1日程〉

6 20世紀には自由民主主義体制のほかに，さまざまな政治体制が出現した。これらについての記述として**適当でないもの**を，次の ①～④ のうちから一つ選べ。

① ソ連ではレーニンの死後，共産党書記長スターリンが，他の幹部の粛清や農業団体化によって，独裁の基盤を確立した。

② ドイツではヒトラーに率いられたナチスが，議会に議席をもつことなく，クーデターによって権力を直接掌握した。

③ 1940年代初めの日本では，新体制運動の下に，各政党が解散して大政翼賛会がつくられ，国民生活への統制が行われた。

④ 韓国やフィリピンでは，反対派政治家や市民運動などによって，独裁政権の腐敗が批判され，1980年代以降，民主化が進んだ。　〈2003・追試〉

7 多数者支配型についての記述として最も適当なものを，次の ①～④ のうちから一つ選べ。

① 二大政党を中心として政治が運営されるため，第三党は存在しない。

② 少数派の意見が考慮されない政治運営となる可能性がある。

③ 多数者支配型の政治を実現する選挙制度は，比例代表制である。

④ 多様な集団の代表による妥協と合意形成を柱とした運営が特徴である。　〈2005・追試〉

8 開発独裁についての記述として**誤っているもの**を，次の ①～④ のうちから一つ選べ。

① 革命や軍事クーデターによって政権に就いた例が少なくなかった。

② 多くの場合，工業化のために外国資本を積極的に導入した。

③ 東南アジアでは，このような体制がとられた国はなかった。

④ 国民の自由な政治活動や政府批判が制限されることが多かった。　〈2013・追試〉

第2章　日本国憲法の基本的性格　▶▶ 要 点 整 理

1 日本国憲法の成立

1 明治憲法の下での政治

(1) 大日本帝国憲法（明治憲法）の制定

① 〔❶　　　　　〕……憲法に基づく統治権の行使→明治維新以降，西洋から伝えられ，憲法制定・国会開設
などを求める〔❷　　　　　〕が展開

② 私擬憲法の構想

a. 〔❸　　　　　〕の『東洋大日本国国憲按』…国民の権利・自由の規定，抵抗権も認める

b. 五日市憲法草案…集会・結社の自由，学問・教育の自由，法の前の平等など

③ 政府は〔❷　　　　　〕を弾圧→君主権の強い〔❹　　　　　〕憲法を模範とし，伊藤博文らを中心に制定（1889）

(2) 大日本帝国憲法の性格と内容

① 〔❺　　　　　〕…君主が制定して国民に与えた憲法

② 〔❻　　　　　〕の性格…近代的な憲法の外見を備えるが，実質は絶対主義的色彩が強い

③ 内容

天　　皇	神聖不可侵，元首，〔❼　　　　　　〕の総攬者，天皇大権（宣戦講和・条約締結権など）→〔❽　　　　　〕の独立（陸海軍の指揮権には議会も政府も関与できない）
議　　会	天皇の〔❾　　　　　〕機関，衆議院（民選，制限選挙）と貴族院（非民選）の二院制
内　　閣	天皇の〔❿　　　　　〕機関，憲法に規定はなく，各国務大臣は天皇に対して責任を負う
裁判所	天皇の名において行う，〔⓫　　　　　〕（行政裁判所，軍法会議，皇室裁判所など）の設置
権　　利	臣民の権利・自由は法律の範囲内で保障される（法律の留保）

(3) 政治と国民

① 行政・軍事優先の政治…超然内閣→議会・政党の無視

② 大正デモクラシーの時期…〔⓬　　　　　〕の制定と同時に〔⓭　　　　　〕を制定（1925）し，共産主義・
社会主義運動を弾圧

③ 軍部ファシズム体制…〔⓭　　　　　〕により労働運動や自由主義的な言論を弾圧，軍部が主導権を掌握
→日中戦争（1937〜）・太平洋戦争（1941〜）に突入

2 日本国憲法の制定と基本原理

(1) 日本国憲法の制定

① 〔⓮　　　　　〕宣言の受諾（1945.8.14）→無条件降伏

a. 軍国主義勢力の除去，言論・宗教・思想の自由の保障，基本的人権の尊重など

b. GHQ（連合国軍総司令部）による憲法改正の指示

c. 日本政府の対応…国体の護持（天皇制の存続）を図る

② 制定過程

a. 幣原内閣による憲法改正作業…〔⓯　　　　　〕の作成（明治憲法と変わらぬ保守的な内容）

b. GHQ は〔⓯　　　　　〕を拒否→マッカーサー三原則に基づく GHQ 案提示

c. GHQ 案に基づき改正案を作成→帝国議会に上程し，審議・修正・可決（大日本帝国憲法の改正の形式
をとる）→公布（1946.11.3）→施行（1947.5.3）

(2) 日本国憲法の基本原理

① 国民主権

a. 憲法前文…「主権が国民に存することを宣言」，「国政は国民の厳粛な信託によるもの」
→〔⓰　　　　　〕を明示した憲法

b. 象徴天皇制…「天皇は，日本国及び日本国民統合の〔⓱　　　　　〕」，その地位は主権の存する日本国民
の総意に基づく，国政に関する権能を有しない

② 基本的人権の尊重…「侵すことのできない永久の権利」として体系的に保障，法の下の平等や自由権のみ
ならず〔⓲　　　　　〕も規定

③　平和主義

　a．平和的生存権の確認（憲法前文）

　b．戦争の放棄，戦力の不保持，交戦権の否認（第9条）

(3) 日本国憲法と大日本帝国憲法との比較

	日本国憲法	大日本帝国憲法
性　　　格 主　　　権	民定・硬性・成文憲法 国民主権	欽定・硬性・成文憲法 天皇主権
天　　　皇	日本国及び日本国民統合の象徴 国政に関与しない〔⓳　　　　〕のみ	元首，神聖不可侵，統治権の総攬者 議会が関与できない天皇大権
国 民 の 権 利 と 義　　務	永久不可侵の権利 自由権だけでなく，社会権も規定 普通教育を受けさせる義務，勤労の義務， 納税の義務	〔⓴　　　　〕としての権利（自由権のみを 規定，法律の範囲内での保障） 納税の義務，兵役の義務
議　　　会	国権の〔㉑　　　　〕 衆議院と参議院（衆議院の優越） 国政調査権がある	天皇の〔❾　　　〕機関 衆議院と貴族院（両院は対等） 国政調査権なし
内　　　閣	行政の最高機関	各大臣が個別に天皇を〔❿　　　　〕する
裁 判 所	〔㉒　　　　〕を規定	天皇の名において行う
地 方 自 治	地方自治の本旨（住民自治・団体自治を尊重）	規定なし
改　　　正	国会の発議→国民投票における 　　　　　〔㉓　　　　〕で承認	天皇の発議→議会の議決

(4) 憲法の最高法規性と憲法改正

　① 憲法の最高法規性…国のあらゆる法の中で最も上位にある法

　　「この憲法は，国の最高法規であつて，その条規に反する法律，命令，詔勅及び国務に関するその他の行為の全部又は一部は，その効力を有しない」（第98条1項）

　② 憲法第10章（「最高法規」）の構造

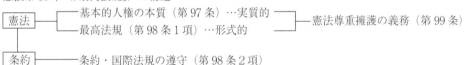

　③ 日本国憲法の性格

〔㉔　　　　〕	国民が直接あるいは議会を通じて制定する憲法
〔㉕　　　　〕	改正が他の法律の改正よりも厳格な手続きを必要とする憲法

　④ 改正手続（第96条）

　⑤ 〔㉗　　　　〕の制定（2007。2014，2021年改正）

　　…投票年齢の18歳への引き下げ，憲法改正案に対する賛成・反対の投票運動や棄権勧誘などの国民投票運動が，裁判官，警察官など一部の公務員を除き容認。2021年の改正案の付則で，政党の資金力の違いによって生じるＣＭ量の規制などを，施行後3年をめどに検討することを明記。

　⑥ 改正の限界…三大基本原理については改正できないとする説が有力（憲法改正限界説）

　⑦ 憲法改正問題…第9条を中心とする「明文改憲」，「解釈改憲」の動き

明文改憲	立法改憲ともいう，憲法の条文そのものを改正する
解釈改憲	憲法の条文は改正せずに，条文のもつ意味内容を解釈によって変更 →明文改憲と同様の状態をつくり出す →憲法第9条の「戦力」の解釈，自衛隊の設置，集団的自衛権の行使容認などが典型例

解答　❶立憲主義　❷自由民権運動　❸植木枝盛　❹プロイセン（プロシア）　❺欽定憲法　❻外見的立憲主義　❼統治権　❽統帥権　❾協賛　❿輔弼　⓫特別裁判所　⓬普通選挙法　⓭治安維持法　⓮ポツダム　⓯松本案　⓰国民主権　⓱象徴　⓲社会権　⓳国事行為　⓴臣民　㉑最高機関　㉒司法権の独立　㉓過半数の賛成　㉔民定憲法　㉕硬性憲法　㉖3分の2　㉗国民投票法

② 平和主義

① 日本国憲法の規定

(1) 前文と第9条

　① 前文…「政府の行為によつて再び戦争の惨禍が起ることのないやうにすることを決意」

　② 第9条の内容

　　ａ．第1項（戦争の放棄）…〔**❶**　　　　〕の発動たる戦争，武力による威嚇，武力の行使の禁止

　　ｂ．第2項…〔**❷**　　　　〕の不保持，〔**❸**　　　　〕の否認

(2) 日米安全保障条約と自衛隊

　① 日米安全保障条約…サンフランシスコ平和条約と同時に締結（1951）

　② 自衛隊発足の経緯…〔**❹**　　　　〕の勃発（1950）→警察予備隊の設置（1950）→独立回復後に保安隊に
　　　　　　　　　　　　改組（1952）→ MSA（日米相互防衛援助）協定に基づき自衛隊の発足（1954）

　③ 安保体制と自衛隊の増強

　　ａ．日米相互協力及び安全保障条約（新安保条約）の成立（1960）…「安保反対闘争」を押し切り，旧条約
　　　を全面改定

　　ｂ．内容…防衛力増強の義務，他国からの日本の領域内への武力攻撃に対する日米共同防衛行動，日本国内
　　　での米軍の配置・装備の重要な変更の際の事前協議制

　　ｃ．日米防衛協力のための指針（旧ガイドライン，1978）→日米共同作戦の研究，共同演習
　　　　→1978年度より日本政府が在日米軍駐留経費を負担（「〔**❺**　　　　〕」と呼ばれる）

　④ 第9条に関連した裁判

〔**❻**　　　　〕	恵庭事件	〔**❽**　　　　〕訴訟	百里基地訴訟
・安保条約が争点 ・第一審で違憲判決 ・最高裁は〔**❼**　　　　〕 　により判断回避	・自衛隊が争点 ・第一審で自衛隊（法） 　について一切判断せず	・自衛隊が争点 ・第一審で違憲判決 ・第二審は〔**❼**　　　　〕 ・最高裁は二審を支持	・自衛隊が争点 ・第一審は〔**❼**　　　　〕 　で判断回避，国側勝訴 ・二審，最高裁は棄却

　⑤ 政府見解の変遷

1946	憲法制定当時の吉田首相	自衛権の発動としての戦争，〔**❸**　　　　〕も放棄
1952	吉田内閣の統一見解	「〔**❷**　　　　〕」とは近代戦遂行能力のことをいう
1954	自衛隊への政府見解	自衛隊は〔**❷**　　　　〕にあたらない
1972	田中内閣の統一見解	自衛のための必要最小限度の実力を備えることは許される

　⑥ 平和主義に関する原則

　　ａ．自衛隊の民主的統制…〔**❾**　　　　〕（シビリアン・コントロール）

　　ｂ．その他…〔**❿**　　　　〕（核兵器を「もたず，つくらず，もちこませず」）

　　ｃ．防衛装備移転三原則の閣議決定（2014）…一定の条件の下で武器輸出を容認

② 冷戦後の安全保障と平和主義

(1) 安保体制の変容

　① 日米安保共同宣言（1996）…防衛協力の範囲を「極東」から「アジア・太平洋地域」に拡大

　② 日米防衛協力のための指針（新ガイドライン，1997）…〔**⓫**　　　　〕が問題となる
　　　→歴代内閣は，行使について禁止とする見解→安倍内閣は，憲法解釈を変更して一部容認（2014）

(2) 自衛隊の変容

　① 国際協力…〔**⓬**　　　　〕の制定（1992）→改正（2001，PKF本体への参加が可能）

　② 対米協力…新ガイドライン（1997）→ガイドライン関連法（周辺事態法など，1999）

　③ 有事関連3法（2003）…〔**⓭**　　　　〕の想定
　　　→有事関連7法（2004）…改正自衛隊法，国民保護法，米軍行動円滑法など

　④ 自衛隊の海外出動…〔**⓬**　　　　〕によりカンボジアへ（1992）→同時多発テロ（2001）→
　　〔**⓮**　　　　〕制定（2001）→イラク戦争（2003，イラク復興支援特別措置法制定）
　　　→〔**⓮**　　　　〕は補給支援特別措置法に移行（2008）→海賊対処法（2009）→安保関連法制（2015）

　⑤平和安全法制（2015）…自衛隊による他国軍の後方支援を容認，集団的自衛権を行使できる要件の明記

解答 ❶国権　❷戦力　❸交戦権　❹朝鮮戦争　❺思いやり予算　❻砂川事件　❼統治行為論　❽長沼ナイキ基地
❾文民統制　❿非核三原則　⓫集団的自衛権　⓬PKO協力法　⓭武力攻撃事態　⓮テロ対策特別措置法

(1) 日本国憲法における人権保障

① 基本的人権の特質…すべての人が生まれながらにしてもつ永久不可侵の権利

普遍性…すべての人が享有する	固有性…生まれながらにして保障されている
永久性…子々孫々まで永久に保障する	不可侵性…何人も侵すことができない

② 基本的人権の一般原則

 a．基本的人権の享有…「侵すことができない〔❶   〕」（第11条）

 b．自由・権利の保持の責任と濫用の禁止…「国民の〔❷   〕によつて，これを保持しなければならない」（第12条）

 c．個人の尊重…「すべて国民は，個人として尊重される」（第13条）

 d．歴史的経緯…「人類の多年にわたる〔❸   〕獲得の努力の成果」（第97条）

(2) 基本的人権と公共の福祉

① 公共の福祉

 a．すべての人に平等に，実質的に人権を保障する原理

 b．各人の人権の衝突を調整する原理

② 公共の福祉による制約…財産権（第29条）など経済的に限られる

(3) 日本国憲法の保障する主な人権と判例

平等権	法の下の平等（第14条）判 尊属殺重罰規定違憲訴訟，婚外子相続格差規定違憲決定，再婚禁止期間規定違憲判決
	両性の〔❹ 〕（第24条），〔❺ 〕の平等（第44条）
自由権 / 精神の自由	〔❻ 〕・良心の自由（第19条）判 三菱樹脂訴訟
	信教の自由（第20条） 判 津地鎮祭訴訟，愛媛玉ぐし料訴訟→政教分離の原則
	集会・結社・〔❼ 〕（第21条①）判 チャタレイ事件，立川反戦ビラ事件
	検閲の禁止・通信の秘密（第21条②）判 家永訴訟
	〔❽ 〕の自由（第23条）判 東大ポポロ事件
自由権 / 人身（身体）の自由	冤罪（再審請求で無罪に）…判 免田事件，足利事件など
	奴隷的拘束・苦役からの自由（第18条）
	〔❾ 〕の保障（第31条）→罪刑法定主義，適正手続の保障
	不法に逮捕されない権利（第33条）→令状主義（現行犯逮捕の場合を除く）
	不法に抑留・拘禁されない自由（第34条）
	〔❿ 〕・残虐刑の禁止（第36条）
	〔⓫ 〕強要の禁止（第38条）
自由権 / 経済の自由	居住・移転・〔⓬ 〕の自由（第22条①）判 薬事法距離制限規定違憲訴訟
	財産権の不可侵（第29条）判 共有林分割違憲訴訟
社会権	〔⓭ 〕（第25条）判 朝日訴訟，堀木訴訟→プログラム規定説
	教育を受ける権利（第26条）判 旭川学力事件，家永訴訟
	勤労の権利と労働三権（労働基本権）の保障（第27・28条）
請求権	請願権（第16条）
	国家賠償請求権（第17条）判 多摩川水害訴訟，郵便法損害賠償制限違憲判決
	裁判請求権（第32・37条）
	刑事補償請求権（第40条）→冤罪事件に対する補償
参政権	選挙権・公務員の選定罷免権（第15条） 判 在外投票制限違憲訴訟
	議員・選挙人資格の法定（第44条）
	最高裁判所裁判官の〔⓮ 〕（第79条）
	地方公共団体の長・議員の選挙権（第93条）
	特別法制定同意権（第95条）
	憲法改正のための〔⓯ 〕（第96条）

解答 ❶永久の権利 ❷不断の努力 ❸自由 ❹本質的平等 ❺選挙権 ❻思想 ❼表現の自由 ❽学問 ❾法定手続 ❿拷問 ⓫自白 ⓬職業選択 ⓭生存権 ⓮国民審査 ⓯国民投票

4 人権の歴史と広がり

(1) 自由権から社会権へ

① 自由権（18・19 世紀的人権）…国家の不当な干渉を排除する権利，「国家〔❶　　　　〕自由」

② 社会権（20 世紀的人権）…人間らしい生活が保障される権利，「国家〔❷　　　　〕自由」

(2) 人権の国際化

① 人権保障の国際化…ファシズムと侵略戦争の経験

　　　　　　　　　　　　　　→F・ローズベルト米大統領による「四つの自由」の表明（1941）

　　　　　　　　　　　　　　　　（表現の自由，信仰の自由，欠乏からの自由，恐怖からの自由）

　　　　　　　　　　　　→第二次世界大戦後，国際連合を中心に，人権保障が推進される

② 国連を中心とするおもな人権保障

1948	〔❸　　　　〕	すべての人民と国家が達成すべき共通の基準として自由権・社会権を具体的に規定
1966	〔❹　　　　〕	法的拘束力を持つ A規約（社会権的規約）→「経済的，社会的及び文化的権利に関する国際規約」（日本は，公務員のストライキ権・公休日の給与を留保） B規約（自由権的規約）→「市民的及び政治的権利に関する国際規約」（日本は第一・第二選択議定書ともに未批准）
1965	人種差別撤廃条約	反アパルトヘイト運動の弾圧を契機に採択
1979	女性差別撤廃条約	日本→父母両系血統主義に国籍法改正，〔❺　　　　〕の制定（1985）
1989	子どもの権利条約	18 歳未満の子どもを権利の主体として位置づける（意見表明権など）
2006	障害者権利条約	障害者の尊厳の尊重を促進，日本→障害者差別解消法の制定（2013）

③ 非政府組織（NGO）の活動…アムネスティ・インターナショナル，国境なき医師団など

(3) 新しい人権…憲法には明文化されていないが，社会の変化に伴って主張されてきた権利

① 環境権	・1960 年代以降，高度経済成長にともなう公害，環境破壊の進行 　→良好な環境を享受する権利 ・根拠…憲法第 25 条（生存権）と第 13 条（幸福追求権，人格権） 　判　大阪空港公害訴訟（最高裁は環境権を認めず）
② 知る権利	・国及び地方公共団体が国民の生活に直接に関わる情報を集中・管理 　→国民が必要な情報を受け取る権利　判　外務省機密漏洩事件 ・〔❻　　　　〕条例の確立（地方）→〔❻　　　　〕法の制定（国，1999） 　（ただし，「知る権利」は明記されていない） ・アクセス権（マスメディアに対して反論・意見表明の場を求める権利） ・〔❼　　　　〕（2013）の成立…知る権利への侵害の懸念
③ プライバシーの権利	・根拠…憲法第 13 条（幸福追求権） ・私生活をみだりに公開されない権利→自己の情報をコントロールする権利 　判　『宴のあと』事件，『石に泳ぐ魚』事件 ・全国民の住民票コード番号での一元管理…改正住民基本台帳法の制定（1999） ・〔❽　　　　〕（1999）…一定の犯罪に対して通信などを令状に基づき傍受 ・個人情報保護法（2003，2015 改正）…企業の持つ情報の使途の範囲を拡大 ・マイナンバー法（2013，2015 改正施行）…国と地方が持つ個人情報を統合
④ その他の新しい人権との関係	・自己決定権…私的事項について権力的な干渉・介入を受けず，自ら決定できる権利 　→医療などにおけるインフォームド・コンセント（説明と同意） ・平和的生存権…憲法前文「平和のうちに生存する権利」と第 9 条がその根拠 　判　長沼事件→地裁判決は平和的生存権を認める（最高裁は認めず） ・ヘイトスピーチ対策法（2016）…差別的言動の解消をめざす ・改正組織的犯罪処罰法（2017）…共謀罪を含んだテロ等準備に対する取り締まり

解答　❶からの　❷による　❸世界人権宣言　❹国際人権規約　❺男女雇用機会均等法　❻情報公開
❼特定秘密保護法　❽通信傍受法

問題演習

1 日本国憲法の成立

1 次の記述A～Cのうち，大日本帝国憲法下の制度には当てはまらず，かつ日本国憲法下の制度に当てはまるものとして正しいものはどれか。正しい記述をすべて選び，その組合せとして最も適当なものを，下の①～⑦のうちから一つ選べ。

A　天皇の地位は主権の存する国民の総意に基づく。
B　衆議院議員が選挙で選出される。
C　内閣の規定が憲法におかれる。

① A　　　　　② B　　　　　③ C　　　④ AとB　　　⑤ AとC
⑥ BとC　　　⑦ AとBとC　　　　　　　　　　　　　　　　〈2019・本試〉

2 日本国憲法と明治憲法（大日本帝国憲法）との比較についての記述として**適当でないもの**を，次の①～④のうちから一つ選べ。
① 明治憲法の下では貴族院議員は臣民による制限選挙で選ばれたが，日本国憲法の下では参議院議員は普通選挙で選ばれる。
② 明治憲法は軍隊の保持や天皇が宣戦する権限を認めていたが，日本国憲法は戦力の不保持や戦争の放棄などの平和主義を掲げている。
③ 日本国憲法の下では主権は国民にあるとの考えがとられているが，明治憲法の下では主権は天皇にあるとされた。
④ 日本国憲法は法律によっても侵すことができない権利として基本的人権を保障しているが，明治憲法は法律の範囲内でのみ臣民の権利を認めた。　　　　　　　　　　　　　　〈2012・本試〉

3 天皇についての記述として正しいものを，次の①～④のうちから一つ選べ。
① 明治憲法下では，天皇は陸海軍の最高指揮権である統帥権を有していたが，その行使には議会の承認決議が必要とされた。
② 明治憲法下では，天皇機関説が唱えられていたが，昭和期にその提唱者の著書の発売が禁止された。
③ 日本国憲法は，皇位は世襲のものであって男系男子に継承されることを，明文で定めている。
④ 日本国憲法は，国会の指名に基づいて天皇が行う内閣総理大臣の任命に際して，不適格な人物については天皇が任命を拒否できることを定めている。　　　　　　　　　　　　〈2014・本試〉

4 日本国憲法の成立過程をめぐる記述として**誤っているもの**を，次の①～④のうちから一つ選べ。
① 憲法問題調査委員会は，ポツダム宣言の受諾に伴って，憲法改正に関する調査を行うために設置された。
② 日本国憲法の政府案は，GHQ（連合国軍総司令部）が提示したマッカーサー草案を基に作成された。
③ 女性の参政権は，日本国憲法の制定に先立って行われた衆議院議員総選挙で初めて認められた。
④ 日本国憲法の政府案は，帝国議会で審議されたが，修正されることなく可決された。　　〈2008・本試〉

5 日本の政治制度について日本国憲法が定めている意思決定の方法に関する記述として正しいものを，次の①～④のうちから一つ選べ。
① 国会議員を除名するには，その議員が所属する議院において出席議員の3分の2以上の賛成が必要とされる。
② 憲法改正の承認には，国民投票において投票総数の3分の2以上の賛成が必要とされる。
③ 内閣不信任決議案を可決するには，衆議院において出席議員の3分の2以上の賛成が必要とされる。
④ 条約の承認には，両議院において出席議員の3分の2以上の賛成が必要とされる。　　〈2016・本試〉

6 　国内法は，日本では憲法，法律，命令，条例などによって構成され，憲法が最高法規であるとされる。憲法は国の最高法規であるという原則を定めた日本国憲法の規定はどれか。正しいものを，次の①〜④のうちから一つ選べ。

① 　国会は，国権の最高機関であって唯一の立法機関である。

② 　内閣総理大臣その他の国務大臣は，文民でなければならない。

③ 　憲法に反する法律，命令，詔勅および国務に関するその他の行為は，効力を有しない。

④ 　地方自治体の組織および運営に関する事項は，地方自治の本旨に基づいて，法律で定める。〈2016・追試〉

7 　国民主権を具体化している日本の制度についての記述として正しいものを，次の①〜④のうちから一つ選べ。

① 　日本国憲法は間接民主制を採用しているので，国民が，国民投票によって直接に国政上の決定を行うことはできない。

② 　地方自治体において住民投票を実施する際には，個別に法律の制定が必要であり，地方自治体が独自の判断で実施することはできない。

③ 　選挙運動の一環として，候補者による有権者の住居への戸別訪問が認められている。

④ 　国民審査において，国民は最高裁判所の裁判官を罷免することが認められている。　　　〈2014・本試〉

8 　日本国憲法における国民主権の原理を示す内容とは**言えないもの**を，次の①〜④のうちから一つ選べ。

① 　憲法改正は，国民の承認を経なければならない。

② 　国会は，国権の最高機関である。

③ 　内閣総理大臣は，文民でなければならない。

④ 　公務員を選定することは，国民固有の権利である。　　　〈2007・本試〉

9 　国民の責務について，日本国憲法が明文で定めていることとして正しいものを，次の①〜④のうちから一つ選べ。

① 　国民は，将来の国民のために，自然環境の維持および保全に努めなければならない。

② 　国民は，憲法が保障する自由と権利を，不断の努力によって保持しなければならない。

③ 　国民は，勤労の権利を有し，勤労者として団結する義務を負う。

④ 　国民は，教育を受ける権利を有し，普通教育を受ける義務を負う。　　　〈2015・追試〉

10 　憲法改正手続に関連する現行の制度についての記述として正しいものを，次の①〜④のうちから一つ選べ。

① 　憲法改正の発議は，衆参各議院の総議員の3分の2以上の賛成によって国会が行わなければならない。

② 　憲法改正の国民投票が有効となるには，満18歳以上の国民の5割を超える投票率が必要である。

③ 　憲法改正の承認には，国民投票で有効投票数の3分の2を超える賛成が必要である。

④ 　国民の3分の1以上の署名に基づく請求があった場合，国会は憲法改正を発議するかどうかの審議をおこなわなければならない。　　　〈2010・追試〉

11 　憲法改正について，次のA〜Dは，日本国憲法の改正のために必要な手続を述べたものである。これらを手続の順序に従って並べたとき，3番目にくるものとして正しいものを，下の①〜④のうちから一つ選べ。

A 　各議院の総議員の3分の2以上の賛成で，国会が改正を発議する。

B 　天皇が国民の名で憲法改正を公布する。

C 　国会議員が改正原案を国会に提出する。

D 　国民投票での過半数の賛成で，国民が憲法改正を承認する。

① A　　　② B　　　③ C　　　④ D　　　〈2015・追試〉

⓬ 法律の制定・公布に至る過程についての記述として正しいものを，次の ① ～ ④ のうちから一つ選べ。

① 法律案は，先に衆議院に提出され，審議を受けなければならない。

② 法律は，内閣の助言と承認の下で，天皇により公布される。

③ 法律案について衆議院と参議院が異なる議決をした場合，両院協議会での成案が得られると，それが直ちに法律となる。

④ 一の地方公共団体に適用される特別法を制定する場合，その法律は，地方公共団体の議会の同意を受けなければならない。 〈2010・本試〉

2 平和主義

❶ 次の文章は，日本のある法律の条文である。この条文の下線部⑦・①に基づいて日本が武力を行使する場合，その国際法上の根拠はそれぞれ何か。その組合せとして最も適当なものを，下の ① ～ ④ のうちから一つ選べ。

第76条 内閣総理大臣は，次に掲げる事態に際して，我が国を防衛するため必要があると認める場合には，自衛隊の全部又は一部の出動を命じることができる。（中略）

一 ⑦我が国に対する外部からの武力攻撃が発生した事態又は我が国に対する外部からの武力攻撃が発生する明白な危険が切迫していると認められるに至つた事態

二 ①我が国と密接な関係にある他国に対する武力攻撃が発生し，これにより我が国の存立が脅かされ，国民の生命，自由及び幸福追求の権利が根底から覆される明白な危険がある場合

① ⑦ 個別的自衛権 ① 個別的自衛権

② ⑦ 個別的自衛権 ① 集団的自衛権

③ ⑦ 集団的自衛権 ① 個別的自衛権

④ ⑦ 集団的自衛権 ① 集団的自衛権 〈2018・試行調査〉

❷ 日本の安全保障についての記述として正しいものを，次の ① ～ ④ のうちから一つ選べ。

① 連合国軍総司令部の最高司令官マッカーサーは，日本政府に対して自衛隊の創設を指示した。

② 自衛隊をモザンビークでの国連平和維持活動に派遣するため，テロ対策特別措置法が制定された。

③ 日米防衛協力のための指針（ガイドライン）の策定とその改定により，日米間の防衛協力体制が強化されてきた。

④ サンフランシスコ平和条約の締結と同時に，日米相互協力及び安全保障条約（新安保条約）が結ばれた。 〈2017・追試〉

❸ 日本の安全保障に関する記述として正しいものを，次の ① ～ ④ のうちから一つ選べ。

① 人道復興支援活動を行うなどを目的としてイラクへの自衛隊の派遣が検討されたが，派遣は見送られた。

② 北朝鮮による核実験をうけて，日本は非核三原則の放棄を宣言した。

③ 最高裁判所は，日米安全保障条約が憲法に反すると判断したことはない。

④ 国務大臣は原則として文民でなければならないが，防衛大臣に関しては必ずしも文民である必要はない。 〈2011・追試〉

❹ 日本の安全保障をめぐる法制度や政策についての記述として正しいものを，次の ① ～ ④ のうちから一つ選べ。

① 2014年に政府が決定した防衛装備移転三原則によれば，武器や関連技術の輸出は全面的に禁止されている。

② 自衛隊の最高指揮監督権は，防衛大臣が有している。

③ 2015年に成立した安全保障関連法によれば，日本と密接な関係にある他国に対する攻撃によって日本の存立が脅かされ，国民の権利が根底から覆される明白な危険がある場合でも，武力行使は禁止されている。

④ 安全保障に関する重要事項を審議する機関として，国家安全保障会議を内閣に設置している。 〈2018・本試〉

5 日米安全保障条約についての記述として**誤っているもの**を，次の ①～④ のうちから一つ選べ。

① 砂川事件において，最高裁判所はこの条約が憲法に違反すると判断した。

② 当初の条約を，現行条約である「新安保条約」（日米相互協力及び安全保障条約）へ改定する際には，安保闘争と呼ばれる反対運動が起こった。

③ 現行条約では，日本の領域内において日本，アメリカの一方に対する武力攻撃が発生した場合，日米両国が共同で対処すると規定されている。

④ 日本による在日米軍駐留経費の負担は，「思いやり予算」と呼ばれている。　　　　〈2014・本試〉

6 PKO（国連平和維持活動）への自衛隊の参加についての説明として最も適当なものを，次の ①～④ のうちから一つ選べ。

① PKO 協力法の制定により，PKO への自衛隊の参加が可能になった。

② テロ対策特別措置法の制定により，PKO への自衛隊の参加が可能になった。

③ イラク復興支援特別措置法に基づき，PKO として自衛隊がイラクに派遣された。

④ 海賊対処法に基づき，PKO として自衛隊がソマリア沖に派遣された。　　　　〈2015・追試〉

7 国際法の規定している集団的自衛権についての記述として正しいものを，次の ①～④ のうちから一つ選べ。

① 国際連合が行う武力制裁（軍事的強制措置）は，集団的自衛権に基づくものである。

② 国際連合が行う PKO（平和維持活動）は，集団的自衛権に基づくものである。

③ 地域的集団防衛体制である NATO（北大西洋条約機構）は，集団的自衛権に基づくものとされている。

④ 日本が湾岸戦争後に行った掃海艇のペルシャ湾への派遣は，日本政府の説明では集団的自衛権に基づくものとされている。　　　　〈2000・追試〉

---

③ 基本的人権の保障

1 日本国憲法が保障する権利の内容や性質に関する記述として正しいものを，次の ①～④ のうちから一つ選べ。

① 経済の自由については，公共の福祉に基づく制約に服することが憲法の条文に定められている。

② 財産権は侵すことができない権利であるため，正当な補償があっても私有財産を公共のために用いることはできない。

③ プログラム規定説によれば，生存権は国民が国家に対して積極的な施策を請求することができる具体的権利である。

④ 自分の職業を選択する自由が保障されているが，営業の自由はこの保障に含まれない。　〈2016・追試〉

2 基本的人権と公共の福祉についての記述として最も適当なものを，次の ①～④ のうちから一つ選べ。

① 日本では，明治憲法によって，基本的人権は公共の福祉に優先するものとされた。

② 日本国憲法では，経済的自由について，精神的自由よりも広く公共の福祉に基づく制限を受けるものとされた。

③ フランスでは，ワイマール憲法の影響を受けた「人および市民の権利宣言」によって，基本的人権と公共の福祉との相互補完的関係が規定された。

④ ドイツのナチス政権では，基本的人権は公共の福祉に優先すべきものとされた。　　　　〈2006・追試〉

3 多様な権利・自由の相互対立の具体例として**適当でないもの**を，次の ①～④ のうちから一つ選べ。

① ジャーナリストによる取材活動によって，取材の相手方や第三者の生活の平穏が侵害される。

② 宗教家が暴力行為を伴う宗教儀式を行うと，行為の相手方の生命や身体が侵害される。

③ 国が国家秘密を漏洩した公務員に刑罰を科すと，公務員の表現の自由が侵害される。

④ 不動産業者による誇大広告や誤解を招く商業的宣伝によって，顧客の財産が侵害される。〈2006・追試〉

4 憲法が保障する人権も無制約のものではなく，他の権利や利益との調整などを理由に，制約を受けることがある。日本における人権の限界や制約についての記述として**誤っているもの**を，次の ① ～ ④ のうちから一つ選べ。

① 最高裁判所は，組織犯罪など重大犯罪について電話その他の通信の傍受を認める法律が，通信の秘密を侵し憲法に違反すると判断した。

② 配偶者からの暴力による被害の防止や被害者の保護を図るため，必要な措置を定めた法律が制定された。

③ 国家公務員については，労働基本権の制約の代償措置として，人事院勧告の制度が設けられている。

④ 日本国憲法は，検閲という形で表現の自由に制約を加えることを禁止している。　　〈2004・追試〉

5 憲法で定められる基本的人権を，国民が国家に対して何を求めるかに応じて，次のA～Cの三つの類型に分けたとする。これらの類型と日本国憲法が定める基本的人権ア～ウとの組合せとして最も適当なものを，下の ① ～ ⑥ のうちから一つ選べ。

A 国家に対して，不当に干渉しないことを求める権利

B 国家に対して，一定の積極的な行為を求める権利

C 国家に対して，その意思形成への参画を求める権利

ア 選挙権　　イ 国家賠償請求権　　ウ 信教の自由

① A－ア B－イ C－ウ 　② A－ア B－ウ C－イ
③ A－イ B－ア C－ウ 　④ A－イ B－ウ C－ア
⑤ A－ウ B－ア C－イ 　⑥ A－ウ B－イ C－ア 　　〈2016・本試〉

6 「憲法に基づく民主主義において重要なことは，その時々の多数者の意思を忠実に実現することよりもむしろ，個人の尊重を基礎として，個人の自由と平等を保障することにある」という考え方がある。この考え方に沿う主張として最も適当なものを，次の ① ～ ④ のうちから一つ選べ。

① 人権を尊重するためには国家権力をなるべく強くする必要があるので，国民の義務規定を中心とする憲法を制定すべきである。

② 住民の多数が利用する公共施設の建設を地方議会が決定した場合，建設予定地付近の住民は，その決定に反対してはならない。

③ 憲法の改正はその時々の国民が主権者として行う行為であるから，特定の憲法条文の改正を禁止する規定を憲法の中に設けてはならない。

④ 表現の自由を制約する法律の違憲性を審査する際には，裁判所は国会の判断にとらわれることなく，自らの判断に基づいて判決を下すべきである。　　〈2002・追試〉

7 平等について，原則として，すべての人々を一律，画一的に取り扱うことを意味するとの考え方がある。また，そのような意味にとどまることなく，現実の状況に着眼した上で，積極的な機会の提供を通じて，社会的な格差を是正しようとする意味もあるとの考え方がある。後者の考え方に沿った事例として最も適当なものを，次の ① ～ ④ のうちから一つ選べ。

① 法律において，男女同一賃金の原則を定めること。

② 大学入試の合否判定において，受験者の性別を考慮しないこと。

③ 民間企業の定年において，女性の定年を男性よりも低い年齢とする就業規則を定めた企業に対して，法律で罰を科すこと。

④ 女性教員が少ない大学の教員採用において，応募者の能力が同等の場合，女性を優先的に採用するという規定を定めること。　　〈2015・本試〉

8 男女平等に関連して，日本の法制度の説明として**誤っているもの**を，次の ①〜④ のうちから一つ選べ。

① 日本国憲法は，個人の尊厳と両性の本質的平等を規定し，それに対応して，民法の親族および相続に関する規定が改正された。

② 民法は，夫婦は婚姻の際に夫または妻の氏を称すると規定していたが，夫婦別姓を認めるために改正された。

③ 男女共同参画社会基本法は，男女が対等な立場で社会参画すると規定し，それに対応して，国の審議会などで女性委員の割合が高められた。

④ 男女雇用機会均等法は，男女の均等な雇用機会と待遇の確保について努力目標を規定したが，差別的取扱いを禁止する規定に改正された。 〈2007・追試〉

9 精神的自由権に分類される，具体的な人権の保障内容についての記述として最も適当なものを，次の ①〜④ のうちから一つ選べ。

① 人が清浄な空気や良好な眺望など，よい環境を享受し，人間らしい生活を営むことを保障する。

② 個人が現に有している具体的な財産を保障し，またその財産を個人が自らの考えに従って使用したり収益したりすることを保障する。

③ 刑事被告人に対して，いかなる場合にも，資格を有する弁護人を依頼することを保障する。

④ 多数の人が共通の政治的意見をもって団体を結成し，それに加入し，団体として活動することを保障する。 〈2004・本試〉

10 日本における精神的自由の保障に関する記述として正しいものを，次の ①〜④ のうちから一つ選べ。

① 最高裁判所は，三菱樹脂事件で，学生運動の経歴を隠したことを理由とする本採用拒否は違法であると判断した。

② 最高裁判所は，愛媛玉串料事件で，県が玉串料などの名目で靖国神社に公金を支出したことは政教分離原則に反すると判断した。

③ 表現の自由の保障は，国民のプライバシーを尊重するという観点から，マスメディアの報道の自由の保障を含んでいない。

④ 学問の自由の保障は，学問研究の自由の保障のみを意味し，大学の自治の保障を含んでいない。 〈2012・本試〉

11 表現の自由に関連する記述として正しいものを，次の ①〜④ のうちから一つ選べ。

① 表現の自由のほかに，通信の秘密が，憲法に規定されている。

② 報道の自由とプライバシーの権利とは，衝突することはない。

③ 知る権利が，情報公開法上，明文で保障されている。

④ 最高裁では，出版の差止めが認められたことはない。 〈2015・本試〉

12 日本国憲法が保障する表現の自由および通信の秘密に関する記述として正しいものを，次の ①〜④ のうちから一つ選べ。

① 『チャタレイ夫人の恋人』という小説の翻訳が問題となった刑事事件で，最高裁判所は，わいせつ文書の頒布を禁止した刑法の規定は表現の自由を侵害するので違憲とした。

② 通信傍受法は，組織犯罪に関して捜査機関が電話を傍受する際に裁判所の発する令状を不要としている。

③ 『石に泳ぐ魚』という小説のモデルとされた女性がプライバシーを侵害されたとして小説の出版差止めを求めた事件で，最高裁判所は，表現の自由を侵害するとして出版差止めを認めなかった。

④ 特定秘密保護法は，日本の安全保障に関する情報で特定秘密に指定された情報の漏洩を禁止している。 〈2017・追試〉

13 憲法によって禁止されている検閲に当たる事例とは**言えないもの**を，次の①～④のうちから一つ選べ。

① 他人のプライバシーを害する不当な内容の新聞記事が発行される前に，特別の行政委員会が審査して削除する。

② 政府の政策を批判する内容のウェブページがインターネット上に公開される前に，行政機関が審査して削除する。

③ 住民生活に影響する内容の地方自治体の計画案がその広報紙に掲載される前に，地方議会が閲覧して内容の変更を求める。

④ 性風俗を害する内容の小説や図画が市販される前に，警察が閲覧して内容の変更を求める。〈2006・追試〉

14 刑事手続についての記述として正しいものを，次の①～④のうちから一つ選べ。

① 被疑者の取調べは，憲法上，録音・録画が義務づけられている。

② 検察官の強制による被疑者の自白も，裁判上の証拠として認められる。

③ 最高刑が死刑である殺人罪については，時効が廃止されている。

④ 現行犯逮捕の場合にも，憲法上，令状が必要とされる。〈2014・追試〉

15 罪刑法定主義に関する日本の法制度についての記述として正しいものを，次の①～④のうちから一つ選べ。

① 政令により罰則を設けることは，法律による具体的な委任がある場合でも許されない。

② 刑事裁判の手続については，法律によって定める必要はなく，政令で独自に定めることができる。

③ 実行のときに適法であった行為を行った者を，後から処罰する法律を定めることは許されない。

④ 条例は，地方自治体の事務を処理するためのものであるから，法律と異なり，条例に違反する行為に対して罰則を定めることはできない。〈2002・追試〉

16 日本国憲法の定める被疑者や被告人の権利についての記述として正しいものを，次の①～④のうちから一つ選べ。

① 裁判官の発する，逮捕の理由となっている犯罪を明示した逮捕状がなければ，現行犯として逮捕されることはない。

② 殺人罪などの重大犯罪について起訴されているときでなければ，弁護人を依頼することはできない。

③ 無罪の確定判決を受けたときでも，裁判中の抑留や拘禁についての補償を，国に求めることはできない。

④ 無罪の判決が確定した行為について，再び刑事上の責任が問われることはない。〈2003・追試〉

17 日本における身体の自由についての記述として**誤っているもの**を，次の①～④のうちから一つ選べ。

① 何人も，現行犯で逮捕される場合を除き，検察官が発する令状によらなければ逮捕されない。

② 何人も，自己に不利益な唯一の証拠が本人の自白である場合には，有罪とされることも刑罰を科せられることもない。

③ 何人も，法律の定める手続によらなければ，生命や自由を奪われることも刑罰を科せられることもない。

④ 何人も，実行の時に犯罪でなかった行為について，その後に制定された法律によって処罰されない。

〈2015・追試〉

18 日本における財産権の保障についての記述として**誤っているもの**を，次の①～④のうちから一つ選べ。

① 海賊版の映像や音楽については，個人で使用するためのダウンロードが刑事罰の対象とされている。

② 知的財産に関する事件については，これを専門的に取り扱う知的財産高等裁判所が設置されている。

③ 憲法は，国民に認められる財産権の内容が，公共の福祉に適合するように法律で定められることを規定している。

④ 憲法は，すべての国民が最低限度の財産を所有できるよう，国がそのために必要な政策を行うことを規定している。〈2014・追試〉

19 日本国憲法における経済的自由にかかわる規定についての説明として**誤っているもの**を，次の ①～④ の
うちから一つ選べ。

① 日本国憲法は，営業の自由を明記している。

② 日本国憲法は，経済的自由に対して公共の福祉による制限を明記している。

③ 日本国憲法には，財産権の内容は法律で定めるとの規定がある。

④ 日本国憲法には，私有財産の収用に正当な補償が必要との規定がある。　　　　　〈2008・追試〉

20 社会保障制度を支える理念として，日本国憲法 25 条が定める生存権がある。生存権をめぐる学説・判例
についての記述として最も適当なものを，次の ①～④ のうちから一つ選べ。

① 法的権利説の立場では，国の施策が最低限度の生活を保障していなくても国民が裁判で憲法 25 条に基
づき争うことはできないと理解されている。

② 朝日訴訟最高裁判決は，当時の生活保護の基準が憲法 25 条に違反していると判断した。

③ 堀木訴訟最高裁判決は，障害福祉年金と児童扶養手当の併給禁止が憲法 25 条に違反していないと判断
した。

④ プログラム規定説の立場では，憲法 25 条は国に生存権を実現する法的な義務を課していると理解され
ている。　　　　　〈2011・追試〉

21 社会権 A～C とそれを実現するために日本で行われている具体的な施策**ア～ウ**との組合せとして最も適当
なものを，下の ①～⑥ のうちから一つ選べ。

A　勤労権　　　　　B　生存権　　　　C　団結権

ア　労働組合員であることを理由に労働者を解雇することを，不当労働行為として法律で禁止する。

イ　公共職業安定所（ハローワーク）を設置し，求職者に職業を紹介することを法律で定める。

ウ　生活に困窮する者に対して，公費を財源に厚生労働大臣が定める基準に基づき扶助を行うことを法律で
定める。

① A－ア　B－イ　C－ウ　　　　② A－ア　B－ウ　C－イ

③ A－イ　B－ア　C－ウ　　　　④ A－イ　B－ウ　C－ア

⑤ A－ウ　B－ア　C－イ　　　　⑥ A－ウ　B－イ　C－ア　　　　〈2012・本試〉

22 日本国憲法は労働基本権（労働三権）を保障している。労働基本権は，労働者に「ある権利」を実質的に
保障するためのものといわれている。その「ある権利」を定めた日本国憲法の条文として最も適当なものを，
次の ①～④ のうちから一つ選べ。

① 財産権は，これを冒してはならない。

② すべて国民は，健康で文化的な最低限度の生活を営む権利を有する。

③ 信教の自由は，何人に対してもこれを保障する。

④ 何人も，裁判所において裁判を受ける権利を奪はれない。　　　　　〈2018・試行調査〉

23 日本における社会権の保障についての記述として**誤っているもの**を，次の ①～④ のうちから一つ選べ。

① 生存権は，新しい人権として環境権が主張される際に，その根拠の一つとなっている。

② 教育を受ける権利は，児童・生徒が公立学校において，自らの信仰する宗教の教義の教育を受ける権利
を含んでいる。

③ 勤労権は，職業安定法，雇用対策法などの法律によって，実質的な保障が図られている。

④ 団体交渉権は，国家公務員および地方公務員については，民間企業の労働者よりも制限されている。

〈2013・追試〉

❷❹ 福祉国家としての日本の現状の記述として最も適当なものを，次の ① ～ ④ のうちから一つ選べ。

① 健康で文化的な最低限度の生活を営むことのできない者は，法律の根拠がなくても，直接憲法に基づいて国に生活保護を請求することができる。

② 義務教育においては，国民に，授業料を徴収しない教育の機会が保障されているだけでなく，教科書もまた無償で配布される。

③ 勤労は，権利であるとともに義務でもあるので，国が必要と認める場合には，国民を強制的に徴用することができる。

④ 公務員も勤労者であるから，労働基本権の保障を受け，その一つである争議権もしばしば合法的に行使される。 〈2006・本試〉

❷❺ 日本における参政権の保障に関する記述として最も適当なものを，次の ① ～ ④ のうちから一つ選べ。

① 最高裁判所は，在外邦人（外国に居住する日本国民）による国政選挙権の行使を比例代表選挙に限定する公職選挙法の規定を，違憲と判断した。

② 日本国憲法は，憲法改正の条件として国民投票による過半数の賛成のみをあげており，国会による憲法改正の発議には条件を設けていない。

③ 男女共同参画社会基本法の施行に伴い，衆議院議員の議席は男女同数とされた。

④ 普通選挙を明文で保障する日本国憲法の施行に伴い，すべての成年者に選挙権を与える衆議院議員選挙が初めて実施された。 〈2013・本試〉

❷❻ 日本における参政権についての記述として最も適当なものを，次の ① ～ ④ のうちから一つ選べ。

① 地方自治体の長については，憲法上，その地方自治体の住民による直接選挙が保障されている。

② 衆議院議員選挙では，永住資格を有する在日外国人も選挙権をもつ。

③ 参議院議員選挙では，成年の国民が被選挙権をもつ。

④ 条約の批准については，憲法上，成年の国民による国民投票が保障されている。 〈2009・本試〉

❷❼ 基本的人権などさまざまな権利の保障をめぐる日本の現状についての記述として最も適当なものを，次の ① ～ ④ のうちから一つ選べ。

① 経済および産業の発展を図るために特許権などの知的財産権の付与を行う行政機関は，設置されていない。

② 最高裁判所が環境権を認めていないため，公害被害を受けた市民の損害賠償請求は認められていない。

③ 情報公開法は，プライバシーの権利を積極的に実現することを目的として制定されている。

④ 公務員の違法な権限行使により損害を受けた者は，国または地方公共団体に対して損害賠償を請求することができる。 〈2011・本試〉

1 基本的人権は，さまざまな観点から分類することができる。いま，基本的人権をA～Cのいずれかの基準に従ってαグループとβグループとの2種類に分類したとき，**ア～ウ**のように分類されたとする。これらの分類の基準A～Cと分類ア～ウとの組合せとして最も適当なものを，下の①～⑥のうちから一つ選べ。

A　19世紀までの権利宣言・憲法で保障されていた権利（α）と，20世紀以後の憲法で保障されるようになった権利（β）

B　私人の活動に干渉しないよう国家に求めることを本質的な内容とする権利（α）と，一定の行為をするよう国家に求めることを内容とする権利（β）

C　日本国憲法に明文で保障する規定がある権利（α）と，明文で保障する規定がない権利（β）

ア $\left\{\begin{array}{l} α　表現の自由，職業選択の自由，生存権，選挙権 \\ β　名誉権，プライバシー権，環境権 \end{array}\right.$

イ $\left\{\begin{array}{l} α　信教の自由，表現の自由，財産権，選挙権 \\ β　生存権，教育を受ける権利，団結権 \end{array}\right.$

ウ $\left\{\begin{array}{l} α　信教の自由，職業選択の自由，自己決定権 \\ β　教育を受ける権利，裁判を受ける権利，国家賠償請求権 \end{array}\right.$

① A－ア　B－イ　C－ウ　　② A－ア　B－ウ　C－イ
③ A－イ　B－ア　C－ウ　　④ A－イ　B－ウ　C－ア
⑤ A－ウ　B－ア　C－イ　　⑥ A－ウ　B－イ　C－ア

〈2012・本試〉

2 世界人権宣言が採択された後，人権を国際的に保障するためにさまざまな条約が採択されてきた。そうした**条約の名称**A～Cとその**条約の条文ア～ウ**との組合せとして正しいものを，下の①～⑥のうちから一つ選べ。

【条約の名称】
A　経済的，社会的及び文化的権利に関する国際規約（A規約）
B　市民的及び政治的権利に関する国際規約（B規約）
C　市民的及び政治的権利に関する国際規約（B規約）の第一選択議定書

【条約の条文】
ア　規約に掲げるいずれかの権利が侵害されたと主張する個人であって，利用可能なすべての国内的な救済措置を尽くしたものは，検討のため，書面による通報を委員会に提出することができる。
イ　すべての者は，干渉されることなく意見を持つ権利を有する。
ウ　この規約の締約国は，教育についてのすべての者の権利を認める。

① A－ア　B－イ　C－ウ　　② A－ア　B－ウ　C－イ
③ A－イ　B－ア　C－ウ　　④ A－イ　B－ウ　C－ア
⑤ A－ウ　B－ア　C－イ　　⑥ A－ウ　B－イ　C－ア

〈2018・試行調査〉

❸ 個人の権利や利益について規定する条約は次第に増えており，条約内容を実現させるためには，国内で適切な対応をとることがますます重要になっている。次の条文は，1985年に日本が批准したある条約の条文である。この条文の内容を国内で実現させるために国会や裁判所においてとられた対応として正しいものを，後の ① ～ ④ のうちから一つ選べ。

> 第9条第2項
> 　締約国は，子の国籍に関し，女子に対して男子と平等の権利を与える。

（注）「女子」と「男子」は，「子」の親となる女性と男性を意味する。

① 在日外国人への差別をあおる暴力的な街宣活動が問題化したことから，民族や国籍を理由とする差別的言動を規制するため，法律を制定した。

② 最高裁判所は，日本人の父と外国人の母の間に生まれた婚外子は父の認知だけでは日本国籍を取得できないという法律を，合理的な理由のない差別であるとして子の日本国籍を認めた。

③ 法律を改正し，父が日本人の場合にのみ子に日本国籍を認める父系血統主義を，父または母のいずれかが日本人であれば子に日本国籍を認める父母両系血統主義に改めた。

④ 最高裁判所は，女性の再婚を6か月間禁止する法律の規定について，100日を超える部分については合理的な理由のない差別であると判断した。　　　　　　　　　　　　　　　　　　〈2022・追再試〉

❹ それぞれの条約に対する日本の取組みに関する記述として**誤っているもの**を，次の ① ～ ④ のうちから一つ選べ。

① 二つの国際人権規約を批准する際に，それらの権利をすべて認めたのではなく，いくつかの条項について留保している。

② 女性差別撤廃条約を批准するに先立って，男女雇用機会均等法の制定など，国内法の整備を行った。

③ 子どもの権利条約を批准したが，未成年者保護の観点から，成人と異なった取扱いを行うことは認められている。

④ 死刑廃止条約（自由権規約第2選択議定書）の批准により，長年にわたって維持してきた死刑制度を廃止した。　　　　　　　　　　　　　　　　　　　　　　　　　　　　　　　　　　　〈2005・追試〉

❺ マイノリティの人びとが受けることのある差別や不利益を解消するための法律・条約に関する記述として**誤っているもの**を，次の ① ～ ④ のうちから一つ選べ。

① アイヌ民族を差別的に取り扱ってきた法律を廃止してアイヌ文化振興法が制定されたが，アイヌ民族の先住民族としての権利は明記されなかった。

② 障害者雇用促進法は国・地方公共団体が障害者を雇用する義務を定めているが，企業の雇用義務については明記されなかった。

③ 部落差別問題に関して，同和地区住民への市民的権利と自由の完全な保障を求めた審議会答申に基づき，同和対策事業特別措置法が制定された。

④ 人種差別問題に関して，国際的な人権保障の一環として，国際連合で人種差別撤廃条約が採択された。　　　　　　　　　　　　　　　　　　　　　　　　　　　　　　　　　　　　　〈2012・本試〉

❻ 日本における「新しい人権」についての記述として正しいものを，次の ① ～ ④ のうちから一つ選べ。

① 子どもを放置，搾取，虐待から守るため，子どもの権利が主張され，国内法上の権利として確立したが，それに関する条約はまだ存在しない。

② 情報を受け取るだけでなく，受け取った情報に反論し，番組・紙面に参加する権利（アクセス権）が主張され，最高裁判所によって認められている。

③ 国民がその権利・自由を確保するため，国や地方自治体に自分の希望を表明する請願権が主張され，憲法上の権利として認められている。

④ 生活環境の悪化や自然破壊に対処するため，生存権や幸福追求権を根拠に環境権が主張されているが，まだ最高裁判所によっては認められていない。　　　　　　　　　　　　　　　　　　〈2001・追試〉

7 新しい人権A～Cと，その内容ア～ウとの組合せとして正しいものを，下の ① ～ ⑥ のうちから一つ選べ。

A アクセス権　　　B 知る権利　　　C プライバシー権

ア 自分に関する情報を自らコントロールする権利
イ マスメディアを利用して意見を発表したり反論したりする権利
ウ 政府情報の開示を求める権利

① A－ア　B－イ　C－ウ　　　② A－ア　B－ウ　C－イ
③ A－イ　B－ア　C－ウ　　　④ A－イ　B－ウ　C－ア
⑤ A－ウ　B－ア　C－イ　　　⑥ A－ウ　B－イ　C－ア

〈2009・本試〉

8 1999 年に制定された日本の情報公開法（行政機関の保有する情報の公開に関する法律）をめぐる状況についての記述として正しいものを，次の ① ～ ④ のうちから一つ選べ。

① この法律の下で開示（公開）請求が拒否された請求者には，不服申立てや裁判による救済の途が開かれている。
② この法律の下で開示（公開）請求を行うことができるのは，日本国籍を保有し，所得税を納めている者に限られる。
③ この法律が制定されたことで，消費者の知る権利への意識も高まり，消費者保護基本法の制定が主張されるようになった。
④ この法律が制定され，プライバシーの侵害の危険が増大したため，地方自治体が個人情報保護条例を制定するようになった。

〈2001・追試〉

9 個人情報は，プライバシーの保護の観点から，みだりに公にされてはならない。しかし，公共の利益のため，公開が認められる場合がある。このような観点から公開されている個人情報の例として最も適当なものを，次の ① ～ ④ のうちから一つ選べ。

① 国民健康保険で記録された通院歴
② 公立図書館における個人の図書貸出記録
③ 個人の公的年金受給額
④ 国会議員の資産

〈2005・本試〉

10 個人情報保護のための，日本の法制度についての記述として最も適当なものを，次の ① ～ ④ のうちから一つ選べ。

① 個人は，企業に対して，自分の個人情報の開示・訂正・削除を請求することができる。
② 企業は，業務上の必要性の有無を問わず，従業員の個人情報を第三者に渡すことができる。
③ 企業は，顧客の同意があっても，その個人情報を事業のために利用することはできない。
④ 個人は，国のすべての行政機関に対して，自分の個人情報の開示・訂正・削除を請求することはできない。

〈2008・本試〉

11 個人情報保護関連 5 法やその根拠であるプライバシーの権利についての記述として正しいものを，次の ① ～ ④ のうちから一つ選べ。

① 個人情報保護法（個人情報の保護に関する法律）では，個人情報に関する請求権が定められていない。
② いずれの法律も民間の事業者が保有する個人情報を対象とするものであり，行政機関が保有する個人情報は対象とされていない。
③ 個人は自らについての情報をコントロールできるという内容のプライバシーの権利が，憲法上の幸福追求権などを根拠に主張されている。
④ 裁判所が民間事業者の保有する個人情報の削除を最初に認めた事件として，「宴のあと」事件がある。

〈2014・追試〉

12 1990年代の日本におけるマイノリティの権利保障に関する記述として最も適当なものを，次の①〜④のうちから一つ選べ。

① アイヌ民族を差別的に取り扱ってきた法律は廃止され，新たに，民族固有の文化や伝統を尊重する目的でアイヌ文化振興法が制定された。

② 障害者基本法の制定によって初めて，企業や国・地方自治体は，一定割合の障害者雇用が義務づけられた。

③ 最高裁判所の判決によれば，憲法は，永住資格を有する在日外国人にも地方参政権を保障している。

④ 最高裁判所の判決は，信教の自由を実質的に確保するため，国が小規模な宗教団体に補助金支出を行うことを認めている。

〈2005・追試〉

13 外国人の権利に関連する記述として正しいものを，次の①〜④のうちから一つ選べ。

① 最高裁は，国政選挙権を一定の要件を満たす外国人に対して法律で付与することを，憲法は禁じていないとしている。

② 指紋押捺を義務づける外国人登録制度が，実施されている。

③ 最高裁は，憲法上の人権保障は，性質上日本国民のみを対象とするものを除いて外国人にも及ぶとしている。

④ 外国人が給付を受けることのできる社会保障制度は，実施されていない。

〈2018・追試〉

14 子どもの権利に関連する日本の法制度についての記述として**誤っているもの**を，次の①〜④のうちから一つ選べ。

① 児童虐待防止法は，児童虐待が行われているおそれがある場合には，行政が児童の住居に立ち入って調査することを認めている。

② 教育基本法は，公立学校においても，子ども本人や保護者が求める場合には，その信仰する宗教のための宗教教育を行うことを認めている。

③ 日本は，子どもを保護する対象としてだけではなく権利主体としてとらえ，意見表明権などを保障した，子どもの権利条約を批准している。

④ 日本は，性的な搾取・虐待が児童の権利を著しく侵害するものであることから，児童買春や児童ポルノを規制する法律を制定している。

〈2012・追試〉

15 日本国憲法第14条以下の基本的人権の規定に含まれていない事項について，第13条の幸福追求権などを根拠に新しい人権が主張されるようになっている。そのような新しい人権の例として最も適当なものを，次の①〜④のうちから一つ選べ。

① インターネットを利用して内閣総理大臣に直接に請願する権利

② ゲームソフトを開発するためのベンチャー企業を経営する権利

③ データベース上の個人情報の保護を国に対し請求する権利

④ ホームページを開設して世界に向けて意見を発信する権利

〈2004・本試〉

第3章 日本の政治機構　　　　　　　　　　　　　　▶▶ 要 点 整 理

1 立法

1 国会の地位と構成

(1) 国会の地位

① 議会主義…「国会は，国権の〔❶　　　　　〕であつて，国の唯一の〔❷　　　　　〕である」（第41条）

　　a．国会中心立法の原則…例外→議院および最高裁の規則制定権，内閣の政令制定権，地方公共団体の〔❸　　　　　〕制定権

　　b．国会単独立法の原則…例外→地方特別法の〔❹　　　　　〕，憲法改正の国民投票

② 国民の代表機関…国会議員は「全国民を代表する」（第43条）

(2) 国会の構成

① 二院制　　　　　　　　　　　　　　　　※参議院には法的拘束力のない問責決議のみが認められている

	定　数	任　期	解　散	内閣不信任	被選挙権	選挙区（定数）
衆議院	465	4年	あり	あり	25歳以上	〔❺　　　　〕（289），比例代表（176）の並立
参議院	248	6年	なし	（問責決議）※	30歳以上	選挙区（148），比例代表（100）の併用

② 衆議院の優越（第59条2項，60条2項，61条，67条2項）

　　a．衆議院だけの権限…〔❻　　　　　〕の先議権，内閣〔❼　　　　　〕権

　　b．衆参で議決が異なった場合，衆議院の議決が国会の議決となる

　　　…〔❻　　　　　〕の議決，〔❽　　　　　〕の承認，〔❾　　　　　〕の指名

　　c．参議院で否決された〔❿　　　　　〕…衆議院で出席議員の3分の2以上の特別多数決で再可決

③ 国会の種類

〔⓫　　　　〕（通常国会）	毎年1回，1月召集，会期150日	法律案・予算などの審議
臨時会（臨時国会）	内閣または各議院の総議員1/4以上の要求	補正予算・臨時案件の審議
〔⓬　　　　〕（特別国会）	解散総選挙日から30日以内	〔❾　　　　〕の指名
参議院の緊急集会	衆議院閉会中，緊急に必要な場合	緊急事項の審議

2 国会の権能と活動

(1) 国会の権能

① 国会の権限…原則として両議院の意思が一致した議決が必要。両院の議決が異なった場合は〔⓭　　　　　〕を開き協議することが認められている。ただし，衆議院の優越がある

② 権限の種類

立法上の権限	〔❿　　　　〕の議決，〔❽　　　　〕の承認，憲法改正の発議
財政上の権限	〔❻　　　　〕の議決，決算の承認
行政監督上の権限	〔❾　　　　〕の指名，内閣〔❼　　　　〕権，国政調査権
司法上の権限	議員の懲罰権，議員の資格争訟の裁判，〔⓮　　　　〕の設置権

(2) 国会の活動

① 国会運営…本会議…定足数＝総議員の3分の1以上の出席，議決＝出席議員の過半数

　　　　　　　委員会…常任委員会と特別委員会

② 〔⓯　　　　　〕…利害関係者や学識経験者の意見を聴く（予算委員会では開催を義務づけ）

③ 国会議員の特権

歳費特権	国庫から相当額の歳費を受ける
〔⓰　　　　〕	国会会期中は現行犯と議院の許諾ある場合を除いて逮捕されない
〔⓱　　　　〕	院内での発言・表決について院外で責任を問われない

(3) 国会改革…国会審議活性化法（1999）

① 政府委員制度の廃止…官僚が大臣に代わって答弁することを原則廃止

② 副大臣・大臣政務官の導入…政務次官を廃止し，副大臣と大臣政務官を各省庁に配置

③ 〔⓲　　　　　〕…イギリスのクエスチョンタイムにならって導入

解答 ❶最高機関　❷立法機関　❸条例　❹住民投票　❺小選挙区　❻予算　❼不信任決議　❽条約
❾内閣総理大臣　❿法律案　⓫常会　⓬特別会　⓭両院協議会　⓮弾劾裁判所　⓯公聴会　⓰不逮捕特権
⓱免責特権　⓲党首討論

② 行政

① 内閣の地位

(1) 明治憲法下の内閣
　① 憲法に内閣の規定はない…各国務大臣が天皇を個別に輔弼（はひつ）（行為について進言）
　② 内閣総理大臣と国務大臣は同等の地位…内閣総理大臣は「同輩中の首席」にすぎない

(2) 日本国憲法下の内閣
　① 憲法第5章として規定
　② 「〔❶　　　　　〕は，内閣に属する」（第65条）…内閣が行政機関を統括する

② 内閣の構成と権限

(1) 内閣の組織
　① 合議体としての内閣…内閣の首長である内閣総理大臣とその他の国務大臣により組織
　② 内閣総理大臣…〔❷　　　　　〕の中から国会の議決で指名（第67条1項）
　③ 国務大臣…内閣総理大臣が任命，その〔❸　　　　　〕は〔❷　　　　　〕である必要（第68条）
　④ 内閣総理大臣およびその他の国務大臣…〔❹　　　　　〕でなければならない（第66条2項）
　⑤ 閣議…内閣の意思決定を行う（内閣総理大臣が主宰し，意思決定は全会一致で行われる）

(2) 議院内閣制
　① 内閣の存立は国会の信任を条件とする
　② 国会に対して〔❺　　　　　〕して責任を負う（第66条3項）
　③ 衆議院で〔❻　　　　　〕の決議をした場合
　　→ 10日以内に〔❼　　　　　〕をするか，衆議院を〔❽　　　　　〕するかのいずれかを選択
　④ 〔❼　　　　　〕の場合

・衆議院で〔❻　　　　　〕決議案が可決されて，〔❾　　　　　〕以内に衆議院が〔❽　　　　　〕されないとき（第69条）
・総選挙後，国会が召集されたとき（第70条）
・内閣総理大臣が欠けたとき（第70条）
・内閣自らが〔❼　　　　　〕すると判断したとき

　⑤ 〔❽　　　　　〕の種類

69条解散	衆議院で〔❻　　　　　〕決議案が可決され，内閣が総辞職しない場合
7条解散	天皇の〔❿　　　　　〕として行われる…内閣の政治的判断による解散 →内閣総理大臣の専権事項であり，「伝家の宝刀」といわれる

(3) 内閣の権限
　① 一般行政事務のほか，外交関係の処理，〔⓫　　　　　〕の締結（承認は国会），官吏に関する事務の掌理，
　　〔⓬　　　　　〕の作成と国会への提出（議決は国会），〔⓭　　　　　〕の制定，恩赦の決定（第73条）
　② 天皇の〔❿　　　　　〕に対する〔⓮　　　　　〕（第3条）
　③ 〔⓯　　　　　〕の指名（第6条・任命は天皇）→その他の最高裁の裁判官は任命（第79条），
　　下級裁判所の裁判官は最高裁提出の名簿に従い任命（第80条）
　④ 臨時会（臨時国会）の召集の決定など

(4) 行政機関
　① 中央省庁…中央省庁等改革基本法（1998）により再編される（2001年度から実施）
　　a．1府12省庁…総理府は〔⓰　　　　　〕に改組され，機能が強化
　　b．防衛庁が防衛省に昇格（2007）
　　c．消費者庁の設置（2009）…消費者行政の統一的・一元的な運営
　　d．内閣人事局の設置（2014）…各省庁の幹部人事の一元的管理
　　e．復興庁の設置（2011），デジタル庁の設置・発足（2021）こども家庭庁の設置・発足（2023）
　② 〔⓱　　　　　〕…内閣から独立して設置される合議機関，準立法・準司法的権限をもつ
　　人事院，公正取引委員会，国家公安委員会など（専門知識や政治的中立を要する分野）

解答　❶行政権　❷国会議員　❸過半数　❹文民　❺連帯　❻内閣不信任　❼総辞職　❽解散　❾10日
❿国事行為　⓫条約　⓬予算　⓭政令　⓮助言と承認　⓯最高裁判所長官　⓰内閣府　⓱行政委員会

3 司法

1 司法権の独立

(1) 司法権と裁判所

① 明治憲法下…特別裁判所（行政裁判所，軍法会議，皇室裁判所など）の設置

② 日本国憲法下…司法権は最高裁判所及び下級裁判所に属し，特別裁判所は禁止（第76条）

③ 裁判所の独立…裁判所の自律権（最高裁の規則制定権，最高裁の下級裁判所裁判官の指名）

(2) 裁判官の独立

① 「すべて裁判官は，その〔❶　　　　　〕に従ひ独立してその職権を行ひ，この〔❷　　　　　〕及び法律にのみ拘束される。」（第76条）

② 裁判官の身分保障（第78条）→心身の故障または〔❸　　　　　〕によらなければ罷免されない

③ 最高裁判所の裁判官に対しては〔❹　　　　　〕がある（第79条）

(3) 司法権の独立および裁判官の独立の事例

1891	〔❺　　　　　〕（明治憲法下）	行政権からの独立
1948	浦和事件（日本国憲法下）	立法権からの独立
1969	平賀書簡問題（日本国憲法下）	他の裁判官からの独立

2 裁判制度

(1) 裁判所と裁判の種類

① 最高裁判所…最終の判断を下す終審裁判所，長官と14名の裁判官で構成

② 下級裁判所…高等裁判所，地方裁判所，家庭裁判所，簡易裁判所

③ 裁判の種類と審級制度

民事裁判	私人間の私的な法律関係の争いの処理。当事者主義の採用
〔❻　　　　　〕	検察官が被疑者を起訴し，被告人の有罪か無罪を決定する
行政裁判	国・地方公共団体などの行政機関と個人，もしくは行政機関相互の争い

a. 〔❼　　　　　〕…審理の慎重を期すために3回まで裁判が受けられる制度

b. 〔❽　　　　　〕…判決確定後に新しい証拠などによって裁判をやり直す制度→「疑わしきは被告人の利益に」の原則に基づき，〔❾　　　　　〕を防止する目的

c. 司法取引制度の開始（2018）…被告人が減刑などと引き換えに検察官の捜査・訴追に協力

④ 裁判の〔❿　　　　　〕…政治犯罪，出版に関する犯罪，基本的人権に関わる事件はすべて公開

⑤ 検察制度

a. 検察官…刑事事件において裁判所に起訴し，刑罰を求める

b. 〔⓫　　　　　〕…検察官の不起訴処分の当否を審査する。起訴議決制度（2009）

(2) 違憲立法審査権

① 一切の法律・命令などについて合憲・違憲を判断する権限（第81条）。…最高裁は終審裁判所なので「〔⓬　　　　　〕」と呼ばれる。具体的な事件に即して判断（付随的違憲審査制）

② 最高裁の違憲判決・決定

1973	尊属殺重罰規定違憲判決	2005	在外投票制限違憲判決
1975	薬事法距離制限規定違憲判決	2008	国籍法婚姻条件違憲判決
1976・85	衆議院議員定数不均衡違憲判決	2010	北海道砂川市政教分離違憲判決
1987	共有林分割制限規定違憲判決	2013	婚外子相続格差規定違憲決定
1997	愛媛玉串料公費支出違憲判決	2015	再婚禁止期間規定違憲判決
2002	郵便法規定違憲判決	2021	孔子廟土地代免除違憲判決

(3) 司法制度改革

・裁判迅速化法（2003）→裁判の迅速化をはかる
・法科大学院（ロースクール）の開校（2004）→法曹（裁判官・検察官・弁護士）人口の拡大
・〔⓭　　　　　〕の導入（2009）→司法への国民参加，刑事事件を対象に量刑まで行う

・その他…日本司法支援センター（法テラス）の設置，〔⓮　　　　　〕（裁判外紛争解決）の拡充，即決裁判制度の導入，知的財産高等裁判所の設置，国選弁護人制度の充実など

解答 ❶良心　❷憲法　❸弾劾裁判　❹国民審査　❺大津事件　❻刑事裁判　❼三審制　❽再審制度　❾冤罪
❿公開　⓫検察審査会　⓬憲法の番人　⓭裁判員制度　⓮ADR

4 地方自治

1 地方自治と民主政治

(1) 地方自治の意義と日本の地方自治

① 意義…「地方自治は民主主義の最良の学校である」（ブライス『近代民主政治』）→居住地域の政治を実践することで民主主義を理解，トックビルも『アメリカの民主政治』で同様の評価

② 地方自治の本旨

〔**❶**　　　　〕	住民の意思に基づき，住民自身の手で行われる→首長・議員の選挙，直接請求権
〔**❷**　　　　〕	国からの指揮・監督を受けず，独立して行う→〔**❸**　　　　〕の推進

(2) 日本国憲法下の地方自治

① 地方自治の本旨に基づいた地方公共団体を組織・運営（第92条）

② 〔**❹**　　　　〕…地方公共団体の組織・運営について定める法律

2 地方自治の制度

(1) 地方公共団体の組織と権限

① 議決機関…一院制の議会による。〔**❺**　　　　〕の制定・改廃，予算の議決など

② 執行機関

　a．知事・市町村長（首長）…規則制定権，〔**❺**　　　　〕執行権，法定受託事務執行権など

　b．補助機関…副知事（都道府県），副市町村長（市町村）など

③ 〔**❻**　　　　〕…教育委員会，選挙管理委員会，人事（公平）委員会，監査委員など

④ 議会と首長の関係（二元代表制）…大統領制と議院内閣制との折衷

　a．首長…議案提出権，〔**❺**　　　　〕・予算の議会議決に対する〔**❼**　　　　〕を有する

　b．議会…首長の〔**❽**　　　　〕権を有する

　　→〔**❽**　　　　〕を受けた首長は，議会を〔**❾**　　　　〕することができる

(2) 地方分権改革と地方財政の課題

① 地方分権の推進→〔**❹**　　　　〕の改正を中心に関係法律の整備→〔**❿**　　　　〕の制定（1999）

② 事務区分の変化…機関委任事務の廃止

自 治 事 務	固有の事務として独自に処理できる事務→都市計画，飲食店営業許可など
〔**⓫**　　　　〕	国の事務のうち地方で処理した方が便利な事務 →戸籍事務，旅券（パスポート）の発行，生活保護の決定・実施など

③ 地方財政…「三割自治（四割自治）」といわれた

自主財源	地方税→現在も全体の5割を超えない自治体が多い	
依存財源	地方債…地方公共団体が特定事業の資金のために発行する公債	
	国からの 拠出金	〔**⓬**　　　　〕…事業ごとに使途を指定して支出，補助金ともいう
		地方交付税交付金…地方公共団体間の財政力の格差是正のために配分

④ 三位一体の改革（小泉内閣）…補助金の削減，国から地方公共団体への税源移譲，地方交付税の見直し

⑤ 構造改革特区の設定（2003）→総合特区の指定（2011）→国家戦略特別区（2013）

(3) 住民の権利

① リコール（解職請求），〔**⓭**　　　　〕（住民発案），〔**⓮**　　　　〕（住民投票）

② 直接請求権

〔**❺**　　　〕の 制定・改廃	有権者の〔**⓰**　　〕 以上の署名	首長に請求	議会で審議・議決→結果を公表
監査の請求		監査委員に請求	結果を公表
〔**⓯**　　　〕の解散	有権者の〔**⓱**　　〕 以上の署名	〔**⓲**　　　〕 に請求	住民投票の過半数の同意で解散
役員（議員・首長） の解職			住民投票の過半数の同意で失職
副知事などの解職		首長に請求	議会に付議 2／3の出席で3／4の同意で失職

③ 住民参加と住民運動…住民投票条例の制定，〔**⓳**　　　　〕の導入など

解答 ❶住民自治　❷団体自治　❸地方分権　❹地方自治法　❺条例　❻行政委員会　❼拒否権
❽不信任決議　❾解散　❿地方分権一括法　⓫法定受託事務　⓬国庫支出金　⓭イニシアティブ
⓮レファレンダム　⓯議会　⓰50分の1　⓱3分の1　⓲選挙管理委員会
⓳オンブズ・パーソン（オンブズマン，行政監察官）制度

問題演習

1 立法

1 次のA～Cのうち，明治憲法下の帝国議会には当てはまらず，日本国憲法下の国会に当てはまるものはどれか。最も適当なものを，下の①～⑦のうちから一つ選べ。

A　両議院に公選制が採用されている。
B　勅令に関する規定を有する。
C　内閣総理大臣を指名する。

① A　　　　② B　　　　③ C　　　　④ AとB　　　⑤ AとC
⑥ BとC　　⑦ AとBとC　　　　　　　　　　　　　　　〈2014・本試〉

2 国会に関連する記述として**誤っているもの**を，次の①～④のうちから一つ選べ。
① 衆参両院の議員の定数は法律によって定められているので，国会で法律の改正を行えば，定数を変更することができる。
② 国会には，首相と野党党首とが直接対峙して国政の基本課題について議論する党首討論の仕組みが設けられている。
③ 衆参両院で同意が必要な日本銀行総裁などの人事（国会同意人事）について，憲法は参議院で同意が得られない場合の衆議院の優越を定めている。
④ 国会は会期制を採用しており，原則として，常会（通常国会）は毎年1月に召集され150日を会期とする。　　　　　　　　　　　　　　　　　　　　　　　　　〈2012・追試〉

3 国会についての記述として正しいものを，次の①～④のうちから一つ選べ。
① 国会において憲法の規定に基づき内閣不信任決議案が可決された場合，内閣は総辞職か衆議院の解散かを選択することになる。
② 国会に設置されている委員会は，法律案の審議のために公聴会の開催が義務づけられている。
③ 国会は弾劾裁判所を設置する権限を有しており，弾劾裁判によって国務大臣を罷免することができる。
④ 国会の憲法審査会は，法律や命令が憲法に違反するかしないかを決定するために設置されている。　　　　　　　　　　　　　　　　　　　　　　　　　〈2017・本試〉

4 国会の議員に認められている日本国憲法上の地位についての記述として**誤っているもの**を，次の①～④のうちから一つ選べ。
① 法律の定める場合を除いて，国会の会期中逮捕されない。
② 議院内で行った演説について，議院外で責任を問われない。
③ 法律の定めるところにより，国庫から相当額の歳費を受ける。
④ 議員を除名するには，弾劾裁判所の裁判が必要となる。　　　　　〈2009・本試〉

5 日本では委員会での審議を重視した議案処理の仕組みを委員会制度というが，この制度についての記述として正しいものを，次の①～④のうちから一つ選べ。
① 委員会制度は，すでに明治憲法の下で導入されていた。
② 法律案は，特別な事情のない限り，常任委員会に付託される。
③ 特別委員会は，必要に応じて設置され，同一会期中は廃止できない。
④ 予算委員会は，当初予算の審議に際して必ずしも公聴会を開く必要はない。　〈2007・追試〉

6 日本の立法過程に関する記述として**誤っているもの**を，次の ① ～ ④ のうちから一つ選べ。
① 国会議員が予算を伴わない法律案を発議するには，衆議院では議員 20 人以上，参議院では議員 10 人以上の賛成を要する。
② 法律案が提出されると，原則として，関係する委員会に付託され委員会の審議を経てから本会議で審議されることになる。
③ 参議院が衆議院の可決した法律案を受け取った後，60 日以内に議決をしないときは，衆議院の議決が国会の議決となる。
④ 国会で可決された法律には，すべて主任の国務大臣が署名し，内閣総理大臣が連署することを必要とする。 〈2022・本試〉

7 法律の制定に関連して，日本国憲法上定められている手続についての記述として正しいものを，次の ① ～ ④ のうちから一つ選べ。
① 国務大臣が国会議員でない場合，法律案について発言するためであっても，衆参両院に出席することができない。
② 国務大臣が衆議院議員である場合には，法律案について発言するためであっても，参議院に出席することができない。
③ 衆議院で可決され参議院で否決された法律案は，衆議院で出席議員の 3 分の 2 以上の多数で再び可決されたときは，法律となる。
④ 衆議院で可決され参議院で 60 日以内に議決されない法律案は，衆議院の議決が国会の議決とみなされ，そのまま法律となる。 〈2009・本試〉

8 法律の制定についての記述として正しいものを，次の ① ～ ④ のうちから一つ選べ。
① 内閣提出法案は，衆議院，参議院のどちらに先に提出してもよいが，憲法に特別の規定がある場合を除き，両議院で可決したときに法律となる。
② 1990 年代において，議員提出法案の提出総数と 10 年間を通じての平均成立率は，内閣提出法案の提出総数と平均成立率をともに上回っていた。
③ 内閣提出法案は，予算を伴う場合には，国会提出前の会計検査院の検査を受けなければならない。
④ 1990 年代に，地方分権推進策の一環として，特定の地方自治体に適用される法律を制定する際には，その地方自治体の首長の同意が必要になった。 〈2002・追試〉

9 次の表は，2020 年における予算審議を中心とする国会の活動をまとめたものである。表中の空欄 ア ・ イ に当てはまる語句の組合せとして正しいものを，後の ① ～ ⑥ のうちから一つ選べ。

1 月 20 日	・常会（通常国会）の召集，開会式 ・ ア から予算の提出
1 月～3 月	・予算審議
3 月 27 日	・予算の成立
4 月 27 日	・ ア から イ の提出
4 月 30 日	・ イ の成立
6 月 8 日	・ ア から第 2 次 イ の提出
6 月 12 日	・第 2 次 イ の成立
6 月 17 日	・常会の会期終了

① ア 各省庁　イ 暫定予算　② ア 各省庁　イ 補正予算
③ ア 財務省　イ 暫定予算　④ ア 財務省　イ 補正予算
⑤ ア 内 閣　イ 暫定予算　⑥ ア 内 閣　イ 補正予算

〈2022・本試〉

⓿ 日本の国会や議院がもつ権限とその行使をめぐる記述として**誤っているもの**を，次の ①〜④ のうちから一つ選べ。

① 両議院の審議において大臣に代わって官僚が答弁する政府委員の制度が，設けられている。

② 内閣総理大臣は，答弁または説明のために出席を求められれば，議席をもっていない議院にも出席する義務がある。

③ 両議院は，それぞれ国政に関する調査を行うため証人を出頭させて証言を求めることができる。

④ 衆議院は，出席議員の過半数の賛成によって，内閣不信任決議案を可決することができる。〈2018・本試〉

⓫ 日本における権力分立の仕組みに関する記述として正しいものを，次の ①〜④ のうちから一つ選べ。

① 内閣を構成する国務大臣は，国会に出席して議案について発言することは認められていない。

② 行政機関が決定した行政上の措置に関わる訴訟を，裁判所が取り扱うことは認められていない。

③ 法令の合憲性を審査する権限は，最高裁判所に限らず下級裁判所も行使する。

④ 最高裁判所が提出する名簿に基づいて，国会は下級裁判所の裁判官を任命する。　〈2016・追試〉

❷ 行政

❶ 日本国憲法が定める内閣についての記述として正しいものを，次の ①〜④ のうちから一つ選べ。

① 国務大臣のうち，議院における発言が許されるのは，国会議員でもある国務大臣に限られる。

② 国務大臣のうち，在任中の訴追に内閣総理大臣の同意を必要とするのは，国会議員でもある国務大臣に限られる。

③ 内閣総理大臣が行う国務大臣の罷免には，国会の同意を必要としない。

④ 国務大臣に支払われる報酬は，在任中減額されることはない。　〈2005・追試〉

❷ 現行の日本の内閣制度についての記述として**誤っているもの**を，次の ①〜④ のうちから一つ選べ。

① 国務大臣の過半数は，国会議員でなければならない。

② 内閣機能強化のため，内閣官房に代えて内閣府が設置されている。

③ 特別会の召集があったときは，内閣は総辞職しなければならない。

④ 内閣総理大臣が主宰する閣議により，内閣はその職権を行う。　〈2010・追試〉

❸ 内閣総理大臣がリーダーシップを発揮するために定められている現在の日本の制度についての記述として**誤っているもの**を，次の ①〜④ のうちから一つ選べ。

① 内閣総理大臣は，国務大臣の任免を通じて，内閣の一体性を維持することができる。

② 内閣総理大臣は，閣議を主宰する権限を有する。

③ 内閣総理大臣は，同輩中の首席という地位を有する。

④ 内閣総理大臣は，閣議で決定した方針に基づいて，行政各部を指揮監督することができる。〈2011・追試〉

❹ 次の文章は，日本の内閣の運営のあり方の特徴をまとめたものである。次の文章中の空欄　ア　〜　ウ　に当てはまる語句の組合せとして最も適当なものを，後の ①〜⑧ のうちから一つ選べ。

　内閣の運営に関する特徴の一つは合議制の原則である。これは，内閣の意思決定は，内閣総理大臣（首相）と国務大臣の合議，すなわち閣議によらなければならないとするものである。閣議における決定は，　ア　によることが慣行となっている。

　また，首相指導の原則がある。これは，国務大臣の任免権をもつ首相が，　イ　として政治的リーダーシップを発揮するというものである。

　このほか，分担管理の原則がある。これは，各省の所掌事務はその主任の国務大臣が分担して管理するというものである。なお，日本国憲法の規定によると，法律と政令には，すべて主任の国務大臣が署名し，　ウ　が連署することになっている。

① ア 多数決　　　　イ 同輩中の首席　　　ウ 内閣総理大臣
② ア 多数決　　　　イ 同輩中の首席　　　ウ 内閣官房長官
③ ア 多数決　　　　イ 内閣の首長　　　　ウ 内閣総理大臣
④ ア 多数決　　　　イ 内閣の首長　　　　ウ 内閣官房長官
⑤ ア 全会一致　　　イ 同輩中の首席　　　ウ 内閣総理大臣
⑥ ア 全会一致　　　イ 同輩中の首席　　　ウ 内閣官房長官
⑦ ア 全会一致　　　イ 内閣の首長　　　　ウ 内閣総理大臣
⑧ ア 全会一致　　　イ 内閣の首長　　　　ウ 内閣官房長官　　　　　　〈2021・第1日程〉

5 日本において，内閣総理大臣が欠けた場合に内閣が講じなければならない措置として正しいものを，次の①～④のうちから一つ選べ。
① 内閣は衆議院の緊急集会を要請し，新たな内閣総理大臣の指名を求めなければならない。
② 内閣は直ちに閣議を開き，閣僚の互選により新たな内閣総理大臣を選任しなければならない。
③ 内閣は総辞職をし，新たな内閣総理大臣が任命されるまで引き続きその職務を行わなければならない。
④ 事前に指定されている副総理大臣が直ちに内閣総理大臣に就任し，新内閣に対する信任決議案を衆議院に速やかに提出しなければならない。　　　　　　〈2003・追試〉

6 衆議院の解散についての記述として**誤っているもの**を，次の①～④のうちから一つ選べ。
① 内閣は，天皇の国事行為に対する助言と承認を通して衆議院を解散することができる，という憲法運用が定着している。
② 内閣は，衆議院が内閣不信任決議を行わなくても衆議院を解散することができる，という憲法運用が定着している。
③ 衆議院の解散総選挙後，一定期間内に，特別会が召集されなければならない。
④ 衆議院の解散後，国会の議決が必要になった場合，新しい衆議院議員が選挙されるのを待たなければならない。　　　　　　〈2008・本試〉

7 内閣機能の強化や内閣の補佐・支援体制の整備に関連して，1990年代後半以降の変化についての記述として正しいものを，次の①～④のうちから一つ選べ。
① 男女共同参画社会の形成の促進に関して，基本的な方針等を調査・審議するために，内閣官房が新しく設けられた。
② 公務員制度について調査・審議するために，人事院が新しく設けられた。
③ 内閣提出法案の策定を支援するために，内閣法制局が新しく設けられた。
④ 内閣の重要政策に関する内閣の事務を助けるために，内閣総理大臣を長とする内閣府が新しく設けられた。　　　　　　〈2003・本試〉

8 財政危機は行政改革の契機の一つとなる。1980年代以降，日本において，行政改革について審議するために設置された組織A～Cと，その提言ア～ウとの組合せとして正しいものを，下の①～⑥のうちから一つ選べ。

A　地方分権推進委員会　　　　B　第二次臨時行政調査会　　　　C　行政改革会議

ア　三公社の民営化　　　イ　機関委任事務制度の廃止　　　ウ　中央省庁の再編

① A－ア　B－イ　C－ウ　　　② A－ア　B－ウ　C－イ
③ A－イ　B－ア　C－ウ　　　④ A－イ　B－ウ　C－ア
⑤ A－ウ　B－ア　C－イ　　　⑥ A－ウ　B－イ　C－ア　　　　　　〈2007・本試〉

9 日本では，縦割り行政の見直しや政治主導による政策運営の観点から，中央省庁等改革基本法に基づき，2001 年に中央省庁の再編が行われた。この改革についての記述として最も適当なものを，次の ①～④ のうちから一つ選べ。

① 政策および企画をつかさどるために，副大臣と政務次官のポストが導入され，政務官ポストが廃止された。

② 内閣の機能を強化するために，公正取引委員会や中央労働委員会など，行政委員会の内閣からの独立性が弱められた。

③ 民間経済の動向を的確に把握し，省庁横断的な予算を迅速に編成する機関として，財務省に経済財政諮問会議が設置された。

④ 重要政策について内閣を補佐し，行政各部の統一を図るための企画立案や総合調整を担う行政機関として，内閣府が設置された。 〈2006・本試〉

10 首相公選制をめぐって，さまざまな選出方法が議論されている。その一つに国民が首相を直接選出する方法があるが，この選出方法に関連する記述として最も適当なものを，次の ①～④ のうちから一つ選べ。

① この選出方法のねらいは，首相と議会との協調を促すことにある。

② この選出方法では，当選した首相を公認・推薦した政党が，議会の多数党であるとは限らない。

③ 日本では，議院内閣制を維持する限り，この選出方法の導入に際し憲法を改正する必要はない。

④ 議院内閣制を採用する国は，近年この選出方法を採用する傾向にある。 〈2007・追試〉

11 内閣の指揮監督権は行政委員会には及ばず，行政委員会は内閣から独立して活動する。行政委員会についての記述として**誤っているもの**を，次の ①～④ のうちから一つ選べ。

① 明治憲法の制定時に導入されたものである。

② その目的の一つは，公正で中立的な行政を実現することである。

③ その目的の一つは，専門的な知識を要する行政に対応することである。

④ 行政機能に加えて準立法的機能や準司法的機能を有するものである。 〈2008・本試〉

③ 司法

1 日本における裁判の制度や歴史についての記述として最も適当なものを，次の ①～④ のうちから一つ選べ。

① 日本国憲法では，刑事被告人に弁護人依頼権が認められている。

② 陪審制はこれまで実施されたことはない。

③ 死刑判決を受けた人が再審で無罪とされた例はない。

④ 日本国憲法では，国を被告とする裁判が禁止されている。 〈2009・本試〉

2 日本の裁判所についての記述として正しいものを，次の ①～④ のうちから一つ選べ。

① 行政事件を専門に扱う裁判所として，行政裁判所が設置されている。

② 最高裁判所の長たる裁判官の指名は，国会の両議院の同意を経た上で内閣が行う。

③ 職務上の義務に違反した裁判官に対しては，行政機関により懲戒処分が行われる。

④ 最高裁判所は，訴訟に関する手続について規則を定めることができる。 〈2015・本試〉

3 日本の司法制度の原則A〜Cと，それを必要とする主な理由**ア〜ウ**との組合せとして正しいものを，下の ①～⑥ のうちから一つ選べ。

A 裁判の公開　　　B 裁判官の身分保障　　　C 三審制

ア 司法権の独立　　　イ 慎重な審理　　　ウ 公正な裁判

① A−ア　B−イ　C−ウ　　② A−ア　B−ウ　C−イ
③ A−イ　B−ア　C−ウ　　④ A−イ　B−ウ　C−ア
⑤ A−ウ　B−ア　C−イ　　⑥ A−ウ　B−イ　C−ア

〈2007・本試〉

4 日本の司法制度に関する記述のうち，司法権の独立を保障する制度に当てはまる記述として最も適当なものを，次の ①〜④ のうちから一つ選べ。

① 有罪判決の確定後に裁判における事実認定に重大な誤りが判明した場合，裁判をやり直すための再審制度が設けられている。

② 行政機関による裁判官の懲戒は禁止されている。

③ 裁判は原則として公開の法廷で行われる。

④ 実行の時に適法であった行為について，事後に制定された法により刑事上の責任を問うことは禁止されている。 〈2016・追試〉

5 日本国憲法の定める裁判所に対する国会のコントロールについての記述として正しいものを，次の ①〜④ のうちから一つ選べ。

① 内閣による最高裁判所の裁判官の任命には，国会の承認が必要である。

② 下級裁判所の裁判官の任期は，法律で定めることができる。

③ 最高裁判所による規則の制定には，国会の承認が必要である。

④ 弾劾裁判所は，著しい非行のあった裁判官を罷免することができる。 〈2005・追試〉

6 日本の裁判官や裁判制度についての記述として正しいものを，次の ①〜④ のうちから一つ選べ。

① 最高裁判所の長たる裁判官は，国会の指名に基づいて内閣によって任命される。

② 最高裁判所の裁判官はその身分が保障されていることから，解職されることがない。

③ 国民の批判と監視の下におくため，刑事裁判は常に公開しなければならない。

④ 特定の刑事事件において，犯罪被害者やその遺族が刑事裁判に参加して意見を述べることが認められている。 〈2017・本試〉

7 国民審査についての記述として**適当でないもの**を，次の ①〜④ のうちから一つ選べ。

① 最高裁判所裁判官に対する最初の国民審査は，その任命後初めて行われる衆議院議員総選挙の際に実施される。

② ×の記号を記入しない投票は，投票者が罷免の意思をもたないものとみなされている。

③ ×の記号を記入した投票数が有権者の過半数である場合に，裁判官の罷免が成立する。

④ 国民審査は，憲法で保障されている国民による公務員の選定罷免権を具体化するものである。 〈2001・本試〉

8 最高裁判所について定める日本国憲法の条文の内容として**誤っているもの**を，次の ①〜④ のうちから一つ選べ。

① 最高裁判所は，一切の法律，命令，規則または処分が憲法に適合するかどうかを決定する権限を有する終審裁判所である。

② 最高裁判所は，訴訟に関する手続，弁護士，裁判所の内部規律および司法事務処理に関する事項について，規則を定める権限を有する。

③ 内閣は，最高裁判所の長官を指名し，その他の裁判官を任命する。

④ 国会は，国権の最高機関として，最高裁判所を指揮監督する。 〈2006・追試〉

9 次の文章は，日本の裁判員制度とその課題についてまとめたものである。文章中の空欄 ア ～ ウ に当てはまる語句の組合せとして最も適当なものを，下の①～⑧のうちから一つ選べ。

　裁判員制度は，一般市民が ア の第一審に参加する制度である。制度の趣旨として，裁判に国民の声を反映させることや裁判に対する国民の理解と信頼を深めることなどがあげられる。裁判員は有権者の中から イ に選任され，裁判官とともに評議し，量刑も含めた判断を行う。

　裁判員制度が始まって 10 年以上経過した現在，裁判への参加をよい経験だったとする裁判員経験者の声や，市民の感覚が司法に反映されたとの意見など，肯定的な評価がある。だが，裁判員に ウ 課せられる守秘義務や辞退率の高さなど，いくつかの課題も指摘されている。

① ア 重大な刑事事件　　　　イ 事件ごと　　ウ 任務中のみ
② ア 重大な刑事事件　　　　イ 事件ごと　　ウ 任務終了後も
③ ア 重大な刑事事件　　　　イ 年度ごと　　ウ 任務中のみ
④ ア 重大な刑事事件　　　　イ 年度ごと　　ウ 任務終了後も
⑤ ア 刑事事件および民事事件　イ 事件ごと　　ウ 任務中のみ
⑥ ア 刑事事件および民事事件　イ 事件ごと　　ウ 任務終了後も
⑦ ア 刑事事件および民事事件　イ 年度ごと　　ウ 任務中のみ
⑧ ア 刑事事件および民事事件　イ 年度ごと　　ウ 任務終了後も　　〈2021・第 2 日程〉

10 刑事手続に関する多くの規定が保障する内容についての記述として**誤っているもの**を，次の①～④のうちから一つ選べ。
① 被告人は，同一犯罪で重ねて刑事責任を問われることはなく，また，事後に制定された法律で処罰されない権利が保障されている。
② 拘禁された後に無罪の判決を受けた人は，国に対して刑事補償を請求することができる。
③ 裁判所は，刑事裁判において，公平かつ迅速な公開裁判をしなければならず，とくに判決は必ず公開法廷で言い渡さなければならない。
④ 捜査機関は，現行犯逮捕をした場合には，速やかに，法務大臣に対して令状を求めなければならない。
〈2005・本試〉

11 日本の刑事裁判に関する記述として**適当でないもの**を，次の①～④のうちから一つ選べ。
① 大津事件は，明治政府の圧力に抗して，裁判所がロシア皇太子暗殺未遂犯を通常の殺人未遂罪で裁いた事件である。
② ロッキード事件は，航空機の選定をめぐり，元内閣総理大臣が刑法の収賄に関する罪などに問われた事件である。
③ 財田川事件は，強盗殺人罪で死刑判決を受けた人が度重なる再審請求をした結果，無罪が確定した事件である。
④ 恵庭事件は，被告人が刑法の器物損壊罪で起訴され，最高裁判所が統治行為論を展開した事件である。
〈2005・本試〉

12 現在の日本における刑事手続に関する記述として**誤っているもの**を，次の①～④のうちから一つ選べ。
① 逮捕に必要な令状を発するのは，警察署長である。
② 国会議員は，法律の定める場合を除いて，国会の会期中逮捕されない。
③ 抑留・拘禁された後，無罪の裁判を受けたときは，国に金銭的な補償を請求することができる。
④ 実行時に適法な行為は，その行為後に制定された法により刑事上の責任を問われない。〈2021・第 2 日程〉

13 裁判所は違憲立法審査権を積極的に行使し，必要な場合には違憲判断をためらうべきではないとする見解と，この権限を控えめに行使し，やむをえない場合のほかは違憲判断を避けるべきであるとする見解とが存在する。前者の根拠となる考え方として最も適当なものを，次の ① 〜 ④ のうちから一つ選べ。

① 人権保障は，とりわけ社会の少数派にとって重要であるから，多数派の考えに反しても確保されるべきである。

② 法律制定の背景となる社会問題は複雑なものであり，国政調査権をもつ国会は，こうした問題を考慮するのにふさわしい立場にあるといえる。

③ 憲法は民主主義を原則としており，法律は，国民の代表である国会によって制定された民主主義的なものであるといえる。

④ 安全保障の基本的枠組みなど，国の根本を左右するような事項についての決定は，国民に対して政治的な責任を負う機関が行うべきである。 〈2014・本試〉

14 日本の裁判所による違憲審査に関する記述として正しいものを，次の ① 〜 ④ のうちから一つ選べ。

① 最高裁判所は，長沼ナイキ基地訴訟において，自衛隊の存在を違憲と判断した。

② 最高裁判所は，全逓名古屋中央郵便局事件において，国家公務員の争議行為の一律禁止を違憲と判断した。

③ 内閣や国会が行う高度に政治性のある行為については裁判所の審査権が及ばず違憲審査の対象外であるとする考え方のことを，統治行為論という。

④ 裁判所が具体的事件とは無関係に法令の合憲性を審査する制度のことを，付随的違憲審査制という。 〈2017・本試〉

15 政教分離原則に関係する最高裁判所の判例に関する次の記述ア〜ウのうち，正しいものはどれか。当てはまる記述をすべて選び，その組合せとして最も適当なものを，後の ① 〜 ⑦ のうちから一つ選べ。

ア 津地鎮祭訴訟の最高裁判決では，市が体育館の起工に際して神社神道固有の祭式にのっとり地鎮祭を行ったことは，憲法が禁止する宗教的活動にあたるとされた。

イ 愛媛玉ぐし料訴訟の最高裁判決では，県が神社に対して公金から玉ぐし料を支出したことは，憲法が禁止する公金の支出にあたるとされた。

ウ 空知太神社訴訟の最高裁判決では，市が神社に市有地を無償で使用させていたことは，憲法が禁止する宗教団体に対する特権の付与にあたるとされた。

① ア ② イ ③ ウ ④ アとイ
⑤ アとウ ⑥ イとウ ⑦ アとイとウ 〈2022・本試〉

16 生活環境の悪化への裁判所の対応についての記述として最も適当なものを，次の ① 〜 ④ のうちから一つ選べ。

① 裁判所は，日照侵害に基づく損害賠償請求を認めていない。

② 最高裁判所は，環境権を憲法上の権利と認めていない。

③ 道路公害訴訟では，国の責任を認めた判決はない。

④ 空港公害訴訟では，飛行の差止めを認めた判決はない。 〈2010・本試〉

17 日本の裁判所が違憲審査権を積極的に行使することに批判的な主張の根拠として最も適当なものを，次の①～④のうちから一つ選べ。

① 少数者を差別している法律を国会が多数決で改正することは，まれである。

② 表現の自由は民主主義の根幹であり，それを過度に規制する法律は，多様な意見に基づく自由な議論を抑制するものである。

③ 国会議員は民主的な代表であり，国会の意思は尊重されるべきである。

④ 裁判所は，高度に政治的な問題とされる事件においても，日本国憲法上の権利を侵害された人の救済を行うべきである。 〈2004・追試〉

18 裁判や紛争解決の手続についての記述として**誤っているもの**を，次の①～④のうちから一つ選べ。

① 第三者が関与して，訴訟以外の方法によって民事上の紛争の解決を図る手続のことを，裁判外紛争解決手続と呼ぶ。

② 刑事裁判において有罪判決を受けた者について，重ねて民事上の責任を問われないことが，憲法で定められている。

③ 刑事裁判において，公判の前に裁判の争点や証拠を絞る手続のことを，公判前整理手続と呼ぶ。

④ 被告人が自ら弁護人を依頼することができないときに，国の費用で弁護人をつけることが，憲法で定められている。 〈2018・追試〉

19 日本の司法制度についての記述として正しいものを，次の①～④のうちから一つ選べ。

① 日本司法支援センター（法テラス）は，法による紛争解決に必要な情報やサービスの提供を行うために設置された。

② 裁判員制度は，裁判員だけで有罪か無罪かを決定した後に裁判官が量刑を決定するものである。

③ 法科大学院（ロースクール）は，法曹人口の削減という要請にこたえるために設置された。

④ 検察審査会制度は，検察官が起訴したことの当否を検察審査会が審査するものである。 〈2017・追試〉

20 司法部門の改革の一環として，検察審査会の強化が図られた。検察審査会についての記述として最も適当なものを，次の①～④のうちから一つ選べ。

① 地方公共団体の行った決定に対する異議申立てが，受け入れられなかった場合，検察審査会への審査の申立てが認められる。

② 検察審査会は，検察官が起訴した事件については，その起訴の当否を審査することはできない。

③ 起訴すべきであるという検察審査会の議決に基づき，起訴の手続がとられた場合，民事裁判が始まる。

④ 検察審査会による，同一事件に対する再度の審査での起訴すべきであるという議決にも，起訴を強制する効力はない。 〈2012・追試〉

4 地方自治

1 「地方自治は民主主義の学校」は，ブライスが述べた言葉として知られている。その意味を説明した記述として最も適当なものを，次の①～④のうちから一つ選べ。

① 地方自治体は，中央政府をモデルとして，立法・行政の手法を学ぶことが重要である。

② 住民自身が，地域の政治に参加することによって，民主政治の担い手として必要な能力を形成できる。

③ 地方自治体は，合併による規模の拡大によって，事務処理の能力を高めることができる。

④ 住民自身が，地域の政治に参加することによって，学校教育の課題を解決する。 〈2009・本試〉

❷ 日本国憲法が保障している地方自治についてまとめた，次の文章中の空欄　ア　〜　ウ　に当てはまる語句の組合せとして最も適当なものを，後の ① 〜 ⑧ のうちから一つ選べ。

　　日本国憲法第 92 条は，「地方公共団体の組織及び運営に関する事項は，地方自治の本旨に基いて，法律でこれを定める」としている。ここでいう地方自治の本旨は，団体自治と住民自治の原理で構成される。団体自治は，国から自立した団体が設立され，そこに十分な自治権が保障されなければならないとする　ア　的要請を意味するものである。住民自治は，地域社会の政治が住民の意思に基づいて行われなければならないとする　イ　的要請を意味するものである。国から地方公共団体への権限や財源の移譲，そして国の地方公共団体に対する関与を法律で限定することなどは，直接的には　ウ　の強化を意味するものということができる。

① ア　集　権　イ　自由主義　ウ　住民自治　　② ア　集　権　イ　自由主義　ウ　団体自治
③ ア　集　権　イ　民主主義　ウ　住民自治　　④ ア　集　権　イ　民主主義　ウ　団体自治
⑤ ア　分　権　イ　自由主義　ウ　住民自治　　⑥ ア　分　権　イ　自由主義　ウ　団体自治
⑦ ア　分　権　イ　民主主義　ウ　住民自治　　⑧ ア　分　権　イ　民主主義　ウ　団体自治

〈2022・本試〉

❸ 日本の地方自治についての記述として最も適当なものを，次の ① 〜 ④ のうちから一つ選べ。
① 日本国憲法では，地方自治体の組織に関して，住民自治と団体自治の原則に基づいて法律で定めることとなっている。
② 大日本帝国憲法では，地方自治制度が，憲法上の制度として位置づけられていた。
③ 団体自治とは，地域の住民が自らの意思で政治を行うことをいう。
④ 三割自治とは，地方自治体が国の事務の約 3 割を処理することをいう。　　〈2009・本試〉

❹ 日本の地方自治に関する記述として最も適当なものを，次の ① 〜 ④ のうちから一つ選べ。
① 地方分権一括法によって，地方自治体の事務が，自治事務と機関委任事務とに再編された。
② 特定の地方自治体にのみ適用される法律を制定するには，その住民の投票で過半数の同意を得ることが必要とされている。
③ 地方自治体には，議事機関としての議会と執行機関としての首長のほかに，司法機関として地方裁判所が設置されている。
④ 地方自治体の議会は，住民投票条例に基づいて行われた住民投票の結果に法的に拘束される。

〈2016・本試〉

❺ 日本における住民，首長および議会の関係についての記述として**適当でないもの**を，次の ① 〜 ④ のうちから一つ選べ。
① 有権者の一定数以上の署名をもって，住民は選挙管理委員会に対して議会の解散を請求することができる。
② 首長に対する議会の不信任決議を待たずに，首長は議会を解散することができる。
③ 直接請求制度に基づいて提案された条例案を，議会は否決できる。
④ 議会が議決した条例に対して，首長は再議を要求できる。　　〈2016・本試〉

6 首長と議会が相互に対立して，地方自治体としての意思決定ができない場合，地方自治法はこれを解決するために，いくつかの制度を用意している。これらの制度の説明として正しいものを，次の ① ～ ④ のうちから一つ選べ。

① 地方議会は，首長の提出した予算案を否決することによって，首長を罷免することができる。

② 地方議会は，首長の行為が法律に違反しているという裁判所の判決を得ることによって，首長を罷免することができる。

③ 地方議会によって不信任の議決がなされた場合，首長は，地方議会を解散して，住民の意思を問うことができる。

④ 地方議会によって重要な議案が否決された場合，首長は，住民投票を実施して，住民の意思を問うことができる。 〈2005・本試〉

7 日本の地方公務員についての記述として最も適当なものを，次の ① ～ ④ のうちから一つ選べ。

① 地方公務員になるには，その地方自治体の住民でなければならない。

② 地方公務員になるには，日本国籍を有していなければならない。

③ 地方公務員のうち，地方公営企業の職員は，労働組合を結成したことを理由に，不利益な取扱いを受けることはない。

④ 地方公務員のうち，地方公営企業の職員は，争議行為に参加したことを理由に，不利益な取扱いを受けることはない。 〈2005・本試〉

8 財政力格差を是正するための制度として地方交付税がある。その仕組みについての記述として最も適当なものを，次の ① ～ ④ のうちから一つ選べ。

① 財政力の強い地方自治体が，その地方自治体の税収の一部を，国に交付する。

② 国が，国の税収の一部を，財政力の弱い地方自治体に使途を特定せず交付する。

③ 財政力の強い地方自治体が，その地方自治体の税収の一部を，財政力の弱い地方自治体に交付する。

④ 国が，国の税収の一部を，財政力の弱い地方自治体に使途を特定し交付する。 〈2012・本試〉

9 地方自治の本旨は団体自治と住民自治の二つの側面をもつと考えられている。次のA～Cは，1990年代以降に行われた地方自治制度の改革を述べたものである。これらのうち，団体自治の拡充をめざしたものはどれか。最も適当なものを，下の ① ～ ⑦ のうちから一つ選べ。

A 機関委任事務が廃止され，従来は国の事務とされてきたものの一部が自治事務となった。

B 地方税法に規定がなく，特定の目的に税収の使途が限定されている税を地方自治体が独自に設定できるようになった。

C 議会の解散や首長などの解職の直接請求に必要な署名数の要件が，有権者の総数が40万を超える地方自治体について緩和された。

① A ② B ③ C ④ AとB
⑤ AとC ⑥ BとC ⑦ AとBとC

〈2013・追試〉

10 次の図は，現行の地方自治法に基づき，地方公共団体が行う事務の区分とその例を表したものである。この図に関連する下の記述 a 〜 c の正誤の組合せとして正しいものを，下の ① 〜 ⑧ のうちから一つ選べ。

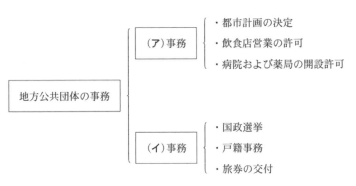

a （ア）事務は，地方公共団体が地域の実情に合わせて主体的に処理できる事務として，憲法で列挙された事務である。

b （イ）事務は，本来地方公共団体が行うべき事務であるが，全国で統一的に実施するため法令によって国に委託した事務である。

c （ア）事務に対する国の関与の手段は，（イ）事務に対するものに比べて，限定的である。

① a 正 b 正 c 正　　② a 正 b 正 c 誤
③ a 正 b 誤 c 正　　④ a 正 b 誤 c 誤
⑤ a 誤 b 正 c 正　　⑥ a 誤 b 正 c 誤
⑦ a 誤 b 誤 c 正　　⑧ a 誤 b 誤 c 誤　　〈2021・第 2 日程〉

11 次の文章 a 〜 c は，地方議会議員の選挙に立候補者した候補者が，行財政改革に関して掲げた公約である。これらのうち，現在の日本の法制度上，実施できる政策はどれか。当てはまるものをすべて選び，その組合せとして最も適当なものを，下の ① 〜 ⑦ のうちから一つ選べ。

a 生活保護費の支出を抑制するため，市独自の認定基準を条例で定めることで，国の基準より認定の範囲を限定する。

b 登山道の整備に必要な財源を確保するため，市の独自課税として登山客を対象とする入山税を創設する。

c 公共施設の管理費用の削減およびサービス向上を図るため，市が設置する市民会館やスポーツ施設などの運営を民間に委託する。

① a　　② b　　③ c　　④ a と b
⑤ a と c　　⑥ b と c　　⑦ a と b と c　　〈2021・第 2 日程〉

12 地方分権改革について，日本で 1990 年代以降に実施された内容として最も適当なものを，次の ① 〜 ④ のうちから一つ選べ。
① 地方自治体ごとに異なるサービス需要に対応するため，法律の規定に反する条例を制定することも可能とされた。
② 地方自治体の財政悪化を防ぐために，地方債の発行について内閣総理大臣による許可制が導入された。
③ 地方自治体の安定した財政運営を確立するため，三位一体の改革で相続税が地方へ移譲された。
④ 国と地方自治体の間に対等な関係を構築するために，機関委任事務が廃止された。　　〈2012・本試〉

13 地方分権一括法によって行われた分権改革の内容として最も適当なものを，次の ① ～ ④ のうちから一つ選べ。

① 地方自治体の自主財源を強化するために，所得税率を引き下げ，住民税率を引き上げた。
② 機関委任事務制度が廃止され，地方自治体の自己決定権が拡充された。
③ 地方自治体の放漫な財政運営に歯止めをかけるために，地方債の発行に対する国の関与が強化された。
④ 国庫支出金が増額され，地方自治体の超過負担がなくなった。 〈2005・追試〉

14 日本では近年，三位一体の改革と呼ばれる，国と地方の財政のあり方を見直す税財政改革が実施されてきた。この改革の内容として**適当でないもの**を，次の ① ～ ④ のうちから一つ選べ。

① 国庫補助負担金を廃止または縮減する。
② 地方債の発行について国の関与を廃止する。
③ 国から地方自治体への税源移譲を行う。
④ 地方交付税の見直しを行う。 〈2007・本試〉

15 次の文章と表は，L市とその近隣の地方自治体の財政状況について，特に歳入区分のうちの地方税と地方交付税と国庫支出金に着目してまとめたものである。なお，文章は表を読みとって作成したものである。表中の地方自治体 ① ～ ④ のうちL市はどれか。正しいものを，表中の ① ～ ④ のうちから一つ選べ。

　L市の依存財源の構成比は，表中の他の地方自治体と比べて最も低いわけではありません。ただし，「国による地方自治体の財源保障を重視する考え方」に立った場合は，依存財源が多いこと自体が問題になるとは限りません。たとえばL市では，依存財源のうち一般財源よりも特定財源の構成比が高くなっています。この特定財源によってナショナル・ミニマムが達成されることもあるため，必要なものとも考えられます。

　しかし，「地方自治を重視する考え方」に立った場合，依存財源の構成比が高くなり地方自治体の選択の自由が失われることは問題だと考えられます。L市の場合は，自主財源の構成比は 50 パーセント以上となっています。

地方自治体	歳入区分の構成比（%）		
	地方税	地方交付税	国庫支出金
①	42	9	19
②	52	1	18
③	75	0	7
④	22	39	6

（注）　歳入区分の項目の一部を省略しているため，構成比の合計は 100 パーセントにならない。表中に示されていない歳入のうち，自主財源に分類されるものはないものとする。 〈2022・本試〉

16 地方自治体の活動に住民が参加するための手段についての記述として**誤っているもの**を，次の ① ～ ④ のうちから一つ選べ。

① 条例の改正を，必要な数の署名をもって議会に直接請求する。
② 監査委員の解職を，必要な数の署名をもって首長に直接請求する。
③ 地方議会議員の解職を，必要な数の署名をもって選挙管理委員会に請求する。
④ 予算の執行が公正になされたかについての監査を，必要な数の署名をもって監査委員に請求する。 〈2015・追試〉

17 日本の地方自治法が定める直接請求制度についての記述として最も適当なものを，次の ① ～ ④ のうちから一つ選べ。

① 議会の解散の請求は，選挙管理委員会に対して行われ，住民投票において過半数の同意があると，議会は解散する。

② 事務の監査の請求は，監査委員に対して行われ，議会に付議されて，議員の過半数の同意があると，監査委員による監査が行われる。

③ 条例の制定・改廃の請求は，首長に対して行われ，住民投票において過半数の同意があると，当該条例が制定・改廃される。

④ 首長の解職の請求は，選挙管理委員会に対して行われ，議会に付議されて，議員の過半数の同意があると，首長はその職を失う。　　　　　　　　　　　　　　〈2007・本試〉

18 日本における住民投票についての記述として**適当でないもの**を，次の ① ～ ④ のうちから一つ選べ。

① 地方自治体が，公共事業の是非について住民投票を実施することは，法律によって禁止されている。

② 地方議会の議員は，解職請求があったとき，住民投票において過半数の同意があれば失職する。

③ 一地方自治体にのみ適用される特別法は，その自治体の住民投票で過半数の同意を得なければ，国会はこれを制定することができない。

④ 地方自治体が条例を制定して実施した住民投票の結果は，首長や議会を，法的に拘束するものではない。　　　　　　　　　　　　　　　　　　　　　　　　　　〈2009・本試〉

19 次のA〜Dは，第二次世界大戦後の日本の地方自治をめぐって起きた出来事に関する記述である。これらの出来事を古い順に並べたとき，3番目にくるものとして正しいものを，後の ① ～ ④ のうちから一つ選べ。

A　地方分権改革が進む中で行財政の効率化などを図るために市町村合併が推進され，市町村の数が減少し，初めて 1,700 台になった。

B　公害が深刻化し住民運動が活発になったことなどを背景として，東京都をはじめとして都市部を中心に日本社会党や日本共産党などの支援を受けた候補者が首長に当選し，革新自治体が誕生した。

C　地方自治の本旨に基づき地方自治体の組織や運営に関する事項を定めるために地方自治法が制定され，住民が知事を選挙で直接選出できることが定められた。

D　大都市地域特別区設置法に基づいて，政令指定都市である大阪市を廃止して新たに特別区を設置することの賛否を問う住民投票が複数回実施された。

① A　　　② B　　　③ C　　　④ D　　　　　　　　　　　　　〈2022・本試〉

20 日本の地方自治に関する記述として正しいものを，次の ① ～ ④ のうちから一つ選べ。

① 地方公共団体がその条例に基づいて独自に行う住民投票において，永住外国人の投票が認められた事例はない。

② 有権者は必要な署名数を集めた上で，当該地方公共団体の議会に対して，条例の制定を請求することができる。

③ 国による情報公開法の制定より前に，地方公共団体が情報公開条例を制定した事例はない。

④ 地方公共団体の首長は，議会が議決した予算や条例について，再議に付すことができる。　　　　　　　　　　　　　　　　　　　　　　　　　　　　　　　〈2021・第2日程〉

第**4**章　現代日本の政治　▶▶ 要 点 整 理

1 戦後政治のあゆみ

1 日本の政党政治

(1) 55 年体制の成立

① 講和をめぐって左派と右派に分裂していた日本社会党（革新政党）が再統一（1955）

② 〔❶　　　　　〕…自由党と日本民主党の合流→自由民主党（保守政党）の誕生（1955）

③ 自民党が長期政権を維持 / 社会党は改憲を阻止→政権を争う二大政党制ではなかった

(2) 1960 年代の政党

① 再軍備，改憲をめぐる〔❷　　　　　〕の対立→安保反対闘争（1960）

　a．自民党…「政治の季節」から「経済の季節」へ，〔❸　　　　　〕計画の発表（池田内閣）

　b．野党の多党化→公明党，民主社会党（後の民社党）の結成

② 保守政治の安定（1965 〜 1993）…自民党の長期政権

(3) 1970 〜 80 年代の政治

① 保革伯仲（1970 年代）→自民党が支持率を回復→政策の変化でイデオロギーの対立が薄れる

② 社会党…労働組合など特定の〔❹　　　　　〕とのつながりが強く，市民の支持が広がらず

2 55 年体制の終焉と政界再編

(1) 非自民 8 党派による〔❺　　　　　〕の誕生（細川内閣，1993）…自民党一党支配の終わり

(2) 自民・社会・さきがけ連立政権（1994）→自公保連立政権（2001）→自公連立政権（2003）

(3) 政権交代…〔❻　　　　　〕を中心とする連立政権（2009 〜 2012）

(4) 自公連立政権の復活（2012）→野党は集散を繰り返す

2 選挙制度と政党

1 政党の発達と政党政治の形態

(1) 政党

① 政党…政策綱領を掲げて〔❶　　　　　〕の獲得をめざす政治集団

　a．イギリスで発達

　b．〔❷　　　　　〕…具体的な数値目標や実施工程を伴った公約

② 政党の機能…国民の利益や要求を集約・統合し，政策の実現に向けて努力する

(2) 政党の発達

名 望 家 政 党	制限選挙の下，財産と教養を有する有産者階級（名望家）で構成
〔❸　　　　　〕	普通選挙制の下で，一般大衆の利益や考え方を政治に反映（組織政党）
包 括 政 党	広範な社会集団に支持を求める政党（キャッチオール・パーティー）

(3) 政党政治の形態

二大政党制	政局が安定するが，政権交代が起こりやすい（イギリス，アメリカなど）
多党制	民意を反映するが，連立政権になりやすく，政権が不安定（フランス，イタリアなど）
一党制	強力な政治力を発揮するが，独裁政治に陥りやすい（社会主義国に多い）

2 日本の政党政治の特色と課題

(1) 1 党優位の多党制

① 政党組織よりも議員個人の方が強い…議員は自分の後援会をもち，〔❹　　　　　〕へ集票を依頼

　〔❹　　　　　〕…政党に働きかけて自己の目的の実現を図り，政権獲得をめざさない

② 〔❺　　　　　〕の存在…自民党議員は政務調査の各分科会に配属→地盤強化に有利

③ 議員は引退後も後継者を指名して擁立→〔❻　　　　　〕…強固な地盤（後援会）をもつ

④ 自民党政権の長期化→〔❼　　　　　〕がなく，政・官・財の癒着が強まる

⑤ 〔❽　　　　　〕…特定の支持政党がない有権者

　→有権者の間で政党への不信，不満が増加し，政党離れが顕著

(2) 金権政治とあいつぐ構造汚職

① 政治資金に関する会計の不明朗化→〔❾　　　　　〕により収支状況の報告・公開の義務付け

② 〔❿　　　　　〕…国民 1 人あたり 250 円を助成，企業・団体の〔⓫　　　　　〕への献金を禁止

③ あいつぐ汚職事件…ロッキード事件（1976），リクルート事件（1988），佐川急便事件（1992），ゼネコン汚職（1993）など→政権与党と企業との癒着

③ 選挙制度

(1) 選挙のしくみ

① 選挙の四原則

〔⑫　　　　　〕	身分や財産などの条件なしに，すべての成年男女に選挙権・被選挙権を与える
直 接 選 挙	選挙によって，自分たちの代表を有権者が直接選ぶ
〔⑬　　　　　〕	選挙における有権者の投票の価値を平等に扱う
秘 密 選 挙	投票の秘密を守り，有権者の投票の自由を保障する

② 選挙区制…選挙区と代表（議員）との関係

	選 出 方 法	特　　　色	導 入 例
小選挙区制	1つの選挙区から1名選出	多数党に有利 〔⑭　　　　　〕が増える	衆議院の選挙区 参議院選挙区の一部
大選挙区制	1つの選挙区から複数選出	少数政党も議席を確保 政策本意になりにくい	参議院選挙区の一部 地方議会議員選挙
比例代表制	政党の得票率で議席を配分	民意がより正確に反映 政局が不安定化しやすい	衆議院及び参議院の 比例代表

(2) 日本の選挙制度

① 選挙の種類

　　a．総選挙…衆議院議員の定数全部を改選する選挙で，最低4年に1回行われる

　　b．通常選挙…参議院議員の定数の半数を，3年ごとに改選する選挙

② 選挙制度

	衆議院（衆議院議員総選挙）	参議院（参議院議員通常選挙）	
定　　数	465名	248名	
選挙制度	〔⑮　　　　　〕制	選挙区制・比例代表制（3年ごとに半数改選）	
	小選挙区 289名（1選挙区1名）	選挙区	148名（1選挙区から1〜6名）
	比例代表 176名（全国11ブロック）	比例代表区	100名（全国1ブロック）
投票方法	小選挙区選挙→立候補者名 比例代表選挙→政党名	選挙区選挙→立候補者名 比例代表選挙→政党名または立候補者名	
比例名簿	〔⑯　　　　　〕制，ドント式	非拘束名簿式比例代表制，一部拘束名簿式（特定枠） を採用，ドント式	
立 候 補	〔⑰　　　　　〕が認められる	〔⑰　　　　　〕は認められない	

③ 選挙制度の課題

　　a．議員定数の不均衡（1票の重みの格差）…法の下の平等に反するとして，最高裁は2度，衆院選挙に〔⑱　　　　　〕を下す（1976・1985）→2009年の衆議院議員総選挙については，違憲状態と判断

　　b．選挙運動の制限…〔⑲　　　　　〕の禁止，事前運動の禁止，文書配布の制限，立会演説会の廃止，寄付の禁止など→「インターネット選挙運動」の解禁（2013）

　　c．金権選挙の問題…絶えない買収などの違法行為，軽い刑罰規定→〔⑳　　　　　〕の強化

　　d．低下する投票率…有権者の政治不信，政治離れ，無党派層の拡大など→公職選挙法の改正で，在外日本人の在外投票（衆参のすべての選挙），期日前投票，共通投票所の設置などを導入

　　e．選挙権の拡大…有権者年齢を「18歳以上」に引き下げ（2015），定住外国人への選挙権付与問題など

　　f．候補者男女均等法（2018）…男女の候補者数の均等を政党に求める

❸ 政治参加と世論

① 行政機能の拡大

(1) 近代国家と現代国家との比較

近代国家	小さな政府	〔❶　　　　　〕	消極国家	立法国家
現代国家	大きな政府	〔❷　　　　　〕	積極国家	行政国家

① 近代国家…〔❸　　　　　〕や国防など必要最小限の活動に限定→〔❶　　　　　〕と呼ばれる

② 現代国家…社会問題の解決のため経済政策や社会保障政策を行う→〔❷　　　　　〕と呼ばれる

(2) 行政権の優位

① 行政国家…行政権が立法権や司法権に優越する国家（日本は明治以来，行政国家の傾向が大きい）

② 成立する法案は内閣提出法案が圧倒的で，可決される議員立法は少ない

③ 〔❹　　　　　〕の増大…法律では大綱のみを定め，細目は政令・省令などに委ねる

④ 補助金行政…政府が地方自治体に交付する巨額の補助金で，地方自治体を事実上統制する

(3) 官僚制の肥大化と官僚支配

① 高度な専門性を有する人材が要求される…〔❺　　　　　〕の登場

② 官僚制肥大化の弊害…権威主義，形式主義，秘密主義，法律万能主義，セクショナリズムなど

③ 高級官僚の〔❻　　　　　〕…退職後，関連する団体や民間企業に優遇された条件で再就職すること

④ 政・官・財の癒着…構造汚職の温床との指摘がなされる

2　行政の民主化

(1) 行政の民主化のための諸制度

① 「天皇の官吏」，「一部の奉仕者」から「〔❼　　　　　〕」へ（憲法第15条2項）

② 行政委員会制…行政機関から一定程度独立した機関，準立法的・準司法的機能をもつ

③ 国民による民主的統制…情報公開制度，〔❽　　　　　〕（行政監察官）制度の導入

④ 行政手続法（1993）…許認可権に関する手続きの公正・透明化，根拠のない行政指導の廃止

⑤ 〔❾　　　　　〕（1999）…中央省庁に行政文書の原則公開が義務づけ

(2) 行政改革（行政の効率化・規制緩和）

① 三公社（電電・専売・国鉄）の民営化→NTT，JT，JR各社に（1980年代）

② 中央省庁等改革基本法（1998）→〔❿　　　　　〕に再編（2001），独立行政法人の設置

③ 小泉内閣による道路公団民営化（2005）と〔⓫　　　　　〕（2007）

④ 地方分権の推進…地方分権一括法（1999）→事務を〔⓬　　　　　〕と法定受託事務に区分

3　世論と民主政治

(1) 大衆社会と世論

① 世論…多数の人々がもっている，公共の問題に対する共通意見

② 世論による政治（20世紀）…選挙権の拡大→大衆の政治参加→世論の動向が重視される

(2) 世論形成の前提

① 行政による情報公開と国民の〔⓭　　　　　〕→政治に対する判断材料の提供

② 言論・表現・集会の自由→自由な意見の表明と討論の保障

③ 〔⓮　　　　　〕制度の導入（2005）…事前に政令・省令案を提示し国民から意見を募る

4　世論とマスメディア

(1) マスメディアの役割

① 「〔⓯　　　　　〕」…世論形成などに大きな影響力をもつことからこの呼び名がある

② 情報の提供…報道により世論形成に資する材料を提供

(2) マスコミの問題点

① 過大な商業主義・営利主義による弊害→興味本位・享楽主義・視聴率至上主義の危険性など

② 広告主など資本の圧力による不当な干渉や統制→〔⓰　　　　　〕などの危険性

a．〔⓱　　　　　〕…選挙予測報道などが投票結果に変化をもたらすこと

b．ポピュリズム（大衆迎合主義）に陥る危険性がある

5　政治的無関心

(1) 政治的無関心の増加

① 社会の複雑化・巨大化，政治の専門化→政治に対する現実味が薄れる

② 価値観の多様化→関心が消費生活に向かい，政治から逃避する

(2) リースマンによる類型

① 〔⓲　　　　　〕…政治は為政者が行うもので，自分には関係ないとする

② 現代型無関心…政治に対する幻滅・挫折・無力感→無党派層（支持政党なし層）の増大

解答　1　❶保守合同　❷保守と革新　❸国民所得倍増　❹圧力団体（利益集団）　❺連立政権　❻民主党
2　❶政権　❷マニフェスト　❸大衆政党　❹圧力団体　❺族議員　❻世襲議員　❼政権交代　❽無党派層
❾政治資金規正法　❿政党助成法　⓫政治家個人　⓬普通選挙　⓭平等選挙　⓮死票
⓯小選挙区比例代表並立　⓰拘束名簿式比例代表　⓱重複立候補　⓲違憲判決　⓳戸別訪問　⓴連座制
3　❶夜警国家　❷福祉国家　❸治安維持　❹委任立法　❺テクノクラート　❻天下り　❼全体の奉仕者
❽オンブズ・パーソン（オンブズマン）　❾情報公開法　❿1府12省庁　⓫郵政民営化　⓬自治事務
⓭知る権利　⓮パブリックコメント　⓯第4の権力　⓰世論操作　⓱アナウンスメント効果　⓲伝統型無関心

■ 問題演習

1 戦後政治のあゆみ

1 政党に関連して，政党構造からみた代表的政党類型の名称**A〜C**と，それらが登場してきた時代背景についての記述**ア〜ウ**の組合せとして正しいものを，下の**①〜⑥**のうちから一つ選べ。

A　包括政党（キャッチオール・パーティー）

B　名望家政党　　　C　大衆政党（組織政党）

ア　19世紀に，制限選挙の下で登場してきた政党類型である。

イ　19世紀後半から20世紀初頭において，都市化，工業化が進展し，選挙権が拡張されるに伴い台頭してきた政党類型である。

ウ　1960年代に，先進各国で脱イデオロギー化が進み，階級対立が曖昧になる中で登場してきた政党類型である。

① A-ア　B-イ　C-ウ　　　② A-ア　B-ウ　C-イ
③ A-イ　B-ア　C-ウ　　　④ A-イ　B-ウ　C-ア
⑤ A-ウ　B-ア　C-イ　　　⑥ A-ウ　B-イ　C-ア　　　　　　〈2004・本試〉

2 政党に関連する日本の法制度についての記述として正しいものを，次の**①〜④**のうちから一つ選べ。

① 日本国憲法は，明文によって，政党を国民の政治的意思形成に不可欠な役割を果たすものとして位置付けた。

② 政党の重要性を考慮して，政党助成法が制定されて国が政党交付金を交付することとなった。

③ 1990年代の政治資金規正法の改正によって，企業および労働組合から政党への献金は禁止されて，個人献金のみが許されることとなった。

④ 1990年代の公職選挙法の改正によって，参議院における比例代表選挙が廃止され，政党名ではなく候補者名を記入する投票方式に変わった。　　　　　　〈2003・本試〉

3 政党に関連する記述として最も適当なものを，次の**①〜④**のうちから一つ選べ。

① 無党派層とは，政党の公認を受けた候補者には投票しない人々をいう。

② 明治憲法下の一時期，政党内閣が登場し政権交代も行われた。

③ 日本国憲法の思想・良心の自由の保障の下では，議院における議員の投票行動を政党が拘束することは法律で禁止されている。

④ 第二次世界大戦後初の衆議院議員総選挙で，自由民主党の一党優位が成立した。　　　〈2011・本試〉

4 自民党一党優位体制に関連する記述として最も適当なものを，次の**①〜④**のうちから一つ選べ。

① 55年体制が成立した当時は自民党と社会党による二大政党制であったが，1950年代末には野党の多党化が進行した。

② 1970年代には，与野党の勢力がほぼ均衡する伯仲時代を迎え，その状況は1980年代末まで続いた。

③ 自民党では，党内改革をめぐる不満はあったものの，国会議員が離党して新党を結成した例はみられなかった。

④ ロッキード事件，リクルート事件など構造汚職と呼ばれる事件が起こり，長期政権の下で進行した政・官・財の癒着が問題となった。　　　　　〈2001・本試〉

5 1990年代から政界再編期と呼ばれる変動の時代に入ったが，この時期の日本の政治の説明として最も適当なものを，次の①〜④のうちから一つ選べ。

① 無党派知事が出現したため，官僚による地方自治体の支配が強化された。

② 政党内の派閥が解消されたため，選挙制度の改革が起こった。

③ 政党の離合集散が起こり，保守合同によって，自由党と保守党が合流し，自民党が成立した。

④ 政党の離合集散が起こり，日本新党や新生党など，現在では存在しない多くの政党が形成された。

〈2006・本試〉

6 55年体制に関連して，戦後の日本政治についての記述として最も適当なものを，次の①〜④のうちから一つ選べ。

① 社会党の再統一と保守合同による自民党の結成以降，55年体制が形成され，自民党と社会党の二大政党が政権交代を繰り返した。

② 中選挙区制の下では，同一選挙区内で同一政党の候補者が複数立候補することはないので，政党・政策中心の選挙が行われた。

③ 政治改革を求める世論を背景として細川連立政権が誕生した翌年に，衆議院議員選挙に，小選挙区比例代表並立制が導入された。

④ 自民党は細川連立政権崩壊以後で政権の座にあった時期，他の政党と連立を組んだことはなく，単独政権を維持し続けた。

〈2012・追試〉

7 次の図aは第44回の，後の図bは第45回の衆議院議員総選挙の結果をうけた衆議院議員の政党別の当選人数である。図aや図bの結果をもたらしたそれぞれの総選挙後の日本政治に関する後の記述ア〜ウのうち，正しいものはどれか。当てはまる記述をすべて選び，その組合せとして最も適当なものを，後の①〜⑦のうちから一つ選べ。

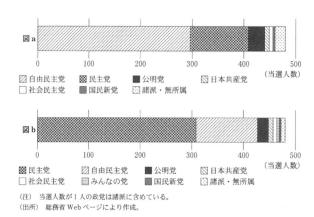

（注）　当選人数が1人の政党は諸派に含めている。
（出所）　総務省Webページにより作成。

ア　図aや図bの結果をもたらした衆議院議員総選挙後には，いずれも連立政権が成立した。

イ　図aの結果をもたらした衆議院議員総選挙後に，小泉純一郎内閣の下で郵政民営化法が制定された。

ウ　図bの結果をもたらした衆議院議員総選挙後に，細川護熙内閣の下で衆議院の選挙制度に小選挙区比例代表並立制が導入された。

① ア　　　　② イ　　　　③ ウ

④ アとイ　　⑤ アとウ　　⑥ イとウ　　⑦ アとイとウ

〈2023・追再試〉

1 政治や行政には，さまざまな団体が関係している。こうした団体をめぐる記述として最も適当なものを，次の ① ～ ④ のうちから一つ選べ。

① 普通選挙制の普及に伴い，名望家政党が誕生した。

② 日本では，企業から政党への寄付を法律で禁止している。

③ 日本では，非営利活動を行う団体に法人格を与えその活動の促進をめざす，NPO 法（特定非営利活動促進法）が成立した。

④ 圧力団体（利益集団）は，特定の利益を実現するために，自ら政権の獲得をめざす団体である。

〈2008・本試〉

2 利益集団（圧力団体）についての記述として最も適当なものを，次の ① ～ ④ のうちから一つ選べ。

① 政府や議会に働きかけて政策決定に影響を与え特定の利益を実現しようとする集団のことを，利益集団という。

② 政治的な主張の近い人々が集まって政権の獲得を目的として活動する集団のことを，利益集団という。

③ 日本においては，利益集団の代理人であるロビイストは国会に登録され活動が公認されている。

④ 日本においては，利益集団のニーズに応じて利益誘導政治を行うことが推奨されている。 〈2017・本試〉

3 日本の政治に関する記述として正しいものを，次の ① ～ ④ のうちから一つ選べ。

① 日本国憲法は，法案の採決の際に国会議員の投票行動を所属政党の方針に従わせる党議拘束を禁止している。

② 公職選挙法は，候補者が立候補を届け出る前の選挙運動である事前運動を認めている。

③ 政治資金規正法は，企業や団体による政党への献金を認めている。

④ 公職選挙法は，インターネットを利用した選挙運動を禁止している。 〈2016・追試〉

4 選挙の原則や選挙制度の特徴に関する記述として**適当でないもの**を，次の ① ～ ④ のうちから一つ選べ。

① 秘密選挙とは，有権者の自由な意思表明を守るため，投票の内容を他人に知られないことを保障する選挙の原則を意味する。

② 小選挙区制は，大選挙区制と比べた場合，各党の得票率と議席占有率との間に差が生じにくい選挙制度とされる。

③ 普通選挙とは，納税額や財産にかかわりなく，一定の年齢に達した者に選挙権を与える選挙の原則を意味する。

④ 比例代表制は，小選挙区制と比べた場合，多党制が生じやすい選挙制度とされる。 〈2017・本試〉

5 日本の選挙制度に関する記述として正しいものを，次の ① ～ ④ のうちから一つ選べ。

① 衆議院議員選挙では，小選挙区制と全国を一つの単位とする比例代表制とが組み合わされている。

② 参議院議員選挙では，選挙区と比例代表区の両方に立候補する重複立候補が認められている。

③ 衆議院議員選挙と参議院議員選挙のいずれにおいても，比例代表選挙ではドント式によって議席が配分されている。

④ 衆議院議員選挙と参議院議員選挙のいずれにおいても，満 25 歳以上の日本国民に被選挙権が認められている。 〈2016・本試〉

6 民主政治に関連して，日本における現在の制度の記述として**誤っているもの**を，次の ① ～ ④ のうちから一つ選べ。

① 衆議院議員選挙では，複数の小選挙区に立候補する重複立候補が認められている。

② 投票日に投票できないなどの事情がある有権者のために，期日前投票制度が導入されている。

③ 国が政党に対して，政党交付金による助成を行う仕組みがある。

④ 政治家個人に対する企業団体献金は，禁じられている。 〈2019・本試〉

7 日本の選挙制度についての記述として最も適当なものを，次の ①～④ のうちから一つ選べ。

① 衆議院議員選挙においても参議院議員選挙においても，選挙運動の際の戸別訪問が認められている。

② 衆議院議員選挙においても参議院議員選挙においても，選挙区と比例代表の両方に立候補できる重複立候補が認められている。

③ 衆議院議員選挙では，かつて一つの選挙区から複数の代表が選出される中選挙区制が採用されていたことがある。

④ 衆議院議員選挙では，小選挙区比例代表並立制の導入により小選挙区間において一票の価値に差がなくなった。　　　　　　　　　　　　　　　　　　　　　　　　　　　　　　　　　　　　〈2009・本試〉

8 日本における選挙制度についての記述として最も適当なものを，次の ①～④ のうちから一つ選べ。

① 仕事や留学などで海外に住んでいる有権者には，海外で投票を行うことは制度上認められていない。

② 選挙運動において，有権者が友人や知人に対して候補者への投票や応援を直接依頼することは禁止されている。

③ 仕事や旅行などで投票日に選挙人名簿登録地以外の市区町村に滞在する予定の有権者には，投票を行うとは制度上認められていない。

④ 選挙運動において，投票依頼の目的で有権者の家を戸別訪問することは禁止されている。

9 選挙制度の一般的な特徴についての記述として最も適当なものを，次の ①～④ のうちから一つ選べ。

① 非拘束名簿式比例代表制は，小選挙区制よりも死票を生みやすい。

② 拘束名簿式比例代表制では，小選挙区制よりも，政党に属さない者が議席を獲得しやすい。

③ 小選挙区制は，大選挙区制よりも死票を生みやすい。

④ 大選挙区制では，議員の総定数が一定であれば，小選挙区制よりも選挙区の数が多くなりやすい。　　　　　　　　　　　　　　　　　　　　　　　　　　　　　　　　　　　　〈2010・追試〉

10 小選挙区制によって議員が選出される議会があり，その定員が 5 人であるとする。この議会の選挙で三つの政党A～Cが五つの選挙区ア～オでそれぞれ 1 人の候補者を立てたとき，各候補者の得票数は次の表のとおりであった。いま仮に，この得票数を用いて，五つの選挙区を合併して，各政党の候補者が獲得した票を合計し，獲得した票数の比率に応じて五つの議席をA～Cの政党に配分する場合を考える。その場合に選挙結果がどのように変化するかについての記述として**誤っているもの**を，次の ①～④ のうちから一つ選べ。

選挙区	得票数			計
	A	B	C	
ア	45	35	20	100
イ	35	50	15	100
ウ	45	40	15	100
エ	50	15	35	100
オ	25	60	15	100
計	200	200	100	500

① 過半数の議席を獲得する政党はない。

② 議席を獲得できない政党はない。

③ B党の獲得議席数は増加する。

④ C党の獲得議席数は増加する。　　　　　　　　　　　　　　　　　　　　　　　　　〈2014・本試〉

11 選挙制度の一つとして，小選挙区制がある。ある議会の定員は5人であり，各議員はこの選挙制度で選出されるとする。この議会の選挙において，三つの政党A～Cが五つの選挙区ア～オで，それぞれ1人の候補者を立てた。次の表は，その選挙での各候補者の得票数を示したものである。この選挙結果についての記述として正しいものを，下の ① ～ ④ のうちから一つ選べ。

選挙区	得票数			計
	A党	B党	C党	
ア	45	30	25	100
イ	10	70	20	100
ウ	40	30	30	100
エ	10	50	40	100
オ	40	25	35	100
計	145	205	150	500

① 得票数の合計が最も少ない政党は，獲得した議席数が最も少ない。
② B党の候補者の惜敗率（当選者の得票数に対するB党の候補者の得票数の割合）が50パーセント未満である選挙区はない。
③ C党の候補者の惜敗率（当選者の得票数に対するC党の候補者の得票数の割合）が50パーセント以上である選挙区はない。
④ 得票数の合計が最も多い政党は，死票の数の合計が最も多い。 〈2018・追試〉

12 議院内閣制を採用する国では，原則として議会の議席の多数を占める政党・政党集団により内閣が組織される。議員を選出する方法である選挙制度および日本の政党をめぐる制度についての記述として最も適当なものを，次の ① ～ ④ のうちから一つ選べ。
① 小選挙区制では，少数派の意見が反映されない結果となりやすい。
② 比例代表制では，政党中心ではなく候補者中心の選挙となりやすい。
③ 日本では，政党への企業・団体献金は，法律により禁止されている。
④ 日本では，政党への助成金制度は，最高裁判所により違憲とされている。 〈2006・本試〉

13 生徒Xと生徒Yは地方議会の選挙について，次の**資料a**と**資料b**を読みとった上で議論している。**資料a**と**資料b**のグラフの縦軸は，統一地方選挙における投票率か，統一地方選挙における改選定数に占める無投票当選者数の割合のどちらかを示している。後の会話文中の空欄 ｜ ア ｜ ～ ｜ エ ｜ に当てはまる語句の組合せとして最も適当なものを，後の ① ～ ⑧ のうちから一つ選べ。

資料a

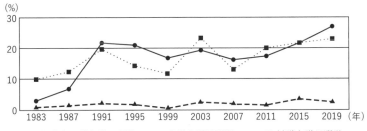

―●― 都道府県議会議員選挙 ―▲― 市議会議員選挙 …■… 町村議会議員選挙
（出所）総務省Webページにより作成。

資料 b

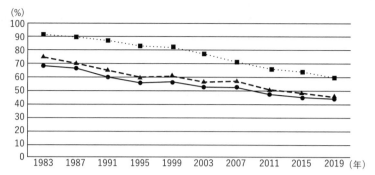

(出所) 総務省 Web ページにより作成。

X： 議員のなり手が不足しているといわれている町村もあることが資料 ア からうかがえるね。町村議会では，立候補する人が少ない背景には議員報酬が低いためという指摘があるよ。議員定数を削減する町村議会も一部にあるんだね。

Y： 都道府県議会議員選挙では，それぞれの都道府県の区域を分割して複数の選挙区を設けるのに対し，市町村議会議員選挙では，その市町村の区域を一つの選挙区とするのが原則なんだね。図書館で調べた資料によると，都道府県議会議員選挙での無投票当選は，定数１や２の選挙区で多い傾向があるよ。資料 ア から，都道府県や町村の議会議員選挙では，市議会議員選挙と比べると無投票当選の割合が高いことがわかるけど，無投票当選が生じる理由は同じではないようだね。

X： なるほど。この問題をめぐっては，他にも議員のなり手を増やすための環境づくりなどの議論があるよ。無投票当選は，選挙する側からすると選挙権を行使する機会が失われることになるよ。議会に対する住民の関心が低下するおそれもあるんじゃないかな。

Y： 資料 イ において 1983 年と 2019 年とを比べると，投票率の変化が読みとれるね。投票率の変化の背景として， ウ が関係しているといわれているけど，これは政治に対する無力感や不信感などから生じるそうだよ。

X： エ をはじめとして選挙権を行使しやすくするための制度があるけど，政治参加を活発にするためには，無投票当選や ウ に伴う問題などに対処していくことも必要なんだね。

① ア－a　　イ－b　　ウ－政治的無関心　　エ－パブリックコメント
② ア－a　　イ－b　　ウ－政治的無関心　　エ－期日前投票
③ ア－a　　イ－b　　ウ－秘密投票　　エ－パブリックコメント
④ ア－a　　イ－b　　ウ－秘密投票　　エ－期日前投票
⑤ ア－b　　イ－a　　ウ－政治的無関心　　エ－パブリックコメント
⑥ ア－b　　イ－a　　ウ－政治的無関心　　エ－期日前投票
⑦ ア－b　　イ－a　　ウ－秘密投票　　エ－パブリックコメント
⑧ ア－b　　イ－a　　ウ－秘密投票　　エ－期日前投票

〈2022・本試〉

1 行政国家についての記述として最も適当なものを，次の①〜④のうちから一つ選べ。

① 行政国家が出現した背景には，経済問題の解決のために，行政が市場に介入することに対する不信感があった。

② 行政国家の特徴として，委任立法の増大や行政裁量の拡大により，政策決定の中心が立法から行政に移ることが指摘されている。

③ 行政国家では，国家機能は，社会秩序の維持や外敵からの防衛に限定されていた。

④ 行政国家では，官僚制が衰退し，公務員の数が大幅に減少する「小さな政府」現象がみられる。

〈2005・本試〉

2 官僚支配の弊害の防止が，現代民主政治の大きな課題となっている。官僚制への統制を強化する主張とは**言えないもの**を，次の①〜④のうちから一つ選べ。

① 内閣総理大臣が閣僚や省庁に対して強力なリーダーシップを発揮できるようにするため，首相公選制を導入すべきである。

② 国会は，行政を監督する責任を果たすため，国政調査権などの権限を用いて行政各部の活動をチェックすべきである。

③ 各議院は，テクノクラートのもつ専門知識を有効に活用するため，法律案の作成や審議への政府委員の参加機会を拡大すべきである。

④ 国民が直接行政を監視し，政策過程に参加するため，情報公開制度を活用したり，オンブズマン制度を設けたりすべきである。

〈2006・本試〉

3 国家の役割の増大に伴い官僚制が整備・強化されたが，このことはやがて現代日本の政治や行政運営などに弊害をもたらしたとの指摘もある。この弊害やそれへの対応についての記述として最も適当なものを，次の①〜④のうちから一つ選べ。

① 立法権に対して行政権が優越する状態を批判して，両者の対等な関係をめざす立場を，セクショナリズムという。

② 官僚と民間企業や業界団体などとが癒着する状態を批判して，それらとの関係を払拭した政治家を，族議員という。

③ 官庁の許認可や行政指導などの不透明性を是正する目的で，行政手続法が制定された。

④ 民間企業や業界団体などへの官僚の天下りを防止する目的で，各省庁内に行政委員会が設置された。

〈2011・追試〉

4 官僚をはじめとする日本の国家公務員に関連する制度や実態についての記述として最も適当なものを，次の①〜④のうちから一つ選べ。

① 中央省庁では長年の慣行として，官僚が退職後に職務と関係の深い民間企業や業界団体などに再就職する「天下り」が行われてきた。

② 国家公務員である自衛官には，労働者の基本的権利の一つである団体行動権（争議権）が法律によって認められている。

③ 各府省の事務次官は，官僚ではなく国会議員の中から任命される。

④ 人事院は，中央省庁再編時に内閣府の創設に伴って廃止された。

〈2012・追試〉

5 日本の官僚制のもつ問題についての記述として**適当でないもの**を，次の ①～④ のうちから一つ選べ。

① 日本の官僚制の問題として縦割り行政があり，複数の省庁の間で情報の共有が不十分であった例が指摘されている。

② 日本の官僚制の問題として秘密主義があり，官僚の保有する情報が国民に隠されたことで問題が大きくなった例が指摘されている。

③ 形式主義とは，書類記入などの手続が自己目的化することを意味し，特殊法人や民間企業への天下りがその典型例である。

④ 法律万能主義とは，民主的統制の手段である法律を逆手にとる支配を意味し，機械的，高圧的に法律を適用する「お役所」的態度がその典型例である。 〈2004・追試〉

6 行政の活動にかかわる制度や行政を担う公務員についての記述として**誤っているもの**を，次の ①～④ のうちから一つ選べ。

① 官僚主導による行政を転換し政治主導による行政を図るため，各省に副大臣や大臣政務官がおかれている。

② 内閣から独立して職権を行使する行政委員会の一つとして，中央労働委員会が設けられている。

③ 公務員の罷免については，何人も平穏に請願する権利が認められている。

④ 国家公務員の給与については，国会の勧告によって決められている。 〈2014・本試〉

7 日本の国家公務員や地方公務員の制度と組織に関する記述として正しいものを，次の ①～④ のうちから一つ選べ。

① 住民は必要な数の署名により，副知事や副市町村長の解職を直接請求することができる。

② 一般職の公務員は，労働組合を結成して国や地方公共団体と労働条件を交渉することができない。

③ 公務員は，大日本帝国憲法（明治憲法）において全体の奉仕者であると定められていた。

④ 公務員制度の改革を推進するため，新たに内閣人事局を設置する代わりに人事院が廃止された。

〈2015・本試〉

8 1980 年代と 2000 年代の日本における改革についての記述として正しいものを，次の ①～④ のうちから一つ選べ。

① 1980 年代に，日本電信電話公社や日本専売公社のほかに日本道路公団が民営化された。

② 1980 年代に，特定地域に国家戦略特区が設けられ，規制緩和による民間企業のビジネス環境の整備がめざされた。

③ 2000 年代に，郵政三事業のうち郵便を除く郵便貯金と簡易保険の二事業が民営化された。

④ 2000 年代に，各地に構造改革特区が設けられ，教育や医療などの分野での規制緩和と地域活性化がめざされた。 〈2016・本試〉

9 日本の行政改革に関する記述として正しいものを，次の ①～④ のうちから一つ選べ。

① 行政活動の透明化のために，行政の許認可権が廃止される代わりに行政指導という政策手段が導入された。

② 国家公務員の幹部人事を，人事院によって一元的に管理する仕組みが導入された。

③ 行政の効率性を向上させることをめざして，独立行政法人制度とともに特殊法人制度が創設された。

④ 政府内の政策の総合調整を行う権限をもつ機関として，内閣府が創設された。 〈2016・追試〉

⑩ 1990 年代以降の日本における公的企業や特殊法人にかかわる改革についての記述として**適当でないもの**を，次の ①〜④ のうちから一つ選べ。

① 高速道路の建設・管理を行ってきた日本道路公団など道路関係 4 公団は，累積債務や事業の非効率性などへの批判を受けて，民営化された。

② 戦後の住宅難解決にあたった日本住宅公団は，住宅事情の改善もあり，現在では新規の分譲住宅建設事業を行わない都市再生機構に改組された。

③ 中央省庁改革の一環として，郵便事業を担う組織は，郵政省から郵政事業庁を経て日本郵政公社となった。

④ 衛星放送やケーブルテレビなど放送メディアが多様化したため，日本放送協会の特別の地位は廃止され，他の民間放送事業者と同等となった。　　　　　　　　　　　　　　　　　　　　　　〈2006・本試〉

⑪ 1990 年代以降の行政の組織や活動の状況についての記述として正しいものを，次の ①〜④ のうちから一つ選べ。

① 行政活動の評価を通じ，不要な事務事業の縮小や必要な事務事業の拡大を進めることを目的として，行政手続法が制定された。

② 政策の企画立案機能と実施機能とを統合することを目的として，独立行政法人が設立されるようになった。

③ 公益事業のうち，電力やガスの事業を行う公社は，地域的に分割されるとともに株式会社に改組されて，その株式が市場で売却された。

④ 地方自治体が民間企業と共同出資で設立した第三セクターの中には，経営破綻したものもあり，行政の責任が問われた。　　　　　　　　　　　　　　　　　　　　　　　　　　　　　　〈2003・本試〉

⑫ 行政の透明性を高める効果があると考えられる，現在の日本に存在する制度についての記述として最も適当なものを，次の ①〜④ のうちから一つ選べ。

① 行政手続法は，行政機関が行う許認可や行政指導を禁止することを目的としている。

② 情報公開法は，地方公共団体が保有する文書の内容を公開するための法律である。

③ オンブズマンは，住民からの苦情をうけて行政活動の問題点を調査し，改善勧告を行うことができる。

④ 監査委員は，住民からの直接請求をうけて行政事務の執行を監査し，その結果を国会に報告しなければならない。　　　　　　　　　　　　　　　　　　　　　　　　　　　　　　〈2010・本試〉

⑬ 行政機能が拡大するにつれ，行政を効果的に統制（監視）することの重要性が増している。行政を統制する方法については，行政内部からのもの，行政外部からのもの，法制度に基づくもの，法制度に基づかないものという基準で 4 分類する考え方がある。下の表 1 は，日本の国の行政を統制する方法の一例をそうした考え方に基づき分類したものであり，A〜D にはいずれかの分類基準が入る。

表 1 にならって日本の地方自治体の行政を統制する方法の一例を分類した場合，下の表 2 中の　X　〜　Z　に当てはまるものの組合せとして最も適当なものを，後の ①〜⑥ のうちから一つ選べ。ただし，表 1 と表 2 の A〜D には，それぞれ同じ分類基準が入るものとする。

表 1　日本の国の行政を統制する方法の一例

	A	B
C	国政調査による統制	圧力団体による統制
D	人事院による統制	同僚の反応による統制

表 2　日本の地方自治体の行政を統制する方法の一例

	A	B
C	X　による統制	Y　による統制
D	Z　による統制	同僚の反応による統制

	X	Y	Z
①	監査委員	行政訴訟	新聞報道
②	監査委員	新聞報道	行政訴訟
③	行政訴訟	監査委員	新聞報道
④	行政訴訟	新聞報道	監査委員
⑤	新聞報道	監査委員	行政訴訟
⑥	新聞報道	行政訴訟	監査委員

〈2018・試行調査〉

14 主権者としての国民が政府を監視する活動の例とは**言えないもの**を，次の ①〜④ のうちから一つ選べ。

① 行政の活動を適切に理解するために，行政文書の公開を請求する。

② 世論調査に注目し，高い支持率を得ている政党の候補者に投票する。

③ 地方自治体の公金支出について，監査請求をする。

④ 政府の人権抑圧的な政策を批判するために，抗議活動をする。 〈2005・本試〉

15 国民が政治や行政に関して意見を表明したり伝達したりするための手段や制度，経路にはさまざまなものがある。日本の場合に当てはまる記述として最も適当なものを，次の ①〜④ のうちから一つ選べ。

① 日本国憲法では，法律の制定・廃止に関する請願権が定められている。

② 利益集団（圧力団体）とは，国民の多様な意見や利害を集約して政策案を策定し，その実現のため，政権の獲得をめざして活動する組織のことを指す。

③ 地方自治体で，市町村合併に関する住民投票が行われた例は存在しない。

④ 政治献金は，政治家や政党の政治活動を国民が支えるための重要な手段の一つであるため，政治献金に対する規制は，行われていない。 〈2013・本試〉

16 国民全体での論議を行うためには情報の収集や発信の自由が保障されている必要がある。国民の情報の収集や発信に関する法制度についての記述として最も適当なものを，次の ①〜④ のうちから一つ選べ。

① インターネットを利用した情報発信は，紙媒体による情報発信とは異なり，名誉毀損やプライバシー侵害に関する法規制を受けない。

② テレビ放送による報道は，新聞や雑誌による報道よりも社会的影響力が大きいため，表現の自由が保障されない。

③ 青少年が携帯電話でインターネットを使用する場合には，有害情報のフィルタリングサービスの利用がその保護者に法律で義務付けられている。

④ 国家秘密であるという理由で行政が公開しないと決めた情報でも，裁判所は開示を命じることができる。 〈2011・本試〉

17 国民の意見を国の政治に反映させる手段についての記述として**適当でないもの**を，次の ①〜④ のうちから一つ選べ。

① 圧力団体（利益集団）とは，特定の利害関心に基づく意見を国の政治に反映させることを目的とする団体である。

② 世論調査結果についてマスメディアが行う報道は，調査の対象となった問題に対する意見を国の政治に反映させる機能をもつ。

③ 族議員とは，特定の政策分野に限定することなく，その議員を支持する者の意見を国の政治に反映させることを目的とする議員である。

④ 大衆運動は，国政選挙における特定の勢力の支援を目的としない場合でも，運動に参加した者の意見を国の政治に反映させる機能をもつ。 〈2010・本試〉

18 国民と政治のかかわり方についての記述として最も適当なものを，次の ① ～ ④ のうちから一つ選べ。

① 利益集団（圧力団体）とは，国民の中に存在する特定の利益を実現するために，政治や行政に対して働きかける集団のことである。

② 国民は，報道機関を通じて提供された政治に関する情報を批判的な視点をもって活用する「第四の権力」と呼ばれている。

③ 多数決による決定ではなく，意見の異なる政治勢力の間の合意を重視する民主政治のあり方を，多数者支配型民主主義という。

④ 政治指導者が大衆迎合的な政策を掲げて世論を動員しようとすることを，直接民主制と呼ぶ。

〈2016・追試〉

19 情報技術の革新的変化をめぐる記述として**適当でないもの**を，次の ① ～ ④ のうちから一つ選べ。

① メディア・リテラシーとは，高度情報社会に対応した，情報選別・判断能力のことである。

② サイバー・テロとは，情報システムの脆弱性を衝いたネットワークへの攻撃のことである。

③ デジタル・デバイドとは，コンピュータ技術によってもたらされる情報が一部の人々に悪用される危険性のことである。

④ SOHO（ソーホー）とは，インターネットなどの普及を背景として拡大してきた，小規模事務所や自宅で働く職場形態のことである。

〈2007・本試〉

20 インターネットに関連する記述として最も適当なものを，次の ① ～ ④ のうちから一つ選べ。

① ユビキタス・ネットワーク社会とは，インターネットを利用して得られる情報量の格差が生じた社会をいう。

② 電子政府構想（e -Japan 構想）は，IT（情報技術）を利用することにより，外国政府との折衝の迅速化を図ることを目的として登場した。

③ コーポレート・ガバナンスは，企業内のコンピュータに対する外部からの不正アクセスを防止するために導入されている。

④ 電子商取引（e コマース）には，携帯電話を利用してインターネットに接続する個人が，業者から商品を購入することも含まれる。

〈2009・本試〉

21 日本における高度情報化社会の現状や産業技術の発展をめぐる記述として**適当でないもの**を，次の ① ～ ④ のうちから一つ選べ。

① マイナンバー制度では，住民一人ひとりに番号を付すことで税と社会保障に関する情報を管理できるが，個人情報の流出に対する懸念もある。

② ドローンは，新たな産業の創出につながる可能性があるが，社会的な迷惑行為や犯罪に用いられる懸念もある。

③ 個人情報保護法では，ビッグデータの利用による産業の活性化を促進するために，民間事業者に対する規制はなされていない状態にある。

④ 不正アクセス禁止法では，ネットワーク環境に係る犯罪を防止するために，他人のパスワードを不正に使用することに対する罰則を定めている。

〈2018・追試〉

22 政治権力に対する監視にとっては，マスメディアや世論が重要である。マスメディアや世論についての記述として**適当でないもの**を，次の ①〜④ のうちから一つ選べ。

① 世論調査の結果は，同じ事柄について尋ねたものであっても，マスメディア各社で同じであるとは限らない。

② マスメディアは，国民に多くの情報を提供する能力を有しており，世論形成に重要な役割を果たしている。

③ 世論調査の結果は，選挙における有権者の投票行動に影響を与えることがある。

④ マスメディアは，戦前からこれまで政治権力による報道の統制に従ったことはない。

〈2009・本試〉

23 日本における情報メディアのあり方の現状についての記述として最も適当なものを，次の ①〜④ のうちから一つ選べ。

① 中立的な報道を行うために，新聞社は自社の見解を紙面を通して伝えていない。

② 記者クラブの排他性への批判もあり，一部の官庁ではフリーのジャーナリストが記者会見から排除されていない。

③ 報道被害に対する懸念から，新聞社は犯罪報道において被疑者の実名報道を行っていない。

④ プライバシー保護の観点から，内閣総理大臣の面会者についての報道は行われていない。〈2011・追試〉

24 情報公開について，日本の制度の記述として**適当でないもの**を，次の ①〜④ のうちから一つ選べ。

① 国民は，情報公開法に基づき，国の行政機関が保有する行政文書に記載された個人情報の開示・訂正を求めることができる。

② 行政文書の開示請求をした者は，開示請求に対する不開示などの決定に不服がある場合，その決定を裁判所で争うことができる。

③ 情報公開制度は，国による導入に先駆けて，まず地方自治体によって導入された。

④ 情報公開制度は，国民には政府などに対して情報の開示を求める「知る権利」があるとの主張を背景として，導入された。

〈2013・本試〉

25 特定非営利活動法人（NPO 法人）についての記述として最も適当なものを，次の ①〜④ のうちから一つ選べ。

① 特定の政党を支持することを目的として設立できる。

② 国や地方公共団体と協働して事業を行うことができる。

③ 公企業の民営化によって設立されなければならない。

④ 法人格は民法に基づいて付与されなければならない。

〈2010・本試〉

26 日本における NPO やボランティア活動についての記述として**誤っているもの**を，次の ①〜④ のうちから一つ選べ。

① NPO 法（特定非営利活動促進法）が制定され，NPO による法人格の取得が容易となった。

② NPO はボランティアを基礎としているので，有給の職員を雇うことは禁じられている。

③ NPO は知事の指定を受けて，介護保険法に基づく在宅介護サービスを提供することができる。

④ 阪神・淡路大震災はボランティア活動の重要性を認識させる大きな出来事となった。　〈2003・本試〉

27 日本における市民運動や住民運動についての記述として**誤っているもの**を，次の ①〜④ のうちから一つ選べ。

① 公害に反対する市民運動の要求を受けて，1970 年前後に一連の公害対策立法が行われた。

② 市民運動の要求で米軍基地の整理・縮小に対する賛否を問う住民投票を実施した地方公共団体があり，その結果が国政へも影響を与えた。

③ 産業廃棄物処分場建設に対する賛否を問う住民投票を実施した地方公共団体があるが，建設が中止された例はない。

④ 河川の可動堰（かどうせき）を建設することの是非について，法的な拘束力をもつ住民投票が実施された例はない。

〈2010・本試〉

28 一つの国家内で複数の民族が共存を達成するための政策として，最近では多文化主義が考慮されるようになっている。その特徴として，少数民族のもつ独自の文化などの価値を認め，そのような差異を配慮することが平等のために必要だとする「承認の政治」の考え方が登場したことがあげられる。「承認の政治」の例として**適当でないもの**を，次の ①〜④ のうちから一つ選べ。

① 少数民族が独自の自治政府を設立し，一定の範囲で自分たちにかかわる事柄を決定する権利を認める。

② 少数言語を使用する個人が公用語を習得するのを援助し，一定の習得度に達した者に，参政権や市民権を与える。

③ 保護されている野生動物のうち，少数民族が伝統的に捕獲してきた種については，その民族に限って捕獲を認める。

④ 少数民族の子どもたちが通う公立学校で，少数民族の歴史や民間伝承などを教える授業を設ける。

〈2003・本試〉

29 生徒Xと生徒Yは，「政治・経済」の授業で学習した地方自治制度について話し合っている。次の会話文中の空欄 ┃ ア ┃〜┃ ウ ┃ に当てはまる記述として正しいものを下の記述 a〜c から一つずつ選び，その組合せとして最も適当なものを，次後の ①〜⑥ のうちから一つ選べ。

X：ある市で産業廃棄物処理施設の設置をめぐって，条例に基づく住民投票が実施されたと聞いたけど，このような住民投票は ┃ ア ┃ よ。その結果は首長と議会の双方にとって無視しがたいものになるよ。住民にとっても政策決定に関与する機会が得られることになるね。

Y：たしかにそうだね。住民投票にもそうした意義があるんだ。でも，二元代表制にも，┃ イ ┃ といった意義があるよ。それも大事じゃないかな？

X：一般的な政策課題であればそれでいいと思うけれど，市町村の合併などの重大な課題の場合には，住民投票を実施した方がいいと思うんだ。

Y：でも，条例に基づく住民投票の場合，┃ ウ ┃ よ。たしかに無視しがたいものではあるけれど，制度上の限界もあるんじゃないのかな。

a 現行の法制度では法的拘束力がないので，その結果が政策に反映されるとは限らない

b 特定の争点をめぐる投票を通して，首長と議会に対して住民の意思を直接示すことで，間接民主制を補完できる

c 住民が首長や議員を選出し，首長と議会による慎重な議論が期待できる

① ア−a　　イ−b　　ウ−c　　② ア−a　　イ−c　　ウ−b
③ ア−b　　イ−a　　ウ−c　　④ ア−b　　イ−c　　ウ−a
⑤ ア−c　　イ−a　　ウ−b　　⑥ ア−c　　イ−b　　ウ−a

〈2021・第2日程〉

第1章　経済社会の変容　▶▶要点整理

1 経済活動の意義

(1) 経済活動

① 経済の定義

a．経済…人間の生活や社会に必要なモノ・カネ・サービスなどを〔**❶**　　　　　〕・分配・消費する活動の
こと　例…機械設備・工場などの〔**❷**　　　　〕の使用

b．経済主体（経済活動の担い手）…企業・〔**❸**　　　　〕・政府

c．経済循環…経済主体の間で，資金（カネ）を仲立ちとして財・サービスがめぐること

② 財・サービスの分類

自由財	この世界に十分に存在するので〔**❹**　　　　　〕を払う必要がないもの　例…空気
経済財	必要だが量が限られているので〔**❺**　　　　　〕の対象となるもの　例…鉱産物
消費財	日常生活で必要とされ消費されるもの（耐久消費財・非耐久消費財）
生産財	他の財を生産するために使われるもの　例…原料・燃料・機械・土地・工場
公共財	〔**❻**　　　　　〕が租税をもとに提供する財・サービス　例…道路・公園・警察
私的財	企業が提供し，必要な人が対価を払って所有するもの　例…電化製品・授業

※　公共財のもつ非競合性と非排除性

非競合性…不特定多数の人が同時に利用できる，非排除性…対価を支払わない人も利用できる

(2) 生産の三要素

① 〔**❼**　　　　　〕…財・サービスの生産活動を担う労働者の能力

② 〔**❽**　　　　　〕…生産の元手になる生産手段（機械設備・工場・原材料など）

③ 〔**❾**　　　　　〕…農地・工場敷地・森林・水・資源など

2 経済社会の形成と変容

1 経済社会の発展（マルクスによる）

(1) 原始共同体…剰余が少なく，生産手段は共同所有

農業の普及→生産力の向上→生産手段を所有する者と所有できない者との分離

(2) 奴隷制社会（古代ギリシア・ローマなど）…生産の剰余は奴隷主（主人）のもの

(3) 封建制社会…土地所有者である領主が生産の剰余を取得

(4) 資本主義社会…私有財産制度を基礎に，自由な経済活動が保障された経済体制

(5) 社会主義社会…生産手段の公有化

2 資本主義経済の特徴と経済思想

(1) 資本主義経済の発展

① 独占資本主義の成立…資本の集積・集中→少数の大企業が市場を支配→寡占・独占

② 独占資本の形態…〔**❶**　　　　〕・トラスト・コンツェルン

③ 〔**❷**　　　　〕…金融資本による独占→海外市場を求め，植民地の拡大を図る

(2) 資本主義経済の変容

① 資本主義の問題点…景気循環・失業・経済的不平等などを避けられない

a．〔**❸**　　　　〕の修正…政府の市場への介入によりを問題点を改善

b．国家の役割…「小さな政府」・「夜警国家」から「大きな政府」・「〔**❹**　　　　〕」へ

c．ケインズ…政府が公共事業を行うなど〔**❺**　　　　〕（貨幣の支出をともなう需要）の創出を図り，
完全雇用の実現をめざす。主著『〔**❻**　　　　〕』

d．世界恐慌（1929）→F・ローズベルト大統領による〔**❼**　　　　〕の実施

② ケインズ理論に対する批判（1970年代以降）

a．フリードマン…通貨供給量の調整により物価の安定を図る金融政策を主張（〔**❽**　　　　〕という）

b．1970年代…石油危機後のスタグフレーションにケインズ政策は無力

c．1980年代━━〔**❾**　　　　〕（英）…規制緩和（金融面では〔**❿**　　　　〕），民営化の推進

　　　　　　　┣━レーガノミクス（米）…減税，規制緩和，歳出配分転換（強いアメリカ）

　　　　　　　┗━中曽根内閣（日）…三公社の民営化

(3) 資本主義経済の特徴と貨幣の役割

  ① 資本主義経済の特徴

    a．私有財産制…生産手段の私的所有（資本家の私有財産），〔❶   〕と労働者の形成

    b．〔❷   〕の自由，居住・移転の自由

    c．財・サービスは〔❸   〕として生産される→労働力も〔❸   〕

    d．〔❹   〕…資本を用いた各人の自由な活動により経済は発展

  ② 貨幣の役割

    a．〔❺   〕…商品に対する価値（社会的評価）を貨幣の量で示す

    b．交換手段…必要な商品を手に入れる（交換する）手段として用いる

    c．〔❻   〕…税金の納入，取引など債権・債務の決済の手段として用いる

    d．貯蔵手段…富として蓄えておいて，必要な商品をいつでも入手できるようにする

(4) 経済思想の歩み

  ① 資本主義の萌芽

    a．重商主義（トマス・マン）…外国貿易が富（金・銀）を増大させる

    b．重農主義（ケネー）…農業労働が富を生む→〔⓱   〕（レッセ・フェール）を主張

  ② 資本主義の成立

    a．古典派経済学…18 〜 19 世紀の〔⓲   〕で発達した経済思想

| アダム・スミス | 労働価値説を中心に，自由競争をとなえる…『〔⓳   〕』国家の役割は国防・治安維持などに限定→後に〔⓴   〕との批判 |
| リカード | 〔㉑   〕を提唱し，自由貿易の優位性を主張 |

    b．歴史学派（リスト）…経済発展段階説に基づく〔㉒   〕を主張

                  →発展途上段階の国では，国内の幼稚産業の保護・育成が必要

3 **社会主義経済とその変容**

(1) 社会主義経済の特徴

  ① 生産手段の社会的所有（公有）…生産手段の私的所有を認めず，利潤の追求も否定

  ② 〔㉓   〕…財・サービスの生産・分配，労働力の配置・移転などを政府が決定

(2) 旧ソ連の社会主義経済

  ① 軍事・国防・重化学工業優先→軽工業・農業・消費財生産の非効率化

  ② 官僚主義によるノルマ達成の要請→勤労意欲・労働生産性の低下

  ③ リーベルマンの提唱による〔㉔   〕の導入（1965，企業への報奨金）

  ④ ゴルバチョフによる〔㉕   〕（改革・見直し）・グラスノスチ（情報公開）

    →複数政党制，市場経済の導入→ソ連の解体・崩壊（1991）→ CIS（独立国家共同体）へ

(3) 中国の変化

  ① 改革・開放政策（1978）…文化大革命後，毛沢東の自力更生路線から転換

  ② ４つの現代化…農業・工業・国防・〔㉖   〕の近代化をめざす

  ③ 〔㉗   〕の設置…外国資本や技術の導入を図る

  ④ 〔㉘   〕を憲法に明記（1993）…社会主義と資本主義の両立をめざす

  ⑤ WTO（世界貿易機関）に加盟（2001）→「世界の工場」から「世界の市場」へ

  ⑥ 一帯一路構想（2013・習近平）…AIIB（アジアインフラ投資銀行）の設立（2015）など

(4) ベトナムの変化

  ① 〔㉙   〕（刷新）…市場経済の導入→外国資本の積極的な受け入れ

  ② ASEAN（東南アジア諸国連合）に加盟（1995）

  ③ WTO に加盟（2007）

解答 **1** ❶生産　❷生産手段　❸家計　❹対価　❺売買　❻国（地方自治体）　❼労働力　❽資本　❾土地
2 ❶カルテル　❷帝国主義　❸自由競争　❹福祉国家　❺有効需要
❻雇用・利子および貨幣の一般理論　❼ニューディール政策　❽マネタリズム　❾サッチャリズム
❿金融ビッグバン　⓫資本家　⓬契約　⓭商品　⓮自由競争　⓯価値尺度　⓰支払手段　⓱自由放任主義
⓲イギリス　⓳国富論（諸国民の富）　⓴夜警国家　㉑比較生産費説　㉒保護貿易　㉓計画経済
㉔利潤動機方式　㉕ペレストロイカ　㉖科学技術　㉗経済特区　㉘社会主義市場経済　㉙ドイモイ

問題演習

1 経済活動の意義・2 経済社会の形成と変容

1 次のメモは，企業の土地利用を事例にして，機会費用の考え方とその適用例をまとめたものである。メモ中の空欄 ア ・ イ に当てはまる語句として最も適当なものを，後の①～④のうちから一つ選べ。

◇機会費用の考え方：ある選択肢を選んだとき，もし他の選択肢を選んでいたら得られたであろう利益のうち，最大のもの。

◇事例の内容と条件：ある限られた土地を公園，駐車場，宅地のいずれかとして利用する。利用によって企業が得る利益は，駐車場が最も大きく，次いで公園，宅地の順である。なお，各利用形態の整備費用は考慮しない。

◇機会費用の考え方の適用例：ある土地をすべて駐車場として利用した場合， ア の関係から他の用途に利用できないため，そのときの機会費用は， イ を選択したときの利益に等しい。

① ア トレード・オフ　イ 公 園　　② ア トレード・オフ　イ 宅 地
③ ア ポリシー・ミックス イ 公 園　④ ア ポリシー・ミックス イ 宅 地　〈2022・本試〉

2 公共財は，非競合性と非排除性とを有している財・サービスと定義される。非競合性についての記述として最も適当なものを，次の①～④のうちから一つ選べ。
① 他の人々の消費を減らすことなく複数の人々が同時に消費できる。
② 需要が減少しても価格が下がらない。
③ 対価を支払わない人によっても消費される。
④ 生産を拡大すればするほど単位当たりの生産費用が低下する。　　〈2016・本試〉

3 経済は，歴史的に大きく変容してきた。人類史上のさまざまな経済体制の一般的特徴についての記述として**誤っているもの**を，次の①～④のうちから一つ選べ。
① 古代ギリシャ・ローマにみられた奴隷制の下では，労働力の商品化による賃金労働が広範に行われていた。
② ヨーロッパや日本にみられた封建制の下では，農民は身分制度に縛られ，職業や居住地を選択する自由がなかった。
③ 社会主義経済の下では，生産手段の社会的な所有による計画的な資源配分がめざされていた。
④ 資本主義経済の下では，景気循環による失業の発生を伴いつつも，生産力の拡大が達成されてきた。
〈2012・本試〉

4 下のa～cは，政府による経済政策を示した新聞記事の見出しである。これらの経済政策は，次の経済学者ア～ウのうちどの人物の考え方に最も親和的であると考えられるか。経済学者ア～ウと，各経済政策が示されている記事a～cとの組合せとして最も適当なものを，下の①～⑥のうちから一つ選べ。

ア ミルトン・フリードマン（1912～2006）
イ フリードリッヒ・リスト（1789～1846）
ウ ジョン・メイナード・ケインズ（1883～1946）

a 不況対策に政府が本腰　失業拡大に歯止め
b ○○国　裁量的な政策運営を見直し　貨幣供給のルールの策定へ
c 発展途上諸国　自国産業の保護へ　先進工業諸国に対応　輸入数量を制限

① ア－a イ－b ウ－c　　② ア－a イ－c ウ－b
③ ア－b イ－a ウ－c　　④ ア－b イ－c ウ－a
⑤ ア－c イ－a ウ－b　　⑥ ア－c イ－b ウ－a

5 自由主義に関連する学説を展開したアダム・スミスに関する記述として正しいものを，次の①～④のうちから一つ選べ。

① 『国富論（諸国民の富）』を著し，市場の調整機能を「見えざる手」と呼んで重視した。

② 国防や司法などに活動を限定している国家を「夜警国家」と呼び，自由主義国家を批判した。

③ 新製品の開発や新たな生産方法の導入などのイノベーション（技術革新）が，経済発展の原動力であるとした。

④ 『経済学および課税の原理』において国際分業に関する比較生産費説を展開し，自由貿易を行うことが各国の利益になると主張した。　　　　　　　　　　　　　　　　　　　　　〈2015・追試〉

6 ケインズの経済理論は，経済政策にも大きな影響を与えた。ケインズの学説についての記述として最も適当なものを，次の①～④のうちから一つ選べ。

① 金融政策による貨幣量の操作を重視することから，その考えはマネタリズムと呼ばれた。

② 労働市場では労働力の需要が円滑に調整されるので，自然に完全雇用が達成されると考えた。

③ 供給されたものは必ず需要されるとする考えを否定し，政府が有効需要を創出する必要性を指摘した。

④ 自生的に望ましい秩序を生み出していく市場の機能を重視し，政府の役割を「市場の失敗」を克服することに限定すべきであると説いた。　　　　　　　　　　　　　　　　　　　　　〈2012・本試〉

7 修正資本主義的政策およびその批判をめぐる記述として**誤っているもの**を，次の①～④のうちから一つ選べ。

① イギリスでは，大きな政府による社会保障支出の増大と下方硬直的な賃金に批判が高まり，1970年代末に保守党のサッチャー政権が成立した。

② 1970年代には，インフレーションと景気の停滞が並存するというスタグフレーションが，先進諸国において広くみられた。

③ アメリカでは，1960年代末から1970年代にかけて裁量的な財政・金融政策への批判が高まり，マネタリストの主張がその後の政策に影響を与えた。

④ アメリカのレーガン政権は，規制緩和を中心とした一連の経済の自由化政策を行い，これにより1980年代後半には連邦財政が黒字化した。　　　　　　　　　　　　　　　　　　　〈2004・追試〉

8 マルクスが説いた考えとは**言えないもの**を，次の①～④のうちから一つ選べ。

① 資本主義には恐慌や失業が存在し，この問題は資本主義の発展とともに深刻化するとした。

② 資本主義の一部に計画経済を導入し，市場を計画が補完することによって，労働問題が解決されるとした。

③ 資本主義では貧富の格差が存在するだけではなく，資本主義が発展すればするほどその格差が拡大するとした。

④ 労働者と資本家との階級対立が頂点に達し，社会主義の確立によってそれが解消されるとした。

〈2004・追試〉

9 20世紀末に生じた社会主義諸国の市場経済化をめぐる記述として正しいものを，次の①～④のうちから一つ選べ。

① 中国では，改革・開放政策への転換以降，急速に貿易が拡大し，1990年代後半に大幅な貿易収支黒字を実現した。

② 1990年代の東欧諸国は，コメコン（経済相互援助会議）のもとで地域的経済協力を進めながら市場経済化を推進した。

③ 1990年代後半に，北朝鮮は「ドイモイ（刷新）」政策をスローガンに掲げて，集権的管理体制の是正に乗り出した。

④ ロシアでは，1990年代末，プーチン大統領が，共産党一党支配を維持したまま市場経済化を進めた。

〈2003・追試〉

第2章 現代経済のしくみ ▶▶ 要点整理

① 市場機構

① 市場機構のしくみと役割

(1) 市場機構と価格の決定

① 市場…財・サービスの需要者（買い手）と供給者（売り手）とが出会い，取引する場

② 市場の種類…商品市場（生産物），〔❶　　　　　〕（労働力），金融市場（資金），
証券市場（公債，社債，株式など），外国為替市場（各国の通貨）など

③ 市場機構（市場メカニズム）…価格によって需要と供給が調整されるしくみ

　　a. 完全競争市場（自由競争市場）…多数の売り手と買い手が存在→市場機構が機能

　　b. 不完全競争市場（寡占・独占市場）…価格決定に大きな影響力をもつ企業が存在

④ 価格の形成…完全競争市場では市場機構が機能し，〔❷　　　　　〕が形成される

　　a. 需要の法則…需要量は価格が下がれば増大し，価格が上がれば減少する

　　b. 〔❸　　　　　〕…供給量は価格が下がれば減少し，価格が上がれば増大する

　　c. 〔❹　　　　　〕…自由競争市場では，価格変動によっ
　　て商品の需給が調整され，資源の適正配分が実現
　　　→アダム・スミスは，神の「〔❺　　　　　〕」と表現

⑤ 価格の種類

　　a. 市場価格…自由競争市場での価格

　　b. 〔❻　　　　　〕…寡占（独占）企業が決めた価格
　　　→市場価格より高くなり消費者には不利益をもたらす

　　c. 〔❼　　　　　〕…市場支配力をもつ企業が〔❽　　　　　〕
　　として設定した価格→他の企業も追随

　　d. 統制価格…政策の必要性から，政府が決める価格
　　　→上下水道などの公共料金

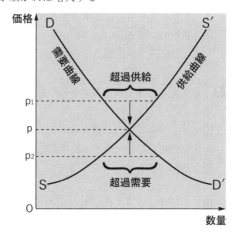

⑥ 〔❾　　　　　〕…協調的寡占市場においては，寡占企業
は価格競争をせず，広告・宣伝・アフターサービス・モ
デルチェンジなどでの競争を展開→宣伝費などのコスト
高による価格への上乗せや無駄な消費につながり，消費者にとってはマイナス面が多い

(2) 寡占・独占市場の特徴

① 〔❿　　　　　〕…寡占市場では，いったん設定された価格は，技術開発による合理化，原材料費の低下な
どでコストが下がっても，価格の低下に結びつかない傾向が強い

② 価格競争…寡占・独占市場でも，〔⓫　　　　　〕などではシェア拡大のため価格競争がみられる

③ 〔⓬　　　　　〕（1947年制定，正式名称は「私的独占の禁止及び〔⓭　　　　　〕の確保に関する法律」）
…寡占・独占による国民生活への悪影響を防ぐため，不当・不公正な取引を禁止

　　a. 〔⓮　　　　　〕…〔⓬　　　　　〕の運用を担当する監視機関。悪質なものは刑事告発する

　　b. 不況カルテル・〔⓯　　　　　〕…1953年改正で認められたが，1999年に禁止された

　　c. 〔⓰　　　　　〕…1997年の改正で解禁され，さまざまな業種で導入が進められている

④ 独占の諸形態…消費者の利益を損なうため，独占禁止法で禁止

　　a. カルテル…同一産業の複数企業による価格や生産量などに関する協定

　　b. 〔⓱　　　　　〕…同一業種の複数企業による合併（独立性がなくなる）

　　c. コンツェルン…株式保有などにより異業種産業を傘下におさめる（戦前の財閥など）

(3) 市場の失敗

① 市場の失敗…市場機構に委ねているだけでは解決されない問題が生じること

　　a. 寡占・独占価格の形成…大企業による価格支配力の強化→資源配分の効率性を失う

　　b. 公共財・公共サービス…政府や地方自治体による提供にたよらざるをえない

　　c. 〔⓲　　　　　〕…市場を通さずに第三者に不利益を与える。公害・環境破壊など

　　d. 〔⓳　　　　　〕…市場における財・サービスの品質などに対する情報量の格差

② 対応…政府の政策による解決

　　a. 環境破壊に対して…〔⓴　　　　　〕などの法整備で対応

　　b. 社会的不平等に対して…社会保障制度の充実で対応

2 現代の企業

1 経済主体と現代の企業

(1) 3つの経済主体

① 企業…〔❶　　　　　〕の主体で，財・サービスを生産

  a．最大限の〔❷　　　　〕を追求

  b．〔❷　　　　〕の一部は利子・配当として配分し，残り
を企業の内部留保とする→再投資の原資に

② 〔❸　　　　〕…〔❹　　　　〕を主とするが，企業・政
府に生産要素（労働力・資本・土地）を提供→所得の一部
は貯蓄される

③ 〔❺　　　　〕…生産・消費，経済全体の調整役として
〔❻　　　　〕を行う→教育・警察などの公共サービス，道路・
港湾などの公共設備・施設（公共財）の提供

(2) 現代の企業

① 企業の種類…出資者，所有者による分類

  ┌私企業…利潤の追求が主目的。合名・合資・合同・株式会社が中心

  ├公企業…国や地方自治体が所有・経営

  └〔❼　　　　〕…国と民間からの出資→第三セクターなど

② 株式会社の特徴

  a．〔❽　　　　〕の株主が出資，〔❾　　　　〕が最高議決機関，1株1票の議決権

  b．株式会社の機関…〔❾　　　　〕，取締役，〔❿　　　　〕（会計処理の監査を担当）で構成

  c．株主…〔⓫　　　　〕やキャピタルゲイン（株価の値上がりによる利益）を得る

  d．〔⓬　　　　〕…会社の実質的経営権は株主ではなく取締役がもつ

  e．株主代表訴訟…株主による，経営責任追及や損害賠償請求の制度

  f．〔⓭　　　　〕の施行（2006）…有限会社の新設を認めず株式会社に一本化

                →有限責任と定款自治による合同会社の新設

③ 企業の資本調達と現代の企業

  a．〔⓮　　　　〕…株式・内部留保・各種引当積立金

  b．他人資本…社債，金融機関などからの借入金

  c．自己資本比率…資本金に占める自己資本の比率

            →経営の安定性の指標（銀行にはBIS（国際決済銀行）規制がある）

  d．企業集団の形成…融資，〔⓯　　　　〕，役員の派遣など

  e．〔⓰　　　　〕…多くの国に子会社・支店をもち，世界規模で活動

  f．コングロマリット（複合企業）…異業種の企業を合併・買収（〔⓱　　　　〕）で巨大化

④ 企業の社会的責任（CSR）

〔⓲　　　　〕	企業の社会的貢献活動のうち，特に芸術・文化活動に対するもの
フィランソロピー	公益目的の寄付行為やボランティア活動などの支援
コンプライアンス	法令遵守（順守）。遵守の対象には社会規範も含まれる
〔⓳　　　　〕	情報開示。内部告発に対する保護も図られている
アカウンタビリティー	本来は会計責任の意味であるが，広く説明責任の意味で用いられる
コーポレートガバナンス	企業の利害関係者（ステークホルダー）に配慮した企業統治
トレーサビリティ	食品などの生産から消費までの履歴を確認できるシステム

現代日本の経済

1 国富と国民所得

(1) フローとストック

① フロー…一定期間における生産された財・サービスの流れの量→一国単位では国内総生産など

② ストック…ある時点での資産の蓄えの量→一国単位では〔❶　　　　〕

→フローによってストックは蓄積され，生活はより豊かに

(2) 国富

① 国富…一国におけるある時点での過去からの資産の合計

② 国富＝金融資産（現預金，株式など）を除く実物資産（土地，建物，機械設備など）＋〔❷　　　　〕

③ 日本の国富…〔❸　　　〕が欧米に比べ立ち後れ，資産に占める〔❹　　　〕の割合が高い

(3) 国内総生産と国民所得（すべて〔❺　　　〕の概念）

① 国内の総生産額

…一国内で1年間に生産された生産額の総計

② 国内総生産（GDP）

＝国内の総生産額－〔❻　　　〕の価額

③ 国民総所得〔❼　　　〕

＝GDP＋〔❽　　　〕（海外からの所得－海外への支払）

④ 国民純生産（NNP）

＝GNI－〔❾　　　〕

⑤ 国民所得（NI）

＝NNP－（間接税－〔❿　　　〕）

⑥ 〔⓫　　　〕の原則…国民所得は，生産・分配・支出の3つの側面からとらえることができ，その額は理論上等しくなる

a．生産国民所得（産業別のの所得合計）

＝第1次産業所得＋第2次産業所得

＋第3次産業所得＋海外からの純所得

b．分配国民所得（所得の分配のされ方）

＝雇用者報酬＋財産所得＋企業所得

c．支出国民所得（所得の支出先）

＝民間・政府消費支出＋民間・政府投資支出

＋経常海外余剰

国内の総生産額	国内総生産	
	〔❻　　　〕	

国内総生産（GDP）	国内の総生産額－中間生産物
	〔❽〕

国民総所得（GNI）	国民純生産	
	〔❾〕	

国民純生産（NNP）	国民所得	
	（間接税－〔❿〕）	

生産国民所得（NIP）	第1・2・3次産業

分配国民所得（NID）	雇用者報酬	財産所得	企業所得

支出国民所得（NIE）	投資	消費
	経常海外余剰	

2 経済指標と豊かさ

(1) GDPの限界

① 「経済大国」日本…世界第〔⓬　　　〕位の実質GDP（2010年に中国に抜かれる）

② GDPの限界…市場で取り引きされるものだけが計上される

a．所得配分の状況やストックの規模を示していない

b．環境対策費もGDPに計上

c．余暇や家事労働，〔⓭　　　〕活動などは含まれない

③ 真の豊かさが実感されない…〔❸　　　〕の立ち後れ，〔⓮　　　〕は外国に比べて長い

(2) 新しい経済指標

① 〔⓯　　　〕（NNW）…余暇や家事労働などをプラス評価し，公害などをマイナス評価した新たな福祉指標

② 〔⓰　　　〕…環境に配慮した経済指標

③ その他の指標…国民総幸福（GNH），人間開発指数（HDI），持続可能性指標など

解答 **3** ❶国富　❷対外純資産　❸生活関連社会資本　❹土地　❺フロー　❻中間生産物　❼GNI
❽海外からの純所得　❾固定資本減耗（減価償却費）　❿補助金　⓫三面等価　⓬3　⓭ボランティア
⓮年間総労働時間　⓯国民純福祉　⓰グリーンGDP

③ 経済成長と物価変動

(1) 経済成長
   ① 一国の経済活動の規模が拡大すること（経済成長率で示される）
   ② 〔**⑰** 　　　　〕の上昇による見せかけの経済成長の場合もある
   ③ 経済成長は一国の〔**⑱** 　　　　〕に変化を与える→国民生活の向上，所得格差

(2) 経済成長率
   ① 対前年度 GDP の増加率で表す
   ② 〔**⑲** 　　　　〕…GDP の数値だけでみた経済成長率
   ③ 〔**⑳** 　　　　〕…〔**⑰** 　　　〕の変動を考慮した経済成長率
   　　対前年度 GDP 増加率 ＞ 対前年度物価上昇率→プラス成長
   　　対前年度 GDP 増加率 ＝ 対前年度物価上昇率→ゼロ成長
   　　対前年度 GDP 増加率 ＜ 対前年度物価上昇率→マイナス成長

$$〔\textbf{⑲} \quad 〕 = \frac{G_1 - G_0}{G_0} \times 100 \ (\%)$$

$$〔\textbf{⑳} \quad 〕 = \frac{G_{1X} - G_0}{G_0} \times 100 \ (\%)$$

※ G_0 ＝昨年度の GDP　G_1 ＝今年度の GDP

$$G_{1X} = \frac{G_1}{対前年度物価指数}$$

※対前年度物価指数…昨年の物価を 1 としたときの今年度の物価

   ④ 高度経済成長期（1955 ～ 1970 年代初め）には 10％超の成長率
   ⑤ 1973 年の石油危機で，1974 年に戦後初の〔**㉑** 　　　　〕
   　　→先進国にはスタグフレーションが発生
   ⑥ 安定成長期（1970 年代半ば）～バブル期（1980 年代）…約 4 ％の〔**⑳** 　　　　〕
   ⑦ 1990 年～ 2008 年は約 1 ～ 2 ％→ 1993，98，2001 年はマイナス成長
   ⑧ リーマン・ショック（2008）と新型コロナ（2020 ～）の影響でたびたびマイナス成長を記録

(3) 物価の種類と動き
   ① 消費者物価…消費者が財・サービスを購入する際の価格
   ② 企業物価…企業間での取引価格（かつては卸売物価といった）
   ③ インフレーション…好況期には，一般的に物価が持続的に〔**㉒** 　　　　〕する（通貨の価値は下落）
   　　a．原因による分類
   　　　・ディマンド・プル・インフレ…総需要＞総供給
   　　　・コスト・プッシュ・インフレ…原料費・燃料費などの増加が価格に転嫁されて生じる
   　　b．物価上昇率の高さによる分類
   　　　・クリーピング・インフレ…年率 2 ～ 3 ％の物価上昇率が継続
   　　　・ギャロッピング・インフレ…年率 10％程度の物価上昇率が継続
   　　　・ハイパー・インフレ…物価が急上昇する超インフレ（第一次世界大戦後のドイツなど）
   ④ デフレーション…不況期には，一般的に物価が持続的に〔**㉓** 　　　　〕する（通貨の価値は上昇）
   　　→デフレ・スパイラル（デフレと不景気の悪循環に陥ること）
   ⑤ スタグフレーション…〔**㉔** 　　　　〕と物価上昇が同時に進行すること（1970 年代前半の日本など）

④ 景気循環

(1) 景気循環の局面…〔**㉕** 　　　　〕→後退→〔**㉔** 　　　　〕→回復の 4 つの局面
   ① 〔**㉕** 　　　　〕…活発な投資で所得も増加
   ② 後退…〔**㉖** 　　　　〕で企業収益が悪化
   ③ 〔**㉔** 　　　　〕…倒産や失業が大量に発生
   ④ 回復…在庫が減少し生産・投資が再開
   ⑤ 〔**㉗** 　　　　〕…急激な景気の後退
   （1929 年の世界恐慌が代表的→アメリカの
   ニューディール政策，ケインズ理論の導入
   →政府が財政政策を行い不況の克服を図る）

山　好況　後退　不況　回復　谷　谷　循環周期

(2) 景気循環のパターン

	周　期	要　因
〔**㉘** 　　〕の波（短期波動）	約 3 ～ 4 年	在庫投資
ジュグラーの波（中期波動）	約 10 年	〔**㉚** 　　〕
クズネッツの波（建築循環）	約 20 年	建設投資
〔**㉙** 　　〕の波（長期波動）	約 50 年	〔**㉛** 　　〕

解答 **⑰** 物価　**⑱** 経済活動　**⑲** 名目経済成長率　**⑳** 実質経済成長率　**㉑** マイナス成長　**㉒** 上昇　**㉓** 下降　**㉔** 不況　**㉕** 好況　**㉖** 過剰生産　**㉗** 恐慌　**㉘** キチン　**㉙** コンドラチェフ　**㉚** 設備投資　**㉛** 技術革新

現代日本の経済

① 貨幣と通貨制度

(1) 貨幣…商品交換の仲立ちをするもの。お金

　① 4つの機能…価値尺度，交換手段，〔**❶**　　　　〕，価値貯蔵手段

　② 通貨…お金として支払いの手段などに用いられるもの

　　　　　　　〔**❷**　　　　　〕（銀行券，硬貨）と〔**❸**　　　　　〕（普通預金，当座預金）がある

(2) 通貨制度

　① 〔**❹**　　　　　〕…中央銀行の金の保有量に応じて通貨を発行する制度

　　a．〔**❺**　　　　〕紙幣を発行…金と交換可能

　　b．貨幣価値は安定するが，景気変動に応じた通貨量の増減ができない

　② 〔**❻**　　　　　〕…中央銀行が金の保有量に制約されずに通貨を発行する制度

　　a．〔**❼**　　　　〕紙幣を発行…金と交換できない

　　b．中央銀行・政府により通貨発行量を管理できる→機動的な金融政策が可能

　③ 〔**❽**　　　　　〕…経済全体における通貨の供給量を示す指標

　　a．M_1 = 〔**❷**　　　　〕＋〔**❸**　　　　　〕

　　b．M_2 = M_1 + 国内銀行などに預けられた定期性預金（ゆうちょ銀行を除く）＋ CD（譲渡性預金）

　　c．M_3 = M_1 + 準通貨（すべての金融機関の定期性預金など）＋ CD

② 金融と金融政策

(1) 金融の種類

　① 自己金融…内部留保など自己資金からの資金調達

　② 〔**❾**　　　　　〕…株式・社債の発行による資金調達……

　③ 〔**❿**　　　　　〕…金融機関を介しての資金調達…………

　④ 金融市場…〔**⓫**　　　　　〕（返済期間が1年未満），〔**⓬**　　　　　〕（返済期間が1年以上）

他人資本	自己資本
社債	株式
借入金	

(2) 中央銀行と金融政策

　① 中央銀行の役割…金融政策の主体

〔**⓭**　　　　〕	中央銀行券（紙幣）を発行する
銀行の銀行	市中銀行に対して，当座預金の受け入れ・貸し付けを行う
政府の銀行	国庫金の出納を行う

　② 金融政策…通貨量を調整し，物価・景気を安定させる　　　　　　　　　　※日本では現在行われていない

金融政策	内容	不況時	景気過熱時
〔**⓮**　　　〕操作	市中銀行との間で国債や手形などの有価証券を売買する	有価証券を買い市場に資金を供給（買いオペ）	有価証券を売り市場から資金を吸収（売りオペ）
金利政策（〔**⓯**　　　〕操作※）	市中銀行への貸付金利である政策金利を上下させる	〔**⓯**　　　〕を下げて融資しやすくする	〔**⓯**　　　〕を上げて融資しにくくする
預金準備率操作※	預金準備率を上下させる	預金準備率を下げる	預金準備率を上げる

(3) 市中銀行の機能

　① 資金仲介業務…家計などから〔**⓰**　　　　〕を集め，企業などへ〔**⓱**　　　　〕を行う

　② 決済機能…当座預金や普通預金から財・サービスの対価を支払い，経済取引を完了

　③ 〔**⓲**　　　　〕機能…預金と貸出の繰り返しにより，最初の預金の何倍もの預金通貨を創り出す

　　　〔**⓲**　　　　〕額＝最初の預金額×1／支払準備率−最初の預金額

(4) 金融行政の変化

　① 〔**⓳**　　　　〕（旧大蔵省の指導の下で金利などを横並びにし，破綻を防ぐ）からの転換

　② 〔**⓴**　　　　〕…銀行・証券・保険会社の相互参入→フリー・フェア・グローバル

　　→金利の自由化，〔**㉑**　　　　〕の自由化などがすすんだ

　③ 預金の保護…〔**㉒**　　　　〕解禁→金融機関の破綻時に元本1,000万円とその利息のみを保護

解答 ❶支払手段　❷現金通貨　❸預金通貨　❹金本位制度　❺兌換　❻管理通貨制度　❼不換
❽マネーストック　❾直接金融　❿間接金融　⓫短期金融市場　⓬長期金融市場　⓭発券銀行
⓮公開市場　⓯基準貸付利率　⓰預金　⓱貸出　⓲信用創造　⓳護送船団方式　⓴日本版金融ビッグバン
㉑金融業務　㉒ペイオフ

1 財政の役割と財政政策

(1) 財政の役割

① 資源配分機能…公共財を供給（市場の限界に対応）

② 〔❶　　　　　〕機能…所得格差の是正

	不況時	インフレ時
財 政 政 策	減税	増税
社会保障費	拡大	縮小

 a. 〔❷　　　　〕…高所得ほど税率を高くする

 b. 〔❸　　　　〕の充実…生活保護・公的年金など

③ 景気調整機能

 a. 〔❹　　　　〕…裁量的補整的財政政策

 b. 〔❺　　　　〕…財政に組み込まれた景気の自動安定化装置

不況期	〔❻　　　〕減少・社会保障支出増加→ 可処分所得が増え景気を下支え
好況期	〔❻　　　〕増加・社会保障支出減少→ 可処分所得が減り景気の過熱を抑制

 c. 〔❼　　　　〕…財政政策や金融政策などを組み合わせた経済政策

(2) 財政のしくみ

① 歳入＝一会計年度における全収入／歳出＝一会計年度における全支出＝歳出

 a. プライマリーバランス（基礎的財政収支）＝（歳入－新規国債発行額）－（歳出－国債費）

  →財政健全化の指標として用いられる（プラスなら黒字，マイナスなら赤字）

 b. 国家予算…〔❽　　　　〕予算・特別会計予算・政府関係機関予算からなる

  〔❽　　　　〕の歳入…租税・印紙収入，公債金など

  〔❽　　　　〕の歳出…〔❾　　　　〕・国債費，地方財政費など

② 予算の種類

 a. 本予算…国会の審議・議決を経て新年度から実施する予算（内閣が編成）

 b. 〔❿　　　　〕…年度途中で，国会の議決を経て修正される予算

 c. 暫定予算…年度始めまでに予算が成立していないときに組む予算（本予算成立で失効）

③ 〔⓫　　　　〕…「第二の予算」と呼ばれる。〔❽　　　　〕予算の約２～３割規模

 →小泉内閣における改革で，原則として資金を市場から調達（財投機関債，財投債）

(3) 租税

① 租税の種類

	〔⓬　　　　〕	〔⓭　　　　〕
国税	所得税 法人税など	消費税 酒税・関税など
地方税	住民税 事業税 固定資産税など	地方消費税 地方たばこ税 など

 a. 〔⓬　　　　〕…納税者と担税者が同一

 b. 〔⓭　　　　〕…納税者と担税者が異なる

 c. 消費税…3 %（1989）→ 5 %（1997）→ 8 %（2014）

   → 10%（2019，軽減税率の導入）

 d. 直間比率…〔⓬　　　　〕と〔⓭　　　　〕の比率

② 負担公平の原則

 a. 〔⓮　　　　〕的公平…税負担能力に応じて課税（所得税の累進税率）

 b. 〔⓯　　　　〕的公平…同じ所得ならば税負担も同じに（所得捕捉率の違いを是正）

③ 租税法律主義…租税の徴収は議会が制定した法律に基づく（憲法第84条）

(4) 公債

① 国債…租税で国の歳入をまかなえない場合，必要な資金調達のために発行

 a. 〔⓰　　　　〕…財政法で認められている。公共事業費などの財源に用いる（1966年度～）

 b. 〔⓱　　　　〕…財政法で禁じられている（〔⓲　　　　〕につながるため）

     特例法を年度ごとに制定して発行（1975年度～，但し1990～93年度を除く）

 c. 国債依存度…〔❽　　　　〕予算の歳入の中に国債が占める割合

② 公債発行の原則と問題点

 a. 〔⓳　　　　〕の原則…インフレ防止のため，日銀による国債の直接引受けを禁止（財政法第５条）

 b. クラウディング・アウト…公債発行により民間投資が圧迫される

解答 ❶所得再分配　❷累進課税　❸社会保障制度　❹フィスカル・ポリシー
❺ビルト・イン・スタビライザー　❻税収　❼ポリシー・ミックス　❽一般会計　❾社会保障関係費
❿補正予算　⓫財政投融資　⓬直接税　⓭間接税　⓮垂直　⓯水平　⓰建設国債　⓱赤字（特例）国債
⓲財政の硬直化　⓳市中消化

問題演習

1 市場機構

1 市場経済に関連する記述として**誤っているもの**を，次の ①〜④ のうちから一つ選べ。

① 市場機構における価格決定の例外として，公的機関の規制を受ける公共性の高い財・サービスの価格や料金を，公共料金という。

② 企業の広告・宣伝などによって，消費者の購買意欲がかきたてられることを，依存効果という。

③ 日本では，市場における私的独占や不公正な取引を防止するために，公正取引委員会が設置されている。

④ 完全競争市場で，ある財に対する需要量が供給量を上回る場合，その財の価格が下落する。〈2005・追試〉

2 市場機能を重視した学説を展開した人に，アダム・スミスがいる。スミスについての記述として**適当でないもの**を，次の ①〜④ のうちから一つ選べ。

① 政府の支出は，国防，司法，教育などに限定すべきであると主張した。

② 「見えざる手」という用語で，市場における政府の調整能力を表現した。

③ 『国富論』（『諸国民の富』）を著して，保護貿易などの重商主義政策を批判した。

④ 産業革命初期のイギリス資本主義の発達を背景にして，経済学体系を構築した。〈2003・追試〉

3 次の図は，ガソリンの需要曲線と供給曲線を表したもので，当初の均衡点がAであることを示している。出荷に際しガソリンに炭素税を課す場合，消費者の事情に変化がないとすれば，課税後の新たな均衡点はどこになるか。最も適当なものを，図中の ①〜⑥ のうちから一つ選べ。

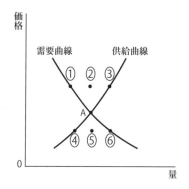

〈2010・本試〉

4 完全競争市場の特徴を表す記述として最も適当なものを，次の ①〜④ のうちから一つ選べ。

① 価格協定や生産調整が行われる。

② 品質やデザインにより製品の差別化が行われる。

③ 売り手も買い手も多数存在している。

④ 商品の価格の下方硬直性が存在する。〈2008・本試〉

5 市場メカニズムが適切に働かないと考えられる場合の例A〜Cと，それらに対応するための政府の施策の例ア〜ウとの組合せとして最も適当なものを，下の ①〜⑥ のうちから一つ選べ。

A 市場が寡占状態にある場合

B 財の生産に外部不経済が伴う場合

C 財が公共財の性質をもつ場合

ア 生産の制限 イ 政府による供給 ウ 新規参入の促進

①	A－ア	B－イ	C－ウ	②	A－ア	B－ウ	C－イ
③	A－イ	B－ア	C－ウ	④	A－イ	B－ウ	C－ア
⑤	A－ウ	B－ア	C－イ	⑥	A－ウ	B－イ	C－ア

〈2009・本試〉

6 市場の失敗の事例について記述した次の**ア～エ**の中で，「情報の非対称性」と関連するものとして最も適当なものを，後の①～④のうちから一つ選べ。

ア 携帯電話の発売開始当初は，事業者が一社だった。その後も数社に限定されていた。乗用車の生産も数社でほとんどを占めている。事業者が少数の時は，市場メカニズムが働きにくい。

イ 中古車の売買では，買い手が売り手に聞かない限りわからない修復歴やエンジンの不具合などがありうるので，買い手が見た目だけでは中古車の良し悪しを判断できない場合も多い。

ウ 最近，近くに工場ができて，大型トラックの通行量が増えた。この工場に出入りするトラックの通行によって交通渋滞が頻繁に発生し，交通事故の件数も工場ができる前に比べて増加した。

エ 各家庭が夜間に街路に面した外灯を点灯することにより，この地域の夜間における犯罪の発生件数が減少した。地域住民らは，以前よりも安心して生活できるようになった。

① ア　　② イ　　③ ウ　　④ エ　　　　〈2022・追再試〉

7 市場の失敗の例として最も適当なものを，次の①～④のうちから一つ選べ。
① アパレル業者が，正規品として販売できないB級品をアウトレットショップで安く販売した。
② スマートフォンなどの普及に伴い情報を簡単に取得できるようになったため，電子辞書の専用機器を製造する工場が閉鎖された。
③ 高級フルーツの人気が国外で高まり，その果物の作付面積が拡大して生産量と輸出量が増加した。
④ 周囲の反対運動にもかかわらずショッピングモールが建設され，自然豊かな里山が失われた。

〈2018・追試〉

8 外部経済や外部不経済の例として**適当でないもの**を，次の①～④のうちから一つ選べ。
① 商店街の電器量販店が割引セールを行ったので，商店街の他の電器店の売上げが減少した。
② 住宅街に緑豊かな公園が整備されたので，近隣住民の気持ちが和んだ。
③ 養蜂家が開業したので，近隣のリンゴ園の収穫が増加した。
④ 住宅街に高層マンションが建設されたので，近隣住民の日当たりが悪くなった。　　〈2012・追試〉

9 生徒Xは，社会環境が変われば公共財の状態も変化するのではないかと考え，次の事例**ア～ウ**を想定した。これらの事例のうち，公共財としての公園が非排除性と非競合性の両方の性質を保つことができている事例として正しいものはどれか。当てはまるものをすべて選び，その組合せとして最も適当なものを，後の①～⑦のうちから一つ選べ。

ア 地方自治体が管理し市民が無料で利用していた公園の近くに，企業がテーマパークを作った。それ以降，公園は地方自治体が管理しつつ誰も利用できない状態になった。

イ 地方自治体が管理し市民が無料で利用していた公園を，企業が社会貢献の一環として管理する状況になった。それ以降，地方自治体が管理していた時と同じ利用方法のままで企業の管理が続いた。

ウ 地方自治体が管理する公園を市民が無料で開放していたが，多くの人が利用して公園内に荒れ地が目立つようになった。それ以降，地方自治体が公園への入場料金を徴収し管理するようになった。

① ア　　　　　　② イ　　③ ウ　　④ アとイ　　⑤ アとウ　　⑥ イとウ
⑦ アとイとウ　　　　　　　　　　　　　　　　　　　　　　〈2023・追再試〉

現代日本の経済

10 次の図は，商品 α と商品 β の需要量と価格の関係を表したものである。商品 α はなめらかな曲線となり，代表的な点は白丸（○），商品 β は直線であり，代表的な点は黒丸（●）である。各商品の需要量に価格の変化が及ぼす影響に関する記述として最も適当なものを，下の ① ～ ④ から一つ選べ。

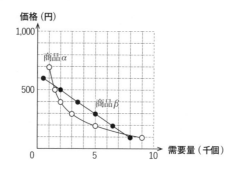

① 商品 α を 200 円で販売した場合と 500 円で販売した場合とについて，それらの価格から 100 円上昇したときの需要量の減少幅を比べると，500 円で販売した場合の方が減少幅は大きい。

② 商品 α と商品 β を 200 円で販売した場合，その価格から 100 円の上昇に対する需要量の減少幅は，商品 α よりも商品 β の方が小さい。

③ 商品 β を 200 円で販売した場合と 500 円で販売した場合とについて，それらの価格から 100 円上昇したときの需要量の減少幅を比べると，500 円で販売した場合の方が減少幅は大きい。

④ 商品 α と商品 β を 500 円で販売した場合，その価格から 100 円の上昇に対する需要量の減少幅は，商品 α よりも商品 β の方が小さい。

〈2021・第 2 日程〉

11 次の文章中の空欄 ┃ ア ┃ ・ ┃ イ ┃ に当てはまる語句と数値の組合せとして最も適当なものを，下の ① ～ ⑥ のうちから一つ選べ。

　生徒 Y は，生徒 X が気になっているスニーカーの人気が高まっていることについて，高校の「政治・経済」の教科書にある市場メカニズムの説明に基づいて考えてみた。そして，次の図を自ら作成した。この図において，スニーカーの供給曲線は S，需要曲線は D で表される。スニーカーの人気が高まった場合，需要曲線は D から ┃ ア ┃ へとシフトし，均衡点が移動することが，教科書からわかった。

　次に，供給曲線はシフトしないという条件の下で，より具体的な数字を当てはめて需要曲線の D から ┃ ア ┃ へのシフトを考えてみることにした。当初の均衡価格（P_0）が一足当たり 1 万円，均衡での数量（Q_0）が 8,000 足の状態から，価格が 30 パーセント，数量は 20 パーセント変化した場合，売上総額の変化量は ┃ イ ┃ であることがわかった。

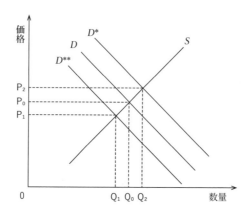

① ア D^* イ 4,480 万円　　② ア D^* イ 3,620 万円

③ ア D^* イ 2,840 万円　　④ ア D^{**} イ 4,480 万円

⑤ ア D^{**} イ 3,620 万円　　⑥ ア D^{**} イ 2,840 万円

〈2021・第 2 日程〉

12 次の図にはある財の完全競争市場における需要曲線と供給曲線とが描かれている。このとき，市場がもつ価格の自動調節機能についての記述として正しいものを，次の ① ～ ④ のうちから一つ選べ。

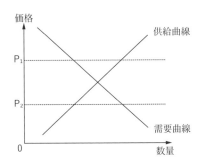

① 価格が P_1 であれば，需要が供給を上回るため，超過需要を減少させるように価格が下落する。
② 価格が P_1 であれば，需要が供給を下回るため，超過供給を減少させるように価格が上昇する。
③ 価格が P_2 であれば，需要が供給を上回るため，超過需要を減少させるように価格が上昇する。
④ 価格が P_2 であれば，需要が供給を下回るため，超過供給を減少させるように価格が下落する。

〈2016・追試〉

13 次の図は，ある財の市場における需要曲線と供給曲線を実線で示しており，また，価格 P_0 で需給が均衡することを示している。いま，政府によってこの財の価格の上限が P' に規制されたとき，取引される財の数量についての記述として最も適当なものを，下の ① ～ ④ のうちから一つ選べ。

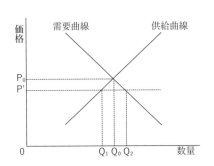

① 取引される財の数量は Q_0 になる。
② 取引される財の数量は Q_1 になる。
③ 取引される財の数量は Q_2 になる。
④ 取引される財の数量は 0 になる。

〈2018・本試〉

14 次の図は，ある財の輸出前と輸出後における価格および取引量を表している。まず，輸出を開始する以前は，1 個当たりの価格 P（350 円），取引量 Q（400 個）で均衡していた。このとき，財の総取引額は，1 個当たりの価格と取引量との積である面積部分 $APEQ$ に相当する。次に，貿易が開始され，この財が輸出されるようになったとき，国際価格と国内価格は 1 個当たり 500 円，総取引量は 700 個となり，国内生産者による供給と国内需要との差だけ輸出されるようになった。このとき，輸出量と輸出額の組合せとして正しいものを，下の ① ～ ④ のうちから一つ選べ。

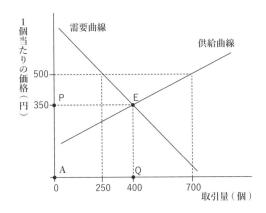

	輸出量	輸出額
①	250 個	125,000 円
②	300 個	150,000 円
③	450 個	225,000 円
④	700 個	350,000 円

〈2018・追試〉

15 労働移動の自由化が実現していない産業の X 国内と Y 国内の労働市場について考える。次の図の D_X, D_Y と S_X, S_Y は，各国内の需要曲線と供給曲線である。この産業の生産物は両国間で貿易ができないものとする。他の条件は一定として，この産業だけで二国間の労働移動が自由化された場合，新たな均衡点の組合せとして最も適当なものを，下の ①〜④ のうちから一つ選べ。

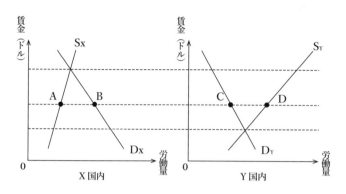

	X 国	Y 国
①	A	C
②	A	D
③	B	C
④	B	D

〈2011・本試〉

16 寡占市場がもつ特徴についての記述として**適当でないもの**を，次の ①〜④ のうちから一つ選べ。

① 管理価格とは，市場メカニズムによらずに，価格支配力をもつプライス・リーダーが人為的に決定する価格のことである。

② 価格の下方硬直性とは，生産技術の向上などで生産コストが低下しても，価格が下方に変化しにくくなることである。

③ 非価格競争とは，デザイン，広告・宣伝といった手段を用いて，価格以外の競争が行われることである。

④ カルテルとは，資本の集中・集積が進み，同一産業内での企業合併が起こることである。〈2015・本試〉

17 市場取引に関連して，企業や市場についての記述として**適当でないもの**を，次の ①〜④ のうちから一つ選べ。

① 日本では，資金調達などの面で大企業と中小企業との間に格差があり，法律や制度などによって，中小企業の保護・育成が図られてきた。

② 完全競争市場では価格の自動調節機能に従い，財の需要量が供給量を，上回る場合は価格が下落し，下回る場合は価格が上昇する。

③ 寡占市場では，企業は，品質やデザイン，広告などの面で，他企業と競争を行うこともある。

④ 日本では，乗用車などで，生産額の上位 3 社の合計が，その市場の生産額合計の 50 パーセントを超えている市場がある。　　　　　　　　〈2013・本試〉

18 市場における非価格競争の例として最も適当なものを，次の ①〜④ のうちから一つ選べ。

① 同業他社との間でカルテルを締結して，生産量の割当てを行う。

② 人気俳優をテレビ広告に起用して，製品の販売拡大を図る。

③ 他社と同じ性能をもつ製品を，より安い値段で発売する。

④ 政府が定めた価格で，決められた規格の商品を販売する。

〈2017・追試〉

❶ 次の図は，三つの経済主体間における経済循環の基本構造を示したものである。図中の矢印は財やお金の流れを示している。図中のA～Cに当てはまるものの組合せとして最も適当なものを，下の ① ～ ⑥ のうちから一つ選べ。

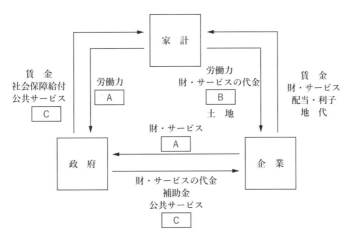

① A 資 本 B 租税・社会保険料 C 社会資本
② A 資 本 B 社会資本 C 租税・社会保険料
③ A 社会資本 B 資 本 C 租税・社会保険料
④ A 社会資本 B 租税・社会保険料 C 資 本
⑤ A 租税・社会保険料 B 資 本 C 社会資本
⑥ A 租税・社会保険料 B 社会資本 C 資 本 〈2017・本試〉

❷ 企業や家計についての記述として最も適当なものを，次の ① ～ ④ のうちから一つ選べ。
① 家計は，他の条件が一定である場合，その保有する資産の価格が上昇すると消費額を増やす傾向にある。
② 企業は，他の条件が一定である場合，銀行の貸出金利が低下すると設備投資を減少させる傾向にある。
③ 日本の家計を全体でみると，消費支出のうち食料費よりも保健医療費の方が多い。
④ 日本の従業者を全体でみると，中小企業で働く人数よりも大企業で働く人数の方が多い。〈2016・本試〉

❸ 会社法は 2005 年に制定された法律である。この法律の内容について正しいものを，次の ① ～ ④ から一つ選べ。
① 有限責任社員を出資者として合名会社を設立できる。
② 1000 万円以上の資本金がないと株式会社を設立できない。
③ 合資会社という新しい種類の会社を設立できる。
④ 有限会社を新たに設立できない。 〈2010・本試〉

❹ 日本における株式会社についての記述として正しいものを，次の ① ～ ④ のうちから一つ選べ。
① 独占禁止法の下では，事業活動を支配することを目的として，他の株式会社の株式を保有することが禁止されている。
② 会社法の下では，株式会社の設立にあたって，最低資本金の額が定められている。
③ 株式会社のコーポレート・ガバナンスに関しては，バブル経済の崩壊以降，株主の権限の制約が主張されている。
④ 株式会社の活動によって生じた利潤は，株主への配当以外に，投資のための資金としても利用されている。 〈2014・本試〉

5 企業の資金調達についての記述として正しいものを，次の①～④のうちから一つ選べ。
① 同じ企業集団に属するメインバンクからの借入れによる資金調達は，直接金融である。
② 証券会社を通して家計が購入した新規発行株式による資金調達は，間接金融である。
③ 利益の社内留保によって調達された資金は，自己資本である。
④ 株式発行によって調達された資金は，他人資本である。 〈2006・本試〉

6 利潤についての記述として正しいものを，次の①～④のうちから一つ選べ。
① 企業内部に蓄えられた利潤は，設備投資のような企業規模の拡大のための原資として用いられることがある。
② 国民経済計算では，企業の利潤は雇用者報酬に分類される。
③ 企業の利潤は，賃金や原材料費などの費用に，生産活動により得られた収入を付け加えたものである。
④ 株式会社の場合，利潤から株主に支払われる分配金は出資金と呼ばれる。 〈2016・本試〉

7 企業の経営や生産活動についての記述として正しいものを，次の①～④のうちから一つ選べ。
① 金融機関からの借入れが増えると，自己資本額は増大する。
② 利潤のうち株主への分配が増えると，内部留保は増大する。
③ 関連産業が同じ地域に多数立地することで得られる正の経済効果を，集積の利益という。
④ 経営者に代わり株主が経営を行うようになることを，所有と経営の分離という。 〈2016・追試〉

8 コンプライアンス（法令遵守）についての記述として**適当でないもの**を，次の①～④のうちから一つ選べ。
① 企業が遵守すべき法には，条約のような国際的な規範が含まれる。
② 企業が遵守すべき法には，地方自治体の制定する条例が含まれる。
③ この理念は，大企業による不祥事が相次いで発覚し，その必要性がいっそう高まった。
④ この理念は，企業で働く従業員に内部告発をさせないことを，その内容の一つとしている。〈2008・本試〉

9 日本の企業間関係についての記述として最も適当なものを，次の①～④のうちから一つ選べ。
① 財閥とは，種々の産業部門に属する諸企業を，役員の相互派遣や共同事業の推進によって統合したコンツェルン（企業連携）である。
② 下請け企業とは，親会社が発行する株式の引受けや債務の保証によって，親会社の資金調達を請け負っている会社である。
③ トラスト（企業合同）とは，ある産業における市場占有率の合計が50パーセントを上回る企業間の合併である。
④ 持株会社とは，別会社の事業活動を支配することを目的として株式を所有する企業である。 〈2006・本試〉

10 日本における企業に関する記述として最も適当なものを，次の①～④のうちから一つ選べ。
① 自社の株価の低下を招くような社内の行為をその会社の株主が監視することを，リストラクチャリングという。
② ある企業の1年間の利潤のうち，株主への分配率が上昇すると内部留保への配分率も上昇し，企業は設備投資を増やすようになる。
③ 世界的に拡大した感染症による経済的影響として，いわゆる巣ごもり需要の増加に対応することで2020年に売上を伸ばした企業があった。
④ 1990年代のバブル経済崩壊後，会社法が制定され，株式会社設立のための最低資本金額が引き上げられた。 〈2022・本試〉

1 生徒Xは，次のXの小遣い帳（2019年11月）をもとに1か月のお金の動きを，後の水槽を使った模式図で表すことにした。Xは，この1か月間について，お金が流れる方向を矢印に，お金の量を水量に見立て，蛇口から水槽に水が入り，出口から出ていく模式図を作成した。小遣い帳と模式図中の下線部⑦～⑦の五つの量をフローとストックに分類したとき，フローであるものをすべて選び，その組合せとして正しいものを，後の①～⑧のうちから一つ選べ。

小遣い帳

日付	事柄	収入	支出	残高
2019/11/1	前月からの繰越			￥20,000
11/1	小遣い	⑦￥5,000		￥25,000
11/9	部活動後の飲食		￥500	￥24,500
11/16	文化祭での飲食等		￥1,500	￥23,000
11/22	両親へのプレゼント（結婚記念日）		⑦￥5,000	￥18,000
11/24	友達と食事		￥1,000	￥17,000
11/30	次月への繰越			￥17,000

模式図

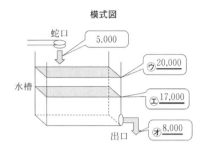

① ⑦と⑦	② ⑦と⑦	③ ⑦と⑦	④ ⑦と⑦
⑤ ⑦と⑦と⑦	⑥ ⑦と⑦と⑦	⑦ ⑦と⑦と⑦	⑧ ⑦と⑦と⑦

〈2022・本試〉

2 次の図は，2014年の日本経済を三面から捉えたものである。日本経済について，この図だけから読みとれるものや計算できるものを，下のa～cからすべて選び，その組合せとして最も適当なものを，下の①～⑦のうちから一つ選べ。

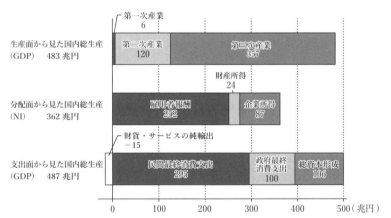

注：国の数値の単位は兆円。合計は，四捨五入の関係で一致しない場合がある。
出典：内閣府Webページより作成。

a 産業構造（経済における各産業の比重）

b 労働分配率（付加価値のうち労働を提供した雇用者への分配額の割合）

c 固定資本減耗（固定資本のうち生産活動により消耗した部分）

① a	② b	③ c	④ aとb
⑤ aとc	⑥ bとc	⑦ aとbとc	

〈2018・試行調査・改題〉

3 日本の社会資本をめぐる記述として**誤っているもの**を，次の①〜④のうちから一つ選べ。

① 社会資本には，生産に関連するものと，生活に関連するものとがある。

② 社会資本の整備を目的として国債を発行することは，禁じられている。

③ 社会資本の整備を実施するために，財政投融資が財源の一つとして利用されている。

④ 社会資本の整備の際に，土地を収用されることによって財産上の損失を被った国民は，その損失の補償を求めることができる。 〈2014・本試〉

4 経済的豊かさの指標の一つである国富を構成するものとして**誤っているもの**を，次の①〜④のうちから一つ選べ。

① ある世帯がもっている現金

② ある民間企業がもっている機械

③ ある NPO（非営利組織）が所有している建物

④ ある地方自治体が所有している森林 〈2014・本試〉

5 国民経済全体の活動水準を測るフローの諸指標がある。次の表は，ある年のそれらの諸指標の項目と金額との組合せの数値例を表したものである。表の数値例をもとにした場合に，諸指標**A〜C**と，金額**ア〜ウ**との組合せとして正しいものを，下の①〜⑥のうちから一つ選べ。

項目	金額
国内総生産（GDP）	500
海外からの純所得	20
間接税 ^{マイナス}補助金	40
固定資本減耗	100

A 国民純生産（NNP）

B 国民総生産（GNP）

C 国民所得（NI）

ア 380　　**イ** 420　　**ウ** 520

① A−ア　B−イ　C−ウ　　② A−ア　B−ウ　C−イ
③ A−イ　B−ア　C−ウ　　④ A−イ　B−ウ　C−ア
⑤ A−ウ　B−ア　C−イ　　⑥ A−ウ　B−イ　C−ア 〈2013・本試〉

6 市場での取引と GDP（国内総生産）との関係について述べた記述として正しいものを，次の①〜④のうちから一つ選べ。

① 市場における株式の取引額は，GDP に計上される。

② 市場で取引されない環境破壊による損失は，GDP に計上されない。

③ 輸出される財・サービスは，国内の市場で取引されていないため，その額は GDP に計上されない。

④ 通貨は，市場取引で用いられるため，家計や企業が保有する通貨量は GDP に計上される。 〈2016・本試〉

7 次ページの表は，ある国の経済状況（名目 GDP，人口，GDP デフレーター，実質 GDP，名目 GDP 成長率，実質 GDP 成長率）を示しており，通貨の単位にはドルを用いているものとする。なお，この国では，2015年と 2016 年の一人当たりの名目 GDP が同じである。表中の **a〜c** に当てはまる数字の組合せとして正しいものを，後の①〜⑧のうちから一つ選べ。

	名目GDP （億ドル）	人口 （百万人）	GDP デフレーター	実質GDP （億ドル）	名目GDP 成長率（％）	実質GDP 成長率（％）
2015年	500	b	100	500		
2016年	a	47	94	500	- 6	0
2017年	494	45	95	520	5	c

（注）　2015年が基準年で，2015年のGDPデフレーターを100とする。数値は小数点以下を四捨五入している。2015年の「＼」は値が明示されていないことを意味する。

① a 450 b 49 c 1 　② a 450 b 4 c 4 　③ a 450 b 50 c 1

④ a 450 b 50 c 4 　⑤ a 47 b 49 c 1 　⑥ a 470 b 49 c 4

⑦ a 470 b 50 c 1 　⑧ a 470 b 50 c 4 　　　　　　　　　〈2021・第1日程〉

8 次の図は，1980年以降における日本の名目国民所得を雇用者所得（雇用者報酬），財産所得および企業所得に区分して，それぞれの所得金額の推移を示したものである。図中の**A**～**C**に当てはまる所得の組合せとして正しいものを，下の①～⑥のうちから一つ選べ。

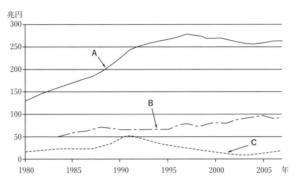

（資料）内閣府Webページより作成。

① **A** 雇用者所得　**B** 財産所得　　**C** 企業所得

② **A** 雇用者所得　**B** 企業所得　　**C** 財産所得

③ **A** 財産所得　　**B** 雇用者所得　**C** 企業所得

④ **A** 財産所得　　**B** 企業所得　　**C** 雇用者所得

⑤ **A** 企業所得　　**B** 雇用者所得　**C** 財産所得

⑥ **A** 企業所得　　**B** 財産所得　　**C** 雇用者所得　　　　　　〈2011・追試〉

9 物価に関連する記述として正しいものを，次の①～④のうちから一つ選べ。

① インフレーションの下では，貨幣の価値は上昇する。

② デフレーションの下では，債務を抱える企業や家計にとって債務返済の負担は重くなる。

③ 自国通貨の為替相場の下落は，国内の物価を引き下げる効果をもたらす。

④ デフレスパイラルとは，景気後退と物価上昇が相互に影響し合って進行する現象をいう。〈2016・追試〉

10 次の文章は，インフレ（インフレーション）が国民生活に与える影響についてまとめたものである。文中の空欄 ア ～ エ に当てはまる語句の組合せとして正しいものを，後の①～⑧のうちから一つ選べ。

　物価の変動は私たちの消費に影響を与える。私たちが買い物をするときを考え，名目の消費支出額を一定とする。すべての財・サービスの価格が同じ比率で変化したとすると，物価上昇前と比較して，物価上昇後に消費できる数量は ア することになる。

　物価の変動は，債権者や債務者に対しても影響を及ぼす。ある一定額のお金の貸借が行われている状況を想定する。金利が変化しなかったとして，貸借が行われた時点では想定されていなかったインフレが発生した場合について考える。このとき，インフレが発生しなかった場合と比較すると，債権者にとって経済的に イ に，債務者にとって経済的に ウ になる。

　これは，支払われる金額が事前に確定しており，その後インフレが進行した場合，この債権・債務の価値が実質的に エ することになるからである。

① ア－増加　イ－有利　ウ－不利　エ－上昇　　② ア－増加　イ－有利　ウ－不利　エ－下落
③ ア－増加　イ－不利　ウ－有利　エ－上昇　　④ ア－増加　イ－不利　ウ－有利　エ－下落
⑤ ア－減少　イ－有利　ウ－不利　エ－上昇　　⑥ ア－減少　イ－有利　ウ－不利　エ－下落
⑦ ア－減少　イ－不利　ウ－有利　エ－上昇　　⑧ ア－減少　イ－不利　ウ－有利　エ－下落

〈2022・本試〉

11 景気について，景気循環の各局面において一般的にみられる現象として最も適当なものを，次の①～④のうちから一つ選べ。
① 好況期には，生産が拡大し，雇用者数が増加する。
② 景気後退期には，商品の超過供給が発生し，在庫が減少する。
③ 不況期には，労働需要が労働供給に対し過大になり，失業率が上昇する。
④ 景気回復期には，在庫が減少し，投資が縮小する。
〈2018・追試〉

12 さまざまな景気循環の類型についての説が存在する。次の類型A～Cと，それぞれの循環を引き起こす原因についての記述ア～ウとの組合せとして正しいものを，下の①～⑥のうちから一つ選べ。

A　短期波動（キチンの波）　　B　中期波動（ジュグラーの波）　　C　長期波動（コンドラチェフの波）

ア　技術革新や大規模な資源開発　　イ　設備投資の変動　　ウ　在庫投資の変動

① A－ア　B－イ　C－ウ　　② A－ア　B－ウ　C－イ
③ A－イ　B－ア　C－ウ　　④ A－イ　B－ウ　C－ア
⑤ A－ウ　B－ア　C－イ　　⑥ A－ウ　B－イ　C－ア
〈2009・本試〉

13 不況期には経済成長率の低下がみられる。次の図は1970年から2010年にかけての日本の実質経済成長率の推移を示したものである。図中のA～Dの時期に生じた出来事についての記述として最も適当なものを，後の①～④のうちから一つ選べ。

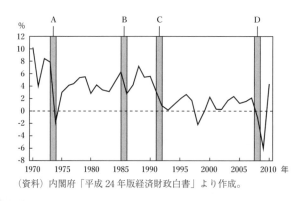

（資料）内閣府「平成24年版経済財政白書」より作成。

① Aの時期に，土地や株式の価格が暴落したことにより，不良債権を抱えた金融機関が相次いで破綻した。

② Bの時期に，円高・ドル安が急速に進んだことにより，輸出産業が打撃を受けた。

③ Cの時期に，アメリカでサブプライム・ローン問題が生じたことをきっかけに，金融不安が拡がった。

④ Dの時期に，原油価格が上昇したことをきっかけに，スタグフレーションが生じた。 〈2014・本試〉

4 金融のしくみ

1 通貨制度についての記述として最も適当なものを，次の ①〜④ のうちから一つ選べ。

① 金本位制の下では，中央銀行は金の保有量と無関係に兌換銀行券を発行できた。

② 金本位制の下では，外国為替取引は市場の自由な取引に委ねられ，為替レートは大きく変動した。

③ 管理通貨制の下では，中央銀行は金の保有量と一定の比例関係を保ちつつ兌換銀行券を発行できる。

④ 管理通貨制の下では，景気調整のための経済政策の自由度が確保しやすくなる。 〈2011・本試〉

2 貨幣に関する記述として正しいものを，次の ①〜④ のうちから一つ選べ。

① 貨幣には，取引の仲立ちを行う価値貯蔵手段としての機能がある。

② マネーストックとは，中央政府が保有する貨幣残高のことである。

③ 管理通貨制度の下では，通貨発行量は中央銀行の保有する金の量によって制限されない。

④ 預金通貨は，財・サービスの対価の支払手段として用いられることはない。 〈2017・本試〉

3 貨幣にはさまざまな機能がある。そのうち貨幣の価値貯蔵機能の例として最も適当なものを，次の ①〜 ④ のうちから一つ選べ。

① 税金を納めるために貨幣を使用する。

② 購買力を保つために貨幣を用いる。

③ 商品の取引を仲立ちするために貨幣を使用する。

④ 商品の価値を測るために貨幣を用いる。 〈2018・試行調査〉

4 日本銀行についての記述として**誤っているもの**を，次の ①〜④ のうちから一つ選べ。

① 日本銀行は，発行した日本銀行券と金との交換を保証している。

② 日本銀行は，金融政策を通じて物価の安定を図る。

③ 日本銀行は，「最後の貸し手」として金融システムの安定を図る。

④ 日本銀行は，「政府の銀行」として国庫金の管理を行う。 〈2016・追試〉

5 金融政策についての記述として最も適当なものを，次の ①〜④ のうちから一つ選べ。

① 預金準備率の引上げは，市中金融機関による企業への貸出しを増加させる効果をもつ。

② 買いオペレーションは，通貨量（マネーストックあるいはマネーサプライ）を減少させる効果をもつ。

③ 日本銀行は，2000年代の前半に，景気対策を目的として，ゼロ金利政策や量的緩和政策を行った。

④ 日本銀行は，1990年代の後半から，政府が発行する赤字国債を継続的に引き受けて，政府に資金の提供を行ってきた。 〈2012・追試〉

6 中央銀行が実施する政策や業務についての記述として正しいものを，次の ①〜④ のうちから一つ選べ。

① デフレーション対策として，国債の売りオペレーションを行う。

② 自国通貨の為替レートを切り下げるために，外国為替市場で自国通貨の売り介入を行う。

③ 金融緩和政策として，政策金利を高めに誘導する。

④ 金融機関による企業への貸出しを増やすために，預金準備率を引き上げる。 〈2016・本試〉

7 生徒Xと生徒Yは，日本銀行による金融政策の主な手段である公開市場操作（オープン・マーケット・オペレーション）について話し合った。次の会話文中の空欄 **ア** ・ **イ** に当てはまる語句の組合せとして最も適当なものを，後の ① 〜 ④ のうちから一つ選べ。

X：日本銀行は，買いオペレーションや売りオペレーションによって，個人や一般企業が保有する通貨量を変動させているようだね。

Y：そうかな？　たしかに，買いオペは金融 **ア** の効果が期待できると言われているけど，日本銀行が市中銀行から国債を買い入れると，確実に増加するのは市中銀行が保有する日銀当座預金の残高だね。

X：それは個人や一般企業が保有する通貨量，つまり **イ** が増加すると考えてよいのかな。

Y： **イ** が増加するかどうかは，個人や一般企業の資金需要と市中銀行の貸出が増加するかどうかによるよ。

X：それなら，日本銀行の公開市場操作は **イ** を直接的に増減させるものではないということだね。

① ア 緩 和 イ マネーストック 　　② ア 緩 和 イ マネタリーベース
③ ア 引 締 イ マネーストック 　　④ ア 引 締 イ マネタリーベース 　〈2022・本試〉

8 日本の金融機関についての記述として**誤っているもの**を，次の ① 〜 ④ のうちから一つ選べ。
① 日本銀行は，市中銀行に対して貸出しを行うことができる。
② 市中銀行は，コール市場で相互に短期資金を融通し合うことができる。
③ 証券会社は，有価証券の売買ができるが，その引き受けはできない。
④ ノンバンクは，貸出しができるが，預金の受入れはできない。 　〈2012・本試〉

9 日本の金融の仕組みや制度についての記述として最も適当なものを，次の ① 〜 ④ のうちから一つ選べ。
① BIS規制では，国内業務のみを行う銀行は，国際業務を行う銀行よりも，高い自己資本比率が求められている。
② 日本のペイオフ制度では，金融機関（きんゆうきかん）が破綻（はたん）した場合に，預金保険機構によって，預金の元本のみが全額払い戻される。
③ 銀行による信用創造で創出される預金額は，資金の需要が一定であるならば，支払準備率が小さいほど大きくすることができる。
④ 企業が社債を発行することにより，金融市場で資金調達を行うことは，間接金融の方式に当たる。
〈2013・本試〉

10 金融機構についての記述として最も適当なものを，次の ① 〜 ④ のうちから一つ選べ。
① 預金準備率は，市中銀行における預金量に対する自己資本の比率のことである。
② 公開市場操作は，株式の売買により通貨量の調節を図る金融政策である。
③ コールレートとは，市中銀行が優良企業に無担保で貸出しをする際の金利である。
④ 信用創造とは，金融機関が貸付けを通して預金通貨をつくることである。 　〈2011・追試〉

11 金融に関連する記述として**誤っているもの**を，次の ① 〜 ④ のうちから一つ選べ。
① デリバティブは，株式や債券から派生した金融商品で先物取引やオプション取引がある。
② ヘッジファンドによる短期の国際的な資金移動は，為替レートを変動させる要因となる。
③ 日本銀行の量的緩和政策は，金融政策の主たる誘導目標を政策金利として金融緩和を進めようとするものである。
④ 日本の短期金融市場には，金融機関がごく短期間の貸借で資金の過不足を調整するコール市場がある。
〈2019・本試〉

12 金融についての記述として正しいものを，次の①～④のうちから一つ選べ。

① 日本では，家計の金融資産のうち現金・預金の占める割合が最も大きい。

② 日本では，グローバル化をうけて直接金融から間接金融への移行が進んでいる。

③ ノンバンクとは，預金業務と貸出業務を行う金融機関である。

④ 信用創造とは，企業が金融機関に債務を滞りなく返済することで追加的な資金調達が可能になることをいう。 〈2017・本試〉

13 次の表のように，銀行Aが，5,000万円の預金を受け入れ，支払準備率を10パーセントとして企業に貸し出すとする。さらにこの資金は，取引を経た後，銀行Bに預金される。銀行の支払準備率をすべて10パーセントで一定とすると，この過程が次々と繰り返された場合，信用創造で作り出された銀行全体の貸出金の増加額として正しいものを，下の①～④のうちから一つ選べ。

銀行	預　金	支払準備金	貸出金
A	5,000 万円	500 万円	4,500 万円
B	4,500 万円	450 万円	4,050 万円
C	4,050 万円	405 万円	3,645 万円
⋮	⋮	⋮	⋮

① 2億5,000万円　② 3億5,000万円　③ 4億5,000万円　④ 5億5,000万円

〈2005・本試〉

14 バブル崩壊後の日本の金融についての記述として最も適当なものを，次の①～④のうちから一つ選べ。

① 銀行の所有している土地の価格が下がって含み損が発生したため，銀行の不良債権問題が生じた。

② バブル崩壊後，大量の不良債権を抱えた銀行が企業への貸出しを抑制したことが，「貸し渋り」として批判された。

③ 日本版ビッグバンの背景には，東京の金融市場から日本の各地の金融市場へと取引が分散する「金融の空洞化」現象があった。

④ ゼロ金利政策の実施により，銀行は最優遇の企業に対して，一定期間無利子で貸出しを行うことが義務付けられた。 〈2004・本試〉

15 日本で進められた金融の自由化の内容についての記述として**適当でないもの**を，次の①～④のうちから一つ選べ。

① 特定の業務分野に活動が限定されてきた金融機関が，子会社を通じて他の金融業務に進出できるようになった。

② 外国為替取引の自由化など金融の国際化が進められた。

③ 預金のうちの一定割合を日本銀行に預けることを義務づけられてきた銀行が，義務づけがなくなり貸出し量を自由に決められるようになった。

④ 銀行の預金金利に対する規制が段階的に撤廃された。 〈2009・追試〉

1 政府の介入に関連して,財政の役割**A**～**C**とその内容の説明文**ア**～**ウ**との組合せとして最も適当なものを,下の**①**～**⑥**のうちから一つ選べ。

A 所得の再分配　　　　B 資源配分の調整　　　　C 景気の安定化

ア 公共投資の規模を調整し,経済の大幅な変動を抑える。
イ 司法や防衛,上下水道など,市場では最適な供給が難しい財・サービスを提供する。
ウ 生活保護や福祉サービスの給付を行い,一定の生活水準を保障する。

① A－ア　B－イ　C－ウ　　② A－ア　B－ウ　C－イ
③ A－イ　B－ア　C－ウ　　④ A－イ　B－ウ　C－ア
⑤ A－ウ　B－ア　C－イ　　⑥ A－ウ　B－イ　C－ア　　　　　　　　〈2012・追試〉

2 日本の予算に関する記述として正しいものを,次の**①**～**④**のうちから一つ選べ。
① 特別会計の予算は,特定の事業を行う場合や特定の資金を管理・運用する場合に,一般会計の予算とは区別して作成される。
② 国の予算の一つである政府関係機関予算については,国会に提出して,その承認を受ける必要はないとされている。
③ 財政投融資の見直しが行われ,現在では郵便貯金や年金の積立金は一括して国に預託され,運用されるようになっている。
④ 補正予算とは,当初予算案の国会審議の最中に,その当初予算案に追加や変更がなされた予算のことである。　　　　　　　　　　　　　　　　　　　　　　　　　　　〈2015・本試〉

3 租税や国債をめぐる記述として最も適当なものを,次の**①**～**④**のうちから一つ選べ。
① 水平的公平とは,所得の多い人がより多くの税を負担するという考え方のことである。
② 国債収入の方が国債費よりも多ければ,基礎的財政収支(プライマリーバランス)は黒字になる。
③ 日本では,直接税を中心とする税制を提唱した1949年のシャウプ勧告に沿った税制改革が行われた。
④ 日本では,1990年代を通じて特例法に基づく赤字国債の発行が毎年度継続して行われた。　〈2013・本試〉

4 次の表は,ある国の国家財政における歳出と歳入の項目別の金額を表したものである。2017年度から2018年度にかけての財政状況に起きた変化として正しいものを,下の**①**～**④**のうちから一つ選べ。なお,表中の項目の定義は日本の財政制度のものと同じであり,通貨の単位にはドルを用いているものとする。

（単位：10億ドル）

歳　出		2017 年度	2018 年度
	社会保障関係費	24	30
	公共事業関係費	11	13
	防衛関係費	5	7
	文教および科学振興費	6	8
	国債費	14	17
	合　計	60	75

（単位：10億ドル）

歳　入		2017 年度	2018 年度
	法人税	10	13
	酒　税	5	5
	所得税	12	16
	消費税	17	22
	公債金	16	19
	合　計	60	75

（注）　国債費とは国債の元利払いを指し,公債金とは国債発行による収入を指す。

① 国債残高が減少した。
② 国債依存度が低下した。
③ プライマリーバランスの赤字額が拡大した。
④ 直間比率で間接税の比率が上昇した。　　　　　　　　　　　　　　〈2021・第1日程〉

5 次に示したのは，価格支持政策が市場での取引にどのような影響を与えるのかを考察するために，ある穀物の政府介入のない場合の市場価格の推移に任意の政府買取価格を設定した模式図である。ここでの価格支持政策は，政府が穀物の買取価格を設定し，その買取価格で買い上げて生産者を保護するものとする。なお，ここでは，生産者は政府に売るか市場で売るかは自由であり，ａとｂの時点で必ず売るものとする。模式図の後の文章中の空欄 ア ～ ウ に当てはまるものの組合せとして最も適当なものを，後の ① ～ ⑧ のうちから一つ選べ。

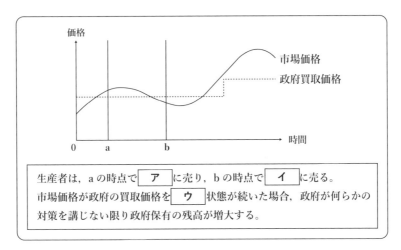

① ア 市場　イ 市場　ウ 上回る　　② ア 市場　イ 市場　ウ 下回る
③ ア 市場　イ 政府　ウ 上回る　　④ ア 市場　イ 政府　ウ 下回る
⑤ ア 政府　イ 市場　ウ 上回る　　⑥ ア 政府　イ 市場　ウ 下回る
⑦ ア 政府　イ 政府　ウ 上回る　　⑧ ア 政府　イ 政府　ウ 下回る

〈2022・追再試〉

6 日本では基礎的財政収支（プライマリーバランス）が赤字であることが問題となっている。次のＡ，Ｂは歳入に関する政策の例であり，ア，イは歳出に関する政策の例である。他の歳入額と歳出額については変化がないとき，Ａ，Ｂとア，イとの組合せのうち，基礎的財政収支の赤字を歳入と歳出の両面から縮小させるものとして最も適当なものを，下の ① ～ ④ のうちから一つ選べ。

Ａ　国債発行額を増やして国債収入を増やす。
Ｂ　消費税を増税して租税収入を増やす。

ア　国債の利払い費を抑制して国債費の金額を減らす。
イ　公共事業を縮小して，国債費を除く支出の金額を減らす。

① Ａ－ア　　② Ａ－イ　　③ Ｂ－ア　　④ Ｂ－イ　　〈2016・本試〉

7 税についての記述として正しいものを，次の ① ～ ④ のうちから一つ選べ。
① 日本における国税は，租税法律主義の原則の下で，国会で議決された法律に基づいて定められている。
② タックス・ヘイブンとは，投機的な金融活動の抑制を目的に国際的な資本取引に課税する構想のことである。
③ 税負担の逆進性とは，所得が低くなるに従って所得に占める税の負担率が低くなることである。
④ 日本の税務当局による所得捕捉率は，農業者は高く自営業者は中程度で給与所得者は低いといわれていることから，クロヨンと呼ばれている。　　〈2017・本試〉

8 次の図は，ある国において，消費税の増税が実施された前後の状況を示したものである。ここでの消費税は，製造業者や小売業者などの事業者が税務署に納付するものであり，その税額は，税抜きの販売価格と税抜きの仕入価格との差額に税率を乗じて計算される。図の左側では，税率が5パーセントのときに，製造業者が，仕入れを行うことなく，製造したパン1個を小売業者に税抜価格900円で販売した後に，小売業者が，そのパンを消費者に税抜価格1,000円で販売し，それぞれ45円と5円の消費税を納付している。図の右側では，消費税の税率が5パーセントから10パーセントに引き上げられている。このとき，増税の前後の状況についての記述として正しいものを，下の①～④のうちから一つ選べ。

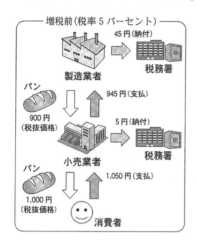 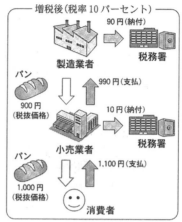

① 増税前の消費税総額50円のうち，製造業者の負担額は45円である。
② 増税前の消費税総額50円のうち，消費者の負担額は5円である。
③ 税率の引上げによる消費税の増加額50円のうち，小売業者の負担額は5円である。
④ 税率の引上げによる消費税の増加額50円のうち，消費者の負担額は50円である。 〈2015・本試〉

9 次の図は日本の国税の中で消費税，所得税，相続税，法人税の税収額の推移を示したものである。図中のA～Dのうち，消費税を示すものとして正しいものを，下の①～④のうちから一つ選べ。

（資料） 一般会計歳入歳出決算（財務省 Web ページ）により作成。

① A ② B ③ C ④ D 〈2018・追試〉

❿ 次の図は，1985 年度以降の国債（赤字国債と建設国債）残高と地方債残高との推移を示したものである。この図から読みとれる内容として最も適当なものを，下の **①**～**④** のうちから一つ選べ。

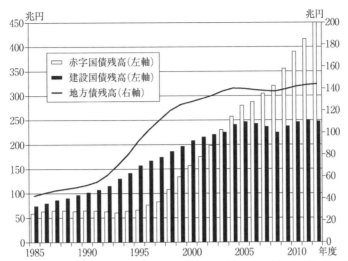

（資料）　財務省『日本の財政関係資料－平成 24 年度予算　補足資料－』平成 24 年 6 月，総務省『地方財政白書』各年度版，総務省『平成 24 年度地方財政計画関係資料』平成 24 年 1 月により作成。

①　バブル景気からアジア通貨危機までの時期においては，建設国債残高の増加額よりも赤字国債残高の増加額の方が大きい。

②　「構造改革」を掲げた小泉内閣の時期においては，赤字国債残高の増加額よりも建設国債残高の増加額の方が大きい。

③　平成不況のはじまりを機に，地方債残高の増加の程度が大きくなっていることがみられる。

④　サブプライム・ローン問題による世界的金融危機を機に，地方債残高の減少がみられる。〈2014・追試〉

⓫　生徒 X と生徒 Y が，政府の経済活動である財政について調べたことをもとに議論をしたところ，政府の歳入についての意見が二人の間では異なることがわかった。次の生徒 X と生徒 Y のそれぞれの意見のうち，下線部ⓐとⓑの内容に適合する政府の政策について最も適当なものを，下の **①**～**④** のうちから一つずつ選べ。

【Xの意見】　財政には主に租税収入が用いられてきた。選挙や世論を通じて，財政運営に強い影響力を有するのは納税者である。そのため，ⓐ政府は租税収入を財源にし，納税者の要求に応じて生活を保障しなければならない。

【Yの意見】　現在の財政には公債発行を欠かすことができない。個人や法人が資産価値の維持などを目的に公債を売買して公債価格を左右することからわかるように，財政運営に強い影響力を有するのは公債保有者である。そのため，ⓑ政府は債務の返済能力についての信用度を高めて公債の元利払いを保証しなければならない。

【下線部ⓐに適合する政策】　　1

【下線部ⓑに適合する政策】　　2

①　格付け機関による国債の格付けを高めるため，歳出削減を通じて財政再建を進める。

②　水道事業の費用が低下したため，費用低下に見合う料金の引下げを行う。

③　自由貿易を促進する多国間協定に基づき，関税を引き下げる。

④　財政民主主義に基づき，人々が求める基礎的な公共サービスに関する予算を拡充する。

〈2021・第 2 日程〉

現代日本の経済

第3章　現代経済と福祉の向上　▶▶ 要 点 整 理

■1 経済の成熟と再生

1 経済復興と民主化（1945 ～）

(1)　経済の民主化政策

　　① 〔❶　　　　　〕…15 財閥の資産凍結，独占禁止法制定（1947）

　　② 農地改革…寄生地主制の解体，〔❷　　　　　〕の創設 ─┐

　　③ 労働関係の民主化…労働三法の制定 ─────────┴─ GHQ の指令による

(2)　経済復興

　　① 〔❸　　　　　　〕…石炭・鉄鋼などの基幹産業に，原材料・資金・労働力を重点的に注ぎ込む

　　　　　　　　　　　　　復興金融金庫の設立→重点産業に資金供給→復金インフレ・財政赤字の拡大

　　② アメリカによる経済援助

　　　a．ガリオア資金（占領地域救済政府資金）…食料・医薬品などの生活必需品購入に充当

　　　b．エロア資金（占領地域経済復興援助資金）…綿花・羊毛などの工業原料の輸入代金に充当

(3)　冷戦激化にともなう占領政策の転換…民主化から自立へ

　　① 経済安定9原則（1948）…予算の均衡・物価の統制などを GHQ が指令

　　② 〔❹　　　　　〕（1949，経済安定9原則にもとづく政策）

　　　a．デトロイト銀行頭取ドッジの来日…日本経済を内外の補助金に支えられた竹馬経済と呼ぶ

　　　b．補給金削減・復興金融金庫債の発行中止，課税強化→超均衡予算によるインフレ収束

　　　c．1ドル＝ 360 円の単一為替レートの設定→輸出振興をめざす

　　　d．〔❺　　　　　〕勧告…直接税（所得税）中心主義の採用

　　　e．インフレ収束により，日本経済はデフレに→深刻な不況に陥る（安定恐慌）

(4)　特需景気

　　① 〔❻　　　　　　〕（1950 ～ 53）→米軍による戦争関連の物資・サービスの特別需要

　　② 鉱工業生産は戦前の水準を回復（1951）

2 高度経済成長（1955 ～）　年平均約 10％の実質経済成長率

(1)　高度経済成長前期（1955 ～ 64）

　　① 民間設備投資が主導

　　② 神武景気（1955 ～ 57）→〔❼　　　　　〕景気（1958 ～ 61）→オリンピック景気（1962 ～ 64）

　　③ 〔❽　　　　　〕（1960）…池田内閣が発表

　　④ 開放経済体制

　　　a．貿易の自由化…GATT〔❾　　　　〕条国（国際収支の悪化を理由に輸入制限できない国）移行（1963）

　　　b．為替の自由化…IMF〔❿　　　　〕条国（国際収支の悪化を理由に為替管理できない国）移行（1964）

　　　c．資本の自由化…OECD（経済協力開発機構）加盟（1964）により義務づけ

　　⑤ 「〔⓫　　　　　〕」…資源輸入の増大→外貨の不足→輸入制限で経済成長に歯止め

(2)　高度経済成長後期（1964 ～ 73）

　　① 公共投資と〔⓬　　　　〕が主導

　　② 〔⓭　　　　　〕景気（1965 ～ 70）→ GNP が資本主義世界で第2位に（1968）

　　③ 繊維製品を中心とした輸出の伸び→貿易収支は黒字へ

(3)　高度経済成長の要因

　　① 積極的な外資導入と政府の産業保護政策→イノベーション（技術革新）の推進

　　② 国民の〔⓮　　　　〕の高さ→銀行から企業への豊富な資金供給

　　③ 地方から都市部の企業に安価で良質・豊富な労働力の供給

　　④ 国内市場の拡大→耐久消費財ブーム

　　　a．前期（1950 年代後半）…三種の神器（電気冷蔵庫・電気洗濯機・白黒テレビ）

　　　b．後期（1960 年代後半）…新三種の神器（3 C…自動車・クーラー・カラーテレビ）

　　⑤ 安価な原油の輸入と1ドル＝ 360 円の単一為替レート→輸出促進

(4)　高度経済成長の問題点

　　① 急激な工業化→外部不経済としての〔⓯　　　　　　〕の発生

　　② 都市部への人口集中→都市の過密と農村の過疎の問題

　　③ 政府の産業優先政策→上下水道・住宅・公園などの生活基盤の整備の遅れ

③ 石油危機と日本経済（1973～）

(1) 高度経済成長の終焉
- ① 〔⑯　　　　　〕（1971）…金・ドル交換停止→変動為替相場制へ移行（1973）
- ② 第一次石油危機（1973，原因は第四次中東戦争）…原油価格高騰
- ③ 田中内閣による列島改造政策→狂乱物価の様相を呈する→急激な金融引締め
- ④ 〔⑰　　　　　〕…不況とインフレの同時発生
  - →戦後初めて経済成長率がマイナスに転落（1974）

(2) 安定成長への転換
- ① 省エネルギー型経済への転換
  - a．「重厚長大」型産業から「軽薄短小」型産業への転換→経済のソフト化・サービス化
  - b．〔⑱　　　　　〕…人員整理，FA化・OA化（ME革命）→コスト削減
    - →第二次石油危機（1979，原因はイラン革命）…日本は難なく乗り越える
- ② 日米貿易摩擦
  - a．1980年代…自動車などの輸出急増（集中豪雨的輸出）→貿易摩擦の発生
  - b．輸出急増にともなう円高→輸出品価格の上昇
  - c．日本企業の海外調達・海外生産への転換→日本国内では〔⑲　　　　　〕が生じる

④ プラザ合意後の日本経済（1985～）

(1) プラザ合意とその影響
- ① G5による〔⑳　　　　　〕（1985）…ドル高是正のための協調介入
  - a．円安・ドル高→円高・ドル安に→輸出産業中心に〔㉑　　　　　〕
  - b．内需主導型経済への転換…輸入拡大と貿易黒字の縮小をめざす（1986，前川レポート）
- ② 金融緩和政策…銀行は余剰資金を低金利で貸し付ける
- ③ 日米構造協議（1989）…アメリカは市場開放のため排他的取引慣行の撤廃などを求める

(2) バブル経済（1987～91）
- ① バブルの発生…実体経済以上に株価や地価が上昇
  - a．日銀の超低金利政策→銀行の積極的貸し付け→株式や土地への投機
  - b．〔㉒　　　　　〕ブーム・大型の公共投資（リゾート開発など）
- ② バブル崩壊→平成不況へ
  - a．株価・地価の高騰→公定歩合引き上げ，地価税の導入→株価・地価の急落
  - b．回収不能な〔㉓　　　　　〕により金融機関の経営状態が悪化→〔㉔　　　　　〕の投入で銀行救済

(3) 平成不況（1991～・「失われた10年」）
- ① 失業・倒産の増大→企業の〔㉕　　　　　〕・銀行の貸し渋り→中小企業の倒産
- ② 〔㉖　　　　　〕…物価下落（デフレ）と不況の悪循環
- ③ 工場の海外移転，事業の外部委託（アウトソーシング）の増加 → 完全失業率は一時期5％を超える
- ④ 非正規雇用の増加…日本的雇用慣行（年功序列型賃金・終身雇用など）の動揺
- ⑤ 日本からの輸出先の変化 → アメリカ・EUから中国などの〔㉗　　　　　〕へ移る

(4) 構造改革による規制緩和と民営化（2001～）
- ① 小泉内閣の成立…「改革なくして成長なし」（「小さな政府」への回帰を目指す）
- ② 戦後最長の景気拡大（2002～2008）→雇用・賃金は厳しく，「実感なき景気回復」と呼ばれる
- ③ 郵政民営化…郵政3事業（郵便・郵便貯金・簡易生命保険）を事業ごとに分社化して民営化
- ④ 財政投融資改革…財投機関債・財投債による市場での資金調達
- ⑤ 特殊法人改革…特殊法人の原則廃止・民営化・独立行政法人化
- ⑥ 構造改革による格差社会の進行（ワーキングプアなどの問題）
- ⑦ 世界金融危機（2008）→日本もマイナス成長を記録→「失われた20年」とも呼ばれる

(5) アベノミクス（2013～・第二次安倍内閣）
- ① デフレ脱却のための一連の経済政策…大胆な金融緩和・機動的な財政政策・成長戦略

解答 ❶財閥解体　❷自作農　❸傾斜生産方式　❹ドッジ・ライン　❺シャウプ　❻朝鮮戦争　❼岩戸
❽国民所得倍増計画　❾11　❿8　⓫国際収支の天井　⓬輸出　⓭いざなぎ　⓮貯蓄率　⓯公害
⓰ニクソン・ショック　⓱スタグフレーション　⓲減量経営　⓳産業の空洞化　⓴プラザ合意　㉑円高不況
㉒財テク　㉓不良債権　㉔公的資金　㉕リストラクチャリング（リストラ）　㉖デフレスパイラル
㉗アジア地域

現代日本の経済

1 中小企業の形態と地位

(1) 大企業の支配

① 〔❶　　　　　〕…大企業からの注文を受注する中小企業

② 系列企業…大企業との間に資本関係がある中小企業

(2) 中小企業の定義と地位

① 中小企業の定義（中小企業基本法）…資本金・従業員数のどちらか一方に該当するもの

製　造　業	資本金 3 億円以下 または 従業員数 300 人以下
卸　売　業	資本金 1 億円以下 または 従業員数 100 人以下
小　売　業	資本金 5000 万円以下 または 従業員数 50 人以下
サービス業	資本金 5000 万円以下 または 従業員数 100 人以下

② 中小企業の地位…全企業数の約 99％，全従業員数の約 70％

2 中小企業の課題と可能性

(1) 大企業との格差（日本経済の〔❷　　　　　〕と呼ばれる）

① 資本装備率・〔❸　　　　　〕・生産性・労働条件（賃金）の点で大企業に劣る

② 経営環境の厳しさ…弱い経営基盤・大企業による経営のしわ寄せを受けやすい

(2) 不安定な経営状態

① 「〔❹　　　　　〕」…景気動向による生産増減のしわ寄せを受ける

② NIES（新興工業経済地域）諸国・中国との競合…人件費の点で日本の中小企業は不利

(3) 大規模店の進出

① 日米構造協議（1989）→〔❺　　　　　〕（2000）…大規模店出店の規制緩和

(4) 中小企業のもつ可能性

① 〔❻　　　　　〕…新技術・独自の研究開発を生かして冒険的な経営を行う中小企業

　　　　　　　　→ニッチ産業（隙間産業）への進出

② 〔❼　　　　　〕の振興…地域の特性や伝統を生かした特産品生産

③ 中小企業基本法改正（1999）…中小企業の振興と保護から，自立的に活動する中小企業の支援へ

3 戦後日本の農業

(1) 農地改革の影響

① 寄生地主制の解体・〔❽　　　　　〕の創出→農家の家計所得が改善され，国内市場の拡大に寄与

② 農地法（1952）→経営規模の拡大が妨げられる

(2) 高度経済成長期の農業

① 農村から都市への人口移動→農村の過疎化→農業就業者の高齢化

② 〔❾　　　　　〕の激増→農業所得の低迷・農外所得の増加

③ 〔❿　　　　　〕（1961）…自立経営農家の育成を目標→農業生産の選択的拡大・農業構造の改善

4 日本農業の課題

(1) 食糧管理制度（1942 ～）とその廃止

① 政府が主要な食糧（米・麦など）の生産・流通を管理する制度

② 生産者米価（政府の買入れ価格）が消費者米価（販売価格）よりも高い→他の作物への転換が進まず

③ 食管会計の赤字・過剰米の発生→〔⓫　　　　　〕（米の生産調整）実施（1970 ～ 2017）

④ 新食糧法（1995）…食糧管理制度の廃止→流通・価格の自由化

(2) 農作物の自由化

① 牛肉・オレンジの自由化（1991）

② 米の部分開放（1994）…〔⓬　　　　　〕での合意に基づき，〔⓭　　　　　〕（最低輸入量）を設定

③ 米の〔⓮　　　　　〕（1999）

　　→農産物の輸入増加は〔⓯　　　　　〕の低下につながる

(3) 現代の農業

① 農業基本法→〔⓰　　　　　〕（1999）…農業の持続的発展を目的，農業の多面的機能に着目

② 〔⓱　　　　　〕…他国の有事や天候不順の影響に備えて，安定した国内供給体制の確立が必要

　　　　　　　　農業者戸別所得補償制度（2010）→経営所得安定対策（2014）

③ 農地法改正（2009）→株式会社（農業生産法人）の農業への参入を認める

④ 〔⓲　　　　　〕化…1 次（生産）× 2 次（加工）× 3 次（流通），地域の活性化を図る

(4)　現代の食糧問題

①　食料自給率…カロリーベースで〔**⑲**　　　　　〕％未満

②　食品の安全性の問題

ａ．遺伝子組み換え作物…使用した食品に表示の義務づけ

ｂ．〔**⑳**　　　　　〕（残留農薬）…日本では禁止されているが，輸入農産物に不安

ｃ．BSE（牛海綿状脳症）問題・食肉偽装問題→牛肉トレーサビリティ法（2003）

③ 国民の暮らし

① 消費者問題

(1)　消費者問題

①　流通上の問題…誇大広告・二重価格・不当表示など

②　安全性の問題…薬害・欠陥商品・有害食品など

③　契約をめぐるトラブル…悪徳商法・カード破産など

(2)　悪徳商法

キャッチセールス	路上で勧誘し，商品契約を結ばせる
〔**❶**　　　　　〕	特別サービスで事務所などに呼び出して売りつける
ネガティブ・オプション	商品を送りつけ，無理な契約を結ばせる
〔**❷**　　　　　〕	特典をエサにしてネズミ算式に出資者を募る連鎖販売取引

(3)　消費者問題の背景

①　消費者の性向

ａ．〔**❸**　　　　　〕…企業による宣伝や広告に乗せられて商品を購入

ｂ．デモンストレーション効果…周囲が持っていると自分も欲しくなる

②　情報の非対称性…消費者が商品の一方的な受け手であること

③　〔**❹**　　　　　〕（電子商取引）の発達→個人情報の流出に対する懸念

② 消費者運動と消費者政策

(1)　消費者主権…消費者の購買行動が市場での価格などを決める

①　消費者の４つの権利

ａ．〔**❺**　　　　　〕大統領が特別教書で発表（1962）

ｂ．安全を求める権利・意見を聞いてもらう権利・〔**❻**　　　　　〕権利・選ぶ権利

②　消費者運動の展開

ａ．商品の安全性を求める運動…生活協同組合運動や不買運動

ｂ．〔**❼**　　　　　〕…地球環境の維持を視野に入れた商品の開発・サービス提供を求める運動

(2)　消費者政策

①　消費者保護基本法（1968）→〔**❽**　　　　　〕（2004）…消費者の保護から自立支援へ

②　国民生活センター（国）・〔**❾**　　　　　〕（地方自治体）…消費者への情報提供など

③　製造物責任法（PL法）（1994）…製品の欠陥から生じた被害に対して，企業は過失の有無に関わらず　賠償責任を負う（〔**❿**　　　　　〕制）

④　特定商取引法（2000）…契約後一定期間内なら無条件に契約解除や申し込みの撤回が可能に（〔**⓫**　　　　　〕制度）

⑤　〔**⓬**　　　　　〕（2000）…不実通知など不適切な行為による契約を解除できる

⑥　消費者庁の設置（2009）…消費者行政の一元化

解答 ❷ ❶下請け　❷二重構造　❸労働生産性　❹景気の調節弁　❺大規模小売店舗立地法
❻ベンチャー・ビジネス（ベンチャー企業）　❼地場産業　❽自作農　❾兼業農家　❿農業基本法
⓫減反政策　⓬ウルグアイ・ラウンド　⓭ミニマム・アクセス　⓮関税化　⓯食料自給率
⓰食料・農業・農村基本法　⓱食料安全保障　⓲６次産業　⓳40　⓴ポスト・ハーベスト
❸ ❶アポイントメント商法　❷マルチ商法　❸依存効果　❹ｅコマース　❺ケネディ　❻知らされる
❼グリーン・コンシューマリズム　❽消費者基本法　❾消費生活センター　❿無過失責任
⓫クーリング・オフ　⓬消費者契約法

現代日本の経済

1 公害の定義・分類と公害問題の発生

(1) 公害の定義・分類
① 環境基本法における定義…大気汚染・〔❶　　　　　〕・土壌汚染・騒音・振動・地盤沈下・悪臭
② 分類…産業公害（工場排煙など）→都市公害（騒音・渋滞など）→生活公害（ゴミなど）

(2) 公害問題の発生
① 〔❷　　　　　〕（明治時代）…渡良瀬川流域での鉱毒被害。田中正造による追及
② ４大公害訴訟（高度経済成長期）…すべて原告側の勝訴

	水俣病	〔❸　　　　〕	〔❹　　　　〕	新潟水俣病
発生地域	熊本県水俣湾	三重県四日市市	富山県神通川流域	新潟県阿賀野川流域
被告企業	チッソ	昭和四日市石油など	三井金属鉱業	昭和電工
原因物質	〔❺　　　　〕	亜硫酸ガス	カドミウム	〔❺　　　　〕

③ 新しい公害
a. 〔❻　　　　〕汚染…IT産業で洗浄剤として用いる有機溶剤による地下水汚染
b. 〔❼　　　　〕（内分泌攪乱物質）…ダイオキシンは塩化ビニル製品のゴミ焼却によって発生
c. 建材に使用されたアスベストによる健康被害→アスベスト健康被害救済法（2006）

2 日本の公害対策

(1) 公害対策の法律
① 〔❽　　　　〕（1967）→「公害国会」（1970）…調和条項の削除，濃度規制から総量規制へ
② 〔❾　　　　〕発足（1971）→中央省庁再編により環境省に（2001）
③ 〔❿　　　〕（環境影響評価）制度…〔❿　　　　〕法（1997）に基づき，開発行為が自然環境に与える影響を事前に調査・予測・評価する制度。全国の自治体による条例が先駆となる
④ 〔⓫　　　　〕（1993）…〔❽　　　　〕に代わって環境行政の総合的推進をめざす

(2) 被害者救済制度
① 公害健康被害補償法（1973）…疾患内容と発生地を指定し救済する
② 〔⓬　　　　〕（PPP）…OECD（経済協力開発機構）が提唱
③ 〔⓭　　　　〕…過失の有無に関わらず加害原因者が損害賠償責任を負う制度
④ 水俣病被害者の救済…訴訟で最高裁は従来の国の認定基準を否定
→水俣病被害者救済特別措置法（2009）

3 環境政策の展開

(1) 環境基本法（1993）
① 国連環境開発会議（1992，地球サミット）におけるリオ宣言を踏まえ，従来の公害対策基本法と自然環境保全法を統合する形で制定
② 基本理念＝「〔⓮　　　　〕」…未来世代の利益を損なうことなく，環境保全と長期的な経済発達の両立を目指す（←世代間倫理…現役の世代は未来の世代に対して責任を負う）
③ 〔⓬　　　　〕（PPP）の生産者責任を拡大
④ 〔⓯　　　　〕…深刻な損害が生じるおそれがある場合には，十分な科学的な根拠がなくとも，損害を未然に防止する措置をとるべきとする原則
⑤ 環境政策上の手段として経済的措置を明記…〔⓰　　　　〕としての環境汚染の，市場への内部化を図る→排出量取引・環境税など

(2) 排出量取引
① 意図…市場メカニズムを活用して汚染物質の排出量の削減を図る
② 仕組み
a. 全体で総排出量を設定し，参加者に排出できる量（排出枠）を割り当てる
b. 排出枠を上回った分・下回った分は市場で売買することができる
③ 利点と問題点
a. 上回った参加者は市場で売って利益を得られ，下回った参加者は市場で購入することで排出枠達成にかかるコストを削減できる→全体として排出量の削減も実現
b. 排出枠が余った場合，市場価格が下がり，経済的な〔⓱　　　　〕がなくなる

(3) 京都メカニズム

① 京都議定書（1997）で認められた，温室効果ガスの排出削減目標を達成するために，他国の余った排出枠を利用できるようにした仕組み

② 4つの手段

a. 〔⑱　　　　〕…他国（発展途上国）で行った事業による削減分を自国の排出枠に加算

b. 共同実施…共同で削減事業を行った場合，その分の排出枠を各国間で移転し合える

c. ネット方式…森林の二酸化炭素吸収分を排出枠に加える

d. 排出量取引（かつては排出権取引ともいった）

(4) 環境税

① 汚染物質の排出量に応じて課税する仕組み→企業は課税された分だけコストとして負うか販売価格に上乗せしなければならないため，削減に対する〔⑰　　　　〕としてはたらく

② 先行例…炭素税（EU 各国）

③ 日本…地球温暖化対策税（2012）→化石燃料の使用に対して課税

④ 循環型社会の形成

(1) 循環型社会形成推進法（2000）

① 限りある資源を有効活用して，自然界への廃棄量の最小化をめざす

② 3つのR

a. 〔⑲　　　　〕…廃棄物の発生抑制（最も重要）

b. リユース…再使用，一度使った製品を何度も利用

c. リサイクル…再生利用，使い終わった製品の再資源化

(2) 各種リサイクル関連法

〔⑳　　　　〕	容器の分別収集と再商品化
家電リサイクル法	テレビ・冷蔵庫・洗濯機・エアコンに，液晶・プラズマテレビ，衣類乾燥機も追加
小型家電リサイクル法	携帯電話，デジタルカメラなどの小型家電の回収など
自動車リサイクル法	廃車の部品回収と再資源化
食品リサイクル法	食品廃棄物の発生抑制，肥料・飼料としての再利用
〔㉑　　　　〕	再生紙などグリーン商品の購入・調達を国に義務づけ

(3) 新しいエネルギー

① 〔㉒　　　　〕エネルギー…自然界に存在するエネルギー（太陽光・風力・地熱など）

→従来の化石燃料（石油・石炭など）は，資源に限りがあるため，枯渇性エネルギーと呼ばれる

② 〔㉓　　　　〕…生物資源を利用した燃料（バイオエタノールなど）→農作物は成長過程で光合成により二酸化炭素を吸収するため，カーボン・ニュートラル（炭素中立的）となる

③ 〔㉔　　　　〕…発電などで発生する排熱を有効活用するシステム

④ 原子力…使用燃料を再利用する計画（プルサーマル計画）もあるが，放射性廃棄物の処分が問題に

(4) 循環型社会の実現に向けて

① 〔㉕　　　　〕…環境への負荷の少ない製品を優先的に購入する消費者

② デポジット…あらかじめ容器代を上乗せして販売し，容器の返却時に容器代を返却

③ ゼロ・エミッション…廃棄物ゼロをめざす取り組み

④ 〔㉖　　　　〕…環境（Environment）・社会（Social）・統治（Governance）を重視した投資

(5) 地域循環共生圏

① 第5次環境基本計画（2018）で示される

② 自然と共生し，地域の資源を活用しながら，経済的な地域循環を生み出すことをめざす

例　木質〔㉗　　　　〕の利用でエネルギーの自給を達成するとともに，雇用を生み出す

解答 ④ ❶水質汚濁　❷足尾銅山鉱毒事件　❸四日市ぜんそく　❹イタイイタイ病　❺有機水銀　❻ハイテク　❼環境ホルモン　❽公害対策基本法　❾環境庁　❿環境アセスメント　⓫環境基本法　⓬汚染者負担の原則　⓭無過失責任制　⓮持続可能な発展（開発）　⓯予防原則　⓰外部不経済　⓱インセンティブ　⓲クリーン開発メカニズム　⓳リデュース　⓴容器包装リサイクル法　㉑グリーン購入法　㉒再生可能　㉓バイオマス　㉔コージェネレーション　㉕グリーン・コンシューマー　㉖ESG 投資　㉗ペレット

1 労働環境の変化と問題点

(1) 日本的雇用慣行とその変容

① 〔❶　　　　　〕…企業が新卒の若者を採用し，定年まで雇用を保障

→〔❷　　　　　〕による中高年の転職，〔❸　　　　　〕（派遣労働など）の増加

② 〔❹　　　　　〕…勤務年数に応じて賃金や社内での地位が上昇→労使協調

→グローバル化の進行とともに，外資系企業を中心に職能給などの能力給を導入

③ 企業別労働組合…〔❶　　　　　〕，〔❹　　　　　〕を前提に協調的な労使関係を築く（欧米は産業別）

→〔❸　　　　　〕の増加により労働組合組織率は２割を切る

(2) 雇用・労働問題

① 失業率の上昇

a.〔❷　　　　　〕により平成不況期に完全失業率は５％を超える

b. ミスマッチ（職種の不適合）による失業の増加

② 年間総労働時間の長さ…ようやく 2000 時間を切る（ドイツ・フランスは約 1400 時間）

a.〔❺　　　　　〕（時間外手当を受け取らない残業）の存在，年次有給休暇の取得率の低さ

b. 長時間労働・過重労働…〔❻　　　　　〕・過労自殺の発生→過労死等防止対策推進法（2014）

③ 雇用形態の多様化

a.〔❸　　　　　〕の増加…約 2,101 万人（2022），全雇用者の３分の１以上

b.〔❼　　　　　〕（2005）…男女いずれでも取得可能→しかし，男性の取得率は 14.0％（2021）

c. IT インフラの整備・コロナ禍→〔❽　　　　　〕（在宅ビジネス）・テレワークの増加

④ 雇用機会の減少

a.〔❾　　　　　〕…働いていても賃金が低く最低限の生活の維持も困難な貧困層

b. 外国人労働者の増加・産業の空洞化…仕事の奪い合いの状況

c.〔❿　　　　　〕…一人あたりの労働時間を減らし仕事を分かち合う→雇用の拡大

2 労働基本権と労働法制

(1) 労働三法

① 労働組合法（1945）…労働基本権（団結権・団体交渉権・団体行動権）の保障

a. 正当な労働基本権の行使に対する刑事上・民事上の免責

b.〔⓫　　　　　〕の禁止…使用者の労働組合に対する支配・介入の禁止

c. 公務員の労働基本権の制限→代償として〔⓬　　　　　〕が給与などを勧告

	団結権	団体交渉権	争議権	
警察・消防など	×	×	×	
国家・地方公務員	○	△	×	△…対等な交渉権，
公営企業体職員	○	○	×	労働協約締結権はなし
民間労働者	○	○	○	

② 労働関係調整法（1946）…労使関係の調整・争議予防と早期解決

a. 労働委員会…労働争議の調整を行う行政委員会。中央労働委員会（国）・地方労働委員会（地方）

b. 紛争の解決…斡旋^{あっせん}→調停→〔⓭　　　　　〕の順に強制力を強める

c. 公益事業に関する緊急調整…〔⓮　　　　　〕が労働委員会の意見に基づき争議行為を 50 日間禁止

③ 労働基準法（1947）…労働条件の最低基準を規定。法定労働時間（１日８時間，週 40 時間）など

a. 女性保護規定（深夜業・休日勤務禁止）の削除（1997）←男女雇用機会均等法（1986）

b.〔⓯　　　　　〕制…一定期間内の平均労働時間が法定労働時間に収まるように，勤務時間帯を労働者が自己の都合に合わせて変更できる

c.〔⓰　　　　　〕制…実際の労働時間によらず，労使で合意した時間だけ働いたとみなす

(2) その他の労働法規

① 男女雇用機会均等法改正…〔⓱　　　　　〕防止義務（1997）

② 〔⓲　　　　　〕（2015 改正）…業務を問わず最長３年までとされる

③ 〔⓳　　　　　〕（2006）…個別の労働問題を，裁判所で３回以内の審判で迅速な解決をめざす

④ 労働契約法（2007）…労働契約・解雇に関するルールの明確化

6 社会保障の役割

1 世界の社会保障制度

(1) 社会保障制度の歴史

〔❶　　　　〕	英	1601	国王が恩恵として生活扶助を生活困窮者に与える
〔❷　　　　〕	独	1883	宰相〔❸　　　　〕による世界最初の社会保険
			一方で社会主義者を弾圧→「アメとムチ」の政策
ワイマール憲法	独	1919	資本主義国で初めて〔❹　　　　〕を規定
社会保障法	米	1935	〔❺　　　　〕政策の一環，世界初の「社会保障」の用例
〔❻　　　　〕	英	1942	「ゆりかごから墓場まで」
フィラデルフィア宣言		1944	ILO（国際労働機関）が社会保障の最低基準を勧告
ILO102号条約		1952	フィラデルフィア宣言に基づき国連で採択

(2) 社会保障制度の類型

① イギリス・北欧型…全国民に無差別平等の均一給付保障（財源は租税）

② ヨーロッパ大陸型…被雇用者に所得に比例した給付（財源は保険料）

③ アメリカ型…自助努力，民間保険の発達→医療保険法（2010）…国民皆保険をめざす

2 日本の社会保障制度と課題

(1) 社会保障制度の特徴

① 社会保障の4つの柱

社会保険	〔❾　　　　〕	社会福祉	公衆・環境衛生
〔❼　　　〕・年金・雇用・労災・介護の5つの保険	生活保護法による生活困窮者への生活扶助	社会的弱者に対して手当・サービスを支給	予防接種や環境整備で国民全体の健康増進をめざす
〔❽　　　〕・国民皆年金が確立（1961）	給付水準低い→朝日訴訟（1957）	児童・老人・母子・障がい者などが対象	地域保健法（1994）

② 〔❿　　　　〕規定説…憲法第25条を政策上の努力目標とみなす→朝日訴訟などで最高裁が採用

③ 医療・年金・雇用・介護保険…原則として，被保険者（本人）＋事業主＋国と地方公共団体で負担

④ 〔⓫　　　　〕保険…全額事業所負担

(2) 社会保障制度の現状と課題

① 高齢化の進行による社会保障費の膨張

→超高齢社会に突入し（2007），現役世代の負担が増加

	医療保険	年金保険
民間企業	健康保険	厚生年金
公務員	共済組合保険	
自営業者など	〔⓬　　　〕	国民年金

② 医療保険

a．健康保険料の引き上げ（現在は本人負担3割）

b．老人医療費無料化（1973）→老人保健制度（1982）→後期高齢者医療制度（2008）

③ 年金

a．積立方式…自分で納めた保険料で自らの年金受給を賄う

b．賦課方式…毎年の年金給付を現役世代が負担する保険料で賄う

c．マクロ経済スライド…社会情勢に応じて年金の給付水準を自動的に調整する仕組み

④ 〔⓭　　　〕制度の導入（1986）…公的年金制度の一元化を図る

●公的年金の体系（2015年10月，共済年金は厚生年金に一元化された）

国民年金基金	〔⓮　　　　〕	
国民年金（〔⓭　　　〕）…20歳以上の全国民が加入		
自営業者・サラリーマンの配偶者・学生など	被用者（民間・公務員）	

問題演習

1 経済の成熟と再生

1 日本における経済の民主化の記述として**誤っているもの**を，次の ① ~ ④ のうちから一つ選べ。

① 持株会社を解体・禁止し，株式所有の分散化が図られたが，最終的に分割されたのは少数の大企業であった。

② 労働運動弾圧の根拠とされた治安維持法が廃止され，憲法で労働者の団結権などが保障されるとともに，労働組合の結成が進んだ。

③ 地主制を廃止するため，不在地主の所有地のうち農地と山林は小作農へ分配し，未利用地は原則として公有化された。

④ 一連の改革は，企業間の競争，経営者の交代，生産性の向上など，日本経済の構造変化を促した。

〈2006・追試〉

2 日本の戦後復興期にとられた政策についての記述として最も適当なものを，次の ① ~ ④ のうちから一つ選べ。

① 傾斜生産方式が採用され，石炭・鉄鋼などの重要産業に，生産資源が重点的に配分された。

② 農地改革の一環として，米の生産過剰に対処するために，他の作物への転作が奨励された。

③ 厳しい不況を克服するため，マーシャル・プランに基づき，マネーサプライの増加を図った。

④ 財閥解体を進めるため，持株会社方式の強化を通じて，巨大企業の分割や企業集団の再編を行った。

〈2005・追試〉

3 高度経済成長の時期にみられた好況期の通称 A ~ C と，それぞれの時期における日本経済の出来事 **ア~ウ** との組合せとして正しいものを，次の ① ~ ⑥ のうちから一つ選べ。

A 神武景気（1954 年 11 月 ~ 57 年 6 月）
B 岩戸景気（1958 年 6 月 ~ 61 年 12 月）
C オリンピック景気（1962 年 10 月 ~ 64 年 10 月）

ア 国民所得倍増計画の発表
イ GATT（関税及び貿易に関する一般協定）への加盟
ウ OECD（経済協力開発機構）への加盟

① A-ア B-イ C-ウ　　② A-ア B-ウ C-イ
③ A-イ B-ア C-ウ　　④ A-イ B-ウ C-ア
⑤ A-ウ B-ア C-イ　　⑥ A-ウ B-イ C-ア

〈2014・本試〉

4 高度経済成長期についての記述として**誤っているもの**を，次の ① ~ ④ のうちから一つ選べ。

① 高度経済成長期の前半には，景気が拡大すれば経常収支が赤字となり，景気を引き締めざるをえないという，国際収支の天井問題が生じた。

② 高度経済成長期には，日本の GNP（国民総生産）はアメリカに次ぐ資本主義国第二位となった。

③ 高度経済成長期に池田内閣が掲げた国民所得倍増計画は，当初の目標であった 10 年間よりも短い期間で達成された。

④ 高度経済成長期に 1 ドル = 360 円で固定されていた為替レートは，日本が輸出を増加させるのに不利な条件となった。

〈2016・追試〉

5 日本における資本主義の発展についての4つの記述を古い順に並べたとき，3番目にくるものとして最も適当なものを，次の①〜④のうちから一つ選べ。

① ME（マイクロ・エレクトロニクス）技術が利用されて，工場や事務所における作業や事務処理の自動化が進展した。

② 鉄鋼業をはじめとした重工業が発展し，企業の大規模化や株式会社化が進行した。

③ 綿工業や毛織物工業などの繊維産業を中心に，工場制機械工業が確立し普及した。

④ 自動車や家電製品などの耐久消費財を中心に，大量生産・大量消費の時代が到来した。　〈2014・追試〉

6 産業構造の変化に関連する記述として最も適当なものを，次の①〜④のうちから一つ選べ。

① 高度経済成長期における活発な設備投資を背景に，国内製造業の中心は，重化学工業から軽工業へと変化した。

② 二度の石油危機をきっかけに，エレクトロニクス技術を利用した省資源・省エネルギー型の加工組立産業が発展した。

③ プラザ合意後の円高不況と貿易摩擦の中で，国内製造業においては，労働力をより多く用いる労働集約的な生産方法への転換が進んだ。

④ バブル経済期の低金利と株価上昇を受けて，第二次産業就業者数が第三次産業就業者数を上回った。

〈2009・本試〉

7 高度経済成長期以降，日本において実施された経済政策のうち，所得分配の不平等の是正を目的とした政策とは**言えないもの**を，次の①〜④のうちから一つ選べ。

① 労働の分野で，低賃金労働者について賃金の最低額を保障する最低賃金法が制定されたこと

② 農業の分野で，食糧管理制度の下に，政府による米の買上価格が売渡価格を上回る水準に引き上げられたこと

③ 中小企業行政の分野で，中小企業基本法の制定をはじめとして，中小企業に対する各種の支援制度が整備されたこと

④ 金融行政の分野で，業務分野に関する規制をはじめとして，金融機関に対する競争制限的な規制が行われたこと

〈2003・本試〉

8 次の**ア〜ウ**は，高度経済成長後の日本の出来事についてまとめたものである。これらを古いものから順に並べたとき，正しいものを，下の①〜⑥のうちから一つ選べ。

ア 企業などによる株式や土地への投資により資産バブルが発生し，日経平均株価が過去最高を記録した。

イ アメリカのサブプライムローン問題などをきっかけとする世界金融危機の中で，日本経済は急速に悪化した。

ウ 金融機関が大量の不良債権を抱え，「貸し渋り」や大手金融機関の資産が起こり，日本経済が低迷したこの時期は，「失われた10年」と呼ばれた。

① ア→イ→ウ　　② ア→ウ→イ　　③ イ→ア→ウ
④ イ→ウ→ア　　⑤ ウ→ア→イ　　⑥ ウ→イ→ア

〈2018・試行調査〉

9 1990年代以降の日本における新産業の育成・発展をめぐる記述として**適当でないもの**を，次の①〜④のうちから一つ選べ。

① 株式会社設立の際の最低資本金に関する規制が見直され，資本金1円でも株式会社を設立できることになった。

② ベンチャー企業などに株式上場による資金調達の場を提供するために，東証マザーズなどの新興市場が創設された。

③ 大企業との格差是正を目的とした中小企業基本法が改正され，中小企業は新産業の創出などによる経済発展の担い手として位置付けられた。

④ 全国の大学の研究成果を新産業の育成につなげるために，産業再生機構が創設された。 〈2007・追試〉

10 規制緩和を推進する論理として最も適当なものを，次の①〜④のうちから一つ選べ。

① 競争を通じて企業の活力が引き出され，経済活動がより効率的に行われるための手段となる。

② 幼稚産業の育成や衰退産業の保護など，産業構造の転換を円滑に進めるための手段となる。

③ 消費者が財やサービスを生産・提供する側の情報を十分に得ることができない場合に，消費者が被る不利益を解消するために有効である。

④ 規模の利益による自然独占が存在する場合に，価格決定やサービス提供の面で消費者が不利益を被ることを防ぐために有効である。 〈2006・本試〉

11 次に示したのは，いわゆる「アベノミクス」の目標や手法について，2014年に公表された資料に基づき整理したスライドの一部である。スライド中の空欄 　ア　 にはAかB，　イ　 にはCかD，　ウ　 にはEかFのいずれかの記述が当てはまる。空欄 　ア　 〜 　ウ　 に当てはまる記述の組合せとして最も適当なものを，後の①〜⑧のうちから一つ選べ。

```
┌─────────────────────┐  ┌─────────────────────┐
│ 第4回 経済政策論      │  │ 金融政策 ～ 第1の矢   │
│                      │  │ ●物価を引き上げるために  ア  。│
│    アベノミクス       │  │  ⇒経済の好循環を実現し，長期不況│
│ －3本の矢で長期停滞の克服－│  │   から脱却する。        │
│ ※3本の矢は，アベノミクスの3つの主要│  │                      │
│ な政策である。        │  │                      │
└─────────────────────┘  └─────────────────────┘
┌─────────────────────┐  ┌─────────────────────┐
│ 財政政策 ～ 第2の矢   │  │ 成長戦略 ～ 第3の矢   │
│ ●新たな需要を創出するために  イ  。│  │ ●新産業を育成するために  ウ  。│
│  ⇒公共事業が過大し雇用が増え，地域│  │  ⇒国家戦略特区で遠隔医療などの新│
│   が活性化する。      │  │   サービスが始まる。    │
└─────────────────────┘  └─────────────────────┘
```

A 金融緩和政策を進める。

B 金融引締政策を進める。

C 原則的に財政支出を抑制し財政均衡をめざす。

D 機動的に財政支出を拡大し景気浮揚をめざす。

E 規制緩和によって新分野への外資導入や民間企業の投資を促進する。

F 規制強化によって新分野への外資導入や民間企業の投資を促進する。

① ア－A イ－C ウ－E　　② ア－A イ－C ウ－F　　③ ア－A イ－D ウ－E
④ ア－A イ－D ウ－F　　⑤ イ－B イ－C ウ－E　　⑥ イ－B イ－C ウ－F
⑦ イ－B イ－D ウ－E　　⑧ イ－B イ－D ウ－F
〈2022・追再試〉

1 日本の企業に関する記述として最も適当なものを，次の ① ～ ④ のうちから一つ選べ。

① 製造業における従業員一人当たりの生産性は，従業員 20 ～ 29 人の企業の方が，従業員 300 ～ 499 人の
それよりも高い。

② 中小企業の従業員数は，全企業の従業員数の約 99 パーセントを占める。

③ 製造業における従業員一人当たりの賃金は，従業員 20 ～ 29 人の企業の方が，従業員 300 ～ 499 人のそ
れよりも低い。

④ 製造業では，中小企業の出荷額は全企業の約 70 パーセントに及ぶ。　　　　　〈2014・本試〉

2 日本の中小企業についての記述として**誤っているもの**を，次の ① ～ ④ のうちから一つ選べ。

① 下請けの中小企業が親企業から受注する仕事が減少している理由として，国内需要の減少や大企業の生
産拠点の海外移転が挙げられる。

② 地場産業の中小企業が厳しい競争に直面している理由として，アジア諸国の技術力の向上や円安による
輸出競争力の低下が挙げられる。

③ 新たな技術を開発して未開拓の分野を切り開こうとするベンチャー・ビジネスを手がける中小企業があ
る。

④ 既存の大企業が見落としていた隙間を埋めるニッチ産業で活動する中小企業がある。　　〈2015・追試〉

3 1990 年代の日本の中小企業をめぐる状況についての記述として最も適当なものを，次の ① ～ ④ のうちか
ら一つ選べ。

① アジア諸国の急成長と 90 年代前半の円高傾向は，繊維や金属加工などの競合する分野において中小企
業の経営を厳しくした。

② 独自のアイデアをもつ新興企業の資金調達は，金融機関による情報・新技術分野向けの豊富な融資によっ
て支えられた。

③ バブル経済の崩壊によって，中小企業の再編が加速したため，中小企業数は全企業数の 9 割を割り込ん
だ。

④ バブル経済の崩壊によって，大企業の業績が著しく悪化したため，大企業と中小企業との間に存在した
経済の二重構造はほぼ解消された。　　　　　〈2007・本試〉

4 次の表は，日本の農業に関する法制度の変遷についてまとめたものである。表中の空欄 　**ア**　 ～ 　**エ**　
には，後の記述 ① ～ ④ のいずれかが入る。表中の空欄 　**ウ**　 に当てはまる記述として最も適当なものを，
後の ① ～ ④ のうちから一つ選べ。

1952 年	農地法の制定　〔内容： 　**ア**　 〕
1961 年	農業基本法の制定　〔内容： 　**イ**　 〕
…	…
1995 年	食糧管理制度廃止
1999 年	食料・農業・農村基本法の制定　〔内容： 　**ウ**　 〕
2009 年	農地法の改正　〔内容： 　**エ**　 〕
…	…

① 農業と工業の生産性の格差を縮小するため，米作から畜産や果樹などへの農業生産の選択的拡大がめざ
されることになった。

② 国民生活の安定向上のため，食料の安定供給の確保や農業の多面的機能の発揮がめざされることになっ
た。

③ 地主制の復活を防止するため，農地の所有，賃貸，販売に対して厳しい規制が設けられた。

④ 農地の有効利用を促進するため，一般法人による農地の賃貸借に対する規制が緩和された。〈2022・本試〉

5 次のア～ウは，日本の農業政策をめぐる出来事についての記述である。これらの出来事を古いものから順に並べたとき，その順序として正しいものを，下の①～⑥のうちから一つ選べ。

ア 国外からの輸入自由化の要求が高まったことをうけて，コメの全面関税化が実施された。

イ 食料自給率の向上と国内農家の保護のために，農家に対する戸別所得補償制度が導入された。

ウ コメの価格や流通に関する規制を緩和した新食糧法（主要食糧の需給及び価格の安定に関する法律）が施行された。

① ア→イ→ウ　　② ア→ウ→イ　　③ イ→ア→ウ
④ イ→ウ→ア　　⑤ ウ→ア→イ　　⑥ ウ→イ→ア　　　　　　　　　　〈2018・追試〉

6 次のA～Cは地域に存在するさまざまな資源を活用して地域経済の発展や農村の再生をめざす多様な活動の名称であり，下のア～ウはその具体例である。次のA～Cと下のア～ウとの組合せとして最も適当なものを，下の①～⑥のうちから一つ選べ。

A グリーン・ツーリズム　　B スローフード　　C 六次産業化

ア 都市住民が一定期間，農村に滞在し，農作業などに従事して，農村生活を体験する。

イ 農業者が，農産物の生産にとどまらず，その加工さらには販売を行って，農業と製造業とサービス業とを融合した地域ビジネスを展開する。

ウ 地域の伝統的な食文化を見直し，良質な素材を提供する生産者を支えて，食生活を改善し，持続可能な食文化を育てる。

① A－ア　B－イ　C－ウ　　② A－ア　B－ウ　C－イ
③ A－イ　B－ア　C－ウ　　④ A－イ　B－ウ　C－ア
⑤ A－ウ　B－ア　C－イ　　⑥ A－ウ　B－イ　C－ア　　　　　　　〈2016・本試〉

7 1990年代以降の日本の農業についての記述として最も適当なものを，次の①～④のうちから一つ選べ。
① WTO（世界貿易機関）の農業協定に基づいて，日本政府は減反政策によるコメの生産調整を開始した。
② 食料・農業・農村基本法が制定され，農地の所有，賃貸借，売買に対する厳しい制限が設けられた。
③ GATT（関税及び貿易に関する一般協定）のウルグアイ・ラウンドで，日本政府はコメの市場の部分開放に踏み切った。
④ 食糧管理法に代わる新たな法律として新食糧法が制定され，政府による食糧価格のコントロールが強化された。　　　　　　　　　　　　　　　　　　　　　　　　　　　　　　　　　　〈2013・追試〉

8 地域活性化の手法として，第一次産業に従事している事業者が，第二次産業や第三次産業に進出したり，これらとの連携を図ったりするものがあり，こうした手法は六次産業化と呼ばれることもある。第一次産業の事業者による次の取組みの事例A～Cのうち，第二次産業と第三次産業との両方を含むものはどれか。最も適当なものを，下の①～⑦のうちから一つ選べ。

A 森林組合が，きのこを栽培し，道路沿いの直売所で販売する。
B 酪農家が，自ら生産した牛乳を原料として乳製品を製造し，農家直営のレストランで販売する。
C 漁業組合が，地引き網漁の体験ツアーを実施し，とれた魚介をその場で販売する。

① A　　　　② B　　　　③ C　　　　④ AとB
⑤ AとC　　⑥ BとC　　⑦ AとBとC　　　　　　　　　　　　　　〈2015・追試〉

❶ アメリカ合衆国大統領ケネディが1962年に定式化した消費者の四つの権利のうち，一つは「意見を聞いてもらう権利」であるが，次のА～Сはそれ以外の三つの権利についてその重要な側面を示したものである。これらの権利の保障に役立つ制度や方策ア～ウとの組合せとして正しいものを，下の①～⑥のうちから一つ選べ。

А　危険な商品が販売されないという，安全への権利

В　誤った情報から保護され，必要な事実を知らされる権利

С　可能な限り，競争的価格で多様な製品およびサービスを選ぶ権利

ア　果実飲料の中身について，果汁成分の割合の表示を義務づけること

イ　カルテルを原則として禁止すること

ウ　医薬品の製造や販売に，国の許可を必要とすること

① А－ア　В－イ　С－ウ　　② А－ア　В－ウ　С－イ
③ А－イ　В－ア　С－ウ　　④ А－イ　В－ウ　С－ア
⑤ А－ウ　В－ア　С－イ　　⑥ А－ウ　В－イ　С－ア

〈2001・本試〉

❷ 生徒Хと生徒Үは，環境問題を関連させた経済主体の関係図を作成した。たとえば，次の会話文中の下線部の内容は，後の関係図中の消費者と企業の間の矢印（⇄）に対応している。会話の内容と整合する関係図として最も適当なものを，後の①～④のうちから一つ選べ。

Х：企業の工場から汚染物質が排出されるような図を考えればいいかな。

Ү：それもあるけど，需要側の消費者が供給側の企業と，市場で財・サービスを取引するから生産が行われるわけで，需要側にも問題があると思うよ。

Х：そうだね。でも，両方を書くと問題の焦点がわかりにくくなるし，今回の学習では，需要側からの汚染物質の問題は省いて，供給側からの汚染物質の排出と供給側への政府の対策を作図するってことでいいんじゃないかな。政府が供給側を対象に対策をしたというニュースもあったよね。

Ү：いいね。私もみたよ。あと，その矢印のそばに書く語句はニュースに近いものを書くといいかもね。政策の目的も考慮されやすい語句がいいかな。

Х：うん。加えて，市民で構成されるNPOなどによる，供給側への監視も大事になってくるんじゃないかな。

①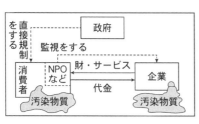

②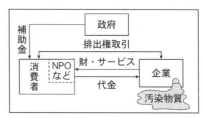

③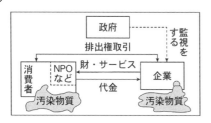

④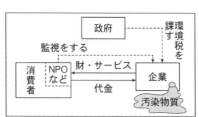

〈2022・本試〉

3 食品の生産・流通に関する現在の日本の政策についての記述として**誤っているもの**を，次の ①〜④ のうちから一つ選べ。

① 消費者の健康に対する影響を考慮して，遺伝子組み換え食品の販売が禁止された。

② 消費者庁は，消費者行政の一元化のために設置された。

③ 農地法は，農業への株式会社の参入を認めている。

④ 国産牛肉のトレーサビリティを確保するために，牛の個体識別のための制度が導入されている。

〈2011・本試〉

4 消費者問題に関連する記述として正しいものを，次の ①〜④ のうちから一つ選べ。

① 消費者基本法により，食品の安全性を評価する国の機関として食品安全委員会が設置された。

② 貸金業法が改正され，消費者金融などの貸金業者からの借入れ総額を制限する総量規制が撤廃された。

③ 特定商取引法では，消費者が一定期間内であれば契約を解除できるクーリングオフ制度が定められている。

④ グリーン購入法により，消費者は環境への負荷の少ない製品を優先的に購入することが義務づけられている。

〈2017・本試〉

5 次の経済用語A〜Cと，その内容ア〜ウとの組合せとして正しいものを，下の ①〜⑥ のうちから一つ選べ。

A　依存効果

B　デモンストレーション効果

C　消費者主権

ア　消費者の欲望は自律的ではなく，企業の宣伝や広告に喚起されるようになること

イ　消費者の購買行動が生産されるものの種類や数量を決定するという考え方のこと

ウ　個人の消費行動が他人の消費水準や消費パターンの影響を受けること

① A−ア　B−イ　C−ウ　　② A−ア　B−ウ　C−イ

③ A−イ　B−ア　C−ウ　　④ A−イ　B−ウ　C−ア

⑤ A−ウ　B−ア　C−イ　　⑥ A−ウ　B−イ　C−ア

〈2018・追試〉

6 契約に関連して，消費者をめぐる法や制度についての記述として最も適当なものを，次の ①〜④ のうちから一つ選べ。

① 契約は，当事者間の合意により法的な義務を生じさせるため，契約書が必要である。

② 改正民法（2022年4月施行）では，18歳以上の者は親の同意なく自分一人で契約することができる。

③ クーリング・オフ制度は，購入者が違約金を支払うことなく，いつでも契約を解除できる制度である。

④ 改正貸金業法（2010年6月全面施行）では，消費者金融などの貸金業者の貸付けを借り手の年収の3分の1以下とする規制が撤廃されている。

〈2021・第1日程〉

1 日本の公害や環境問題に関連する記述として**誤っているもの**を，次の ①〜④ のうちから一つ選べ。

① 環境に影響を与える可能性がある事業について，あらかじめその影響を評価する手続きを定めた環境影響評価法（環境アセスメント法）が制定された。

② 石綿（アスベスト）による健康被害について，その被害の救済に関する法律が制定された。

③ 大阪空港を離着陸する航空機の騒音や排気ガスなどにより被害を受けた周辺の住民から夜間使用差止めや損害賠償を求める訴訟が提起され，損害賠償の一部と，使用差止めとを命ずる最高裁判所の判決が出された。

④ 広島県福山市鞆の浦地区での埋立て・架橋計画が景観を損なうとして，周辺の住民から埋立ての差止めを求める訴訟が提起され，差止めを命ずる判決が出された。 〈2022・追再試〉

2 環境基本法についての記述として最も適当なものを，次の ①〜④ のうちから一つ選べ。

① この法律は，憲法に定められた環境権を根拠として制定された。

② この法律は，国や地方自治体，事業者だけでなく，国民に対しても環境を保全するための責務を課している。

③ この法律は，他の先進諸国に比べても早い時期に制定され，その適用によって，水俣病などの公害による被害は最小限にとどめられた。

④ この法律は，公害を発生させた事業者を罰する規定を設けている。 〈2008・本試〉

3 公害防止に関連する記述として**誤っているもの**を，次の ①〜④ のうちから一つ選べ。

① 汚染者負担の原則（PPP）は，汚染者が汚染防止に必要な費用を負担すべきという考え方を含む。

② 環境アセスメントは，汚染源の濃度規制や総量規制によって事後的に公害対策を図るという手法である。

③ 日本では，いわゆる公害国会において，一連の公害対策関係法が成立し，この国会の翌年，環境庁（現在の環境省）が設置された。

④ 日本では，高度経済成長期以降，都市化の進展によって，家庭排水による水質汚濁や自動車の排ガスによる大気汚染など，都市公害が発生した。 〈2012・追試〉

4 国際的な環境保全の取組みや日本における公害への対策についての記述として**適当でないもの**を，次の ①〜④ のうちから一つ選べ。

① モントリオール議定書とは，フロンの生産や消費を規制した国際条約である。

② 汚染者負担の原則とは，公害の発生源である企業が被害の補償費用や汚染の防止費用を負担するという考え方である。

③ 足尾銅山から排出された鉱毒による被害をうけて，公害対策基本法が制定された。

④ アスベスト（石綿）による被害をうけて，石綿健康被害救済法（アスベスト新法）が制定された。

〈2016・本試〉

5 大量消費社会の実現によって，ごみ問題が深刻になっており，日本では3 R（スリーアール）の取組み（リデュース，リユース，リサイクル）が注目されている。これについての記述として最も適当なものを，次の ①〜④ のうちから一つ選べ。

① 循環型社会の形成を目的として，循環型社会形成推進基本法が制定されているが，同時にリデュースおよびリユースの考え方は導入されていない。

② 資源の再利用を図るために，テレビや冷蔵庫などの家電製品のリサイクルが注目されているが，これらの再資源化のための法律は制定されていない。

③ 水洗式トイレに設置された大・小レバーの使い分けは，水資源を再利用することができる点で，リユースの事例ということができる。

④ 家庭用洗剤やシャンプーなどの詰替製品の使用は，家庭から出るごみを削減することができる点で，リデュースの事例ということができる。 〈2012・追試〉

1 日本において労働者を保護したり，その団体行動を助成したりするための法律の内容を示した文A～Cと，法律の名称ア～ウとの組合せとして最も適当なものを，下の①～⑥のうちから一つ選べ。

A　使用者は，労働契約の締結に際し，労働者に対して賃金，労働時間その他の労働条件を明示しなければならない。

B　使用者は，雇用する労働者の代表者と団体交渉をすることを，正当な理由なく拒むことができない。

C　労働委員会が，第三者の立場から斡旋，調停，仲裁などによって，争議の解決を図ることができる。

ア　労働組合法　　　イ　労働基準法　　　ウ　労働関係調整法

① A－ア　B－イ　C－ウ
② A－ア　B－ウ　C－イ
③ A－イ　B－ア　C－ウ
④ A－イ　B－ウ　C－ア
⑤ A－ウ　B－ア　C－イ
⑥ A－ウ　B－イ　C－ア

〈2015・本試〉

2 次の図は，生徒たちが作成した求人情報の例である。図中の下線部⑦～⑨について，企業がこの求人情報のとおりに労働者と労働契約を結んだ場合，雇用に関係する日本の法律に抵触するものはどれか。当てはまるものをすべて選び，その組合せとして最も適当なものを，後の①～⑦のうちから一つ選べ。

```
求人情報　#○○△△××
○○○○株式会社　〔販売スタッフ〕
●パート・アルバイト
⑦労働時間：1日当たり6時間，週6日
⑦雇用契約期間：3年
時給：1,200円　交通費：自己負担
⑨有給休暇：付与なし
```

① ⑦　　　　② ⑦　　　　③ ⑨　　　④ ⑦と⑦　　　⑤ ⑦と⑨
⑥ ⑦と⑨　　⑦ ⑦と⑦と⑨

〈2022・本試〉

3 日本の労働者の権利に関する記述として最も適当なものを，次の①～④のうちから一つ選べ。

① 労働組合は，正当な争議行為であっても，使用者に損害を与えた場合には民事上の責任を負う。
② 最高裁は，公務員の争議行為の全面的な禁止を違憲と判断している。
③ 警察官や自衛隊員に，団結権が認められている。
④ 国民の日常生活を著しく害するおそれのある争議行為は，緊急調整により，制限されることがある。

〈2018・追試〉

4 できるだけ多く働きたいと考える労働者が長時間労働に同意したような場合，契約自由の原則からは，その同意は尊重されなければならないという考えに反する主張の例として最も適当なものを，次の①～④のうちから一つ選べ。

① 労働契約の内容は，十分な情報開示と交渉の上で合意されるべきだ。
② 労働者が選択できる労働条件の範囲は，できるだけ広くあるべきだ。
③ 労働条件の決定に対する行政の介入は，必要最小限のものに限られるべきだ。
④ パートタイム労働者は，一定年数働いた後は，本人の意思に関係なくフルタイム労働者に転換されるようにすべきだ。

〈2000・本試〉

5 日本では不当労働行為が禁止されているが，不当労働行為とは**言えないもの**を，次の ① 〜 ④ のうちから一つ選べ。

① 企業が，労働組合員であることを理由として従業員を解雇した。

② 使用者が，理由を明示せずに団体交渉を拒否した。

③ 社長が，労働組合があると会社の発展にとって良くないので組合をつくらないよう，朝礼で命令した。

④ 会社が，労働組合との団体交渉において，不況を理由として賃金引下げを提案した。　〈2004・本試〉

6 生徒たちは，日本の雇用環境とその変化について調べることにした。次の文章中の空欄　**ア**　・　**イ**　に当てはまる語句の組合せとして正しいものを，下の ① 〜 ④ のうちから一つ選べ。

　終身雇用，　**ア**　，および企業別労働組合は，日本における労使慣行の特徴とされ，日本的経営とも呼ばれてきた。しかし，経済環境の変化に伴って終身雇用や　**ア**　に代わって異なる雇用や賃金の形態が広がり，多様化している。

　また，現在では労働者の働き方も多様化している。たとえば，業務遂行の方法や時間配分の決定などを労働者自身に委(ゆだ)ねる必要があるため，実際の労働時間に関係なく一定時間働いたとみなす　**イ**　を導入する企業もある。

① ア　年功序列型の賃金　　　イ　フレックスタイム制

② ア　年功序列型の賃金　　　イ　裁量労働制

③ ア　成果主義による賃金　　イ　フレックスタイム制

④ ア　成果主義による賃金　　イ　裁量労働制　　　　　　　　　　　　　〈2021・第1日程〉

7 よりよい労働条件の実現をめざして活動する組織として，労働組合がある。次の記述 a 〜 c は，民間企業の労働組合の活動や運営に関する日本の法制度について生徒たちがまとめたものである。これらの記述のうち，正しいものはどれか。当てはまる記述をすべて選び，その組合せとして最も適当なものを，下の ① 〜 ⑦ のうちから一つ選べ。

a　正規雇用の労働者と同様に，パート，アルバイトなど非正規雇用の労働者も労働組合を結成する権利を有している。

b　正当な理由がない限り，使用者は労働組合との団体交渉を拒否することはできない。

c　労働組合の運営に協力するため，使用者は労働組合に対して，経費を援助しなければならない。

① a　　　　② b　　　　③ c　　　　④ aとb　　　　⑤ aとc

⑥ bとc　　⑦ aとbとc　　　　　　　　　　　　　　　　　　　　　　〈2021・第1日程〉

8 生徒Xは，賃金と雇用慣行との関係について調べてみることにした。次のXの発言は，調べたことをもとに賃金システムについて説明したものである。図に基づくXの説明から読み取れる内容として最も適当なものを，後の ① ～ ④ のうちから一つ選べ。

X：この図は，賃金と労働者が生み出す価値との関係をモデル化したものです。仮に労働者が生み出す価値を一定とみなして賃金との関係を図示すると，賃金水準は，勤続期間の前半では労働者が生み出す価値に比べて低いのに対して，後半では高くなっています。この図を使って，若年から定年まで働き勤続年数に応じて賃金が上昇していくシステムについて説明されることがありますが，この発表でもそれに沿って考えてみます。

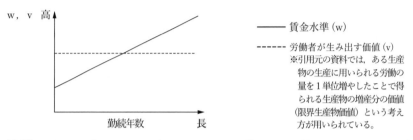

（出所）E.P.Lazear, "Why Is There Mandatory Retirement?", Journal of Polotical Economy, Vol.87, No.6（1979）により作成

① 勤続年数の長い労働者の比率が相対的に増えると，このシステムの下では賃金コストが嵩みやすくなる。
② 短期間で退職する予定の労働者は，就労先として，このシステムを採用する企業で働くと有利である。
③ この図によれば，労働者が生み出す価値の変化に合わせて賃金が上がっていくことになる。
④ このシステムは，労働者を一企業に定着させにくいので，長期的に人材を育成したい企業に向かない。

〈2022・追再試〉

9 日本における過労死や過労自殺についての説明として最も適当なものを，次の ① ～ ④ のうちから一つ選べ。
① 過労自殺とは，自分の意思によって命を絶つ行為なので，労災保険（労働者災害補償保険）の対象となる労働災害とはいえない。
② 過労死とは，働き過ぎによる死亡を意味するので，休暇をとっている最中の死亡が過労死として労働災害と認められることはない。
③ 過労死や過労自殺によって死亡した労働者の遺族に対して，企業は，損害賠償責任を負うことがある。
④ 過労死が労働災害と認められるためには，労働基準監督署長の認定に加えて，裁判所の認定を必要とする。

〈2007・追試〉

10 労働条件の改善については，さまざまな労働のあり方の提唱や試みがなされている。そうした労働のあり方A～Cと，それについての記述ア～エとの組合せとして最も適当なものを，後の ① ～ ⑨ のうちから一つ選べ。

A ワークシェアリング
B 裁量労働制
C 変形労働時間制

ア 社会の構成員全員に基本所得を給付することで，労働についての選択の自由度を高める。
イ 労働者の一人当たりの労働時間を，減らす方向で多様化し，雇用される人の数を増加させようとする。
ウ 一定期間の週当たり平均労働時間が法定労働時間を超えなければ，その期間の特定の時期に法定労働時間を超える労働も可能にする。
エ 労働時間の管理を労働者に委ね，実際の労働時間にかかわりなく労使協定で定めた時間だけ働いたとみなす。

① A-ア B-ウ C-エ   ② A-ア B-エ C-イ
③ A-ア B-エ C-ウ   ④ A-イ B-ア C-エ
⑤ A-イ B-ウ C-エ   ⑥ A-イ B-エ C-ウ
⑦ A-エ B-ア C-イ   ⑧ A-エ B-ア C-ウ
⑨ A-エ B-ウ C-イ

〈2012・本試〉

11 日本では雇用形態の多様化が進んでいる。さまざまな働き方に対応した規制を行う日本の法律A～Cと, それらの内容に関する記述ア～ウの組合せとして正しいものを, 下の①～⑥のうちから一つ選べ。

A　労働者派遣法
B　パートタイム労働法
C　高年齢者雇用安定法

ア　正社員よりも週の所定労働時間が短い労働者の労働条件の改善などを目的とする。
イ　制定当時は対象業務が限定されていたが, その後の改正により対象業務の範囲が拡大されてきている。
ウ　定年の引上げ, 定年制の廃止, 定年後の継続雇用制度の導入の中からいずれかの措置をとることを事業主に義務づけている。

① A-ア B-イ C-ウ   ② A-ア B-ウ C-イ
③ A-イ B-ア C-ウ   ④ A-イ B-ウ C-ア
⑤ A-ウ B-ア C-イ   ⑥ A-ウ B-イ C-ア

〈2018・本試〉

12 低賃金や雇止めは, 労働者と使用者の間での紛争の原因となりうる。日本における労使間の紛争およびその解決についての記述として正しいものを, 次の①～④のうちから一つ選べ。
① 最高裁判所は, 公務員の争議行為の禁止は憲法が定める労働基本権の保障に違反すると判断している。
② 労働組合の正当な争議行為は, 労働組合法により刑事上および民事上の責任を免除される。
③ 労使間の紛争が深刻化した場合, 労働基準監督署は, 労働関係調整法に基づき紛争の調整を行うことができる。
④ 労働委員会は, 地方裁判所に設置され, 裁判によらずに労使紛争の解決を行う労働審判手続に携わる。

〈2011・追試〉

13 外国人に関する日本の法制度とその実態についての最近の新聞記事に関する, 次のカードの記述①～④のうち**誤っているもの**を一つ選べ。

① 外国人の入国拒否
日本は, 感染症に罹患したおそれのある外国人の入国を国民保護法に基づいて拒否した。

② 外国人労働者の待遇
日本では, 外国人技能実習生への賃金不払いなどの待遇が問題となった。

③ 外国人の誘客
日本は, カジノ, ホテル, 国際会議施設などから構成される統合型リゾート(IR)に関連する法律を整備した。

④ 外国人労働者の資格
日本は, 特定の技能をもつ労働者を海外から受け入れるための在留資格を設けた。

〈2021・第2日程〉

1 社会保障についての記述として正しいものを，次の ① ～ ④ のうちから一つ選べ。

① 住民の健康増進や生活環境の改善を目的として，疾病予防のサービスや上下水道の整備を行うことを，公的扶助という。

② 社会的に弱い立場にある者への生活援助や自立支援を目的として，サービスの提供や施設の整備を行うことを，社会福祉という。

③ 朝日訴訟最高裁判決では，厚生大臣が定めた当時の生活保護基準が憲法に違反すると判断された。

④ 堀木訴訟最高裁判決では，生存権保障のための具体的な立法について国会の裁量の範囲は狭いと判断された。　　　　　　　　　　　　　　　　　　　　　　　　　　　　　　　　　　〈2017・追試〉

2 社会保障の発展に大きな影響を与えた法律や報告 A ～ C と，その内容に関する説明 **ア** ～ **ウ** との組合せとして正しいものを，下の ① ～ ⑥ のうちから一つ選べ。

A エリザベス救貧法（イギリス）

B 社会保障法（アメリカ）

C ベバリッジ報告（イギリス）

ア 大恐慌を契機に高齢者や失業者を対象とした社会保険制度を整備した。

イ ナショナル・ミニマム（国民の最低限度の生活水準）の保障を求めた。

ウ 公的扶助の先駆けといわれている。

① A－ア　B－イ　C－ウ　　　② A－ア　B－ウ　C－イ
③ A－イ　B－ア　C－ウ　　　④ A－イ　B－ウ　C－ア
⑤ A－ウ　B－ア　C－イ　　　⑥ A－ウ　B－イ　C－ア　　　〈2016・本試〉

3 社会保障制度に関連する記述として最も適当なものを，次の ① ～ ④ のうちから一つ選べ。

① ILO（国際労働機関）は，フィラデルフィア宣言で，社会保障の範囲の拡大に貢献した。

② 個人が就労している時期に納めた保険料によって，自らの年金受給を賄う方法を賦課方式という。

③ 日本の社会保障費の中で最も大きな役割を占めている項目は，生活保護費である。

④ ドイツの宰相ビスマルクは，「ゆりかごから墓場まで」をスローガンに，社会保険制度を整備した。　　　　　　　　　　　　　　　　　　　　　　　　　　　　　　　　　　〈2018・本試〉

4 社会保障制度に関連する日本の法制度についての記述として最も適当なものを，次の ① ～ ④ のうちから一つ選べ。

① 朝日訴訟では，憲法上の生存権の規定は個々の国民に対して具体的な権利を保障したものであるとの最高裁判決が下されている。

② 堀木訴訟では，障害福祉年金と児童扶養手当の併給を禁止した法規定は違憲とはいえないとの最高裁判決が下されている。

③ 明治期に，社会主義運動などの抑圧を意図した治安警察法の制定と同時に，世界初の社会保険制度が導入された。

④ 世界恐慌をうけ，公的扶助制度と社会保険制度を内容とし，世界で初めて「社会保障」という言葉を用いた法律が制定された。　　　　　　　　　　　　　　　　　　　　　　　　　〈2013・本試〉

5 日本の現行の社会保障制度についての記述として**誤っているもの**を，次の①～④のうちから一つ選べ。

① 公的扶助は，自然災害の被災者に対して，最低限度の生活を保障する制度である。

② 社会保険には，労働災害に直面した場合に，医療などのサービスを提供したり所得を保障したりする制度がある。

③ 社会福祉には，援助や保護を必要とする人々に対して，施設を設けたりサービスを提供したりする仕組みがある。

④ 公衆衛生は，病気の予防など，国民の生活環境の改善や健康増進を図るための仕組みである。

〈2015・追試〉

6 日本の社会保障制度についての記述として正しいものを，次の①～④のうちから一つ選べ。

① 医療保険と年金保険については，国民健康保険法の改正と国民年金法の制定とを経て，国民皆保険と国民皆年金が実現した。

② 老人保健制度は，老人医療費の増大に対処するために，後期高齢者医療制度に代わって導入された。

③ 介護保険の保険料は，20歳以上の被保険者から徴収されている。

④ 雇用保険の保険料は，その全額が事業主から徴収されている。 〈2014・追試〉

7 日本の社会保障制度をめぐる記述として正しいものを，次の①～④のうちから一つ選べ。

① 国民健康保険法の全面改正（1958年）により，国民全員が公的医療保険の対象となる国民皆保険の体制が整えられた。

② 児童手当法（1971年）が制定されたことで，所得による制限を設けることなく児童手当が支給されるようになった。

③ 公的年金制度は，厚生年金を基礎年金としている。

④ 雇用保険制度の保険料は，被用者がその全額を負担する。 〈2016・追試〉

8 国民負担の水準を示す指標として国民負担率がある。これは，国民所得に占める租税と社会保障負担（社会保険料）のそれぞれの割合の合計である。この計算において社会保障負担に含まれる家計の負担として正しいものを，次の①～④のうちから一つ選べ。

① 介護保険の被保険者が支払う保険料

② 国民健康保険の被保険者が医療機関の窓口で支払う自己負担分

③ 保険会社の生命保険の被保険者が支払う保険料

④ 保険会社の医療保険の被保険者が医療機関の窓口で支払う自己負担分 〈2015・追試〉

9 次の記述ア～ウのうち，2000年以降に年金制度について行われた改革として正しいものはどれか。当てはまるものをすべて選び，その組合せとして最も適当なものを，後の①～⑦のうちから一つ選べ。

ア 年金財政を長期的に安定させるため，基礎年金の国庫負担割合を2分の1に引き上げる改革が行われた。

イ 現役世代の保険料負担が過重にならないように，公的年金の保険料を段階的に引き下げる仕組みが導入された。

ウ 人口減少や平均余命の伸びを考慮して給付水準を自動的に調整するマクロ経済スライドが導入された。

① ア   ② イ   ③ ウ   ④ アとイ

⑤ アとウ   ⑥ イとウ   ⑦ アとイとウ 〈2022・追再試〉

❿ 日本における年金制度についての記述として**誤っているもの**を，次の ①〜④ のうちから一つ選べ。

① 公的年金のうち国民年金は，保険料の未納が問題となっている。

② 公的年金のうち厚生年金は，在職中の報酬に比例して支給される。

③ 急速に進展する少子高齢化の問題に対応するために，支給水準の引上げが行われてきた。

④ 企業年金の管理を委託されていたノンバンクが運用に失敗し，払い込まれた年金の元本が失われるという事態が生じた。

〈2014・本試〉

⓫ 日本の介護保険法についての記述として**適当でないもの**を，次の ①〜④ のうちから一つ選べ。

① 介護保険法では，保険料は 40 歳以上の国民から徴収される。

② 介護保険法に定められた，訪問介護などの在宅サービス事業は，指定を受けた民間企業も行うことができる。

③ 介護保険法では，65 歳以上の高齢者の保険料は全国一律である。

④ 介護保険法に定められた介護サービスを利用するためには，申請の上，認定を受ける必要がある。

〈2002・本試〉

⓬ 高齢者の福祉の増進にかかわる戦後日本の法制度についての記述として**誤っているもの**を，次の ①〜④ のうちから一つ選べ。

① 高齢者が生涯にわたってその心身の健康を保持し，生活の安定を図ることができるように，老人福祉法が制定された。

② 高齢者が老齢年金受給後の生活費を確保し，生活の安定を図ることができるように，高年齢者雇用安定法が制定された。

③ 介護を必要とする人の増加に伴う社会的問題を解決するために，介護保険制度が整備された。

④ 精神上の障害などにより法的保護を必要とする人のために，成年後見制度が整備された。

〈2007・本試改〉

⓭ 人口の高齢化に関連する日本の現状についての記述として最も適当なものを，次の ①〜④ のうちから一つ選べ。

① 高齢者医療はすべて公的扶助で行っている。

② 65 歳以上の者のいる世帯全体の中で，公的年金受給者のいる世帯は，半数を超えている。

③ 高齢社会からさらに進んだ高齢化社会へ移行している。

④ 65 歳以上の者は原則として，介護保険に基づくサービスを利用する際の費用を，自己負担することはない。

〈2009・追試〉

⓮ 少子化に関する日本の動向と対策に関する記述として最も適当なものを，次の ①〜④ のうちから一つ選べ。

① 子の養育や家族の介護を行う労働者に対して休業を認める育児・介護休業法は，男女の労働者を区別せずに適用される。

② 年齢別人口構成は，多産多死の「つぼ型（紡錘型）」から，少産少死の「富士山型（ピラミッド型）」へと移行してきた。

③ 子育てに対する社会的支援の充実などを図るために，ゴールドプランが策定された。

④ 合計特殊出生率は，現在の人口を維持するのに必要とされる水準にまで回復している。

〈現代社会・2010・本試〉

15 文中の空欄 ア ・イ に当てはまる語句の組合せとして最も適当なものを，次の ① ～ ④ のうちから一つ選べ。

　　個人間格差をめぐっては，19 世紀以降，各国政府は社会保障制度の整備を通じて所得再分配を行い，より公平性の高い社会を実現しようとしてきた。しかし，公平性の追求が，経済効率性を損なうとの意見もある。このような，公平性と効率性の ア をいかに解決するかが問われている。関連して，近年では，教育機会の均等化をめぐる議論や，一律一定額を全国民に給付する イ が注目されている。

① ア トレード・オフ　　　　　　 イ ベーシック・インカム
② ア プライマリー・バランス　　 イ ユニバーサル・デザイン
③ ア トレード・オフ　　　　　　 イ ユニバーサル・デザイン
④ ア プライマリー・バランス　　 イ ベーシック・インカム　　　　　　　〈2018・本試〉

16 仕事と家庭生活との調和に関する日本の法制度の説明として最も適当なものを，次の ① ～ ④ のうちから一つ選べ。
① 家族の介護を行う労働者に対して，企業は介護手当を支給する法律上の義務はない。
② 育児休業を取得する労働者に対して，企業は賃金を保障する法律上の義務がある。
③ 法律上，育児・介護休業を取得する権利は，企業の承認がなければ発生しない。
④ 法律上，育児・介護休業を取得する権利は，まだ男性には付与されていない。　　　〈2007・追試〉

17 セーフティネットの日本における事例についての説明として**誤っているもの**を，次の ① ～ ④ のうちから一つ選べ。
① 雇用保険に加入した被用者は，失業すると，一定の条件の下で失業給付を求めることができる。
② 破綻（はたん）した銀行の普通預金の預金者は，その預金元本については，いかなる場合でも全額払戻しを受けることができる。
③ 介護保険に加入した者は，介護が必要だと認定されると，訪問介護やショートステイなどのサービスを受けることができる。
④ 経済的に困窮した国民は，一定の条件の下で，生活保護給付を求めることができる。　　〈2015・本試〉

18 社会問題に対処するための公的な施策の一つである日本の社会保障制度に関する記述として正しいものを，次の ① ～ ④ のうちから一つ選べ。
① 国民健康保険は，職域ごとに分かれていた公的医療保険を統合する制度である。
② 公的介護保険は，市町村と特別区が運営主体となっている。
③ 厚生年金保険は，その保険料の全額を事業主が負担している。
④ 国民年金は，在職中に受け取った各人の報酬に比例した額を支給する制度である。　　〈2017・本試〉

19 日本の社会保障制度に関する記述として**誤っているもの**を，次の ① ～ ④ のうちから一つ選べ。
① 年金財政を長期的に安定させるため，高齢者の生活を支える基礎年金の国庫負担割合が 2 分の 1 に引き上げられた。
② 疾病や負傷，出産のときなどに必要な給付を行う医療保険では，疾病保険法の全面改正によって国民皆保険が実現した。
③ 地域住民の健康の増進や公衆衛生の向上などを図るため，地域保健法により保健所や保健センターが設置されている。
④ 生活困窮者に対して最低限度の生活を保障し，自立を助けることを目的とした仕組みとして，生活保護制度がある。　　　　　　　　　　〈2019・本試〉

第1章　現代の国際政治　▶▶ 要 点 整 理

1 国際政治の特質と国際法

1　国際社会と国際法

(1)　国際社会の成立と展開

① 三十年戦争（1618 〜）→初の国際会議〔❶　　　　　〕の開催（1648）→〔❷　　　　　〕体制の成立

② 国際社会の発展

a．ヨーロッパ…国民国家の成立（19 世紀）→内政の民主化，議会政治の確立

b．アジア・アフリカ地域…欧米の植民地分割競争の対象に

c．第一次世界大戦後…〔❸　　　　　〕の創設（1920），社会主義国ソ連の誕生（1922）

d．第二次世界大戦後…〔❹　　　　　〕の創設（1945），冷戦，アジア・アフリカ諸国の独立（1960 年代）

③ 現在の国際社会

a．相互依存関係の変化…経済のグローバル化（ヒト・モノ・情報などが国境を越えて移動）

b．行動主体の変化…EU などの地域的経済統合の拡大，多国籍企業，NGO などの活動

(2)　国際法の成立と発展

① 〔❺　　　　　〕（オランダ）…理性による自然法に基づく国際法の制定を提唱

主著『海洋自由論』（1609），『戦争と平和の法』（1625）→「〔❻　　　　　〕」と呼ばれる

② 国際法の分類及び国際法と国内法の比較

成立・形式による分類
〔❼　　　　　〕…国家間の合意に基づき成文化 → 協定，協約，宣言，憲章，覚書など
(国際) 慣習法…多数の国家間の長年の慣習，合意 →〔❽　　　　　〕の原則，外交特権など

	国際法	国内法
法の主体	主に国家	主に個人・企業
立法機関	なし	議会
司法機関	国際司法裁判所	裁判所（強制管轄）
行政機関	なし	政府

③ 国際裁判所

a．〔❾　　　　　〕（ICJ）…国家間の紛争を裁く。裁判の開始には当事国双方の合意が必要

b．〔❿　　　　　〕（2002，ICC）…ハーグに設置，〔⓫　　　　　〕の非人道的な戦争犯罪，集団殺害などを裁く常設の裁判所→アメリカは未加盟（日本は 2007 年に加盟）

2 国際連合と国際協力

1　国際平和の構想と国際連盟

(1)　国際平和の構想

① サン・ピエール…『永久平和案』（1713）→戦争放棄，恒久的国際機構などを主張

② 〔❶　　　　　〕…『永久平和のために』（1795）→国際平和機構を構想

③ アメリカ大統領ウィルソン…平和原則 14 か条の提唱（1918）→国際連盟の成立に貢献

(2)　国際連盟の成立と崩壊

① 国際連盟の発足（1920）…史上初の国際平和機構。原加盟国は 42 か国

② 平和維持の方式…勢力均衡方式に代えて〔❷　　　　　〕方式を採用

③ 機構

主要機関	総会…全加盟国で構成する最高決定機関，〔❸　　　　　〕，事務局
付属機関	常設国際司法裁判所，国際労働機関（ILO）

④ 国際連盟の欠陥

a．〔❹　　　　　〕制…総会・理事会ともに有効な決定ができなかった

b．大国の不参加…〔❺　　　　　〕は不参加，ソ連は遅れて加盟（のち脱退），日・独・伊の脱退

c．制裁…経済的制裁のみ（軍事的制裁はできなかった）

2　国際連合

(1)　国際連合の成立過程と目的

① 〔❻　　　　　〕（1941）…ローズヴェルト米大統領とチャーチル英首相が大戦後の国際協調を構想

→〔❼　　　　　〕会議（1944）…国連憲章の原案作成→サンフランシスコ会議（1945）…国連憲章の採択→原加盟国 51 か国で発足→現在 193 か国が加盟

② 国連の目的…国際社会の平和及び安全の維持，諸国間の友好関係の発展，経済的・社会的・文化的・人道的国際問題の解決など

③　国連の6つの主要機関

総　会	・全加盟国で構成…各国が1票の表決権をもつ，多数決制（重要事項の議決は3分の2の多数決），勧告を行う ・補助機関…国連人権理事会など　　　・その他…国際原子力機関（IAEA）など
〔❽　　　　〕	・5常任理事国（米・英・仏・ロ・中）と10非常任理事国（任期2年） ・5常任理事国は〔❾　　　　〕をもつ（大国一致の原則） →〔❾　　　　〕の行使で機能停止の場合，〔❿　　　　〕（1950）に基づき緊急特別総会を招集 ・軍事的制裁を含む強制措置が可能…決定には法的拘束力がある
〔⓫　　　　〕	・経済的・社会的・文化的・人道的な国際問題に関する研究や勧告 →最近は，NGOとの協力関係を強化（国連NGO） ・専門機関…ILO，WHO，IMF，UNESCO，FAOなど
信託統治理事会	・未独立地域の独立の支援→パラオの独立で活動を停止（1994）
事務局	・国連の運営に関するすべての事務を行う ・各国からの利害を離れ，中立的な立場で国連の運営にあたる ・事務総長…〔❽　　　　〕の勧告により総会が任命，現在はグテーレス（ポルトガル）
国際司法裁判所	・オランダの〔⓬　　　　〕に設置 ・裁判の開始には関係当事国の〔⓭　　　　〕が必要 →訴訟当事者は国家に限定される

(2)　国際連合の課題

①　国連改革…1国1票制に対する大国の不満，国連分担金の滞納問題など

②　〔❽　　　　〕の改革…理事国の拡大，〔❾　　　　〕の廃止と制限など

(3)　国連の平和維持活動（PKO）

①　〔⓮　　　　〕…国連憲章の規定に基づく正規のものは，いまだ編成されたことはない

②　PKOの原則

　a．関係国，特に受け入れ国の要請や〔⓭　　　　〕が必要

　b．紛争当事国に対する公正な第三者としての立場の堅持…受け入れ国の〔⓯　　　　〕をしない

　c．武器の使用は隊員の自衛の場合に限定

③　PKOの歴史

　a．国連憲章に明確な規定がない→6章の勧告と7章の強制措置の中間（「〔⓰　　　　〕」と呼ばれる）

　b．活動状況…非武装の停戦監視活動，軽武装の平和維持活動，文民による選挙監視活動

　c．PKOの変質と挫折…冷戦終結後，兵力引き離しや非武装地帯の確保の実施
　　　→PKF（平和維持軍）…ソマリア，旧ユーゴスラビアでの失敗

④　多国籍軍…〔❽　　　　〕の決議や勧告を受けて，各国が合同で編成する軍隊
　　　→例…湾岸戦争（1991）に際してアメリカ軍を中心に編成

(4)　国連の国際協力

①　人権問題…〔⓱　　　　〕（1948）→〔⓲　　　　〕（1966）…法的拘束力を持つ

②　難民問題…難民の地位に関する条約（難民条約）（1951），〔⓳　　　　〕（UNHCR）など

③　環境問題…〔⓴　　　　〕（1972）→国連環境開発会議（地球サミット，1992）
　　　　　　→環境開発サミット（ヨハネスブルグサミット，2002）→国連持続可能な開発会議（2012）

④　その他の条約…人種差別撤廃条約（1965），〔㉑　　　　〕（1979），子どもの権利条約（1989），死刑廃止条約（1989），〔㉒　　　　〕（2006），ハラスメント禁止条約（2019）など
　　　　　　ジェノサイド条約（1948）…日本は未署名

解答　**1**　❶ウェストファリア会議　❷主権国家　❸国際連盟　❹国際連合　❺グロチウス　❻国際法の父　❼条約　❽公海自由　❾国際司法裁判所　❿国際刑事裁判所　⓫個人

2　❶カント　❷集団安全保障　❸理事会　❹全会一致　❺アメリカ　❻大西洋憲章　❼ダンバートン・オークス　❽安全保障理事会　❾拒否権　❿「平和のための結集」決議　⓫経済社会理事会　⓬ハーグ　⓭合意　⓮国連軍　⓯内政干渉　⓰6章半活動　⓱世界人権宣言　⓲国際人権規約　⓳国連難民高等弁務官事務所　⓴国連人間環境会議　㉑女子（女性）差別撤廃条約　㉒障害者権利条約

グローバル化する国際社会

1 第二次世界大戦後の国際政治の動向

(1) 東西冷戦の成立

西側（アメリカを中心とする資本主義国）		東側（ソ連を中心とする社会主義国）	
1946	チャーチルの「〔❶　　　　〕」演説	1947	コミンフォルム結成
1947	トルーマン・ドクトリン	1948	〔❸　　　　〕の実施
	マーシャル・プラン	1949	COMECON の発足
1949	〔❷　　　　〕結成	1950	中ソ友好同盟相互援助条約締結
1955	西ドイツの NATO への加盟	1955	ワルシャワ条約機構（WTO）の結成

(2) アメリカの封じ込め政策

① トルーマン・ドクトリン…ギリシア・トルコへの軍事的・経済的援助による共産主義封じ込め

② マーシャル・プラン…ヨーロッパ復興計画（後に軍事援助的性格を強める）

2 冷戦構造

(1) 冷戦の激化

① 〔❸　　　　〕…1948 年 6 月から翌年 5 月までソ連が東西ベルリンを全面封鎖

② 朝鮮戦争（1950 ～）…朝鮮国連軍の派遣など→〔❹　　　　〕協定に調印（1953）

③ 〔❺　　　　〕…アメリカの北爆開始（1965）→和平協定・アメリカの撤退（1973）

(2) 分断国家の成立と統一

① 西ドイツと東ドイツ…西に統一されてドイツ連邦共和国の成立（1990）

② 北ベトナムと南ベトナム…北に統一されてベトナム社会主義共和国の成立（1976）

③ 北朝鮮（朝鮮民主主義人民共和国）と大韓民国…現在も〔❹　　　　〕状態が継続

(3) 平和共存

① 〔❻　　　　〕（緊張緩和）

1955	ジュネーブ四巨頭会談（米・英・仏・ソ）…雪解けへの第一歩
1956	ソ連首相フルシチョフによる〔❼　　　　〕…平和共存路線へ
1962	〔❽　　　　〕危機→核戦争を回避→米ソ首脳のホットライン設置（1963）

② 多極化…米ソの求心力の低下

　　a．西側…フランスが〔❷　　　　〕の軍事機構から離脱（1966），2009 年に復帰

　　b．東側…〔❾　　　　〕→両国の共産党の路線の違いが表面化→国境紛争（1969）東欧諸国の反ソ運動（ハンガリー動乱，プラハの春など）

③ 第三世界の台頭

　　a．中国の周恩来とインドのネルー…平和 5 原則の発表（1954）

　　b．〔❿　　　　〕（1955，インドネシアのバンドン）…平和 10 原則の採択

　　c．国連総会で植民地独立付与宣言を採択（1960）…植民地主義廃絶の決意を表明

　　d．アフリカの年（1960）…17 の独立国の誕生→国連に加盟

　　e．第 1 回〔⓫　　　　〕（1961，ユーゴスラビアのベオグラード）

(4) 冷戦の終結とその後

① 新冷戦…ソ連のアフガニスタン侵攻（1979）→西側世論の反発，米ソ対立の再燃

② 冷戦の終結（1985 ～ 91）

　　a．ソ連に〔⓬　　　　〕政権誕生（1985）→〔⓭　　　　〕，グラスノスチ，新思考外交の展開

　　b．INF 全廃条約（1987）…米ソ間で中距離核兵器に関する初めての全廃条約，米ロ間で失効（2019）

　　c．ソ連のアフガニスタンからの撤退（1988）

　　d．〔⓮　　　　〕の崩壊（1989）→ドイツ統一（1990）

　　e．〔⓯　　　　〕（1989）…〔⓬　　　　〕ソ連首席とブッシュ（父）米大統領が冷戦終結を宣言

　　f．ソ連の解体（1991）→独立国家共同体（CIS）の発足

　　g．全欧安全保障協力会議を全欧安全保障協力機構に改称（1995，56 か国）…対立・分断の終結

解答 **3** ❶鉄のカーテン　❷北大西洋条約機構（NATO）　❸ベルリン封鎖　❹休戦　❺ベトナム戦争　❻デタント　❼スターリン批判　❽キューバ　❾中ソ対立　❿アジア・アフリカ（バンドン）会議　⓫非同盟諸国首脳会議　⓬ゴルバチョフ　⓭ペレストロイカ　⓮ベルリンの壁　⓯マルタ会談

4 核兵器と軍縮

1 核軍縮

(1) 核をめぐる問題…核抑止論：核の相互保有による全面戦争の回避→「〔❶　　　　　〕」とも呼ばれる

・国連を中心とする核廃絶・核軍縮	
1963	米・英・ソが〔❷　　　　　〕（PTBT）調印…フランス・中国は参加せず
1968	〔❸　　　　　〕（NPT）調印…米・英・ソ・仏・中の５か国にのみ核兵器保有を認める
1978	第１回国連軍縮特別総会→ 第２回（1982），第３回（1988）
1996	国際司法裁判所が「核兵器は一般的に国際法違反」と勧告の意見を出した
1996	〔❹　　　　　〕（CTBT）採択…米・中は未批准，インド・パキスタン・北朝鮮は未署名
2017	核兵器禁止条約採択…核保有国，日本，NATO諸国は参加せず（2021発効）

・米ソ（ロ）間の核軍縮	
1972	戦略兵器制限交渉→ SALT Ⅰ調印→ SALT Ⅱ調印（1979）→ ソ連のアフガン侵攻により失効
1987	〔❺　　　　　〕（INF）全廃条約調印（初の核軍縮）→ アメリカ離脱表明により失効（2019）
1991	戦略兵器削減交渉→ START Ⅰ調印→ START Ⅱ調印（1993，未発効）
2002	戦略攻撃兵器削減条約（モスクワ条約，SORT）…START Ⅱに代わるもの
2010	新START調印…START Ⅰの後継となるもの

・NGOや発展途上国による軍縮	
1955	ラッセル・アインシュタイン宣言…核戦争での人類滅亡のおそれを指摘
1957	第１回〔❻　　　　　〕…原子物理学者による国際会議（湯川秀樹なども参加），毎年開催
1997	対人地雷全面禁止条約調印…NGO（地雷禁止国際キャンペーン）の活動が国際世論を動かす

5 国際紛争と難民

1 民族・地域対立の激化

(1) 紛争・対立の主な事例

① 旧ユーゴスラビア内戦（1991 〜 95）→コソボ紛争（1998 〜 2000）→難民の発生

② 〔❶　　　　　〕…ソ連の解体（1991）→ロシア連邦からの分離独立

③ パレスチナ問題…パレスチナ人の抵抗運動とイスラエルの弾圧

④ イラクのクウェート侵攻（1990）→湾岸戦争（1991）→米英によるイラク攻撃（2003）

⑤ 〔❷　　　　　〕（2001.9.11）→アメリカの単独行動主義（ユニラテラリズム）への傾斜

(2) 難民問題

① 地域紛争・〔❸　　　〕的迫害→難民・国内避難民の発生

② 難民条約…「難民の地位に関する条約」（1951），「難民の地位に関する議定書」（1967）

③ 難民の保護…国連難民高等弁務官事務所（UNHCR）設置（1951）

④ 〔❹　　　　　〕の原則…難民を迫害するおそれのある国への送還禁止

6 国際政治と日本

1 日本の外交政策

(1) 戦後の日本外交

① 〔❶　　　　　〕（1951）で国際社会への復帰，同時に〔❷　　　　　〕締結…西側陣営の一員に

② 日ソ共同宣言（1956）…ソ連との国交回復（領土関係は未解決）→国連への加盟が実現

③ 日韓基本条約（1965）…「韓国が朝鮮にある唯一の合法的な政府」（日韓基本条約第３条）

④ 〔❸　　　　　〕（1972）…中国との国交回復（台湾と断交）→日中平和友好条約（1978）

⑤ 日本外交の三原則…西側諸国との協調，国連中心主義，〔❹　　　　　〕としての立場を堅持

⑥ 領土問題（北方領土，竹島など），戦後処理問題の解決などの課題が残る

グローバル化する国際社会

解答 **4** ❶恐怖の均衡　❷部分的核実験禁止条約　❸核拡散防止条約　❹包括的核実験禁止条約
❺中距離核戦力　❻パグウォッシュ会議
5 ❶チェチェン紛争　❷同時多発テロ　❸政治　❹ノン・ルフールマン
6 ❶サンフランシスコ平和条約　❷日米安全保障条約　❸日中共同声明　❹アジアの一員

問題演習

1 国際政治の特質と国際法

1 主権国家体制に関連する記述として**誤っているもの**を，次の ① 〜 ④ のうちから一つ選べ。

① ウェストファリア条約は，ヨーロッパにおいて，主権国家を構成単位とする国際社会の成立を促した。

② 主権国家の領空には，排他的経済水域の上空が含まれる。

③ 国際組織を創設することによる集団安全保障制度は，国際連盟と国際連合で採用された。

④ 国際法には，条約などの成文国際法と，慣習国際法（国際慣習法）とがある。　　　〈2012・本試〉

2 主権国家体制についての記述として最も適当なものを，次の ① 〜 ④ のうちから一つ選べ。

① 第一次世界大戦の後に開催されたパリ講和会議で，初めて各国の主権と平等とが確認された。

② 主権国家は，共通通貨の発行という形で，主権の一部を国家の連合体に委ねることもある。

③ 主権国家は，自国の利害に反することについては，国連加盟国であっても国連安全保障理事会の決定に従う義務はない。

④ 主権国家間の戦争を違法とする国際法の拘束力が強まった結果，国家による武力行使は不可能になった。

〈2013・追試〉

3 国際慣習法（慣習国際法）についての記述として**適当でないもの**を，次の ① 〜 ④ のうちから一つ選べ。

① 国際慣習法とは，諸国の慣行の積み重ねにより形成された法である。

② 国際慣習法において，輸入品に関税を課すことが禁じられている。

③ 国際慣習法は，条約の形に成文化されることがある。

④ 国際慣習法により，公海自由の原則が認められている。　　　〈2015・本試〉

4 条約についての記述として正しいものを，次の ① 〜 ④ のうちから一つ選べ。

① 京都議定書は，締約国間における温室効果ガスの排出量の売買を禁止している。

② 経済的，社会的及び文化的権利に関する国際規約（A規約）は，締約国が規約を批准する際に留保を行うことを禁止している。

③ 化学兵器禁止条約は，化学兵器の使用を禁止しているが，その生産と保有については認めている。

④ 国連海洋法条約は，沿岸国が領海の外側に一定の範囲で排他的経済水域を設定することを認めている。

〈2016・追試〉

5 冷戦期における国際社会の動きについての記述として**誤っているもの**を，次の ① 〜 ④ のうちから一つ選べ。

① アジア，アフリカ，中南米の一部の国は，非同盟・中立を掲げて，外交を展開した。

② ソ連を中心とする社会主義諸国は，ワルシャワ条約機構を設立して，NATO（北大西洋条約機構）に対抗した。

③ アメリカとソ連は，戦略兵器開発競争に歯止めをかけるために，戦略兵器制限交渉（SALT）を進めた。

④ 国連は，マーシャル・プランに基づき，米ソ間の緊張緩和をめざす努力を続けた。　　　〈2009・本試〉

6 勢力均衡は安全保障の一つの方法である。これについての記述として最も適当なものを，次の ① 〜 ④ のうちから一つ選べ。

① 対立する国を含め，相互に侵略しないことを約束し，違反国に対しては共同で制裁を加えて戦争を防ごうとする方法である。

② 国家群の間の力関係を同盟によってほぼ対等にすることで，強力な国や国家群からの攻撃を防ごうとする方法である。

③ 国家の権限をさまざまな国際機関に分散させることで，武力の行使を相互に抑制させる方法である。

④ 国際政治において他を圧倒する唯一の超大国が，核兵器を利用した抑止力によって，戦争を防ぐ方法である。

〈2010・本試〉

7　国際平和の実現のための制度や取組みについての記述として正しいものを，次の ① ～ ④ のうちから一つ選べ。

① 日本がポツダム宣言を受諾した年に開催されたサンフランシスコ会議では，国連憲章が採択された。

② 常設仲裁裁判所は，国際連合の主要機関の一つである。

③ 国際連盟は，勢力均衡の理念に基づく国際組織である。

④ 冷戦終結後に開催されたウェストファリア会議では，欧州通常戦力条約が採択された。　〈2018・追試〉

8　主権尊重の原則と国際社会の秩序維持との関係についての記述として正しいものを，次の ① ～ ④ のうちから一つ選べ。

① 国際司法裁判所（ICJ）は，紛争当事国の同意がなくても，国家間紛争の裁判を行うことができる。

② 国際原子力機関（IAEA）は，核拡散防止条約で核兵器保有を認められた国の核関連施設であっても，強制的に査察することができる。

③ 国際連合に加盟している国家は，自衛のためであっても，武力の行使を慎む義務がある。

④ 国際連合に加盟している国家は，自国の利益に反する内容であっても，国連安全保障理事会の決定に従う義務がある。　〈2016・追試〉

2 国際連合と国際協力

1　国連憲章についての記述として最も適当なものを，次の ① ～ ④ のうちから一つ選べ。

① 植民地主義を非難して，すべての植民地を直ちに独立させるよう求めた。

② 国際司法裁判所を設置して，国際紛争の裁判による解決を義務づけた。

③ 安全保障理事会が軍事的強制措置を含む決議を行うことを認めていない。

④ 総会において単独の加盟国が拒否権を行使することを認めていない。　〈2012・追試〉

2　国際連合（国連）の目的の記述として**誤っているもの**を，次の ① ～ ④ のうちから一つ選べ。

① 国際の平和・安全を維持するために，平和に対する脅威の防止および除去と侵略行為その他の平和の破壊の鎮圧のための措置をとる。

② 内部に境界線のない自由・安全・正義の地域を提供し，その中では，人の自由移動を保障する。

③ 経済的，社会的，文化的または人道的性質を有する国際問題を解決することについて国際協力する。

④ 人種，性，言語または宗教による差別なく，すべての者のために人権および基本的自由を尊重することについて協力する。　〈2018・試行調査〉

3　国際連合についての記述として**誤っているもの**を，次の ① ～ ④ のうちから一つ選べ。

① 第二次世界大戦中に，制度の構想については合意できたが，後に冷戦が本格化すると集団安全保障については構想どおりの活動が難しくなった。

② 国際の平和と安全の維持のみならず，社会的進歩や生活水準の向上を促進することなども目的として設立された。

③ 信託統治理事会は，冷戦後の新たな信託統治地域の設定に伴い，活動範囲を拡大している。

④ 経済社会理事会と提携関係にある専門機関として，世界保健機関（WHO）や国際開発協会（IDA）などが設置されている。　〈2011・本試〉

4 国際社会の平和と安全を維持するための国連（国際連合）の仕組みに関する記述として正しいものを，次の①〜④のうちから一つ選べ。

① 国連安全保障理事会が侵略国に対する制裁を決定するためには，すべての理事国の賛成が必要である。

② 国連憲章は，国連加盟国が安全保障理事会決議に基づかずに武力を行使することを認めていない。

③ 国連が平和維持活動を実施できるようにするため，国連加盟国は平和維持軍を編成するのに必要な要員を提供する義務を負っている。

④ 国連憲章に規定されている本来の国連軍は，これまでに組織されたことがない。　　　〈2017・本試〉

5 今日，国際連合には世界のほとんどの国が加盟しているが，国連加盟をめぐる状況についての記述として正しいものを，次の①〜④のうちから一つ選べ。

① ドイツは，東西に分断されていた時代には，米ソの相互牽制（けんせい）のために加盟を認められず，統一達成後になって加盟した。

② ソ連の消滅後，安全保障理事会常任理事国の地位をはじめとするソ連の国連加盟国としての地位は，ロシアが引き継いでいる。

③ スイスは，永世中立国であり，国連に加盟していない。

④ 日本が国連への加盟を承認されたことをうけて，日ソ共同宣言が調印された。　　　〈2001・本試改〉

6 安全保障理事会を中心とする集団安全保障体制は，冷戦期には安全保障理事会の常任理事国の拒否権行使により機能しないことが多かった。これに対処するために国連が発展させてきた活動についての説明として最も適当なものを，次の①〜④のうちから一つ選べ。

① 事務総長の命令に基づき，多国籍軍を派遣した。

② 「平和のための結集」決議に基づき，NATO（北大西洋条約機構）軍を派遣した。

③ バンドン会議（アジア・アフリカ会議）における「平和10原則」に基づき，UNF（国連軍）を派遣した。

④ 安全保障理事会の決議に基づき，PKF（国連平和維持軍）を派遣した。　　　〈2008・追試〉

7 国連安全保障理事会における表決についての次の事例A〜Cのうち，決議が成立するものとして正しいものはどれか。当てはまる事例をすべて選び，その組合せとして最も適当なものを，下の①〜⑦のうちから一つ選べ。

A　実質事項である国連平和維持活動の実施についての決議案に，イギリスが反対し，ほかのすべての理事会構成国が賛成した。

B　手続事項である安全保障理事会の会合の議題についての決議案に，フランスを含む5か国が反対し，ほかのすべての理事会構成国が賛成した。

C　実質事項である国際紛争の平和的解決についての決議案に，すべての常任理事国を含む9か国が賛成した。

① A　　　　　② B　　　　　③ C　　　　　④ AとB

⑤ AとC　　　⑥ BとC　　　⑦ AとBとC　　　〈2019・本試〉

8 国際紛争の処理について説明したものとして正しいものを，次の①〜④のうちから一つ選べ。

① 国際司法裁判所（ICJ）が裁判を行うには，紛争当事国双方の同意が必要とされる。

② 侵略国に対する国連の安全保障理事会の決議では，経済制裁はできない。

③ 国連のPKOは，加盟国が自発的に人員を提供するものではない。

④ 国連憲章に規定されている国連軍は，多発する地域紛争に備えて常設されている。　　　〈2014・本試〉

9 紛争を平和的に解決するための国際裁判所に関する記述として正しいものを，次の①～④のうちから一つ選べ。

① 日本は，国際司法裁判所（ICJ）で裁判の当事国となったことがない。

② 日本は，国際刑事裁判所（ICC）に加盟していない。

③ 国際司法裁判所は，紛争当事国双方の同意がない限り，国家間の紛争を裁判することはできない。

④ 国際刑事裁判所は，人道に対する犯罪などの処罰をめぐる国家間の紛争を裁判する機関であって，個人を裁くための裁判所ではない。 〈2017・本試〉

10 国連改革をめぐっては，さまざまな議論が行われている。国連の現状についての記述として**誤っているもの**を，次の①～④のうちから一つ選べ。

① 分担金の滞納によって，財政危機に陥っている。

② 安全保障理事会では，常任理事国に拒否権が認められている。

③ 内部機関の活動については，権限の重複が存在する。

④ 総会では，議決について加重投票制がとられている。 〈2006・追試〉

11 国際関係における共存・協力の方策に関連して，平和維持のためのさまざまな構想・政策の説明として最も適当なものを，次の①～④のうちから一つ選べ。

① アメリカのウィルソン大統領は，自国の国際連盟への加盟によって国際秩序の維持に関与した。

② イギリスのチャーチル首相は，SALT（戦略兵器制限交渉）を主導して東西の緊張緩和を推進した。

③ グロチウスは，自然法に基づいて，国家間の関係を律する国際法の発展の基礎を築いた。

④ ボーダンは，人間が自然状態から脱し平和を創り出すために，契約により国際機構を創るべきであるとした。 〈2008・本試〉

12 戦争の違法化を推し進めた条約A～Cと，その内容についての説明ア～ウとの組合せとして正しいものを，下の①～⑥うちから一つ選べ。

A 国際連盟規約 　　B 不戦条約 　　C 国際連合憲章

ア 集団安全保障の考え方を基礎とする初めての国際機構の設立を定めた。

イ 加盟国との間の特別協定に基づいて創設される軍により，軍事的強制措置をとることを認めた。

ウ アメリカのケロッグとフランスのブリアンが提唱したものであり，国家の政策の手段としての戦争を放棄することを定めた。

① A－ア　B－イ　C－ウ 　　② A－ア　B－ウ　C－イ

③ A－イ　B－ア　C－ウ 　　④ A－イ　B－ウ　C－ア

⑤ A－ウ　B－ア　C－イ 　　⑥ A－ウ　B－イ　C－ア 〈2008・本試〉

13 人間の安全保障の実践例として**適当でないもの**を，次の①～④のうちから一つ選べ。

① 人々を感染症から守るため，ある政府が他国の公衆衛生分野に援助を行う。

② 他国による侵略を防ぐため，複数の国の軍隊が共同で訓練する。

③ 森林の環境を守るため，NGO（非政府組織）が植林活動や環境教育を行う。

④ 民族紛争における人権侵害を防ぐため，国連が紛争当事者の行為を監視する。 〈2014・本試〉

1 第二次世界大戦後の国際政治に関連した記述として**誤っているもの**を，次の ①〜④ のうちから一つ選べ。
① アメリカはトルーマン・ドクトリンなど，東側陣営を封じ込めるための政策を実施し，共産主義勢力の拡大を阻止することに努めた。
② 日本は戦争の放棄を国家理念として掲げたが，国際政治の変化の中で日米安全保障条約により警察予備隊を創設した。
③ アメリカとの緊張関係にある中で，ソ連のフルシチョフが平和共存路線を掲げた。
④ 相次いで独立を果たした旧植民地諸国はバンドン会議で「平和10原則」を発表し，内政不干渉，国際紛争の平和的解決などを主張した。
〈2010・本試〉

2 1950年に，国連総会にも国際の平和と安全のための集団的措置に関する権限が与えられたが，その内容を示すものとして最も適当なものを，次の ①〜④ のうちから一つ選べ。
① 総会は，朝鮮戦争を契機に，「平和のための結集」決議を採択した。
② 総会は，キューバ危機を契機に，ソ連の除名決議を採択した。
③ 総会は，ベトナム戦争の解決のため，インドシナ半島への国連軍の派遣を決定した。
④ 総会は，カンボジア紛争の解決のため，START（戦略兵器削減条約）を締結した。
〈2005・本試〉

3 朝鮮戦争やベトナム戦争に関連する記述として**誤っているもの**を，次の ①〜④ のうちから一つ選べ。
① 朝鮮戦争の勃発は，トルーマン・ドクトリンが宣言される契機となった。
② ベトナムへのアメリカの軍事介入は，1965年になってから本格化した。
③ 朝鮮戦争をきっかけとして，日本では，警察予備隊が創設され，軍事物資などに対する特需が発生した。
④ ベトナム戦争の長期化に伴い，アメリカでは，大幅な財政赤字や，経常収支の悪化などが問題となった。
〈2001・追試〉

4 第二次世界大戦以後の米ソ関係についての記述として正しいものを，次の ①〜④ のうちから一つ選べ。
① 1945年のポツダム会談以後，アメリカのニクソン大統領がソ連を訪問するまで，東西間で首脳会談は開かれなかった。
② 1960年代に，ベルリンの壁が構築されたことを発端として，東西ベルリンにおいて米ソ両軍による直接的な軍事衝突が発生した。
③ 1970年代初頭にソ連の支援を受けて南北ベトナムが統一されると，ソ連と対立するアメリカはベトナムでの軍事行動を本格化させていった。
④ アメリカは，ソ連の核戦力に対抗して，1980年代前半に，レーガン大統領の下でSDI（戦略防衛構想）を打ち出した。
〈2003・追試〉

5 アメリカやソ連，中国などの諸大国間の外交についての記述として最も適当なものを，次の ①〜④ のうちから一つ選べ。
① 1950年の朝鮮戦争の際，ソ連と中国が国際連合の安全保障理事会において拒否権を行使したため，アメリカは単独で軍事行動に踏み切った。
② 1950年代半ばに「雪解け」と呼ばれる東西間の緊張緩和の動きが見られたが，同年代末からベルリンをめぐる対立などが激化し，緊張緩和は停滞した。
③ 1960年代末にソ連の勢力圏にあったチェコスロバキアで改革運動が発生した際，アメリカはその動きを支援するために，直接の軍事介入を行った。
④ 1972年にアメリカのニクソン大統領が中国との国交樹立を実現した結果，中国とソ連との関係が悪化し，中ソ国境紛争に発展した。
〈2004・本試〉

6 冷戦に関連して，1980年代前半は米ソ関係の緊張が一時的に高まった時期であり，80年に開催されたモスクワ・オリンピックにおいて西側諸国のボイコットなども起こった。緊張が高まるきっかけの一つとなった事件として最も適当なものを，次の①～④のうちから一つ選べ。

① 米ソ間でキューバ危機が発生した。
② 東ドイツがベルリンで東西を分ける壁を構築した。
③ ソ連がアフガニスタンに侵攻した。
④ アメリカがビキニ環礁で水爆実験を行った。 〈2015・本試〉

7 冷戦終結に関連する出来事についての記述として**誤っているもの**を，次の①～④のうちから一つ選べ。

① ベルリンの壁が崩壊し，東西ドイツの統一が実現した。
② マルタで米ソ首脳会談が行われ，冷戦の終結が謳われた。
③ ハンガリー動乱が起こり，それから半年の間に東欧諸国の社会主義体制が相次いで崩壊した。
④ ソビエト連邦を構成していた大部分の共和国が独立国家共同体（CIS）を結成した。 〈2019・本試〉

8 第1回非同盟諸国首脳会議に関連する記述として正しいものを，次の①～④のうちから一つ選べ。

① この会議では，インドのネルー（ネール）首相の尽力によって，開発援助委員会（DAC）が設置された。
② この会議は，当時のユーゴスラビアの首都であったベオグラードで開催された。
③ この会議での議論をきっかけとして，コメコン（経済相互援助会議）が発足した。
④ この会議では，キューバ危機における米ソの行動を非難する決議が採択された。 〈2002・本試〉

9 冷戦終結後の出来事ではないものを，次の①～④のうちから一つ選べ。

① イラクによる大量破壊兵器の保有を理由に，アメリカとイギリスが軍事介入を行った。
② ソマリアでは，部族間の争いから内戦が続き，多国籍軍が軍事介入を行った。
③ キューバにおけるミサイル基地の建設を理由に，アメリカが海上封鎖を行った。
④ ユーゴスラビアでは，連邦維持派と分離派との間で紛争が激化し，北大西洋条約機構が空爆を行った。 〈2018・試行調査〉

4 核軍縮と軍縮

1 核兵器についての記述として**誤っているもの**を，次の①～④のうちから一つ選べ。

① 核拡散防止条約（NPT）は，非核兵器国が原子力の平和利用を行うことを禁止していない。
② パキスタンは，一方的に宣言して，自国の核実験を禁止している。
③ 部分的核実験禁止条約（PTBT）は，核兵器国が地下核実験を行うことを禁止していない。
④ 東南アジア諸国は，条約を締結して，締約国の核実験を禁止している。 〈2018・本試〉

2 核兵器に関する条約についての記述として正しいものを，次の①～④のうちから一つ選べ。

① 核兵器拡散防止条約は，すべての締約国による核兵器の保有を禁止している。
② 部分的核実験禁止条約は，地下核実験を禁止している。
③ 包括的核実験禁止条約は，核爆発を伴わない未臨界実験を含む，すべての核実験を禁止している。
④ 核兵器禁止条約は，核兵器の使用のほか，核兵器を使用するとの威嚇を禁止している。 〈2018・試行調査〉

❸ 次の条約**ア〜ウ**のうち，NGO が主導的な役割を果たして採択された多国間条約として正しいものはどれか。当てはまるものをすべて選び，その組合せとして最も適当なものを，後の**①〜⑦**のうちから一つ選べ。

ア 新戦略兵器削減条約（新 START 条約）− ICBM（大陸間弾道弾）
イ クラスター爆弾禁止条約（オスロ条約）−クラスター爆弾
ウ 対人地雷全面禁止条約（オタワ条約）−対人地雷

① ア   ② イ   ③ ウ   ④ アとイ
⑤ アとウ   ⑥ イとウ   ⑦ アとイとウ

〈2022・追試〉

❹ 国家間の協調的政策の実現について考えるために，次の表であらわされる国家間ゲームを考える。このゲームでは，A国とB国の二つの国家が，互いに相談できない状況で，「協調的」もしくは「非協調的」のいずれか一方の政策を1回のみ同時に選択する。そして，各国は表中の該当するマスに示された点数をえる。ここで各国は自国の点数の最大化だけに関心をもつとする。このゲームの表から読みとれる内容として最も適当なものを，下の**①〜④**のうちから一つ選べ。

		B 国	
		協調的	非協調的
A 国	協調的	A国に4点 B国に4点	A国に1点 B国に5点
	非協調的	A国に5点 B国に1点	A国に2点 B国に2点

① A国とB国がともに「協調的」政策を選ぶことがゲームの結果となるので，国家間の協調的政策が実現する。
② A国が「協調的」政策を，B国が「非協調的」政策を選ぶことがゲームの結果となるので，国家間の協調的政策の実現には新たな仕組みが必要である。
③ A国が「非協調的」政策を，B国が「協調的」政策を選ぶことがゲームの結果となるので，国家間の協調的政策の実現には新たな仕組みが必要である。
④ A国とB国がともに「非協調的」政策を選ぶことがゲームの結果となるので，国家間の協調的政策の実現には新たな仕組みが必要である。

〈2011・本試〉

5 国際紛争と難民

❶ 民族紛争に伴って発生する事態や，それに対処するための国際的な枠組みについての記述として最も適当なものを，次の**①〜④**のうちから一つ選べ。

① 冷戦終結後の時期において，国の一部の地域が民族的な抑圧を理由として分離独立を宣言するに至ったことはない。
② 民族紛争における負傷者の救護は国家間の枠組みを通じて行われるため，NGO（非政府組織）が関与することはない。
③ 民族紛争の過程で発生した重大な人道上の犯罪について，それに関与した個人を裁くための国際的な仕組みは存在しない。
④ 紛争地域で行われる国連のPKO（平和維持活動）に要員を提供することは，国連加盟国の義務ではない。

〈2012・追試〉

2 民族，国家，ナショナリズムについての記述として最も適当なものを，次の①～④のうちから一つ選べ。

① 最近の民族紛争の中には，国家よりも小さな集団に分かれて抗争し他民族の住民を強制的に排除するなど，排他主義を主張する集団がみられる。

② 今日の主要な国民国家は，国民が単一の民族によって構成されており，内部に少数民族を含まない。

③ ナショナリズムはその復古的主張のゆえに，近代化の進んだ19世紀以降は衰退したが，最近になって復活する傾向がみられる。

④ アメリカのような多民族国家では，国民全体に共有される文化的特徴が乏しいため，ナショナリズムは成立しない。　　　　　　　　　　　　　　　　　　　　　　　　　　　　　　〈2004・追試〉

3 難民条約についての記述として正しいものを，次の①～④のうちから一つ選べ。

① 経済的理由で国外に逃れた人々は，難民条約で保護の対象となる。

② 国内避難民は，難民条約で保護の対象となる。

③ 難民条約は，冷戦終結後に多発した紛争による難民問題に対応するために締結された。

④ 難民条約は，迫害されるおそれのある国に難民を送還してはならないと定めている。　〈2016・本試〉

4 大量虐殺や難民問題が発生した国名A～Cと，それぞれの国で発生した戦争ないし紛争についての記述ア～ウの組合せとして正しいものを，下の①～⑥のうちから一つ選べ。

A　アフガニスタン　　　　B　東ティモール　　　　C　ルワンダ

ア　1976年に隣国に軍事併合され，抵抗活動への弾圧が長年続き，多くの犠牲者を出してきたが，住民投票の結果，2002年に独立を達成した。

イ　1979年の大国による侵攻から内戦に発展し，難民が流出したが，2001年の国際的介入によって，人権を抑圧してきた政権が崩壊した。

ウ　1990年に多数派と少数派との対立が内戦に発展し，1994年に大量虐殺が起こり，その混乱の中で難民が流出した。

① A−ア　B−イ　C−ウ　　　　② A−ア　B−ウ　C−イ
③ A−イ　B−ア　C−ウ　　　　④ A−イ　B−ウ　C−ア
⑤ A−ウ　B−ア　C−イ　　　　⑥ A−ウ　B−イ　C−ア　　　　　〈2005・追試〉

5 民族紛争の例である次のA～Cと，それらの説明である下のア～ウとの組合せとして正しいものを，下の①～⑥のうちから一つ選べ。

A　コソボ紛争　　　　B　パレスチナ問題　　　　C　チェチェン紛争

ア　多民族が暮らす連邦の解体過程で建国された共和国の自治州で，内戦が発生し，アルバニア系住民に対する迫害が行われた。

イ　ロシア南部のカフカス地方で，独立を宣言した少数民族に対し，ロシアが独立を認めず軍事侵攻した。

ウ　国家建設をめぐる民族間の紛争が発端となり，数次にわたる戦争や，インティファーダという抵抗運動が起こるなど，争いが続いてきた。

① A−ア　B−イ　C−ウ　　　　② A−ア　B−ウ　C−イ
③ A−イ　B−ア　C−ウ　　　　④ A−イ　B−ウ　C−ア
⑤ A−ウ　B−ア　C−イ　　　　⑥ A−ウ　B−イ　C−ア　　　　　〈2016・本試〉

6 次の地図は第二次世界大戦後に発生した，いくつかの地域紛争の位置を記したものである。地図上の紛争地点A～Dで起きた紛争についての記述として正しいものを，下の①～④のうちから一つ選べ。

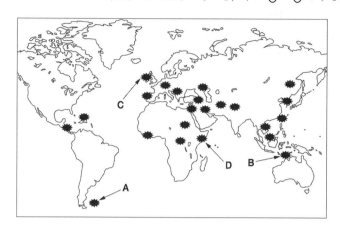

① 地点Aの紛争は，この地域の大国の一つが，植民地時代にフランスに占領されたままの，近くの島の返還を求めて占領したことに始まる。
② 地点Bでは，軍事介入していた隣国の核超大国が撤退した後，民族や宗教の違いなどから内戦が激化した。
③ 地点Cでは，それまで国をもたなかった民族が第二次世界大戦後に国家を建設し，4次にわたる戦争を経て和平が模索された。
④ 地点Dの紛争では，国連のPKF（平和維持軍）が派遣されたが，内戦の複雑な状況に巻き込まれ，事態の収拾に失敗した。 〈2003・追試〉

7 A～E国のすべてが加盟する国連の集団安全保障体制の下において，ある軍事同盟（A，Bが加入）と別の軍事同盟（C，Dが加入）とが併存し，さらにいずれの軍事同盟にも加入していないE国も存在している状況があるとする。ある時，A国とC国との対立が激化し，国連安全保障理事会はA国がC国を軍事的に侵略したと決議した。このとき，国連憲章下の集団安全保障体制の枠組みの中で，それぞれの国連加盟国がとる行動として**適当でないもの**を，次の①～④のうちから一つ選べ。
① 国連安全保障理事会が必要な措置をとるまでの間，C国がA国の武力行使から自国を防衛する。
② 国連安全保障理事会が必要な措置をとるまでの間，D国がC国との同盟に基づいて，C国と共同でA国の武力行使からC国を防衛する。
③ B国がA国との同盟に基づいて，A国の武力行使に参加する。
④ E国がA国への国連による軍事的な強制措置に協力する。 〈2015・追試〉

8 民族自決権や，民族自決を求める団体についての記述として正しいものを，次の①～④のうちから一つ選べ。
① 民族自決権は，アメリカのF・D・ルーズベルト大統領によって初めて主張された。
② 民族自決権は，「経済的，社会的及び文化的権利に関する国際規約（国際人権規約A規約）」では明文で規定されていない。
③ 民族自決を求める団体は，国際会議への参加資格を得たり，国際機構でのオブザーバーの地位を認められたりすることがある。
④ 民族自決を求める団体は，国連の信託統治理事会の管理下で独立を準備することができ，今日では武力による民族紛争にいたる事例はほとんどない。 〈2003・本試〉

❾ 発展途上国の経済発展のために国際機構が行ったことの記述として**誤っているもの**を，次の ① ～ ④ のうちから一つ選べ。

① 国連の経済社会理事会で，下部組織として DAC（開発援助委員会）が設置された。

② 国連の資源特別総会で，NIEO（新国際経済秩序）の樹立に関する宣言が採択された。

③ 南北問題についての協議を行うために，UNCTAD（国連貿易開発会議）が創設された。

④ 発展途上国への技術協力と開発のための資金援助を行うために，UNDP（国連開発計画）が創設された。

〈2011・追試〉

❿ 発展途上国が関係する国際的な取組みに関する記述として**最も適当なもの**を，次の ① ～ ④ のうちから一つ選べ。

① 国連は，発展途上国の天然資源に対する恒久主権の確認を目的として，NIEO（新国際経済秩序）宣言を国連資源特別総会で採択した。

② トラテロルコ条約は，アフリカ諸国が加盟する非核地帯条約である。

③ 国連は，発展途上国への開発援助を活性化するために，DAC（開発援助委員会）を創設した。

④ ペリンダバ条約は，東南アジア諸国が加盟する非核地帯条約である。 〈2014・追試〉

6 国際政治と日本

❶ 日本は 1957 年に外交の三原則を掲げた。これについての記述として**適当でないもの**を，次の ① ～ ④ のうちから一つ選べ。

① アジアの一員として，アジアの地位向上に努める。

② 唯一の被爆国として，核抑止体制を主導する。

③ 国際連合を平和維持の中心とし，その使命達成のために努力する。

④ 自由主義諸国と協調し，共産主義諸国に対する団結の一翼を担う。 〈2018・本試〉

❷ 日本の外交についての記述として**正しいもの**を，次の ① ～ ④ のうちから一つ選べ。

① 日本は，日華平和条約により，中華人民共和国との国交を正常化した。

② 日本は，日韓基本条約により，大韓民国との国交を正常化した。

③ 日本は，国際連合の安全保障理事会において，常任理事国を務めたことがある。

④ 日本は，国際連合の通常予算に関して，加盟国の中で最も高い分担率を引き受けている。 〈2017・追試〉

❸ 外交にかかわる日本国憲法の規定についての記述として**正しいもの**を，次の ① ～ ④ のうちから一つ選べ。

① 内閣は，条約を締結する権限をもつ。

② 内閣総理大臣は，外国の大使を接受する権限をもつ。

③ 国会は，外交関係を処理する権限をもつ。

④ 最高裁判所は，条約の締結を承認する権限をもつ。 〈2019・本試〉

❹ 第一次石油危機に関連して，当時の情勢についての記述として**最も適当なもの**を，次の ① ～ ④ のうちから一つ選べ。

① 日本では，不況を契機に戦後初の建設国債が発行された。

② IAEA（国際原子力機関）が設立された。

③ 日本は，狂乱物価と呼ばれる激しいインフレーションに見舞われた。

④ イラン革命を契機に，OPEC（石油輸出国機構）は原油価格を大幅に引き上げた。 〈2018・本試〉

第2章　現代の国際経済　▶▶要点整理

1 商品・資本の流れと国際収支

1 貿易と国際分業

(1) 貿易に関する理論

自由貿易論	各国が得意産業の生産に特化することで，国際分業の利益が得られる
・イギリスのリカードが〔❶　　　　〕に基づいて主張	
・貿易に対する国家の介入に反対。19世紀の先進資本主義国イギリスで主張される	
〔❷　　　　〕論	国内の幼稚産業の保護・育成のために関税や輸入の制限が必要
・ドイツの〔❸　　　　〕が経済発展段階説に基づいて主張	
・貿易に対する国家の管理。19世紀の後発資本主義国ドイツで主張される	

(2) 国際分業の形態

① 〔❹　　　　〕…先進国＝工業製品／発展途上国＝農産物・原材料

② 水平的分業…各国で得意な工業製品を生産して交換。同一経済レベルの先進国間で見られる

(3) 国際収支

```
┌〔❺　　　　〕┬──貿易・サービス収支
│            │        ├──貿易収支…一般商品としての財の輸出・輸入
│            │        └──サービス収支…輸送・旅行・保険など
│            ├──第一次〔❻　　　　〕…海外との投資収益，雇用者報酬
│            └──第二次〔❻　　　　〕…食料・医薬品などの消費財の無償資金援助
│                                      国際機関への拠出金，個人間移転など
├〔❼　　　　〕…道路・港湾など発展途上国の社会資本形成のための無償資金援助
│            外国政府への債務免除など対価を伴わない取引
├〔❽　　　　〕──┬──〔❾　　　　〕…海外への子会社の設立など
│＊資金流出＝資産増加は＋ ├──〔❿　　　　〕…外国企業の公社債や株式の購入など
│ 資金流入＝資産減少は－  ├──〔⓫　　　　〕…新しい金融商品（デリバティブ）の取引
│  で表す              ├──その他投資…預金・貸し出しなどの資本取引
│                      └──外貨準備…金やドルなど政府が保有する対外資産
└誤差脱漏
```

① 貿易・サービス収支…（財・サービスの輸出）－（財・サービスの輸入）　で表示される

② 〔❽　　　　〕…資産の増加から負債（株式を含む）の増加分を差し引く

③ 〔❺　　　　〕＋〔❼　　　　〕－〔❽　　　　〕＋誤差脱漏＝0

2 外国為替相場のしくみ

(1) 外国為替相場制度

① 外国為替相場（為替レート）…自国通貨と他国通貨との交換比率

② 外国為替相場の形態

固定為替相場制	為替レートの変動幅を一定の枠内に固定する
〔⓬　　　　〕	為替相場での需要・供給関係によりレートが決定

③ 円高と円安

a．円高…円の価値が外貨に対して上昇すること　（例）1ドル＝200円→100円

b．円安…円の価値が外貨に対して低下すること　（例）1ドル＝100円→200円

c．円高の要因

・日本の金利が〔⓭　　　　〕→日本への投資のため円の需要が増大

・日本の貿易収支が〔⓮　　　　〕に＝輸出の増加→支払いのため円の需要が増大

d．円高の影響

・国内物価は〔⓯　　　　〕…物価は通貨価値に反比例

・日本からの海外旅行は〔⓰　　　　〕に…円の価値が高まる分，購買力も高まる

② 国際経済体制の変化

① 国際経済体制の成立と変容

(1) IMF・GATT 体制の成立

① 世界恐慌（1929）→保護貿易主義による高関税・輸入数量制限→〔❶　　　　〕経済の形成

　　→世界貿易の縮小→軍事力による市場確保→第二次世界大戦に突入

② 〔❷　　　　　〕（1944）→大戦後，IMF（国際通貨基金）・IBRD（国際復興開発銀行）が創設

(2) IMF・IBRD・GATT

IMF（国際通貨基金）	IBRD（国際復興開発銀行, 世界銀行）	GATT（〔❸　　　　〕）（1947）
・通貨・為替の安定 ・国際収支赤字国に対する〔❹　　　　〕融資	・戦後の復興開発援助。現在は，発展途上国の開発や，経済構造改革に対する〔❺　　　　〕融資	関税引き下げ，輸入数量制限の撤廃，非関税障壁の撤廃など
固定為替相場制の採用 金・ドル本位制 金1オンス（約31g）= 35 ドル 1 ドル= 360 円（1949 ～ 71）	日本も東海道新幹線，名神高速道路建設で援助を受ける IDA（国際開発協会, 第二世界銀行） → 南北問題への対応	GATT 3 原則…〔❻　　　　〕・無差別・多角 → 多角的交渉（ラウンド）実施

(3) GATT による多角的交渉（ラウンド）

① ケネディラウンド（1964 ～ 67）…関税一括引き下げ方式の採用（鉱工業製品平均35%）

② 東京ラウンド（1973 ～ 79）…〔❼　　　　　〕の除去で合意

③ 〔❽　　　　〕（1986 ～ 94）…サービス貿易自由化，〔❾　　　　〕保護，農産物の自由化

　　→日本にも牛肉・オレンジの自由化（1991），コメの自由化を促す

(4) WTO（世界貿易機関）の発足（1995）

① GATT を発展・解消して成立した機関，常設の紛争処理機関を設置

　　a．〔❿　　　　〕の加盟（2001），ベトナムの加盟（2007），ロシアの加盟（2012）

　　b．対抗措置承認における〔⓫　　　　　〕の採用…全会一致で反対されなければ了承

　　c．〔⓬　　　　〕（緊急輸入制限措置）…日本は中国に対し，ネギ・生シイタケ・イグサで発動（2001）

② 反グローバリズムの高揚…WTO の貿易自由化が，環境破壊・貧困をもたらすという批判

③ ドーハ・ラウンド（ドーハ開発アジェンダ）（2001 ～）…各国の利害が対立し，決裂

　　→各国が個別に FTA（自由貿易協定）・EPA（経済連携協定）を結ぶ動きが加速

② IMF・GATT 体制の動揺

(1) 変動為替相場制への移行

① 背景…アメリカがベトナム戦争によって財政難となり，金が流出

② 〔⓭　　　　〕（1971）…金とドルの交換停止，10％の輸入課徴金。金1オンスが 35 ドルから 38 ドルに

③ 〔⓮　　　　〕協定（1971）… 1 ドル= 360 円→ 308 円（円切上げ）

　　→各国は協調して固定相場制の維持を図るも，ドルの下落は止まらず，変動相場制に移行（1973）

④ 〔⓯　　　　〕合意（1976）…変動為替相場制を追認・〔⓰　　　　〕（特別引き出し権）の役割拡大

(2) 「強いアメリカ」の変貌

① レーガノミックス…1980 年代のレーガン大統領による経済政策（減税・規制緩和など）

　　a．軍事費拡大による累積債務の増加

　　b．高金利政策によるドル高の進行

　　　　→アメリカは〔⓱　　　　〕（財政赤字・貿易赤字）に苦しむ

② 〔⓲　　　　〕（1985）…G5（先進5か国財務相・中央銀行総裁会議）でドル高是正のための協調介入に合意→円高が急速に進む（日本は円高不況に）

③ ルーブル合意（1987）…G7 で急激なドル安の是正に合意

解答 **①** ❶比較生産費説　❷保護貿易　❸リスト　❹垂直的分業　❺経常収支　❻所得収支　❼資本移転等収支
❽金融収支　❾直接投資　❿証券投資　⓫金融派生商品　⓬変動為替相場制　⓭上昇　⓮黒字　⓯下落　⓰有利
② ❶ブロック　❷ブレトンウッズ協定　❸関税及び貿易に関する一般協定　❹短期　❺長期　❻自由
❼非関税障壁　❽ウルグアイラウンド　❾知的財産権　❿中国　⓫ネガティブ・コンセンサス
⓬セーフガード　⓭ニクソンショック　⓮スミソニアン　⓯キングストン　⓰SDR　⓱双子の赤字
⓲プラザ合意

3 グローバル化と世界金融

(1) 経済のグローバル化（グローバリゼーション）
　① 国境を越えてヒト・モノ・資本・情報が動き回り，世界の市場が一つに集約されていくこと
　② 〔❶　　　　　〕の出現…国境を越えて複数の国に子会社・支店をもつ世界的企業
　③ 国際的な資本移動…金融の自由化（1980年代）を背景に，先進国から新興国への投資が拡大
(2) グローバル化から生じる問題
　① 「底辺への競争」
　　a.〔❶　　　　　〕はより有利な国・地域に立地
　　　→自国への引き止めのため，法人税率の切下げ競争に走る→福祉水準の低下・生活環境の悪化
　　b. タックス・ヘイブン…企業収益に対し税制優遇措置を与える地域
　　　→〔❷　　　　　〕（国際的な資本取引に対して課税する仕組み）が検討課題に
　②投機的な取引の活発化
　　a. デリバティブ（金融派生商品）…実体経済から離れた金融取引が主流に
　　b.〔❸　　　　　〕…短期的利益を求める機関投資家の組織→通貨危機の引き金に
　③アジア通貨危機（1997）
　　a.〔❸　　　　　〕がタイから資金を引き上げたため，タイの通貨〔❹　　　　　〕が暴落
　　b. 韓国の通貨ウォンなどにも飛び火し，バブル崩壊後の不況に苦しむ日本も輸出が低迷
　④ アメリカ発の世界金融危機（2008）
　　a.〔❺　　　　　〕問題（2007）…低所得者層向けの住宅ローンを証券化した金融商品が暴落
　　b.〔❻　　　　　〕（2008）…投資銀行リーマン・ブラザーズの経営破綻
　　　→国際的に信用不安が広がり，世界経済は深刻な危機に
(3) グローバル経済下の国際協力
　① 〔❼　　　　　〕（主要国首脳会議）…石油危機後の1975年から毎年開催
　② G5…先進5か国財務相・中央銀行総裁会議（米・英・仏・独・日）
　　　G7＝G5＋カナダ・イタリア→G8＝G7＋ロシア（～2014）→G20へと拡大（2009）

4 地域経済統合と新興国の台頭

(1) 地域経済統合の形成
　① 背景…WTOによる多角的交渉（ラウンド）が不調に→個別にFTA・EPAを締結する動き
　　a. FTA（自由貿易協定）…関税や非関税障壁の撤廃により貿易の自由化を図る取り決め
　　b. EPA（〔❶　　　　　〕）…労働力の移動や投資の自由化などを含む幅広い経済協力
　② 主な地域経済統合
　　a. EFTA（欧州自由貿易連合，1960）…ECに対抗しイギリス主導で結成→イギリスのEC加盟（1973）
　　b. NAFTA（北米自由貿易協定，1994）…アメリカ・カナダ・メキシコのFTA→2017年より再交渉
　　　→〔❷　　　　　〕（アメリカ・メキシコ・カナダ協定，2020年発効）
　　c. AFTA（ASEAN自由貿易地域，1993）→ASEAN経済共同体（AEC，2015）
　　d. MERCOSUR（南米南部共同市場，1991）…域内共通関税に加えて域外共通関税も設定
　③ 日本の地域経済統合への参加
　　a. FTA・EPA…〔❸　　　　　〕（2002）を先駆に，EU（2019）など21の国・国家連合と締結
　　b. APEC（アジア太平洋経済協力会議，1989）…アメリカ・中国なども参加
　　c. TPP（環太平洋パートナーシップ協定）…2006年発足，日本も交渉参加（2013）
　　　→大筋合意（2015）→アメリカが離脱を表明（2017）→〔❹　　　　　〕として発効（2018）
　　d. RCEP（地域的な包括的経済連携協定，2020）…ASEAN加盟10カ国とFTA締結国5か国が参加
(2) EU（欧州連合）の歩み
　　ECSC（欧州石炭鉄鋼共同体，1952）┐
　　〔❺　　　　　〕（欧州経済共同体，1958）┼→ ┌〔❻　　　　　〕（欧州共同体　1967）
　　EURATOM（欧州原子力共同体，1958）┘　　└原加盟国…仏・伊・西独・ベネルクス三国

1973	デンマーク・アイルランド・〔❼　　　　　〕加盟→拡大 EC（9 か国）
1979	EMS（欧州通貨制度）発足
1992	〔❽　　　　　〕（欧州連合条約）調印→発効により EU 発足（1993）
	共通の外交・防衛政策・欧州市民権確立
1997	〔❾　　　　　〕調印→政治統合の強化，欧州中央銀行（ECB）の設立
2002	共通通貨〔❿　　　　　〕の紙幣・硬貨の発行開始
2004	東欧諸国など 10 か国加盟→加盟 25 か国，欧州憲法の制定→批准進まず
2009	〔⓫　　　　　〕の発効→EU 大統領・外相の誕生

(3) EU の抱える問題

① ユーロ危機（2009）…ギリシアの財政赤字が表面化→他の加盟国に波及しユーロの信任が揺らぐ

② 移民問題…〔⓬　　　　　〕の激化により EU 諸国やトルコに難民が殺到

③ イギリスの EU 離脱…国民投票で離脱支持が多数（2016）→正式に離脱（2020）

　→EU に主権の一部を移譲していることから，独自の政策が制約される

(4) 新興国の台頭

① アジア〔⓭　　　　　〕…1980 年代に台頭した韓国・シンガポール・台湾・香港の総称

② 〔⓮　　　　　〕…21 世紀に入って発展目覚しい 5 か国

　a．ブラジル…好調な輸出に支えられ国内消費が活発化／一方でインフラ整備の遅れ

　b．ロシア…石油・天然ガスなどの資源輸出を基盤／一方で国際価格に景気が左右

　c．インド…IT 産業の発達／一方で貧困・格差の存在

　d．中国…「世界の工場」から「世界の市場」へ，アジアインフラ投資銀行（AIIB）の創設（2015）

　e．〔⓯　　　　　〕…アパルトヘイトの撤廃（1994）後に世界経済に復帰

　f．2024 年にはサウジアラビアやイランなど 5 か国が新規加盟

5 地球環境とエネルギー

(1) 主な地球環境問題

	原　　　因	影響・地域
地球温暖化	石炭・石油などの〔❶　　　　　〕の消費による温室効果ガスの発生	異常気象（干ばつ・多雨）海水面上昇→低地水没
オゾン層破壊	大気中への〔❷　　　　　〕の放出により有害紫外線のバリアであるオゾン層を破壊	南極・北極などの高緯度地帯に〔❸　　　　　〕発生
〔❹　　　　　〕	工場排煙・自動車排ガス中の SO$_X$（硫黄酸化物），NO$_X$（窒素酸化物）	森林の枯死中国・ドイツ・五大湖周辺の被害
熱帯林破壊	農地拡大のための焼畑・過放牧・過伐採	熱帯の生態系破壊
砂漠化	乾燥地・半乾燥地の生態系破壊	サハラ砂漠南縁のサヘルなど

(2) 環境保全をめぐる国際協力

① ラムサール条約（1971）…水鳥の生育地としての湿地の保護

② ワシントン条約（1973）…絶滅のおそれのある野生動物の保護のための国際取引の規制

③ 〔❺　　　　　〕（1987）→後にオゾン層を破壊するフロンの全廃を決定（1995）

④ バーゼル条約（1989）…有害廃棄物の越境移動の規制

(3) 国連の取組み

① 国連人間環境会議（1972）…「〔❻　　　　　〕」をスローガンに人間環境宣言を採択

② 国連環境開発会議（1992）…「〔❼　　　　　〕」をスローガンにリオ宣言を採択

　→〔❽　　　　　〕条約調印・生物多様性条約に調印

③ 京都会議（1997）…京都議定書を締結し，先進国に温室効果ガス削減目標を数値設定

④ パリ協定（2015）…発展途上国も含めた枠組みの設定

解答 **3** ❶多国籍企業　❷トービン税　❸ヘッジファンド　❹バーツ　❺サブプライムローン
❻リーマン・ショック　❼サミット
4 ❶経済連携協定　❷USMCA　❸シンガポール　❹CPTPP　❺EEC　❻EC　❼イギリス
❽マーストリヒト条約　❾アムステルダム条約　❿ユーロ　⓫リスボン条約　⓬シリア内戦　⓭NIES
⓮BRICS　⓯南アフリカ
5 ❶化石燃料　❷フロンガス　❸オゾンホール　❹酸性雨　❺モントリオール議定書
❻かけがえのない地球　❼持続可能な開発　❽気候変動枠組み

6 経済協力と人間開発の課題

(1) 南北問題

① 北半球の先進国と南半球の発展途上国の間の経済格差と，それに起因するさまざまな問題

② 〔❶　　　　　〕…発展途上国が単一（少数）の農産物・鉱産物に依存している経済状態

　→先進国との貿易で不利な立場，国際価格の変動に影響を受けやすい

③ 〔❷　　　　　〕…発展途上国における人口の急増→経済発展の阻害，貧困

④ 地球環境問題をめぐる対立…先進国が引き起こした環境破壊は先進国の責任で解決すべき

(2) 国連の取り組み

① UNCTAD（国連貿易開発会議）…南北問題の解決を図るため 1964 年に設立

　→〔❸　　　　　〕（1964）…一次産品の輸入拡大，一般特恵関税導入，経済援助などを要求

② UNDP（国連開発計画）…発展途上国への開発援助を行うため 1966 年に設立

③ 〔❹　　　　　〕（NIEO）樹立に関する宣言（国連資源特別総会，1974）

　→天然資源を自国で管理する権利・一次産品の価格保証など（背景…資源ナショナリズムの高まり）

(3) 南北問題から南南問題へ

① 南南問題…発展途上国の間で生じた経済格差と，それに起因するさまざまな問題

　a．工業化に成功した国（NIES・BRICS など）・資源の豊かな国（OPEC 諸国など）

　b．〔❺　　　　　〕（LDC）…開発が著しく遅れた国

② 累積債務問題の発生…1980 年代にブラジル・メキシコなどで発生

　a．背景…アメリカの金利上昇にともなう利払い負担の増加，一次産品価格の下落による輸出不振

　b．対応…デフォルト（債務不履行）の宣言→〔❻　　　　　〕（債務返済繰り延べ）の措置

(4) 貧困の解決に向けた取組み

① 政府開発援助（ODA）…先進国が発展途上国の経済開発や福祉向上を目的に支出する援助資金

　a．供与条件が発展途上国にとって有利であることが要件

　b．贈与と〔❼　　　　　〕（長期資金の貸し付け）からなる

　c．課題…対 GNI（国民総所得）比 0.7％が目標とされるが，達成している国はわずか

② 人間開発指数（HDI）…国連環境計画（UNDP）が 1990 年に発表，平均寿命・成年識字率などから算出

③ 〔❽　　　　　〕…貧困や戦争から個人の生命と生活を守るという考え。センらが提唱

④ 国連ミレニアム開発目標（MDGs）（2000）…国連が立てた貧困・飢餓の撲滅に向けた目標

　→ 2015 年までに乳幼児の死亡率を 3 分の 1 に減らすなど 8 つの目標を立てるも，実現には至らず

⑤ 持続可能な開発目標（〔❾　　　　　〕）（2016）

　→「誰一人取り残さない」を原則に，2030 年までに達成すべき 17 の目標を掲げる

⑥ 民間の活動

　a．非政府組織（〔❿　　　　　〕）…公的な機関にはできないきめこまかな活動が可能

　　例　国境なき医師団（MSF）・地雷禁止国際キャンペーン（ICBL）など

　b．〔⓫　　　　　〕…発展途上国との公正な貿易をすすめる運動

　c．開発輸入…途上国に生産技術・資本などを提供して開発を進め，商品を輸入

(5) 日本の国際貢献

① 日本の ODA

　a．1990 年代は援助額実績では世界第 1 位→その後も上位に

　b．他国と比較して贈与（無償資金援助・技術協力）の割合（〔⓬　　　　　〕）が低い

　c．産業基盤整備が多く，アジアが中心

② ODA 大綱（1992）…環境と開発の両立，軍事的用途の回避など 4 原則を掲げる

③ 〔⓭　　　　　〕（2015）…国益の確保に貢献することを明記し，戦略性強化の方針を示す

④ 現地での活動

　a．国際協力機構（JICA）…国際緊急援助隊・JICA 専門家の派遣など

　b．〔⓮　　　　　〕（JOCV）…JICA の主要事業の一つ→「顔の見える援助」

解答 ❶モノカルチャー経済　❷人口爆発　❸プレビッシュ報告　❹新国際経済秩序　❺後発発展途上国
❻リスケジューリング　❼借款　❽人間の安全保障　❾SDGs　❿ODA　⓫フェアトレード
⓬グラント・エレメント　⓭開発協力大綱　⓮青年海外協力隊

問題演習

1 商品・資本の流れと国際収支

1 次の文章中の　A　～　C　に当てはまる人名の組合せとして正しいものを，下の ① ～ ⑥ のうちから一つ選べ。

　イギリスで初めて確立した資本主義経済は，小さな政府と自由放任政策を理想としたが，18世紀後半にその理論的根拠を与えたのは，　A　であった。さらに19世紀初めには　B　が，比較生産費説によって自由貿易の利点を唱えた。

　この自由主義の主張に対しては，当初より後発国からの反発も多かった。また資本主義がもたらした貧困や失業などの弊害は，これを批判する社会主義思想をも生み出した。しかし自由貿易・自由競争を是とする主張は，世界貿易の中心であるイギリスでは，19世紀を貫く基調であった。

　1929年に端を発する世界恐慌は，改めてそうした自由主義の弊害へと人々の関心を向けさせる契機となった。

　　C　は政府が積極的に経済に介入する修正資本主義の経済思想を主張し，それが後の先進国の経済政策の基礎となった。

① A　ケインズ　　　　B　リカード　　　　　C　アダム・スミス
② A　ケインズ　　　　B　アダム・スミス　　C　リカード
③ A　リカード　　　　B　ケインズ　　　　　C　アダム・スミス
④ A　リカード　　　　B　アダム・スミス　　C　ケインズ
⑤ A　アダム・スミス　B　ケインズ　　　　　C　リカード
⑥ A　アダム・スミス　B　リカード　　　　　C　ケインズ　　　　　〈2004・追試改〉

2 次の表はA，B各国で，工業製品と農産品をそれぞれ1単位生産するのに必要な労働者数をあらわす。これらの生産には労働しか用いられないとする。また，各国内の労働者は，この二つの産業で全員雇用されるとする。この表から読みとれる内容について，下の文章中の　ア　，　イ　に入る語句の組合せとして正しいものを，下の ① ～ ④ のうちから一つ選べ。

	工業製品	農産品
A国	2人	4人
B国	12人	6人

　いずれの産業においてもA国はB国よりも労働生産性が　ア　。ここで農産品の生産をA国が1単位減らしB国が1単位増やすとする。すると生産量の両国の合計は，農産品では変わらないが工業製品については　イ　増える。

① ア　高い　イ　1.5単位　　② ア　低い　イ　1.5単位
③ ア　高い　イ　0.5単位　　④ ア　低い　イ　0.5単位　　　　〈2011・本試〉

3 リストの保護貿易の主張として最も適当なものを，次の ① ～ ④ のうちから一つ選べ。

① 寡占企業の利益を保護するために，高関税を課し，輸出補助金制度を設立することを主張した。
② 先進国に比べ生産性の劣る幼稚産業を保護するために，保護主義的政策をとることを主張した。
③ 植民地に対し特恵的な関税で輸出入が可能となるように，経済ブロック化政策をとることを主張した。
④ 保護貿易を他国が続ける場合には，報復的な関税政策を推進することを主張した。　　〈2004・追試〉

❹ 次の表は，a国とb国における，α財とβ財についての労働生産性（一定の時間における労働者一人当たりの財の生産量）を示したものである。ここでは，各国の総労働者数は，a国が200人，b国が180人であり，各財への特化前は，両国ともにα財とβ財の生産にそれぞれ半数ずつが雇用されているとし，各財への特化後も，両国ともにすべての労働者が雇用されるとする。また，両財は労働力のみを用いて生産され，両国間での労働者の移動はないこととする。この表から読みとれる内容として正しいものを，下の①〜④のうちから一つ選べ

	α財	β財
a国の労働生産性	1単位	3単位
b国の労働生産性	6単位	3単位

（注）　特化前も特化後も，表中の各単位のα財もしくはβ財の生産に必要な一定の時間と，労働者一人当たりの総労働時間とは一致するものとし，このことは両国とも同じとする。

① a国がα財の生産に特化し，b国がβ財の生産に特化すれば，特化しない場合に比べ，両国全体でα財の生産量は640単位増加し，β財の生産量は570単位増加する。

② a国がβ財の生産に特化し，b国がα財の生産に特化すれば，特化しない場合に比べ，両国全体でα財の生産量は640単位増加し，β財の生産量は570単位増加する。

③ a国がα財の生産に特化し，b国がβ財の生産に特化すれば，特化しない場合に比べ，両国全体でα財の生産量は440単位増加し，β財の生産量は30単位増加する。

④ a国がβ財の生産に特化し，b国がα財の生産に特化すれば，特化しない場合に比べ，両国全体でα財の生産量は440単位増加し，β財の生産量は30単位増加する。　〈2021・第2日程〉

❺ 次の図は，A国とB国との間で一年間に行われた経済取引をドル換算で表したものである。A国がB国以外の国との取引を行わなかったとすると，A国の貿易・サービス収支，第一次所得収支，第二次所得収支の金額の組合せとして正しいものを，下の①〜⑧のうちから一つ選べ。

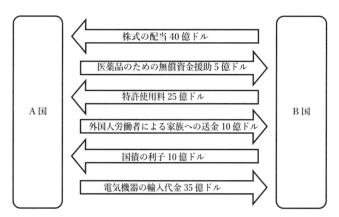

（注）　外国人労働者はA国の居住者とする。

（単位：億ドル）

	貿易・サービス収支	第一次所得収支	第二次所得収支
①	−10	−40	−15
②	−10	−40	20
③	−10	50	−15
④	−10	50	20
⑤	25	−40	−15
⑥	25	−40	20
⑦	25	50	−15
⑧	25	50	20

〈2021・第1日程〉

6 国際収支に関連して，夏希さんは日本の国際収支の現状を報じた新聞記事に出ていた数値について，気になったものだけメモした。このメモに関して述べた文として正しいものを，下の**a〜c**からすべて選び，その組合せとして正しいものを，下の①〜⑦のうちから一つ選べ。

```
夏希さんのメモ
 日本の国際収支（2016 年）（億円）
 貿易・サービス収支      43,888
 貿易収支              55,176
 サービス収支         − 11,288
 第一次所得収支        188,183
 第二次所得収支       − 21,456
 資本移転等収支        − 7,433
 金融収支             282,764
 直接投資             145,293
 証券投資             296,496
 外貨準備            − 5,780
 誤差脱漏             79,583
 出典：財務省「国際収支状況」により作成。
```

a   経常収支は，黒字である。

b   経常収支，資本移転等収支，金融収支，誤差脱漏の額を合計すると，0になる。

c   第一次所得収支には，対外証券投資からの収益が含まれている。

① a   ② b   ③ c   ④ aとb
⑤ aとc   ⑥ bとc   ⑦ aとbとc   〈2018・試行調査〉

7 国際収支と外国為替相場についての記述として最も適当なものを，次の①〜④のうちから一つ選べ。
① 自国の通貨高を是正するために通貨当局が為替介入を行うことは，外貨準備の増加要因になる。
② 自国の通貨高は，自国の輸出を促進する要因になる。
③ 貿易収支の黒字は，自国の通貨安要因になる。
④ 自国への資本流入が他国への資本流出を上回るほど増加することは，自国の通貨安要因になる。
〈2017・追試〉

8 ドルに対する円の為替相場を上昇させる要因として最も適当なものを，次の①〜④のうちから一つ選べ。
① 日本からアメリカへの輸出が増加する。
② アメリカの短期金利が上昇する。
③ 日本銀行が外国為替市場で円売り介入を行う。
④ 投資家が将来のドル高を予想して投機を行う。   〈2006・本試〉

9 円高の進行によって，日本企業の海外への事業展開が拡大した理由として最も適当なものを，次の①〜④のうちから一つ選べ。
① 海外へ投資する際にかかるコストが低下した。
② 海外からの輸入が減少した。
③ 海外へ輸出する際にかかるコストが低下した。
④ 海外からの投資が増加した。   〈2007・本試〉

❿ 為替相場の変動によって，輸出企業の売上げが影響を受けることがある。1ユーロ＝131円であるとき，日本のある電気機械の企業が自社製品をユーロ圏で販売し，2億ユーロの売上げがあった。その半年後に1ユーロ＝111円になったとき，この企業が同じ数量の同じ製品をユーロ圏で販売し，相変わらず2億ユーロの売上げがあったとすれば，円に換算した売上げはどのくらい増加または減少するか。正しいものを，下の①～④のうちから一つ選べ。

① 20億円増加する。　　　② 40億円増加する。　　　③ 20億円減少する。
④ 40億円減少する。
〈2012・本試〉

⓫ 為替レートの決まり方を説明する考え方の一つとして，購買力平価説がある。購買力平価説によれば，仮に2国を取り上げた場合，この2国通貨間の為替レートは，どちらの通貨を用いても同一商品を同じだけ購買できるような水準になる。ここで，日本とアメリカで販売されている同一のスマートフォンが当初日本では1台9万円，アメリカでは1台900ドルで販売されていた。その後，価格が変化して，日本では8万円，アメリカでは1,000ドルになった。このスマートフォンの価格に関して購買力平価説が成り立つ場合，円とドルとの為替レートはどのように変化したか。正しいものを，次の①～④のうちから一つ選べ。

① 当初1ドル＝100円だった為替レートが1ドル＝80円となり，円高ドル安となった。
② 当初1ドル＝100円だった為替レートが1ドル＝80円となり，円安ドル高となった。
③ 当初1ドル＝100円だった為替レートが1ドル＝125円となり，円高ドル安となった。
④ 当初1ドル＝100円だった為替レートが1ドル＝125円となり，円安ドル高となった。　〈2019・本試〉

⓬ 各国の物価水準の比率から外国為替レートを理論的に求める考え方を購買力平価説という。この説に基づいて算出される外国為替レート（1ドル＝ a 円）を基準として考えるとき，20××年○月△日における実際の外国為替レートの状態を表す記述として正しいものを，後の①～④のうちから一つ選べ。

図

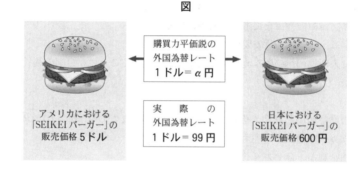

〔図に関する説明〕
・両国で販売されている「SEIKEIバーガー」はまったく同じ商品であり，それぞれの販売価格は，同一年月日（20××年○月△日）のもので時差は考えない。
・両国の物価水準は「SEIKEIバーガー」の販売価格でそれぞれ代表される。

① 実際の外国為替レートは，1ドル当たり120円の円安ドル高である。
② 実際の外国為替レートは，1ドル当たり120円の円高ドル安である。
③ 実際の外国為替レートは，1ドル当たり21円の円安ドル高である。
④ 実際の外国為替レートは，1ドル当たり21円の円高ドル安である。　〈2022・本試〉

⓭ 同じ商品でも，外国での価格を為替レートで円換算した額と，日本の国内価格の間で相違がみられることがある。ある人が日本からアメリカに旅行したところ，日本ではいずれも 2000 円で販売されている商品**A**および商品**B**が，アメリカにおいては商品**A**は 10 ドル，商品**B**は 15 ドルで販売されていることを見いだした。ここで次の図は 1980 年から 1990 年にかけての米ドルの対円相場の推移を示したものである。商品**A**および商品**B**について，日本での価格と，アメリカでの価格を為替レートで円換算した額を比較した結果の記述として**誤っているもの**を，下の **①**〜**④** のうちから一つ選べ。

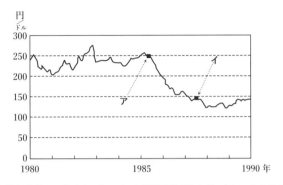

(注) 為替レートはインターバンク相場東京市場スポットレートの月末値。
(資料) 日本銀行『経済統計年報』(各年版) により作成。

① 旅行をしたのがアの時点ならば，商品**A**は日本での価格の方が安い。
② 旅行をしたのがアの時点ならば，商品**B**は日本での価格の方が安い。
③ 旅行をしたのがイの時点ならば，商品**A**は日本での価格の方が安い。
④ 旅行をしたのがイの時点ならば，商品**B**は日本での価格の方が安い。 〈2009・本試〉

⓮ 決済の仕組みの一つに遠隔地取引の決済手段としての為替がある。二国間貿易の為替による決済の仕組みを説明した次の図中の**A**〜**C**と，その内容についての記述**ア**〜**ウ**との組合せとして正しいものを，下の **①**〜**⑥** のうちから一つ選べ。

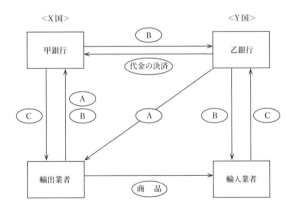

(注) 代金の決済は，複数の為替取引の相殺を活用して行われる。Aは，輸出業者の依頼の下に乙銀行から甲銀行に送られる場合もある。

ア 支払いを確約する信用状 (L / C)
イ 為替手形・船積み書類
ウ 自国通貨

① A－ア　B－イ　C－ウ　　　**②** A－ア　B－ウ　C－イ
③ A－イ　B－ア　C－ウ　　　**④** A－イ　B－ウ　C－ア
⑤ A－ウ　B－ア　C－イ　　　**⑥** A－ウ　B－イ　C－ア 〈2012・本試〉

⓯ 次の図は，アメリカ，EU，中国，中東，その他の地域に対する日本の地域別貿易収支の推移を示したものである（縦軸の正値は貿易黒字額，負値は貿易赤字額を示す）。一方，下の**ア**，**イ**は，2012 年のアメリカおよび中国に対する日本の貿易動向について説明した文章である。図中の国名 A，B と説明ア，イの組合せのうち，中国に該当するものとして正しいものを，下の①〜④のうちから一つ選べ。

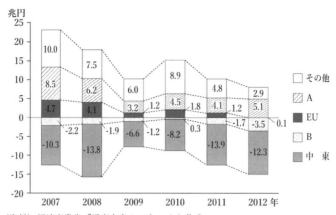

（資料）経済産業省『通商白書 2013』により作成。

ア この国で発生した経済危機から景気が底入れし，日本からこの国への自動車および自動車部品の輸出が増加した。

イ この国の実質 GDP（国内総生産）成長率は 2012 年に 8 パーセントを下回り，日本からこの国への一般機械の輸出が減少した。

① A-ア ② A-イ ③ B-ア ④ B-イ 〈2015・追試〉

⓰ 日本企業による海外直接投資の 1990 年代以降の動向についての記述として最も適当なものを次の①〜④のうちから一つ選べ。

① アジア NIES（新興工業経済地域）との間で貿易摩擦が発生した結果，同地域に生産拠点を設ける自動車メーカーが相次いだ。

② 巨大な市場や低い労働コストが誘因となって，改革開放政策を推進している中国に，生産拠点を設ける動きが盛んになった。

③ EU（欧州連合）における地域的経済統合の進行に対応して，域外向けの輸出を主目的に，EU 諸国に生産拠点を新設する自動車メーカーが相次いだ。

④ 為替相場の安定によって，アメリカでの生産拠点の新設はなくなり，いったん移転させた生産活動を，国内に回帰させる動きが盛んになった。 〈2006・追試〉

2 国際経済体制の変遷

1 1930 年代以降の国際通貨制度の変遷に関連する記述として**誤っているもの**を，次の①〜④のうちから一つ選べ。

① 1930 年代には，世界的な不況の中で金本位制が崩壊すると，各国は輸出の増大によって不況を克服しようとして為替の切下げ競争に走った。

② IMF 協定（1944 年）では，為替相場の安定による自由貿易の拡大を促すために，すべての加盟国に自国通貨と金との交換を義務づけた。

③ 1960 年代には，アメリカの貿易収支の悪化やベトナム戦争による対外軍事支出の増大などによりドルが世界に流出する中，ドルの信認が低下することによってドル危機が発生した。

④ 変動相場制への移行開始（1973 年）の後，主要国は首脳会議や財務相・中央銀行総裁会議において通貨・経済問題を協議することで，為替相場の安定を図ろうとしている。 〈2021・第 1 日程〉

2 自由貿易をめぐる交渉や政策についての説明として最も適当なものを，次の ① ～ ④ のうちから一つ選べ。

① GATT（関税及び貿易に関する一般協定）の基本原則とは，自由貿易主義・無差別最恵国待遇主義・二国間主義の三原則をいう。

② ケネディ・ラウンドでは，農業やサービス貿易，知的財産権にも交渉対象が拡大された。

③ 東京ラウンドでは，工業製品の関税を一括して引き下げる方式が初めて提案された。

④ WTO（世界貿易機関）は，ウルグアイ・ラウンドでの合意をうけ，GATT を発展させて設立された国際機関である。 〈2007・本試〉

3 GATT（関税及び貿易に関する一般協定）や WTO（世界貿易機関）についての記述として最も適当なものを，次の ① ～ ④ のうちから一つ選べ。

① GATT は，加盟国に自国通貨の安定を義務づけた。

② GATT では，関税による保護貿易政策は認められなかった。

③ WTO では，セーフガード（緊急輸入制限）の発動が禁止されている。

④ WTO は，知的財産権（知的所有権）の保護の問題も扱っている。 〈2008・追試〉

4 国際通貨体制についての記述として最も適当なものを，次の ① ～ ④ のうちから一つ選べ。

① ブレトンウッズ体制は，金とドルの交換を前提にし，ドルと各国の通貨を固定相場で結びつけるものである。

② スミソニアン協定により，各国通貨の平価調整が行われ，長期的・安定的な固定相場制が実現された。

③ キングストン合意により，金の公定価格が廃止され，固定相場制だけが各国の為替制度とされた。

④ 変動相場制は，為替市場の時々の通貨需要・供給によって，金と各国通貨価値との平価が決まるものである。 〈2011・追試〉

5 国際経済体制についての記述として**誤っているもの**を，次の ① ～ ④ のうちから一つ選べ。

① 1930 年代には，為替切下げ競争やブロック経済化が起こり，世界貿易が縮小し，国際関係は緊張することとなった。

② IMF（国際通貨基金）は，各国通貨の対ドル交換比率の固定化により国際通貨体制を安定させることを目的として設立された。

③ アメリカの国際収支の悪化により，1960 年代にはドルに対する信認が低下するドル危機が発生した。

④ スミソニアン協定は，ドル安是正のための政策協調を目的として合意された。 〈2018・本試〉

6 IBRD（国際復興開発銀行・世界銀行）についての記述として最も適当なものを，次の ① ～ ④ のうちから一つ選べ。

① 第二次世界大戦前，アメリカのウォール街の株価暴落に端を発した世界恐慌に対処し，世界経済を復興させるために設立された。

② 第二次世界大戦後，IMF（国際通貨基金），GATT（関税と貿易に関する一般協定）とともに，世界経済の復興や発展に尽力した。

③ 国際連合（国連）の専門機関ではないが，国連の指導の下で発展途上国の開発のための融資を行っている。

④ 当初は活動の重点を発展途上国の開発援助においていたが，現在では先進国の失業対策においている。 〈2005・本試〉

7 戦後の国際通貨体制や，これを支える上で中心的役割を果たした米ドルの動向についての説明として**誤っ
ているもの**を，次の①〜④のうちから一つ選べ。

① ブレトンウッズ協定では，固定為替相場制が採用された。

② 1960年代には，アメリカの金準備高が減少しドル不安が高まった。

③ 1970年代の初めに，アメリカは金とドルとの交換を停止した。

④ スミソニアン協定では，変動為替相場制への移行が合意された。 〈2008・本試〉

8 変動相場制に関連する記述として最も適当なものを，次の①〜④のうちから一つ選べ。

① 自国通貨の為替レートの下落は輸出抑制と輸入拡大を促し，上昇は輸入抑制と輸出拡大を促す。

② 変動相場制には国際収支の不均衡を調整する作用があるため，1980年代以降，日米の貿易不均衡の問
題は解消した。

③ 自国の金利を引き下げて内外金利差を拡大させることは，国外への資本流出と自国通貨の為替レートの
下落の要因となる。

④ 日本が1973年に変動相場制に移行して以来，日本銀行は為替レートの変動を市場に委ね，為替市場へ
の介入をしていない。 〈2004・追試〉

9 WTO（世界貿易機関）およびその前身であるGATT（関税及び貿易に関する一般協定）をめぐる次の出
来事A〜Dを古い順に並べたとき，3番目にくるものとして正しいものを，下の①〜④のうちから一つ選べ。

A ウルグアイ・ラウンドの結果，サービス貿易や知的財産権保護に関するルールが成立した。

B ブロック経済化を防止するため，物品の貿易に関して，加盟国間の最恵国待遇の原則が導入された。

C 異なる国・地域の間で貿易自由化や投資促進を図るEPA（経済連携協定）を，日本が締結し始めた。

D UNCTAD（国際貿易開発会議）の第1回総会において，一次産品の価格安定や，発展途上国製品に対
する特恵関税の供与などの要求がなされた。

① A ② B ③ C ④ D 〈2013・本試〉

---

3 グローバル化と世界金融

1 近年の経済危機に関連して，1990年代以降に発生した経済危機に関する記述として**誤っているもの**を，
次の①〜④のうちから一つ選べ。

① アメリカではリーマン・ショックをうけて，銀行の高リスク投資などを制限する法律が成立した。

② アジア通貨危機が契機となって，国際連合はUNDP（国連開発計画）を設立した。

③ 日本ではバブル経済の崩壊が契機となって，金融機関の監督・検査を行う金融監督庁（後に金融庁に改
組）が発足した。

④ 国際金融市場で行われる短期的に利益を追求する投資活動が，経済危機を引き起こす一因となった。

〈2012・追試〉

2 為替変動リスクに関連する記述として最も適当なものを，次の①〜④のうちから一つ選べ。

① 1997年にタイで発生した通貨危機は，インドネシア，韓国など，他のアジア諸国にも波及した。

② ドル建てで輸入している日本企業は，輸入に伴う円高ドル安のリスクを回避するために，さまざまな金
融手法を使っている。

③ 1980年代後半においてアメリカの機関投資家は，対日証券投資を活発に行っていたことから，急激な
円高ドル安によって為替差損を被った。

④ EMS（欧州通貨制度）が発足した際，加盟国間の為替変動リスクを排除するために，単一通貨ユーロ
が導入された。 〈2004・追試〉

3 先進国を中心とする政策協調についての記述として正しいものを，次の①〜④のうちから一つ選べ。

① G7（先進7か国財務相・中央銀行総裁会議）は，通貨問題など国際経済問題を協議するために開始された。

② サミット（先進国首脳会議）は，冷戦の終焉をうけて世界規模の問題に対応するために開始された。

③ IMF（国際通貨基金）は，南北問題に対応して開発援助受入国の構造改革を推進するために設立された。

④ DAC（開発援助委員会）は，国連（国際連合）の下で発展途上国援助の調整と促進を行うために設立された。　〈2007・追試〉

4 次の図A〜Cは，三つの国X〜Zがそれぞれ，他の二つの国に対して，繊維製品の輸入にどれだけの関税を課しているかを示したものである。矢印は繊維製品が移動する方向を表し，矢印の根元が輸出国を，先が輸入国を表す。矢印の先の数値は，輸入国が繊維製品に対して課している関税率を示している。各図の状況が，下のア〜ウで説明されている。A〜Cとア〜ウとの組合せとして正しいものを，下の①〜⑥のうちから一つ選べ。

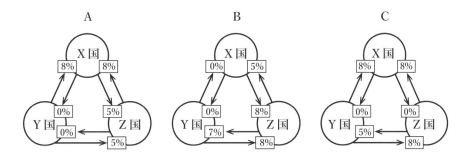

ア　X国とY国とが，FTAを結んでいる。

イ　X国は発展途上国で，特恵関税が認められている。

ウ　三つの国はいずれもWTOに加盟している先進国で，最恵国待遇が適用されている。

① A−ア　B−イ　C−ウ　　② A−ア　B−ウ　C−イ
③ A−イ　B−ア　C−ウ　　④ A−イ　B−ウ　C−ア
⑤ A−ウ　B−ア　C−イ　　⑥ A−ウ　B−イ　C−ア　　〈2014・追試〉

5 次の文章中の空欄 ［ ア ］・［ イ ］ に当てはまる語句の組合せとして最も適当なものを，下の①〜④のうちから一つ選べ。

　生徒Xは，自分のスマートフォンについて調べてみた結果，ある資料をみつけた。その資料から，Xのスマートフォンは先進国企業のブランドであるが，開発，調達，組立，物流，販売などの過程で，先進国だけではなく発展途上国・新興国もかかわっていることがわかった。また，資料によれば，スマートフォンのような電子機器の生産における調達過程では，親会社と子会社との間で ［ ア ］ と呼ばれる経済活動が行われているということであった。そして，主に人件費が低いという理由から，［ イ ］ な組立工程は発展途上国・新興国によって担われていることが多いとも記されていた。

① ア　所有と経営の分離　　イ　資本集約的
② ア　所有と経営の分離　　イ　労働集約的
③ ア　企業内貿易　　　　　イ　資本集約的
④ ア　企業内貿易　　　　　イ　労働集約的　　〈2021・第2日程〉

6 生徒Xと生徒Yは経済連携について議論した。次の会話文中の空欄　ア　・　イ　に当てはまる語句の組合せとして最も適当なものを，後の①～④のうちから一つ選べ。

X：最近は，世界のいろんな地域での経済連携についての話題が，ニュースで取り上げられることが多いね。

Y：そうだね。経済分野では最近，FTA（自由貿易協定）やEPA（経済連携協定）のような条約を結ぶ動きがみられるね。日本も2018年には，EU（欧州連合）との間にEPAを締結したし，　ア　に参加したね。　ア　は，アメリカが離脱した後に成立したものだよ。

X：でも，このような動きは，WTO（世界貿易機関）を中心とする世界の多角的貿易体制をかえって損ねたりはしないかな。GATT（関税及び貿易に関する一般協定）は，ある締約国に貿易上有利な条件を与えた場合に他の締約国にもそれを適用する　イ　を定めているよ。このような仕組みを活用して，円滑な貿易を推進した方がいいような気がするなあ。

Y：本当にそうかな。FTAやEPAといったそれぞれの国や地域の実情に応じたきめの細かい仕組みを整えていくことは，結果として世界の自由貿易の促進につながると思うよ。これらは，WTOを中心とする世界の多角的貿易体制を補完するものと考えていいんじゃないかな。

① ア　TPP11（環太平洋パートナーシップに関する包括的及び先進的な協定）
　 イ　最恵国待遇原則
② ア　TPP11（環太平洋パートナーシップに関する包括的及び先進的な協定）
　 イ　内国民待遇原則
③ ア　APEC（アジア太平洋経済協力会議）
　 イ　最恵国待遇原則
④ ア　APEC（アジア太平洋経済協力会議）
　 イ　内国民待遇原則　　　　　　　　　　　　　　　　　　　　　　　　　　　〈2022・本試〉

7 多国籍企業の活動とその影響に関する記述として最も適当なものを，次の①～④のうちから一つ選べ。
① 日本に進出した欧米企業は，経営の悪化した一般企業の事業部門や破綻した金融機関の買収を行った。
② 日本に進出した欧米企業は，外国資本に対する株式所有や人員整理に関する特別の規制のため，日本的経営システムを採用している。
③ 日本と相手国との貿易摩擦が激化したため，日本企業は海外現地生産を減少させた。
④ 日本企業の海外現地生産によって日本の失業率が上昇したため，海外投資に対する規制が強化されている。
　　　　　　　　　　　　　　　　　　　　　　　　　　　　　　　　　　　　　〈2005・追試〉

8 企業の多国籍化が世界経済に対して及ぼした変化についての記述として**適当でないもの**を，次の①～④のうちから一つ選べ。
① 多国籍メーカーは，労働コストの削減を目的として発展途上国に進出し，生産能力の拡大や技術移転などを通じて進出先の工業化を促進した。
② 企業の多国籍化は，国家間での資本・人・技術の相互浸透をもたらし，企業間競争を激化させた。
③ メーカーの多国籍化は，それらに中長期の資金を供給している銀行の多国籍化を誘発した。
④ 企業の多国籍化は，各国における保護主義政策を招き，ブロック経済化が進行した。　　〈2006・本試〉

❶ 次のA〜Dは，ヨーロッパにおける地域統合と共通通貨の導入とをめぐる出来事についての記述である。これらの出来事を古い順に並べたとき，3番目にくるものとして正しいものを，次の①〜④のうちから一つ選べ。

A　欧州経済共同体（EEC）が発足した。
B　欧州中央銀行（ECB）が設立された。
C　ユーロの紙幣および硬貨の流通が始まった。
D　欧州連合（EU）が発足した。

①　A　　　②　B　　　③　C　　　④　D　　　　　　　　　　　　〈2017・本試〉

❷ EU（欧州連合）に関わる出来事ア〜エを古いものから順に並べたとき，正しいものを，下の①〜⑧のうちから一つ選べ。

ア　イギリスは，国民投票によって，EUからの離脱を決めた。
イ　ギリシャは，巨額の財政赤字を隠していたことが発覚したために国債発行が困難となり，経済危機に陥った。
ウ　単一通貨ユーロの紙幣・硬貨の使用が開始された。
エ　ユーロ圏の金融政策を担う中央銀行として，欧州中央銀行が設立された。

①　ア→イ→ウ→エ　　②　ア→エ→イ→ウ　　③　イ→ア→エ→ウ　　④　イ→ウ→ア→エ
⑤　ウ→イ→エ→ア　　⑥　ウ→ア→エ→イ　　⑦　エ→ア→イ→ウ　　⑧　エ→ウ→イ→ア
　　　　　　　　　　　　　　　　　　　　　　　　　　　　　　　　　　　〈2018・試行調査〉

❸ 次の図はBRICS（ブラジル，ロシア，インド，中国，南アフリカ）のうちの3か国のGDPの推移を，各国の2000年のGDP水準を100とする指数で表したものである。また，下のア〜ウは，この3か国について説明した文章である。図中の国A〜Cと説明ア〜ウの組合せのうち，ロシアに該当するものとして正しいものを，下の①〜⑨のうちから一つ選べ。

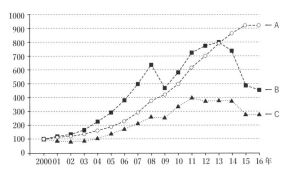

（注）GDPの指数の算出には，各年の名目GDPを米ドル換算したものを用いている。
（資料）International Monetary Fund(IMF)，World Economic Outlook Database，April 2017 edition（IMF Webページ）により作成。

ア　二酸化炭素の総排出量が現在最も多いこの国では，2016年のGDPは2000年水準の9倍以上になった。
イ　2012年にWTOに加盟したこの国では，ピーク時に2000年水準の約8倍までGDPが拡大したが，2016年に2000年水準の5倍未満となった。
ウ　「アジェンダ21」を採択した国連環境開発会議が開催されたこの国では，2000年から2016年にかけて，GDPは2000年水準より下回ったことがある。

①　A－ア　　②　A－イ　　③　A－ウ　　④　B－ア　　⑤　B－イ　　⑥　B－ウ
⑦　C－ア　　⑧　C－イ　　⑨　C－ウ　　　　　　　　　　　　　　　〈2019・本試〉

4 次の図は日本のアジア NIES（新興工業経済地域），ASEAN（東南アジア諸国連合）4か国，中国への直接投資の推移を表したものである。図中の**A〜C**に当てはまる国・地域名の組合せとして正しいものを，下の①〜⑥のうちから一つ選べ。

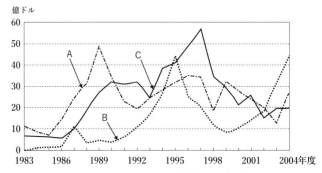

（注）アジア NIES は韓国，シンガポール，台湾，香港を指す。ASEAN4か国は
ASEAN 加盟国のうちインドネシア，タイ，フィリピン，マレーシアを指す。
（資料）ジェトロ（日本貿易振興機構）「日本の制度・統計（貿易・投資。国際収支統計）」
（ジェトロ Web ページ）により作成。

① A アジア NIES　　　B ASEAN 4か国　　　C 中 国
② A アジア NIES　　　B 中 国　　　　　　C ASEAN 4か国
③ A ASEAN 4か国　　　B アジア NIES　　　C 中 国
④ A ASEAN 4か国　　　B 中 国　　　　　　C アジア NIES
⑤ A 中 国　　　　　　B アジア NIES　　　C ASEAN 4か国
⑥ A 中 国　　　　　　B ASEAN 4か国　　　C アジア NIES　　　　　〈2008・本試〉

5 地域的経済統合の代表的な形態として FTA（自由貿易協定）や EPA（経済連携協定）がある。日本の企業経営者が下のように発言すると想定して，その発言内容が現実の FTA や EPA のあり方に照らして**適当でないもの**を，次の①〜④のうちから一つ選べ。

① 「政府がメキシコと EPA を結んでくれたから，メキシコ市場でアメリカやカナダと対等に近い条件で競争できるようになって助かったよ。」

② 「海外の専門的人材を活用したいわが社としては，日本が最近の EPA で看護師や介護福祉士の候補者などを受け入れ始めているのは興味深いわね。」

③ 「日本以外の国々の間で結ばれた FTA や EPA からも，WTO（世界貿易機関）の最恵国待遇の原則を通じて利益を受けることができるわね。」

④ 「ウチは国内市場で勝負しているから，EPA が結ばれると輸入品との競争が激しくなってかえってつらいかもな。」　　　　　　　　　　　　　　　　　　　　　　　　　　　　　　〈2012・追試〉

1 地球環境問題に対する国際社会の取組みについての記述として最も適当なものを，次の ①～④ のうちから一つ選べ。

① 国連人間環境会議では，先進国による温室効果ガスの削減目標値が決められた。

② 国連人間環境会議の決議をうけて，環境保護を目的とした国連環境計画（UNEP）が設立された。

③ 国連環境開発会議（地球サミット）では，オゾン層の保護を目的とするモントリオール議定書が採択された。

④ 国連環境開発会議の決議をうけて，先進国による温室効果ガスの排出量取引が開始された。

〈2009・本試〉

2 環境問題における国家間の対立と協調に関連した出来事に関する記述として**誤っているもの**を，次の ①～④ のうちから一つ選べ。

① 国連人間環境会議（1972年）で，人間環境宣言が採択された。

② 気候変動枠組み条約の京都議定書では，温室効果ガス削減の数値目標が定められた。

③ 国連持続可能な開発会議（2012年）で，「グリーン経済」の推進が提唱された。

④ 気候変動枠組み条約のパリ協定では，締約国が温室効果ガス削減目標を設定し，その目標を達成することが義務づけられた。

〈2021・第1日程〉

3 気候変動問題に関する次の資料中の空欄 ┃ ア ┃・┃ ウ ┃・┃ カ ┃ に当てはまる語句の組合せとして正しいものを，下の ①～⑧ のうちから一つ選べ。

Ⅰ．気候変動対策の国際枠組みの歴史
 ・1992年に ┃ ア ┃ 採択（1994年発効）
 ・1997年に ┃ イ ┃ 採択（2005年発効）
 ・2015年にパリ協定採択（2016年発効）

Ⅱ．世界の国・地域の二酸化炭素排出量（エネルギー起源）の変化

（単位：二酸化炭素換算・億トン）

国・地域名	1990年	2016年
ウ	21.1	91.0
エ	48.0	48.3
オ	40.3	31.9
インド	5.3	20.8
ロシア	21.6	14.4
カ	10.4	11.5
世界の総計	205.2	323.1

（注）「国・地域」の1990年の排出量とは，2016年時点の当該「国・地域」を構成している1990年の「国・地域」の排出量の合計である。

（出所）International Energy Agency（IEA）Web ページにより作成。

① ア 気候変動枠組み条約　ウ 中国　カ EU
② ア 気候変動枠組み条約　ウ 中国　カ 日本
③ ア 気候変動枠組み条約　ウ アメリカ　カ EU
④ ア 気候変動枠組み条約　ウ アメリカ　カ 日本
⑤ ア 京都議定書　ウ 中国　カ EU
⑥ ア 京都議定書　ウ 中国　カ 日本
⑦ ア 京都議定書　ウ アメリカ　カ EU
⑧ ア 京都議定書　ウ アメリカ　カ 日本

〈2021・第2日程〉

❶ 人間開発指数の説明として**誤っているもの**を，次の①〜④のうちから一つ選べ。
① この指数は，国連開発計画によって発表されている。
② この指数は，人間の基本的ニーズの充足をめざす中で導入された。
③ この指数は，寿命，知識，生活水準をもとに算出されている。
④ この指数は，ミレニアム開発目標の一つとして策定された。 〈2021・第1日程〉

❷ 発展途上国について，その経済に関する記述として**誤っているもの**を，次①〜④のうちから一つ選べ。
① プレビッシュ報告では，南北問題を解決するために特恵関税制度の撤廃が主張された。
② フェアトレードとは，発展途上国の人々の生活を改善するために，発展途上国産の原料や製品について公正な価格で継続的に取引することである。
③ ミレニアム開発目標では，極度の貧困や飢餓の撲滅などをめざすことが定められた。
④ マイクロクレジットとは，貧困層の自助努力を支援するために，低所得者に少額の融資を行うことである。 〈2016・追試〉

❸ 発展途上諸国では自国の経済発展のためさまざまな政策・戦略が採用された。その内容を示す説明として**適当でないもの**を，次の①〜④のうちから一つ選べ。
① 低賃金を利用した軽工業品などの輸出を足がかりにして，輸出指向型の経済発展を実現しようとする戦略が採用された。
② 輸入額が膨大なために経済発展が停滞するという見方から，輸入品の国産化を図って貿易収支を改善しようとする政策が採用された。
③ 工業化の推進のためには外国資本のもつ技術や資本力などが必要なことから，外国資本を誘致する戦略が採用された。
④ 経済発展のためにはさまざまな産業部門の産出量を同時に増加させる必要があるという見方から，モノカルチャー経済政策が採用された。 〈2007・本試〉

❹ 発展途上国・地域の経済問題をめぐる記述として最も適当なものを，次の①〜④のうちから一つ選べ。
① 資源ナショナリズムの動きを受け，資源を有する発展途上国は，石油や銅など資源関連の国営企業の民営化を進めた。
② アジアNIESの高度な経済発展により，南南問題は解消された。
③ プレビッシュ報告では，世界的な自由貿易体制の実現が，発展途上国の貧困問題の解消に寄与するとされた。
④ ブラジルやメキシコでは，累積債務問題が発生した。 〈2008・追試〉

❺ 輸出主導型の経済開発についての記述として**適当でないもの**を，次の①〜④のうちから一つ選べ。
① 道路や港湾など産業基盤の整備を行って，外国企業を積極的に誘致してきた。
② 東アジア諸国間での貿易の高い伸び率を実現してきた。
③ 輸出向けの生産を行う企業に対して，租税優遇措置などの便宜を与えてきた。
④ 自前で開発した高度なハイテク製品を輸出の中核に据えてきた。 〈2000・本試〉

6 第二次世界大戦後の発展途上国についての記述として正しいものを，次の ① 〜 ④ のうちから一つ選べ。

① 一次産品に特化したモノカルチャー経済をとっていた多くの発展途上国では，戦後の貿易自由化により，交易条件が改善された。

② 1980 年代には，発展途上国の累積債務問題が表面化し，中南米諸国にはデフォルト（債務不履行）を宣言する国も現れた。

③ 発展途上国は，先進国の支援の下に，相互の経済協力について政策協議を行うために，OECD（経済協力開発機構）を設立した。

④ 発展途上国間で，天然資源をもつ国ともたない国との経済格差が問題となったため，国連資源特別総会は，資源ナショナリズム反対を決議した。 〈2013・追試〉

7 国際機関が行ってきたことについての記述として最も適当なものを，次の ① 〜 ④ のうちから一つ選べ。

① UNCTAD（国連貿易開発会議）は，発展途上国の輸出品に対する特恵関税の導入を要求した。

② OECD（経済協力開発機構）は，原油価格の下落を防ぐための貿易協定を採択した。

③ WTO（世界貿易機関）は，発展途上国に経済開発のための融資を行っている。

④ UNICEF（国連児童基金）は，発展途上国における児童の就労を促進している。 〈2009・本試〉

8 「国際社会で主権国家は法的に平等な地位にあるとされるが，事実上，諸国には政治的，軍事的な力や，経済的な発展の程度において格差があるので，そのような格差を考慮に入れた制度の導入が時に必要である」と論じられることがある。この趣旨に当てはまる例とは**言えないもの**を，次の ① 〜 ④ のうちから一つ選べ。

① WTO（世界貿易機関）の枠組みの中では，各加盟国が互いに最恵国待遇を与えることが原則となっている。

② 発展途上国は，新国際経済秩序の主張の中で，先進国に対し，一般特恵制度の自らへの適用を求めてきた。

③ 国連の安全保障理事会の表決制度では，常任理事国は拒否権を保有している。

④ 発展途上国の開発のための融資を主な業務とする IBRD（国際復興開発銀行）の意思決定機関では，諸国はその出資額に応じて票数を有している。 〈2001・本試〉

9 国際組織（機構）についての記述として正しいものを，次の ① 〜 ④ のうちから一つ選べ。

① EURATOM（ヨーロッパ原子力共同体）は，ヨーロッパの核関連技術が域外に流出するのを防ぐために設立された。

② EFTA（ヨーロッパ自由貿易連合）は，EU（ヨーロッパ連合）の設立を準備するために結成された。

③ ILO（国際労働機関）は，ウルグアイ・ラウンドの合意文書に子供の労働を禁止する条約を盛り込むために結成された。

④ OECD（経済協力開発機構）は，加盟国の経済発展と貿易の拡大および加盟国による発展途上国援助の促進と調整のために設立された。 〈2000・本試〉

10 日本とアメリカの景気変動についての記述として**誤っているもの**を，次の ① 〜 ④ のうちから一つ選べ。

① 1960 年代後半の日本は，輸出の伸長と財政支出拡大の効果もあって，「いざなぎ景気」と呼ばれる長期の好況を実現した。

② 1970 年代末から 80 年代初頭のアメリカでは，第二次石油危機の結果，インフレが加速するとともに景気が悪化した。

③ 1990 年代の日本経済は低迷が続き，企業の倒産やリストラが増加したため，完全失業率は 90 年代末には 10 パーセントを超えた。

④ 1990 年代のアメリカ経済は，IT（情報技術）革命が急速に進展する中で，長期の景気拡大を実現した。
〈2004・本試〉

11 日本の国際協力についての説明として最も適当なものを，次の ① 〜 ④ のうちから一つ選べ。

① アジア太平洋地域の経済交流を促進するため，APEC（アジア太平洋経済協力会議）に参加している。

② アフリカ地域の最貧国の発展支援のため，内閣府に DAC（開発援助委員会）を設置している。

③ 発展途上国に技術協力などの支援を行うため，自衛隊の組織として青年海外協力隊が設けられている。

④ 国際社会の平和と安定に貢献するため，国連憲章の規定する UNF（国連軍）に自衛隊が参加している。

〈2008・本試〉

12 日本の ODA についての記述として最も適当なものを，次の ① 〜 ④ のうちから一つ選べ。

① 発展途上国に対する資金援助を目的としているため，専門家派遣などの技術協力は含まれない。

② 発展途上国における経済発展の支援を目的としているため，資金の返済を必要とする円借款は含まれない。

③ 援助額の対象地域別割合をみると，中南米地域に対するものが最大となっている。

④ ODA 総額の GNI または GNP（国民総生産）に対する比率は，国連が掲げる目標水準を下回っている。

〈2009・本試〉

13 次の図は 1984 年から 2005 年までのアメリカの輸入額における，日本，アジア NIES（新興工業経済地域），ASEAN 4 か国，中国からの輸入額の割合の推移を示したものである。図中の A 〜 C に当てはまる国・地域名の組合せとして正しいものを，下の ① 〜 ⑥ のうちから一つ選べ。

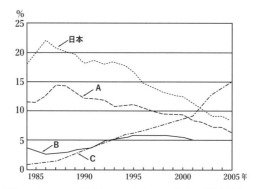

（注）アジア NIES は韓国，シンガポール，台湾，香港を指す。ASEAN4 か国は
ASEAN 加盟国のうちインドネシア，タイ，フィリピン，マレーシアを指す。
（資料）IMF, Direction of trade Statistics（各年版）により作成。

① A アジア NIES B ASEAN 4 か国 C 中 国

② A アジア NIES B 中 国 C ASEAN 4 か国

③ A ASEAN 4 か国 B アジア NIES C 中 国

④ A ASEAN 4 か国 B 中 国 C アジア NIES

⑤ A 中 国 B アジア NIES C ASEAN 4 か国

⑥ A 中 国 B ASEAN 4 か国 C アジア NIES

〈2009・追試〉

14 国際的な資本移動に関連する財政危機や金融危機についての事例の記述として**誤っているもの**を，次の ① 〜 ④ のうちから一つ選べ。

① 第二次石油危機後のメキシコでは，累積債務問題が表面化した。

② 住宅バブルが崩壊したアメリカでは，サブプライムローン問題が表面化した。

③ ギリシャ財政危機では，財政状況が悪化したギリシャの国債利回りが高騰した。

④ アジア通貨危機では，資本流出に見舞われたタイの自国通貨が高騰した。

〈2017・本試〉

15 企業の対外進出に関連する記述として最も適当なものを，次の ① ～ ④ のうちから一つ選べ。

① 値上がりによる利益を目的として外国企業の株式や社債を取得することを，対外直接投資と呼ぶ。

② 先進国企業が先進国に対外進出することを間接投資と呼び，近年増加傾向にある。

③ 1990 年代に外国企業の中国への進出件数が急増したのは，中国が WTO（世界貿易機関）に加盟したことによる。

④ 日米貿易摩擦が激化した 1980 年代に，貿易摩擦の回避を目的とする日本企業の対米進出が増加した。

〈2003・本試〉

16 企業活動のグローバル化についての記述として**適当でないもの**を，次の ① ～ ④ のうちから一つ選べ。

① 企業が海外展開を進めることにより，その企業の本国では産業の空洞化が生じる場合がある。

② 企業の海外進出によって技術が伝わり，進出先の国で生産力や所得が増大する場合がある。

③ 多国籍企業の中には，その売上高が日本の GDP を上回る企業がみられるようになった。

④ 多国籍企業による発展途上国の資源に対する支配は，資源ナショナリズムが高まるきっかけの一つとなった。

〈2015・本試〉

17 アジアのインフラ開発や ODA（政府開発援助）に関連する記述として最も適当なものを，次の ① ～ ④ のうちから一つ選べ。

① 中国が取り組む一帯一路構想は，現代のシルクロードとして，陸路のみによる経済圏構築をめざしているものである。

② 中国が主導して設立されたアジアインフラ投資銀行への参加は，アジア諸国に限定されている。

③ 自然災害や紛争による被災者の救援のために日本の ODA として行われる食料や医療品の無償援助は，国際収支の第二次所得収支に含まれる。

④ ODA は発展途上国の経済発展のために行われるものであり，日本では開発協力大綱によって日本の国益を考慮せずに行うことが示されている。

〈2024・本試験〉

1 表やグラフを使った問題

Point ☝ ・与えられた表やグラフが何を示しているものなのかは，問題文で説明されている。その部分をきちんと読んでから数値を見るようにしよう。
・最大値・最小値，数値の変化の大きさ（特に折れ線グラフの場合）など，特徴の表れた部分に注目しよう。

1 「ジニ係数から考える所得格差の是正」に関連して，次の会話文を読み， X ・ Y に当てはまる語句の組合せとして最も適当なものを，次ページの ① ～ ④ のうちから一つ選べ。

先　　生：冬休みの課題の内容について，発表してもらいます。

生徒E：私は所得格差がジニ係数で示されることに興味をもち，調べました。ジニ係数は，所得などの分布の均等度を示す指標であり，0から1の間の値をとり，1に近いほど格差が大きく，0に近いほど格差が小さくなります。**資料1**を見てください。架空の国 a 国と β 国との当初所得と再分配所得のジニ係数を示しています。ここで質問です。所得の再分配の政策を行った結果，当初所得と比べ所得格差がより縮小したのはどちらの国でしょうか。

生徒A：当初所得と比べて所得格差がより縮小したのは X だと思います。

生徒E：そうですね。所得の再分配により所得格差が縮小することがわかります。そこで，私は，どのような政策が所得格差の縮小につながるのかを考え，所得税の課税方式に注目しました。世帯がさまざまな所得階層に分布しているとして，たとえば，課税対象所得にかける税率を変えることで所得格差の縮小につながると思います。資料2を見てください。**資料2－1**と**資料2－2**は，架空の所得税率表です。 Y を選択する方が，所得格差はより縮小されると考えます。

先　　生：発表を聞いて，何か考えたことがあったら発言してください。

生徒B：私も所得格差の縮小に賛成です。平等な社会の実現に必要です。

生徒C：所得格差の縮小だけを強調してよいのでしょうか。私は，努力や働きが正当に報われることは必要なことだと思います。

先　　生：社会の在り方についての議論になってきましたね。議論を深めましょう。

資料1

	a 国	β 国
当初所得のジニ係数	0.4	0.5
再分配所得のジニ係数	0.3	0.3

注：当初所得とは，雇用者所得や事業者所得など。再分配所得とは，
　　当初所得に社会保障給付を加え，税金や社会保険料を控除したもの。

資料2

資料2－1

課税対象所得	税率
300万円以下	10%
300万円を超え500万円以下	20%
500万円を超え800万円以下	30%
800万円を超え1000万円以下	35%
1000万円超	40%

資料2－2

課税対象所得	税率
300万円以下	10%
300万円を超え500万円以下	20%
500万円を超え800万円以下	30%
800万円を超え1000万円以下	40%
1000万円を超え1500万円以下	50%
1500万円超	60%

	X	Y		X	Y
①	a 国	**資料2－1**	②	a 国	**資料2－2**
③	β 国	**資料2－1**	④	β 国	**資料2－2**

〈2018・試行調査〉

2 日本の地方自治体について，次の【資料１】中の　X　・　Y　と【資料２】中のA・Bとにはそれぞれ都道府県か市町村のいずれかが，【資料３】中のア・イには道府県か市町村のいずれかが当てはまる。都道府県と市町村の役割をふまえたうえで，都道府県または道府県が当てはまるものの組合せとして正しいものを，後の①～⑧のうちから一つ選べ。

【資料１】　地方自治法（抜粋）

> 第２条　地方公共団体は，法人とする。
>
> 2　普通地方公共団体は，地域における事務及びその他の事務で法律又はこれに基づく政令により処理することとされるものを処理する。
>
> 3　　X　は，基礎的な地方公共団体として，第５項において　Y　が処理するものとされているものを除き，一般的に，前項の事務を処理するものとする。
>
> 4　　X　は，前項の規定にかかわらず，次項に規定する事務のうち，その規模又は性質において一般の　X　が処理することが適当でないと認められるものについては，当該　X　の規模及び能力に応じて，これを処理することができる。
>
> 5　　Y　は，　X　を包括する広域の地方公共団体として，第２項の事務で，広域にわたるもの，　X　に関する連絡調整に関するもの及びその規模又は性質において一般の　X　が処理することが適当でないと認められるものを処理するものとする。

【資料２】　都道府県・市町村の部門別の職員数（2017年４月１日現在）（単位：人）

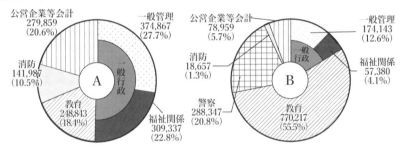

注：一般管理は総務，企画，税務，労働，農林水産，商工，土木などである。公営企業等会計は，病院，上下水道，交通，国保事業，収益事業，介護保険事業などである。市町村の職員には，一部事務組合等の職員が含まれる。

【資料３】　道府県税・市町村税の収入額の状況（2016年度決算）（単位：億円）

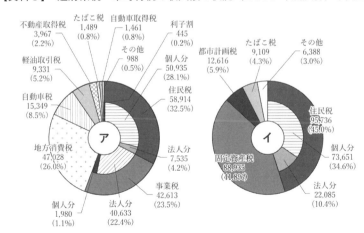

注：都道府県税ではなく道府県税と称するのは，都道府県の地方税の決算額から東京都が徴収した市町村税相当額を除いた額を表しているためである。合計は，四捨五入の関係で一致しない場合がある。
出典：【資料２】・【資料３】とも総務省Webページにより作成。

① X－A－ア　　② X－A－イ　　③ X－B－ア
④ X－B－イ　　⑤ Y－A－ア　　⑥ Y－A－イ
⑦ Y－B－ア　　⑧ Y－B－イ

〈2018・試行調査〉

❸ 生徒たちは，次の**図1**と**図2**を用いて市中銀行の貸出業務を学習することになった。これらの図は，すべての市中銀行の資産，負債，純資産を一つにまとめた上で，貸出前と貸出後を比較したものである。これらの図から読みとれる内容を示した後のメモを踏まえて，市中銀行の貸出業務に関する記述として最も適当なものを，後の**①**〜**④**のうちから一つ選べ。

資産	負債・純資産
「すでにある貸出」 85	「すでにある預金」 90
日銀当座預金 15	資本金 10

図1　貸出前のバランスシート

資産	負債・純資産
「新規の貸出」20	「新規の預金」20
「すでにある貸出」 90	「すでにある預金」 90
日銀当座預金 15	資本金 10

図2　貸出後のバランスシート

（注）　バランスシートの左側には「資産」が，右側には「負債・純資産」が表され，「資産」と「負債・純資産」の金額は一致する。簡略化のため，市中銀行の資産は貸出および日銀当座預金，負債は預金，純資産は資本金のみとし，また貨幣単位は省略する。

> （メモ）　個人や一般企業が銀行から借り入れると，市中銀行は「新規の貸出」に対応した「新規の預金」を設定し，借り手の預金が増加する。他方で，借り手が銀行に返済すると，市中銀行の貸出と借り手の預金が同時に減少する。

① 市中銀行は「すでにある預金」を個人や一般企業に貸し出すため，銀行貸出は市中銀行の資産を増加させ負債を減少させる。

② 市中銀行は「すでにある預金」を個人や一般企業に貸し出すため，銀行貸出は市中銀行の資産を減少させ負債を増加させる。

③ 市中銀行は「新規の預金」を創り出すことによって個人や一般企業に貸し出すので，銀行貸出は市中銀行の資産と負債を減少させる。

④ 市中銀行は「新規の預金」を創り出すことによって個人や一般企業に貸し出すので，銀行貸出は市中銀行の資産と負債を増加させる。

〈2022・本試〉

❹ 生徒Xは，日本，韓国，中国の経済発展に関心をもち，これら3か国の2000年，2010年および2020年の実質GDP成長率，一人当たり実質GDP，一般政府総債務残高の対GDP比を調べ，次の表にまとめた。表中の**A〜C国**はこれら3か国のいずれかである。後の記述**ア〜ウ**は，これら3か国についてそれぞれ説明したものである。**A〜C国**と記述**ア〜ウ**の組合せとして最も適当なものを，後の**①**〜**⑥**のうちから一つ選べ。

		2000年	2010年	2020年
A国	実質GDP成長率（対前年比：％）	2.8	4.1	-4.8
	一人当たり実質GDP（米ドル）	36,230.9	38,111.4	40,048.3
	一般政府総債務残高（対GDP比：％）	135.6	205.7	256.2
B国	実質GDP成長率（対前年比：％）	9.1	6.8	-1.0
	一人当たり実質GDP（米ドル）	22,988.1	34,431.1	42,297.8
	一般政府総債務残高（対GDP比：％）	16.7	29.5	48.7
C国	実質GDP成長率（対前年比：％）	8.5	10.8	2.3
	一人当たり実質GDP（米ドル）	3,427.6	8,836.9	16,296.6
	一般政府総債務残高（対GDP比：％）	23.0	33.9	66.8

（注）　一人当たり実質GDPは購買力平価換算したものを用いており，基準年は2017年である。また，一般政府には中央政府と地方政府とが含まれる。
（出所）IMF Webページにより作成。

ア この国は，1978年からの改革開放政策の下で，外資導入などにより経済成長を続けてきた。この国の経済運営方針は，低・中所得国にとって，一つの経済発展モデルになっている。

イ この国は，1960年代から工業化による経済成長が進み，NIESの一つに数えられた。その後，アジア通貨危機による経済危機も克服し，現在はアジア有数の高所得国となっている。

ウ この国は，1950年代から1973年頃まで高度経済成長を遂げ，急速に欧米の先進国に追いついた。しかし，1990年代以降は低成長が常態化しており，政府部門の累積赤字の拡大が議論の的となっている。

① A国－ア　B国－イ　C国－ウ　② A国－ア　B国－ウ　C国－イ
③ A国－イ　B国－ア　C国－ウ　④ A国－イ　B国－ウ　C国－ア
⑤ A国－ウ　B国－ア　C国－イ　⑥ A国－ウ　B国－イ　C国－ア

〈2023・本試〉

5 　生徒Yは，国民健康保険制度に対する市のかかわり方に興味をもち，日本の公的医療保険制度の仕組みを調べることにした。次の会話は，同制度に関する次の図をみたYとその母とによるものである。この会話文を読んで，空欄　 ア 　に当てはまる方法として適当なものを下の記述 a〜d のうちから二つ選び，その組合せとして最も適当なものを，下の ① 〜 ④ のうちから一つ選べ。

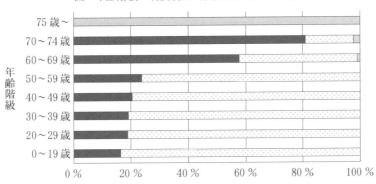

図　年齢階級・制度別加入者数割合(2017年度)

注　被用者向けの各医療保険制度の加入者には，被保険者のほか，その被扶養者（被保険者に生計を維持される家族）が含まれる。また，65歳以上75歳未満で一定の障害状態にあるとの認定を受けた者は，後期高齢者医療制度の被保険者となる。なお，データは，各年齢階級の人口から生活保護の被保護者を除いたものを総数とした数値を前提として作成されている。
出所　厚生労働省Webページにより作成。

Y：お母さん，これみてよ。この図って何を表しているんだろう？

母：この図は，年齢階級別にみてどの医療保険制度にどのくらいの割合で加入者がいるかを表したものね。60歳代から国民健康保険制度の加入者の割合が急に増えているのが興味深いわ。

Y：各制度の対象者が違うからこうなるのかな。でも，年齢の高い加入者が相対的に多いということだと，国民健康保険制度の加入者一人当たりの医療費は，被用者向けの各医療保険制度の場合より増えてしまうよね。60歳代以上において，国民健康保険制度の加入者が被用者向けの各医療保険制度の加入者よりも相対的に多い状態を緩和する方法としては，たとえば，　 ア 　などが考えられるかな。

母：制度上はそうなりそうね。

a　定年退職者を正社員として継続雇用するよう義務化すること

b　定年年齢を引き下げること

c　後期高齢者医療制度の対象年齢を65歳に引き下げること

d　高齢者が医療サービスを利用したときの自己負担割合を引き下げること

① 　aとb　　② 　aとc　　③ 　aとd
④ 　bとc　　⑤ 　bとd　　⑥ 　cとd

〈2021・第2日程〉

Point 👆 ・問題文に書かれている，数値や計算式についての説明をよく読もう。

・いきなり計算するのは間違いの元である。問題文の説明を踏まえ，プラスになるのかマイナスになるのか，何ケタになるのかなど，おおよその見当をつけてから計算しよう。

1 日本では，2019年に消費税率が10パーセントに引き上げられ，それと同時に，食料品（飲料などを含む）への8パーセントの軽減税率が導入された。そこで，生徒Xは，その際に話題となった消費税の逆進性について考えるために，次の表を作成して整理してみることにした。具体的には，可処分所得が300万円の個人A，500万円の個人B，800万円の個人Cの三つのタイプを考えて表を作成した。この表から読みとれる消費税の逆進性に関する記述として最も適当なものを，後の ① ～ ④ のうちから一つ選べ。

	項　目	計算方法	個人A	個人B	個人C
ア	可処分所得（万円 / 年）		300	500	800
イ	税抜き消費支出（万円 / 年）	ウ＋エ	270	350	520
ウ	うち食料品支出（万円 / 年）		100	120	150
エ	うち食料品以外の消費支出（万円 / 年）		170	230	370
オ	消費支出割合（％）	イ÷ア×100	90	70	65
カ	全ての消費支出に10％税率適用時の消費税負担額（万円 / 年）	イ×10％	27	35	52
キ	食料品支出に8％税率，食料品以外の消費支出に10％税率適用時の消費税負担額(万円/年)	ウ×8％＋エ×10％	25.0	32.6	49.0

① 可処分所得アが高い個人ほど，表中カの額が多く，消費税の逆進性の一例となっている。

② 可処分所得アが高い個人ほど，可処分所得に占める表中カの割合が低く，消費税の逆進性の一例となっている。

③ 可処分所得アが高い個人ほど，表中オの値が高く，消費税の逆進性の一例となっている。

④ 可処分所得アが高い個人ほど，可処分所得に占める表中キの割合が高く，消費税の逆進性の一例となっている。

〈2022・本試〉

2 生徒Yのグループは，国から地方自治体に財源が交付される地方交付税制度について調べた。次の表は，この制度について，ある市を想定して単純にモデル化したものである。この表から読みとれる内容として正しいものを，後の ① ～ ④ のうちから一つ選べ。

想定される財政需要の計算	A	人口一人当たり単価（百万円）	0.10
	B	人口（人）	62,000
	C＝A×B	人口を基礎にした経費（百万円）	6,200
	D	一世帯当たり単価（百万円）	0.2
	E	世帯数（世帯）	22,000
	F＝D×E	世帯数を基礎にした経費（百万円）	4,400
	G＝C＋F	想定される財政需要の総額（百万円）	10,600
確保財源の計算	H	市民税（百万円）	2,700
	I	固定資産税（百万円）	1,800
	J	その他の税（百万円）	2,500
	K＝(H＋I＋J)×0.75	交付額算定に用いる数値（百万円）	5,250
G－K		国からの交付額（百万円）	5,350

（注1） 確保財源計算の0.75は，標準的な行政サービスの経費を賄うための財源の割合として国が定めるものである。残りの0.25分の財源は，地方自治体の自主性，独立性を補償するためのもので，地方自治体の独自政策の財源となる。

（注1） 市民税は所得を対象として課税され，固定資産税は土地や家屋などの資産の評価額を対象として課税される。

① 国が一世帯当たり単価Dを 0.20 から 0.15 に引き下げ，他の数値が変わらない場合，国からの交付額は増加する。

② 少子化が継続して進行したことにより人口Bが減少し，他の数値が変わらない場合，国からの交付額は増加する。

③ 土地取引価格の継続した下落により土地の評価額が下がり，固定資産税Ⅰが減少し，他の数値が変わらない場合，国からの交付額は増加する。

④ 国が交付額算定に用いる数値Kを計算するときの一定割合を 0.75 から 0.80 に引き上げ，他の数値が変わらない場合，国からの交付額は増加する。　　　〈2022・追再試〉

3 資料文の読み取りが求められる問題

Point ・資料文読解問題は，純粋に資料文の読みだけが求められる問題と，学習してきた内容と重ね合わせて考える必要のある問題とに分けられる。
・前者の場合は，先入観なしに資料文を読み，書かれている内容だけで選択肢の正誤を判定しよう。いかにも正しそうな内容でも，資料文に書かれていなければ×である。
・後者の場合は，あらかじめ筆者や出典から書かれていそうな内容を推測しよう。その際，資料文中の用語を拾い読みするという方法も有効である。

1　生徒Xは，図書館で資料調査をする中で，国家権力のあり方に関するある思想家の著作に次のような記述があることを発見した。この記述から読みとれる内容として最も適当なものを，後の ① ～ ④ のうちから一つ選べ。なお，一部表記を改めた箇所やふりがなを振った箇所がある。

およそ権力を有する人間がそれを濫用しがちなことは万代不易の経験である。彼は制限に出会うまで進む。…（中略）…

権力を濫用しえないようにするためには，事物の配置によって，権力が権力を抑止するようにしなければならない。誰も法律が義務づけていないことをなすように強制されず，また，法律が許していることをしないように強制されないような国制が存在しうるのである。…（中略）…

同一の人間あるいは同一の役職者団体において立法権力と執行権力とが結合されるとき，自由は全く存在しない。なぜなら，同一の君主または同一の元老院が暴君的な法律を作り，暴君的にそれを執行する恐れがありうるからである。

裁判権力が立法権力や執行権力と分離されていなければ，自由はやはり存在しない。もしこの権力が立法権力と結合されれば，公民の生命と自由に関する権力は恣意的となろう。なぜなら，裁判役が立法者となるからである。もしこの権力が執行権力と結合されれば，裁判役は圧制者の力をもちうるであろう。

もしも同一人間，または，貴族もしくは人民の有力者の同一の団体が，これら三つの権力，すなわち，法律を作る権力，公的な決定を執行する権力，犯罪や個人間の紛争を裁判する権力を行使するならば，すべては失われるであろう。

① 権力を恣意的に行使する統治に対する革命権の重要性を説いている。

② 権力を分立することにより公民の自由が保護されると説いている。

③ 権力をもつ者が権力を濫用するのではなく公民の自由を保護する傾向にあることを前提としている。

④ 権力をもつ者が人民から自然権を譲渡された絶対的な存在であることを前提としている。

〈2022・本試〉

2 生徒Xは，そもそも国家はなぜあるのかについて興味があり，ホッブズの『リヴァイアサン』を読み，議論の流れや概念の関係を整理した次ページの図を作った。次の文章 a ～ d は，『リヴァイアサン』の一節あるいは要約であり，図中の空欄 ア ～ エ には，a ～ d のいずれかの文章が入る。空欄 エ に入る文章として最も適当なものを，次ページの ① ～ ④ のうちから一つ選べ。

a 人は，平和と自己防衛のためにかれが必要だとおもうかぎり，他の人びともまたそうであるばあいには，すべてのものに対するこの権利を，すすんですてるべきであり，他の人びとに対しては，かれらがかれ自身に対してもつことをかれがゆるすであろうのと同じおおきさの，自由をもつことで満足すべきである。

b 人びとが，かれらすべてを威圧しておく共通の権力なしに，生活しているときには，かれらは戦争とよばれる状態にあり，そういう戦争は，各人の各人に対する戦争である，ということである。

c 各人は，かれ自身の自然すなわちかれ自身の生命を維持するために，かれ自身の意志するとおりに，かれ自身の力を使用することについて，自由をもっている。

d 各人は，平和を獲得する希望があるかぎり，それにむかって努力すべきであるというのが，理性の戒律すなわち一般法則である。その内容は，「平和をもとめ，それにしたがえ」ということである。

出所 水田洋訳『リヴァイアサン（一）』による。表記を一部改めている。

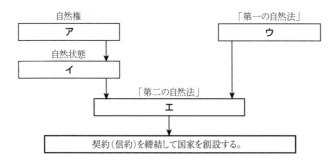

① a ② b ③ c ④ d

〈2021・第2日程〉

3 生徒Xは，国土交通省の Web ページで「空家等対策の推進に関する特別措置法」（以下，「空家法」という）の内容を調べ，次のメモを作成した。Xは生徒Yと，メモをみながら後の会話をしている。後の会話文中の空欄 ア ・ イ に当てはまる語句の組合せとして最も適当なものを，後の ① ～ ⑥ のうちから一つ選べ。

1.「空家等」（空家法第2条第1項）
・建築物やそれに附属する工作物で居住等のために使用されていないことが常態であるもの，および，その敷地。
2.「特定空家等」：次の状態にある空家等（空家法第2条第2項）
　（a）　倒壊等著しく保安上危険となるおそれのある状態
　（b）　著しく衛生上有害となるおそれのある状態
　（c）　適切な管理が行われないことにより著しく景観を損なっている状態
　（d）　その他周辺の生活環境の保全を図るために放置することが不適切である状態
3.　特定空家等に対する措置（空家法第14条）
・特定空家等の所有者等に対しては，市町村長は，特定空家等を取り除いたり，修繕したりするなど，必要な措置をとるよう助言や指導，勧告，命令をすることができる。
・上記（a）または（b）の状態にない特定空家等については，建築物を取り除くよう助言や指導，勧告，命令をすることはできない。

X：空家法によると，市町村長は，所有者に対し建築物を取り除くよう命令し，従わない場合は代わりに建築物を取り除くこともできるみたいだよ。

Y：そうなんだ。でも，市町村長が勝手に私人の所有する建築物を取り除いてしまってもよいのかな。

X：所有権といえども，絶対的なものとはいえないよ。日本国憲法第29条でも，財産権の内容は「　ア　」に適合するように法律で定められるものとされているね。空家法は所有権を尊重して，所有者に対し必要な措置をとるよう助言や指導，それから勧告をすることを原則としているし，建築物を取り除くよう命令できる場合を限定もしているよ。でも，空家法が定めているように，　イ　には，所有者は，建築物を取り除かれることになっても仕方ないんじゃないかな。

Y：所有権には所有物を適切に管理する責任が伴うということだね。

① ア　公共の福祉　　イ　周辺住民の生命や身体に対する危険がある場合
② ア　公共の福祉　　イ　周辺の景観を著しく損なっている場合
③ ア　公共の福祉　　イ　土地の有効利用のための必要性がある場合
④ ア　公序良俗　　　イ　周辺住民の生命や身体に対する危険がある場合
⑤ ア　公序良俗　　　イ　周辺の景観を著しく損なっている場合
⑥ ア　公序良俗　　　イ　土地の有効利用のための必要性がある場合　　　〈2022・本試〉

4 条件文に沿って考える問題

Point 🍒
・まずは，問題文で与えられている条件を丁寧に読み取ろう。
・次に，読み取った条件から推論して，選択肢の正誤を判定しよう。その際に，条件文に書かれていない要素を勝手に持ち込まないことが肝心である。

1 生徒Yは，国内総生産とその構成について学び，日本における2014年度から2015年度にかけての民間最終消費支出と民間企業設備投資の増加について調べ，次のメモを作成した。メモに関する記述として最も適当なものを，後の ① ～ ④ のうちから一つ選べ。

> ○国内総生産は生産面，分配面，支出面の三つの側面からみることができる。
> ○国内総生産は民間最終消費支出，政府最終消費支出，総固定資本形成，純輸出からなる。
> ○総固定資本形成は，民間企業設備投資や民間在宅投資などを含む。
> ○民間最終消費支出は2兆3,211億円増加した。
> ○民間企業設備投資は3兆1,698億円増加した。

① 国内総生産に占める支出割合は，民間最終消費支出より民間企業設備投資の方が小さいため，2015年度のこれら二つの支出項目の対前年度増加率を比較すると，民間企業設備投資の方が高い。
② 国内総生産に占める支出割合は，民間最終消費支出より民間企業設備投資の方が大きいため，2015年度のこれら二つの支出項目の対前年度増加率を比較すると，民間企業設備投資の方が高い。
③ 国内総生産に占める支出割合は，民間最終消費支出より民間企業設備投資の方が小さいため，2015年度のこれら二つの支出項目の対前年度増加率を比較すると，民間最終消費支出の方が高い。
④ 国内総生産に占める支出割合は，民間最終消費支出より民間企業設備投資の方が大きいため，2015年度のこれら二つの支出項目の対前年度増加率を比較すると，民間最終消費支出の方が高い。
〈2023・本試験〉

❷ α国の紛争は深刻化し，国際連合で安全保障理事会（安保理）会合が開催された。だが決議案はまだ採択されていない。ニュースを聴いた生徒Xと生徒Yは，当初の決議案とそれに対する安保理理事国の反応や意見を調べ，資料1，2のようにまとめた。そこで，XとYは資料1，2に3を加え，修正決議案に対し各理事国はどう反応し，修正決議案は採択されうるかどうか，考えた。ただし，各理事国は独立して判断するものとする。このとき，三つの資料を踏まえたXとYの分析として最も適当なものを，後の ① ～ ④ のうちから一つ選べ。

【資料1】 当初の決議案と各理事国の反応

---

(1) 紛争当事国に即時停戦と人権侵害の停止を要求する。

(2) 要求に従わない場合には軍事的措置を実施する。

(注) 白のマルで描かれた国は常任理事国，グレーのマルで描かれた国は非常任理事国を表す。

【資料2】 各理事国の意見

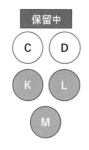

常任理事国 A,B	常任理事国 C,D	常任理事国 E
「軍事的措置の実施が望ましいが，いまは決議を速やかに採択することが最重要だ。」	「制裁はすべきだが，軍事的措置は逆効果だ。経済的にダメージを与える策で進めるべきだ。」	「軍事的措置は紛争当事者を打倒するもので容認できない。武力に頼らないなら賛成に回る。」
非常任理事国 G,H	非常任理事国 F,I,J,K,L,M	非常任理事国 N,O
「軍事的措置なしの決議は紛争地の人々を見殺しにするようなものだ。経済制裁にとどめるくらいなら反対に回る。」	「掛け声だけに終わる決議に意味はない。少なくとも，経済制裁を含め，実効力のある決議を，早急に採択しなければならない。」	「制裁措置には反対だ。内容に関わらず，制裁を加えたからといって本件の紛争地の状況が改善すると思えない。」

【資料3】 修正決議案

---

(1) 紛争当事国に即時停戦と人権侵害の停止を要求する。

(2) 要求に従わない場合には実効力のある経済制裁を実施する。

---

① 修正決議案によってEが賛成に回っても，A，Bは反対する。修正決議案に対する他の理事国の反応も考えると，修正決議案は採択されないのではないか。

② 修正決議案によってEやK，L，Mが賛成に回っても，N，Oは反対のままである。修正決議案に対する他の理事国の反応も考えると，修正決議案は採択されないのではないか。

③ 修正決議案によって賛成すると思われたK，L，Mが仮に保留の立場を維持しても，全常任理事国は賛成する。よって，修正決議案に対する他の理事国の反応も考えると，修正決議案は採択されるのではないか。

④ 修正決議案によってEやK，L，Mが賛成に回っても，G，Hは反対する。だが，修正決議案に対する他の理事国の反応も考えると，修正決議案は採択されるのではないか。

〈2022・追再試〉

❸ 生徒 A のクラスでは，次の事例をもとに，合意形成のあり方について考えることにした。後の問い（(1)〜(3)）に答えよ。

事例

　町の中心部の渋滞を解消するために，新しい道路を建設する。ルートの候補として，ルート１〜ルート３の三つがある。このうちのどのルートを採用するかを **V** 〜 **Z** の５人で決定する。次の表は，ルート１〜ルート３のそれぞれを採用した場合における５人の幸福度を数値で表したものである。数値が大きいほど幸福度が高く，数値がマイナスのものは，耐えられないほどの苦痛を受けることを示している。また，多数決で決定をする際には，その者にとって数値が一番大きなルートに賛成することとする。

	V	W	X	Y	Z
ルート１	5	8	1	4	1
ルート２	1	3	7	3	6
ルート３	4	7	6	−1	5

(1)　まず，決定方法 ① 〜 ③ の中から，あなたが取るべきだと考える決定方法を一つ選びマークせよ。なお，① 〜 ③ のいずれを選んでも，後の(2)，(3)の問いについては，それぞれに対応する適当な選択肢がある。

決定方法
① ５人の幸福度の総和ができるだけ大きくなる決定を行う。
② ５人の多数決により決定を行う。
③ 「耐えられないほどの苦痛を受ける」者が生じない範囲で，５人の幸福度の総和ができるだけ大きくなる決定を行う。

(2)　(1)で選んだ決定方法を取るべき根拠として最も適当なものを，次の ① 〜 ③ のうちから一つ選べ。

① 社会で決定を行う際であっても，少数者の人権を尊重すべきである。
② 社会で決定を行う際には，最大多数の最大幸福をもたらす選択をとるべきである。
③ 社会で決定を行う際には，多くの人の意見に従うのが望ましいので，単純に賛成の数で決定するべきである。

(3)　(1)で選んだ決定方法を用いた場合に選ばれるルートとして正しいものを，次の ① 〜 ③ のうちから一つ選べ。

① ルート１
② ルート２
③ ルート３　　　　　　　　　　　　　　　　　　　　　　　　　〈2021・公共サンプル問題〉

⑤ 論の展開を踏まえて答える問題

Point ✍　・論の展開を押さえるうえで肝心なのは，第一に結論（主張），第二にその根拠である。接続語や指示語に着目しながら，まずはこの二つの要素を押さえよう。
・空欄補充形式の問題では，前後の文脈から入るものを判断しよう。その際に着目すべきは，やはり接続語と指示語である。

❶　生徒 X と生徒 Y らが日本による多様な国際貢献について話し合う中で，他国への日本の選挙監視団の派遣について，次のようなやり取りがあった。X が二重下線部で示したように考えることができる理由として最も適当なものを，後の ① 〜 ④ のうちから一つ選べ。

　X：途上国で行われる選挙に，選挙監視団が派遣されたって聞いたことがあるよ。たとえば，カンボジアやネパールで新憲法を制定するための議員を選ぶ選挙が行われた際に，選挙監視要員が派遣されたんだ。
　Y：なぜこうした国は，憲法の制定に関わるような問題に，外国からの選挙監視団を受け入れたんだろう？そして，どうしてそれが国際貢献になるのかな？

X：選挙監視団の目的は，自由で公正な選挙が行われるようにすることだよね。<u>民主主義における選挙の意義という観点から考えれば，そうした選挙を実現させることは，その国に民主的な政治体制が定着するきっかけになるよね。</u>民主的な政治体制がうまく機能するようになれば，再び内戦に陥って国民が苦しむようなことになるのを避けられるんじゃないかな。

　Y：そうだね。それに，自由で民主的な政治体制が確保されている国の間では戦争は起きないって聞いたこともあるよ。もしそうだとすると，選挙監視団を派遣することは国際平和にもつながっているとも言えるね。

① 民主主義においては，国民に選挙を通じた政治参加を保障することで，国の統治に国民全体の意思を反映すべきものとされているから。

② 民主主義においては，大衆が国の統治を特定の個人や集団による独裁に委（ゆだ）ねる可能性が排除されているから。

③ 民主主義においては，暴力によってではなく裁判によって紛争を解決することとなっているから。

④ 民主主義においては，国民が政治的意思を表明する機会を選挙以外にも保障すべきものとされているから。

〈2021・第1日程〉

2　日本の国際貢献のあり方をクラスで発表した生徒Xと生徒Yらは，日本の開発協力に向けて国民の関心と理解を高めることが重要だと述べた。これについて他の生徒から，「日本の税金や人材によって他国を援助する以上，国民の理解を得るには，日本が他国を援助する理由を示す必要があると思います。X，Yらはどう考えますか。」との質問が出た。これに対しXとYらは，日本が援助を行う理由を説明した。次のノートはそのメモである。

　経済格差や社会保障の問題など，国内にも対処しなければならない問題があることは確かです。しかし，それでもなお，日本の税金や人材によって他国を援助する理由はあると思います。

ア

　しかも世界では，環境問題，貧困問題，難民問題など，国内より大規模な，人類共通の利益にかかわる問題が出現しています。

イ

　このような理由からやはり，国際的な問題に日本は関心をもち，その解決のために貢献をする理由はあると，考えます。

　ノート中の空欄　ア　では「国際貢献は日本国憲法の依拠する理念や原則に照らしても望ましい」ことを，空欄　イ　では「国際貢献は日本の利益に照らしても望ましい」ことを，それぞれ理由としてあげることにした。空欄　ア　には次の①か②，空欄　イ　には次の③か④が入る。空欄　ア　・　イ　に入る記述として最も適当なものを，次の①〜④からそれぞれ一つ選べ。

① 日本国憲法の前文は，平和主義や国際協調主義を外交における基本理念として示しています。この理念に基づくと，国同士が相互に尊重し協力し合い，対等な関係の国際社会を築くことが重要です。そのために，日本は国際協力を率先して行う必要があると思います。

② 日本国憲法の基本的人権の保障の内容として，他国における他国民の人権保障状況についても，日本は他国に積極的に改善を求めていくことが義務づけられています。このことは，憲法前文で示しているように，日本が国際社会の中で名誉ある地位を占めるためにも望ましいと考えます。

③ こうした中で大事なのは，日本の利益より人類共通の利益であり，日本の利益を追求していては問題は解決できないという点です。日本の利益から離れて純粋に人道的な見地から，他国の人たちに手を差し伸べる方が，より重要ではないでしょうか。

④ こうした中で大事なのは，人類共通の利益と日本の利益とが無関係ではないという点です。人類共通の利益の追求が日本の利益の実現につながりうることを考えれば，国際的な問題の解決に貢献することも日本にとって重要ではないでしょうか。

〈2021・第1日程〉

❸ 生徒Wは，発表会で「国際社会における国際裁判の意義」について発表することとし，その準備のため，生徒Xと次の会話をしている。後のA～Dのうち，会話文中の ア に当てはまる記述として正しいものが二つある。その二つの記述の組合せとして最も適当なものを，後の ① ～ ⑥ のうちから一つ選べ。

W：最近では，国家間の紛争を国際裁判所で解決する可能性が注目されてるけど，裁判による紛争の解決って，国際社会で本当に意味があるのかな。主権国家からなる国際社会では，国際裁判の意義はあまりない気がするけど。国際社会で最も権威ある裁判所である国際司法裁判所であっても，判決内容を強制する仕組みを欠いているので，結局は実力行使が紛争解決の決め手になることが多いよね。

X：国際裁判の意義って，判決内容が強制的に実現されるか否かだけで考えていいのかな。強制する措置をとれないとしても，判決を下された国はそれに従わなければならないわけだよね？

W：国際司法裁判所の判決でも，国家がそれに従うのは，その方が国益にかなうと判断したからではないのかな。判決に従わない方が国益にかなうと判断すれば，判決を無視してしまうと思うよ。

X：それもまた，国際裁判の意義を判決内容が強制的に実現されるかどうかで測る見方だよね？　たとえ判決が強制されえないとしても，国際裁判所が判決を下すこと自体に大きな意味があるんじゃないかな。たとえば，国際司法裁判所が判決を下せば， ア 。

W：なるほど，判決に従わない国に対して判決内容を強制的に実現させることができるかどうかで国際裁判の意義を測るのは，狭い見方なのかな。法の違反に権力的に対処する中央政府が存在しない国際社会において，国際裁判の意義がどこにあるのか，発表に向けて考えてみることにするよ。

A　判決に従わない国に対して紛争当事国は，判決を自らの主張の正当性の拠り所として外交交渉等の場で紛争の解決を求めていくことができるよ。

B　集団殺害や戦争犯罪について個人の刑事責任も判断されることになり，法の支配の拡充に貢献することにつながるよ。

C　裁判所による解釈の蓄積によって国際法のルールの内容が明確にされ，法の支配を強めることにつながるよ。

D　判決に従わない国に対しては，国連安全保障理事会が判決の内容を強制的に実現させることができるよ。

① AとB　　② AとC　　③ AとD
④ BとC　　⑤ BとD　　⑥ CとD

〈2022・追再試〉

---

6 具体的な事例に即して考える

Point 　・文章は，基本的に具体と抽象の繰り返しによって成り立っている。具体例を抽象化した部分に，その文章の言いたいことはある。具体と抽象の関係に注目して，問題文や資料文を読み取ろう。
・選択肢の正誤を判定する場合も同様である。問いと具体と抽象の関係が成立している選択肢を選ぼう。

❶ 次の文章は，L市内の民間企業の取組みについて，生徒Xと生徒Yがまとめた発表用原稿の一部である。文章中の空欄 ア には a か b，空欄 イ には c か d のいずれかが当てはまる。次の文章中の空欄 ア ・ イ に当てはまるものの組合せとして最も適当なものを，後の ① ～ ④ のうちから一つ選べ。

　一つ目はA社とB大学についての事例です。L市に本社があるベンチャー企業のA社は，それまで地元の大学からの人材獲得を課題としていました。そのためA社は，市内のB大学と提携してインターンシップ（就業体験）を提供するようになりました。このインターンシップに参加したB大学の卒業生は，他の企業への就職も考えたものの，仕事の内容を事前に把握していたA社にやりがいを見いだして，A社への就職を決めたそうです。この事例は ア の一例です。

　二つ目は事業者Cについての事例です。事業者Cは，市内の物流拠点に併設された保育施設や障がい者就労支援施設を運営しています。その物流拠点では，障がいのある人たちが働きやすい職場環境の整備が進み，障がいのない人たちと一緒に働いているそうです。この事例は イ の一例です。

a　スケールメリット（規模の利益）を追求する取組み

b　雇用のミスマッチを防ぐ取組み

c　トレーサビリティを明確にする取組み

d　ノーマライゼーションの考え方を実行に移す取組み

① ア－a　イ－c

② ア－a　イ－d

③ ア－b　イ－c

④ ア－b　イ－d

〈2022・本試〉

2 　生徒Aは，インターネットで「フードドライブ」以外に消費者ができることの事例を調べたところ，「エシカル消費」に関する記事を見つけた。そこで，消費者基本法に基づき策定された「第4次消費者基本計画」（2020年3月閣議決定）に関する資料を参考にして，次のメモを作成した。メモの内容を踏まえた場合，「エシカル消費」の観点に向けた取組みとして**適当でないもの**を，後の ① ～ ④ のうちから一つ選べ。

メモ

> **「エシカル消費」とは何か？**
>
> 　地域の活性化や雇用等を含む，人や社会・環境に配慮して消費者が自ら考える賢い消費活動のこと。倫理的消費ともいう。
>
> 　消費者としての自らの選択が，現在と将来の世代にわたって影響を及ぼし得るものであることを自覚して，公正かつ持続可能な社会の形成に参加していくための方法の一つとされる。

① 　生産および流通の過程において生じる環境への負荷が少ない油脂を使用した洗剤を購入する。

② 　輸送エネルギーを削減し，地産地消を推進する観点から，地元で生産された農産物を購入する。

③ 　立場の弱い発展途上国の生産者や労働者の生活改善につなげるために，発展途上国の原料や製品を適正な価格で継続的に購入する。

④ 　品質を重視した栽培や出荷につなげるために，形のゆがみや傷のない野菜や果物を購入する。

〈2021・公共サンプル問題〉

7 異なる複数の立場から考える問題

> **Point**　・同じ物事でも，それを見る立場が変わればその捉え方も異なる。とりわけ問題文が会話形式の場合，それぞれの立場の違いと，そこから生じる見方・考え方の違いに注意して読み取ろう。
> ・選択肢の正誤は，それぞれの立場に対応する内容であるかという観点から判定しよう。本書のPointで再三述べてきた，「問いに対する答えになっているものを選ぶ」という解法の応用編とも言える。

1 　民泊について，生徒Xと生徒Yは次のような会話をしている。次の会話文中の空欄　 ア 　・　 イ 　に当てはまる語句の組合せとして最も適当なものを，後の ① ～ ④ のうちから一つ選べ。

X：住宅宿泊事業法が制定されて，住宅を宿泊事業に用いる民泊が解禁されたと聞いたけど，うちのJ市も空き家を活用した民泊を推進しているらしいね。でも，同じく宿泊施設であるホテルや旅館の経営者の一部からは，経営への悪影響を懸念して規制をすべきという声も出ているらしいよ。

Y：　 ア 　を支持する考えからすれば，民泊がたくさんできると，利用者の選択肢が増え利便性が上がるだろうし，将来的には観光客の増加と地域経済の活性化につながって，いいことなんだけどね。

X：問題もあるんだよ。たとえば，閑静な住宅街やマンションの中に民泊ができたら，夜間の騒音とか，周辺住民とトラブルが生じることがあるよね。彼らの生活環境を守るための対策が必要じゃないかな。

Y：民泊の営業中に実際に周囲に迷惑をかけているなら個別に対処しなければならないね。でも，自身の所有する住宅で民泊を営むこと自体は財産権や営業の自由にかかわることだし，利用者の選択肢を狭めて

はいけないね。だから，住宅所有者が民泊事業に新たに参入することを制限するのはだめだよ。その意味で，　イ　ことには反対だよ。

① ア　規制強化　　イ　住宅街において民泊事業を始めることを地方議会が条例で禁止する
② ア　規制強化　　イ　夜間の激しい騒音を改善するよう民泊事業者に行政が命令する
③ ア　規制緩和　　イ　住宅街において民泊事業を始めることを地方議会が条例で禁止する
④ ア　規制緩和　　イ　夜間の激しい騒音を改善するよう民泊事業者に行政が命令する

〈2022・本試〉

❷　生徒Aは，授業で発表する内容について生徒Bと話し合った。次のA・Bの会話文と**メモ**を読み，　X　〜　Z　に入るものの組合せとして最も適当なものを，後の①〜⑧のうちから一つ選べ。

会話文

A：私が調べた「フードドライブ」という活動は，私たち消費者が過剰に購入したことなどが原因で，これまで，まだ食べられるにもかかわらず，捨てられるほかなかった食品を，必要とする社会福祉施設等に届けることで，食品ロスという社会問題を解決に向かわせることにもなる取組みだと思ったよ。食品を簡単に捨てたりすることもよくないね。

B：もったいないというAさんの気持ちはよく分かるけれど，異なる意見もあるんじゃないかな。例えば，　X　の考え方に当てはめると，購入した食品をそのまま捨ててしまうことも，購入した人の自由であって，捨てないように強制することはできないと思うよ。

A：確かに，そうかもしれないね。何が正しい行為か，発表前にもう一度よく考えておく必要がありそうだね。

B：そうそう，この間，正しい行為とは何かについてのとても興味深い講演会を聞いたよ。

A：どんな内容だったか教えてくれる。

B：講演を聞きながらメモをとったからこれを見て。

メモ　正しい行為に関する三つの考え方

ア　善意や愛をもった徳の高い人がその状況に置かれた場合に，その人柄にふさわしく為すであろうと思われる行為のことである。

イ　その行為の結果としてなるべく多くの人をできるだけ幸福にすることができる行為のことである。

ウ　その行為が，誰にとってもいかなる場合でも為すものであろうと考えた上で為すのが正しい行為である。

A：なるほど。例えば，必要とする人がいるのに食品を捨ててしまうことが，社会全体の損失になると考えて，「フードドライブ」に取り組むとするならば，メモのア〜ウのうちの　Y　の考え方に当てはめるだろうね。また例えば，食べ物に対して感謝の心を持つことが基本的には大切であると考えて，食品ロスをやめようとするならば，　Z　の考え方に基づいているってことだよね。この三つの考え方は，いろいろな場面に応用できそうだね。

① X－所有権絶対の原則　　Y－ア　　Z－イ
② X－所有権絶対の原則　　Y－イ　　Z－ア
③ X－所有権絶対の原則　　Y－イ　　Z－ウ
④ X－所有権絶対の原則　　Y－ウ　　Z－ア
⑤ X－契約自由の原則　　Y－ア　　Z－イ
⑥ X－契約自由の原則　　Y－ア　　Z－ウ
⑦ X－契約自由の原則　　Y－イ　　Z－ア
⑧ X－契約自由の原則　　Y－ウ　　Z－イ

〈2021・公共サンプル問題〉

❸ 生徒Aのクラスでは，18歳未満の者がスマートフォン等を使ってオンラインゲームをすることを法で規制すべきかどうかを議論することとなった。生徒AとBは，それぞれ次の主張を述べた。2人の主張の対立の基礎には，ある考え方が個人の自由を規制する理由として認められるかどうかがある。生徒Aの主張の基礎にある考え方と同じ考え方に基づく自由の規制として最も適当なものを，後の ① ～ ④ のうちから選べ。

生徒A：子どもが長時間にわたってオンラインゲームをすると本人の学力に悪影響が出るから，オンラインゲームを法で規制すべきである。

生徒B：どれほどの時間オンラインゲームをするかは，本人の自由に任せればよいから，オンラインゲームを法で規制すべきではない。

① 交通事故により運転者が受ける被害を小さくするという理由から，バイクの運転者にヘルメットの着用を義務づける。

② 歴史的な建造物が多くある地域の景観を守るという理由から，道路に看板を立てることを禁止する。

③ ナイフを使って他の生徒を傷つけるおそれがあるという理由から，生徒が学校にナイフを持ち込むことを禁止する。

④ 長い歴史のある学校の校風を守るという理由から，昔から使われてきた制服の着用を生徒に義務づける。

〈2021・公共サンプル問題〉

❽ 模式図を用いた問題

Point ・「❶ 表やグラフを用いた問題」と同様に，その模式図で示されていることは，問題文で説明されているので，まずはその説明を読み取ることが肝心である。
・フローチャート形式の模式図では，要素どうしの因果関係や前後関係に注意しよう。

❶ 次の文章と図は，環境問題の解決のための手法についてまとめたものである。

環境問題の原因となっている物質aをA社とB社のみが排出しているものとする。この物質を，A社は年間70トン，B社は年間100トン排出している。環境問題の解決のために物質aの排出量を社会全体で年間100トンにまで減らす必要があるとき，次の二つの方法がある。

方法ア：A社とB社が物質aを排出できる量を規制する。

方法イ：A社とB社に物質a排出枠を割り当て，その枠を超えて排出する場合にはA社とB社との間で排出枠を売買することを認める。

また，A社とB社は次の状況におかれていると仮定する。

○ A社が物質aを削減するのにかかるコストは，B社が同じ量の物質aを削減するのにかかるコストよりも小さい。

○ 排出枠20トンの取引価格は，A社が物質aを20トン削減するのにかかるコストより大きく，B社が物質aを20トン削減するのにかかるコストより小さい。

以上のとき，社会全体で最も小さなコストで物質aを削減できるものを，次の ① ～ ④ のうちから一つ選べ。

① **方法ア**を採用し，A社とB社が物質 a を排出できる量をそれぞれ年間50トンに規制する。

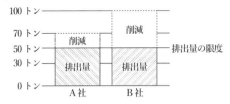

② **方法ア**を採用し，A社が物質 a を排出できる量を年間70トンに，B社が物質 a を排出できる量を年間30トンに規制する。

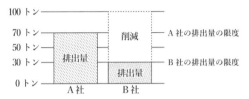

③ **方法イ**を採用し，両社に50トンの排出枠を割り当て，A社が年間30トン，B社が年間70トン排出する。B社はA社から排出枠20トンを購入する。

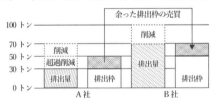

④ **方法イ**を採用し，両社に50トンの排出枠を割り当て，A社が年間70トン，B社が年間30トン排出する。A社はB社から排出枠20トンを購入する。

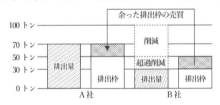

〈2018・試行調査〉

❷ 生徒たちは，資本取引について調べたところ，経済のグローバル化と関連があることがわかってきた。そこで，1980年代から顕著となり現在まで続く経済のグローバル化の中で，発展途上国・新興国への日本企業の進出がどのような要因によって進み，その結果，日本や発展途上国・新興国にそれぞれどのような影響をもたらすことが考えられるかについて簡略化して次の図にまとめてみた。

図中の空欄 ┃ ア ┃ には次のaかb，空欄 ┃ イ ┃ には次のcかdのいずれかの記述が入る。その組合せとして最も適当なものを，下の①〜④のうちから一つ選べ。

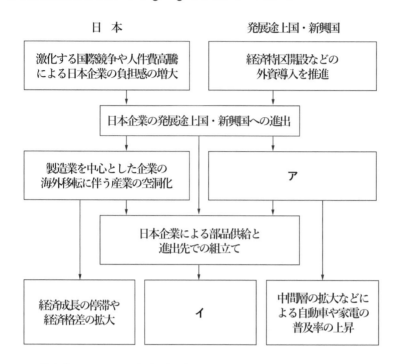

a 外資導入による輸出指向（志向）型での工業化の進展

b 自国資本による輸入代替工業化の進展

c 日本と発展途上国・新興国間の工業製品の貿易における日本の最終製品輸出比率の上昇と中間財輸入比率の上昇

d 日本と発展途上国・新興国間の工業製品の貿易における日本の最終製品輸入比率の上昇と中間財輸出比率の上昇

① ア − a 　　イ − c
② ア − a 　　イ − d
③ ア − b 　　イ − c
④ ア − b 　　イ − d

〈2021・第1日程〉

Point ☝ ・調査内容として与えられている具体的な事例からどのようなことが言えるのか，推論して抽象化（一般化）しよう。

・探究とは，与えられた要素から推論して一つの結論を引き出すことである。その際，与えられた要素以外のものを持ち込まないように注意しよう。

1 産業の活性化に関連して，生徒Wは地域産業の取組みについて調査しようと思い，ある農業従事者に聞き取り調査を行った。次のメモは，その聞き取りでわかったことをまとめたものである。メモにある取組みに関する下の記述 a〜c のうち，正しいものはどれか。当てはまる記述をすべて選び，その組合せとして最も適当なものを，下の①〜⑦のうちから一つ選べ。

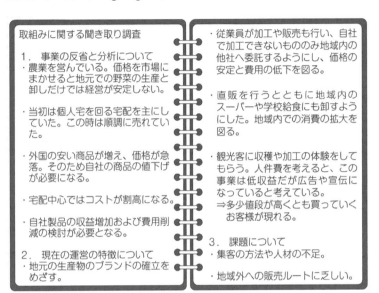

取組みに関する聞き取り調査

1．事業の反省と分析について
・農業を営んでいる。価格を市場にまかせると地元での野菜の生産と卸しだけでは経営が安定しない。

・当初は個人宅を回る宅配を主にしていた。この時は順調に売れていた。

・外国の安い商品が増え、価格が急落。そのため自社の商品の値下げが必要になる。

・宅配中心ではコストが割高になる。

・自社製品の収益増加および費用削減の検討が必要となる。

2．現在の運営の特徴について
・地元の生産物のブランドの確立をめざす。

・従業員が加工や販売も行い、自社で加工できないもののみ地域内の他社へ委託するようにし、価格の安定と費用の低下を図る。

・直販を行うとともに地域内のスーパーや学校給食にも卸すようにした。地域内での消費の拡大を図る。

・観光客に収穫や加工の体験をしてもらう。人件費を考えると、この事業は低収益だが広告や宣伝になっていると考えている。
⇒多少値段が高くとも買っていくお客様が現れる。

3．課題について
・集客の方法や人材の不足。

・地域外への販売ルートに乏しい。

a　販路の拡大を行っている　　b　六次産業化を実施している

c　地産地消に取り組んでいる

① a　　　　② b　　　　③ c　　　　④ aとb　　　　⑤ aとc

⑥ bとc　　　⑦ aとbとc　　　　　　　　　　　　　　　〈2021・第2日程〉

2 社会保障に関連する資料について，生徒Xと生徒YはL市役所を訪問し，職員に質問することにした。次の会話文は生徒たちが訪問前に相談している場面である。会話文中の下線部㋐〜㋓の四つの発言のうち，三つの発言は，後の資料の数値のみからは読みとることのできない内容である。会話文中の下線部㋐〜㋓のうち資料の数値のみから読みとることのできる内容について発言しているものはどれか。最も適当なものを，後の①〜④のうちから一つ選べ。

X：高齢者向けの社会保障と同時に子育ての支援も重要だと思うよ。

Y：子育てにはお金がかかるから児童手当のような現金給付が必要じゃないかな。㋐**資料1**を使って児童手当支給額の経年での変化をみると，支給額は増えていないことが示されているよ。もっと給付できないのかな。

X：でも，それよりも保育サービスの拡充の方が求められているんじゃないかな？　㋑**資料2**には，保育所等を利用する児童数の増加傾向が示されているよ。

Y：現金給付と保育サービスの拡充のどちらも必要なのかもしれないよね。この前読んだ本には子育て支援の給付などを表す指標として家族関係社会支出があると書いてあったんだけど，㋒**資料3**では，世界の国の中には，対GDP比でみた家族関係社会支出の規模が日本の2倍以上の国があることが示されているしね。

X： でも⊕**資料4**には，社会保障の財源には借金が含まれていて，プライマリーバランスが悪化している主な要因であることが示されているよ。持続可能な仕組みなのかな。

Y： 日本全体の話だと実感がわかないから，身の回りの問題から考えてみよう。市役所の訪問時にはL市の子育て支援について質問してみない？

資料1　児童手当支給の対象と額

支給対象児童	0歳〜3歳未満	3歳〜小学校修了前		中学生
			第3子以降	
1人あたり月額	15,000円	10,000円	15,000円	10,000円

（注）　児童手当の支給には所得制限がある。また，第3子以降とは高校卒業までの養育している児童のうち，3番目以降のことをいう。
（出所）　内閣府Webページにより作成。

資料2　保育所等の待機児童数の推移

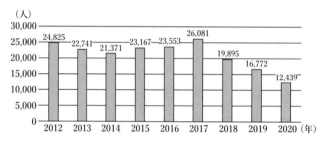

（出所）　厚生労働省Webページにより作成。

資料3　各国の家族関係社会支出の対GDP比の比較（2017年）

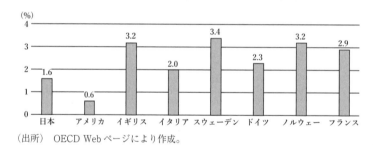

（出所）　OECD Webページにより作成。

資料4　日本の社会保障の給付と負担の現状（2020年度予算ベース）

（注）「公費」は国の社会保障関係費等および地方自治体の一般財源を，
　　　「その他」は積立金の運用収入等を意味する。
（出所）　厚生労働省Webページにより作成。

① 下線部⑦　　② 下線部④　　③ 下線部⑨　　④ 下線部⊕　　〈2022・本試〉

第1問　次の生徒**X**と生徒**Y**の多様性と共通性に関する会話文を読み，後の問い（**問1～4**）に答えよ。なお，設問の都合上，**X**と**Y**の各発言には番号を振っている。

X1：2021年に開催されたオリンピック・パラリンピックは⒜「多様性」がテーマの一つだったね。「違いを認め合おう」とメッセージを発信していた。人種や民族，文化，性別，宗教，地域，障害の有無等の違いを認め合おうということだね。

Y1：様々な「違い」が強調されるんだけど，それぞれが「同じ」尊厳ある人間だという共通性については，あまり強調しない。

X2：でも，⒝人間はそれぞれの地域に固有の文化や伝統の中に生まれ落ち，その文化や伝統を糧にして育つ。だから人も社会も文化も違っていて多様なんだよね。

Y2：一方で，人間が生まれながらにもつとされる自然権や基本的人権といった権利が，多様な人間の共通性の基盤ともなっている。自然法を起点にして⒞各種の法を捉えるという思想もある。

X3：その思想に近いものは，ほかにもあるのかな。

Y3：例えば，行為の善さは行為の結果にあるのではなく，多様な人々に共通している人格を尊重しようとする意志の自由にあるという思想が挙げられる。この思想を唱える哲学者は，すべての人には地表を共同で所有する権利があるのだから，どんな人にも外国を「訪問する権利」があると言っている。

問1　多様性と共通性に関する生徒**X**と生徒**Y**の会話文について，次の**ア～エ**の考えのうち，**Y3**の発言にある「この思想を唱える哲学者」の考えとして最も適当なものを，後の**①～④**のうちから一つ選べ。　[　1　]

ア　人間は自分で自分のあり方を選択していく自由な存在であると同時に，自分の選択の結果に対して責任を負う存在でもある。個人の選択は社会全体のあり方にも影響を与えるので，社会への参加，すなわち「アンガジュマン」を通して個人は社会に対して責任を負う，という考え

イ　人間はこの世界では不完全で有限だが，この世界に生まれる以前，魂は，完全で永遠な「イデア」の世界にあったので，この世界においても，魂は，イデアへの憧れをもっている。その憧れが哲学の精神であり，統治者がこの精神をもつことによって，理想的ですぐれた国家が実現できる，という考え

ウ　人間は各々個別の共同体で育ち，共同体内で認められることで自己を形成する。それゆえ，個人にとっての善と共同体にとっての善とは切り離すことができず，各共同体内で共有される「共通善（公共善）」とのつながりによって，個人の幸福で充実した生は実現する，という考え

エ　人間は自己を目的として生きており，どんな相手をも手段としてのみ利用してはならない。この道徳法則に従うことを義務として自らを律する人々が形成する社会を普遍的な理念とするべきであり，「永遠平和」を実現するためには，この理念を国際社会にも拡大すべき，という考え

①　ア　　　**②**　イ　　　**③**　ウ　　　**④**　エ

問2　下線部⒜に関して，ある鉄道会社で就業体験活動をした生徒**X**は，その資料室で見ることができた1970年代の写真と現在の様子を比べ，多様性の尊重として，**ア～エ**に示す改善・工夫が行われてきたことに気付いた。それらは，法令の施行や改定とも関連があると思われた。後の法令**A～C**のうち，**B**と**C**の目的・趣旨に基づく改善・工夫を**ア～エ**のうちからそれぞれ選び，その組合せとして最も適当なものを，後の**①～⑥**のうちから一つ選べ。　[　2　]

ア	昔の写真ではお守りや御札がオフィスや運転席に置かれているが，現在では置かれていない。
イ	昔の写真では車掌や運転士は男性で，女性はオフィスで働いているが，現在では多くの業務に女性も男性も従事している。
ウ	昔の写真では改札口の間が狭く，ホームをつなぐ高架には階段しかないが，現在では幅が広い改札口もあり，エレベーターなども設置されている。
エ	昔の写真では駅や車内の案内は漢字やひらがな，ローマ字つづりでの表示であるが，現在では多言語表示がなされている。

A　消費者基本法　　B　障害者差別解消法　　C　男女雇用機会均等法

① B−ア　C−ウ　　② B−ア　C−エ　　③ B−イ　C−エ

④ B−ウ　C−ア　　⑤ B−ウ　C−イ　　⑥ B−エ　C−イ

問3　下線部ⓑに関して，生徒Xと生徒Yの学校では課外活動で地元の自治体に協力し，桃の節句，菖蒲の節句に合わせてSDGsに関するイベントを企画することになった。次の**イベント企画案**は，市役所のエントランスホールなどの施設を利用して，一回につき二つの目標を取り上げるものである。**イベント企画案**中の　ア　・　イ　に当てはまる目標の組合せとして最も適当なものを，後の①〜④のうちから一つ選べ。　3

イベント企画案

目　標	月	イベント概要
ア と 5 ジェンダー平等を実現しよう	2〜3	性にかかわらず，すべての人が様々な分野を通じて，社会全体の創造性などに寄与できるようにする取組みや，国際労働機関（ILO）と国連女性機関（UN WOMEN）の取組みを紹介する。科学における女性と女児の国際デー（2月11日），国際女性デー（3月8日）の月にあたり，雛人形の工作の準備をし，あらかじめ用意した飾り段の上に，各自で製作した様々な人形を自由に置いてもらう。
イ と 6 安全な水とトイレを世界中に	4〜5	妊娠中の人に特に重要な職場や家庭での分煙，また，多機能トイレの設置数の増加を呼びかける。若年層を喫煙の害から守る世界保健機関（WHO）の取組みを紹介する展示を行う。世界保健デー（4月7日），世界禁煙デー（5月31日）の月にあたり，菖蒲の束をその場で作ってもらう。希望者には持ち帰り，湯船に入れてもらうなどする。

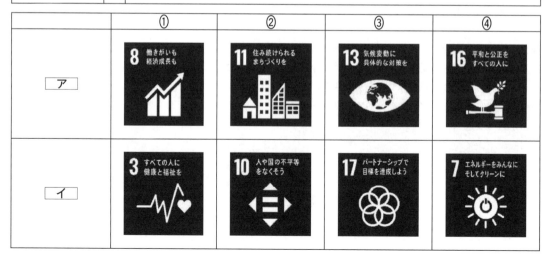

問4　下線部ⓒに関して，生徒**X**と生徒**Y**は日本における民法の変遷について調べてまとめた。このうち，現行の民法の内容に関する記述として正しいものを次の**ア**〜**ウ**からすべて選んだとき，その組合せとして最も適当なものを，後の①〜⑧のうちから一つ選べ。　**4**

ア　現行の民法では，成年年齢に達するということには，親権に服さなくなるという意味がある。

イ　現行の民法では，当事者の一方が未成年である場合に，未成年が単独で相手方とした契約は，原則として後になって取り消すことができることが定められている。

ウ　現行の民法では，当事者の一方が公序良俗に反する内容の契約を申し出た場合に，相手方がそれに合意する限りにおいて，その契約は有効となり，後になって取り消すことができないことが定められている。

①　アとイとウ　　　②　アとイ　　　③　アとウ　　　④　イとウ
⑤　ア　　　　　　　⑥　イ　　　　　⑦　ウ　　　　　⑧　正しいものはない

第2問　「公共」の授業で1年間のまとめとして，生徒**X**は同じ関心をもつ生徒たちとグループをつくり，「人口減少が続く中でどのような社会をつくればよいか」という課題を設定し，探究活動を行った。これに関して，後の問い（**問1**〜**4**）に答えよ。

問1　生徒**X**たちは，人口減少の要因やその対策を考察するための資料を収集・分析する中で，人口減少の主要因は少子化だと考え，出産・子育て支援策について検討した。次の**生徒Xたちのメモ**中の　**A**　・　**B**　に当てはまるものの組合せとして最も適当なものを，後の①〜⑥のうちから一つ選べ。　**5**

生徒Xたちのメモ

> 　出産や子育ては，社会状況の変化などにより，保護者となる世代に個人的な負担が重くのしかかってきた。日本においては，1972年に児童手当法が施行され，保護者に対し，児童手当が支給されている。児童手当法はその後の改定の過程で，出生順位の規定が撤廃され，支給対象年齢が拡大され，現在は子どもの年齢や出生順位によって金額に重みがつけられている。ただし，児童手当の支給には保護者の所得制限がある。一般的に給与などは，各人の能力や功績に比例して決められる，すなわちアリストテレスが言う　**A**　的正義に基づいていることが少なくない。一方，児童手当の所得制限では，収入が高ければ逆に支給が抑えられている。
> 　児童手当などの日本の出産・子育て支援策としての社会給付は，社会が子育てに責任をもち，子育てを支えるという考え方を反映していると考えられる。アリストテレスは，法を守り，共同体の善を実現する　**B**　的正義を提唱している。これからの日本では，どのような出産・子育て支援策が考えられるだろうか。

①　A－配分　B－調整　　　②　A－配分　B－全体　　　③　A－全体　B－配分
④　A－全体　B－調整　　　⑤　A－調整　B－全体　　　⑥　A－調整　B－配分

問2 生徒**X**たちは，日本とヨーロッパの OECD 加盟国について，次の**図1・図2**を示しながら「日本は出産・子育て支援策として，保育サービスなどの『現物給付』の充実を図る必要がある。」という提案を行うことにし，事前に他のグループに説明したところ，後の**ア〜エ**のような意見が他の生徒からあった。

ア〜エのうち**図1・図2**を正しく読み取った上での意見の組合せとして最も適当なものを，後の①〜⑥のうちから一つ選べ。 6

図1「現金給付」対 GDP 比と合計特殊出生率

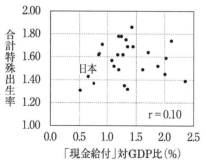

図2「現物給付」対 GDP 比と合計特殊出生率

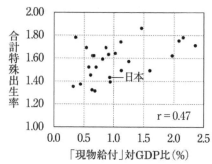

（注）「現金給付」対 GDP 比及び「現物給付」対 GDP 比とは，家族関係政府支出「現金給付」及び「現物給付」の支出額の GDP に対する比率を表す。r は相関係数を示す。
（出所）**図1・図2**とも OECD.Stat（"OECD"Web ページ）の 2017 年の統計により作成。

ア 日本よりも合計特殊出生率が低いすべての国は，「現金給付」対 GDP 比が日本より低いため，「現金給付」より「現物給付」の充実に重点を置く提案に賛同する。

イ 「現金給付」対 GDP 比と合計特殊出生率には強い相関があるため，「現物給付」より「現金給付」の充実に重点を置くべきである。

ウ 「現物給付」対 GDP 比が日本より低くても合計特殊出生率が 1.60 を超える国々があるため，「現物給付」の充実を提案する前に諸外国の状況を調査してはどうか。

エ 「現物給付」対 GDP 比と合計特殊出生率との因果関係は示されていないため，「現物給付」の充実を提案するためには別の資料も準備した方がよい。

① アとイ   ② アとウ   ③ アとエ
④ イとウ   ⑤ イとエ   ⑥ ウとエ

問3 生徒**X**たちは，高齢化の進行と，少子化による人口減少が進むと，社会保障の面で問題が生じるのではないかと考えた。このことを中間発表で説明したところ，「今後の日本には，どのような社会保障のあり方が望ましいと考えますか。諸外国の給付規模などとの比較を踏まえて，教えてください。」という質問が他の生徒からあった。

これに対し，生徒**X**たちは準備していた次の**図3**を踏まえ，回答した。**図3**は，1980 年から 2015 年における 5 年ごとの日本，ドイツ，イギリス，アメリカの高齢化率と社会支出の対 GDP 比が表されており，**生徒X**たちの回答中 A 〜 D は，日本，ドイツ，イギリス，アメリカのいずれかである。

生徒Xたちの回答中の A ・ D に当てはまる国名及び E に当てはまる文の組合せとして最も適当なものを，後の①〜⑧のうちから一つ選べ。 7

図3　高齢化率と社会保障の給付規模の国際比較

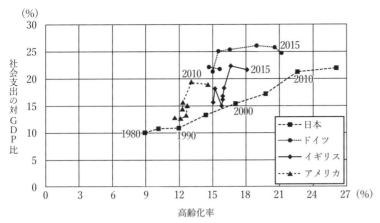

(注) 横軸の高齢化率は，その国の全人口に占める65歳以上人口の割合を示している。縦軸の「社会支出」とは，人々の厚生水準が極端に低下した場合にそれを補うために個人や世帯に対して財政支援や給付をする公的供給のことを表している。

(出所) 厚生労働省「令和2年版厚生労働白書」により作成。

生徒Xたちの回答

　　　A 　は，1980年から2015年にかけて，図3中の他のいずれの国よりも急速に高齢化が進行したと言える。そのため，社会保障の給付規模は，高齢化率が高くなるに従って，社会支出の対GDP比も大きくなっている。
　　　B 　は，高齢化率も社会支出の対GDP比も相対的に低い水準にある。こうした傾向は，市場経済を重視する立場から，労働移動や自助努力を促す政策を展開してきたことと関連していると考えられる。
　　　C 　では，1995年から2010年にかけて社会支出の対GDP比はほぼ横ばいであった。また，　C 　は市場経済を重視していると考えられるが，1980年においてすでに他国と比べて高水準の社会支出対GDP比を実現していた。
　　　C 　に次いで1980年に高齢化率が高かった　D 　では，1990年から2010年にかけて社会支出の対GDP比が大きく引き上げられた。この現象は，1990年代にそれまでの政策からの転換を遂げたことと関連していると考えられる。このようにして，図3に基づいて考えると，　E 　が，今後の日本における社会保障のあり方を構想するための重要な要因になるだろう。

	A	D	E
①	日本	アメリカ	一定期間における高齢化率の伸びに対する社会支出の対GDP比の割合を大きくするか否か
②	日本	アメリカ	市場経済と社会保障の双方を重視する政策を推進し，高齢化率を大幅に抑制し続けるか否か
③	日本	イギリス	一定期間における高齢化率の伸びに対する社会支出の対GDP比の割合を大きくするか否か
④	日本	イギリス	市場経済と社会保障の双方を重視する政策を推進し，高齢化率を大幅に抑制し続けるか否か
⑤	ドイツ	アメリカ	一定期間における高齢化率の伸びに対する社会支出の対GDP比の割合を大きくするか否か
⑥	ドイツ	アメリカ	市場経済と社会保障の双方を重視する政策を推進し，高齢化率を大幅に抑制し続けるか否か
⑦	ドイツ	イギリス	一定期間における高齢化率の伸びに対する社会支出の対GDP比の割合を大きくするか否か
⑧	ドイツ	イギリス	市場経済と社会保障の双方を重視する政策を推進し，高齢化率を大幅に抑制し続けるか否か

問4 生徒Xたちは，最終発表に向け，人口減少及び高齢化が進行する自らの地域において，高齢者がよりよい生活を送るためにはどのような施策が考えられるかということについて話し合った。次の会話文中の　A　～　C　に当てはまる文の組合せとして最も適当なものを，後の①～⑧のうちから一つ選べ。　8

X：人口減少，高齢化が進行している私たちの住む地域の中で，どのような施策が考えられるだろうか。

Y：私たちの住む地域は高齢者世帯が多いことから，行政主体での，希望するすべての高齢者世帯への家事援助や配食サービスの実施を提案してはどうだろう。

X：公正を重視した提案だね。新たな社会保障の施策を考える時に大切な考え方だ。では，効率の面からはどうかな。

Z：効率の面からみると，　A　。

Y：そうだね。Zさんの発言に加えると，　B　ということも考えられるから効率的だし，地元にもメリットがあるね。

W：でも，効率が安易に追求されすぎて，利用者の生活の質（QOL）が損なわれることになってはいけない。提供されるサービスの質を確保し，すべての利用者が適切にサービスを受けられるという公正さの確保も大切なことだ。だから　C　とよいのではないかな。

X：施策を考えるには，様々な視点や立場から検討することが大切だね。

　A　に入る文

ア このようなサービスは，新たに行政が始めるよりも，入札を実施して，ノウハウをもつ民間企業に委ね，サービスの提供に関わる費用を行政が負担して提供する方がよいのではないかな

イ このようなサービスは，各自治体が住民の求めるすべてのサービスに対応できるようにするために，ニーズの有無に関わらず大きな組織を複数作って提供する方がよいのではないかな

　B　に入る文

ウ 行政に幾つもの新しい組織が作られることで，その運営に関わる費用が多少増えても，多くの組織が作られることによる新たな雇用の創出が期待できる

エ 企業は業務を請け負い，また利潤を得るために無駄な経費を抑えるだろうし，また，その地域で新たな雇用の創出が期待できる

　C　に入る文

オ 行政には，すべての企業がその規模や過去の実績に関わらず入札に参加できる機会の公正を確保する役割を担ってもらう

カ 行政には，企業から高齢者世帯へのサービスの提供後に，その内容を点検することによって公正さを確保する役割を担ってもらう

① A－ア　B－ウ　C－オ　　　② A－ア　B－ウ　C－カ
③ A－ア　B－エ　C－オ　　　④ A－ア　B－エ　C－カ
⑤ A－イ　B－ウ　C－オ　　　⑥ A－イ　B－ウ　C－カ
⑦ A－イ　B－エ　C－オ　　　⑧ A－イ　B－エ　C－カ

第3問 生徒Xと生徒Yが，「政治・経済」の授業において「不当な格差のない，平等な社会」というテーマについて話し合っている。次の**会話文1**および後の**会話文2・3**を読み，後の問い（**問1～6**）に答えよ。

会話文1

X：男女の平等については，女子差別撤廃条約が重要だね。この条約を批准した日本は男女差別撤廃に向けて，これまで@さまざまな法律を制定したり，改正したりしてきたようだよ。

Y：男女の平等をはじめとして，国際社会ではそれ以外にも人々の権利を保障するための多くの人権条約が採択されているようだね。ただ，これらの条約の中には，まだ⑥日本が批准していない条約もあるみたいだ。

問1 下線部@について，生徒Xは，男女の平等に関する日本の法律を調べてみた。それぞれの法律に関する記述として正しいものを，次の①～④のうちから一つ選べ。ただし，各法律の内容は現行法によるものとする。 | 9 |

① 労働基準法は，男女同一賃金の原則を明文で定め，賃金面における女性への差別を禁止している。

② 育児・介護休業法は，女性労働者のみならず男性労働者に対しても，育児休業の取得を義務づけている。

③ 民法は，女性の婚姻開始年齢を引き下げる改正を経て，男女とも18歳にならなければ婚姻できないことを規定している。

④ 男女雇用機会均等法は，事業主は，募集，採用，配置，昇進など，職場における男女差別の解消に努めなければならないことを定めている。

問2 下線部⑥について，生徒Yは，人権条約と現在の日本の批准状況について調べ，次の**表1**を作成した。**表1**中の空欄 | ア | ～ | ウ | に当てはまる語句の組合せとして最も適当なものを，後の①～④のうちから一つ選べ。 | 10 |

表1

採択年	条約の名称	日本の批准
1953年	婦人の参政権に関する条約	あり
1965年	ア	あり
1966年	経済的，社会的および文化的権利に関する国際規約（社会権規約）	ウ
1979年	女子に対するあらゆる形態の差別の撤廃に関する条約（女子差別撤廃条約）	あり
1989年	イ	なし
1990年	すべての移民労働者及びその家族構成員の権利の保護に関する国際条約（移民労働者条約）	なし

（注）日本の批准において，一部留保付きで批准したものもある。

① ア 子ども（児童）の権利条約

　 イ アパルトヘイト犯罪の禁止及び処罰に関する国際条約

　 ウ なし

② ア 死刑の廃止を目指す，市民的及び政治的権利に関する国際規約の第二選択議定書（死刑廃止条約）

　 イ 子ども（児童）の権利条約

　 ウ なし

③ ア あらゆる形態の人種差別の撤廃に関する国際条約（人種差別撤廃条約）

　 イ 死刑の廃止を目指す，市民的及び政治的権利に関する国際規約の第二選択議定書（死刑廃止条約）

　 ウ あり

④ ア 障害者の権利に関する条約

　 イ あらゆる形態の人種差別の撤廃に関する国際条約（人種差別撤廃条約）

　 ウ あり

会話文2

X：平等ということでいえば，投票価値の平等も重要だよね。日本国内では，国政選挙における⊙一票の格差が，しばしばニュースで話題になっているね。

Y：国際社会に目を向けると，主権平等の原則があるにもかかわらず，国際機関の中には，一部の大国にのみ⊙拒否権が認められている場合もあるようだ。これも問題かもしれないね。

問3 下線部⊙について，生徒Xは，1980年以降の衆議院議員総選挙における最大格差を調べ，その結果をまとめた次の**表2**を作成した。**表2**で示されている内容に関する記述として最も適当なものを，後の①～④のうちから一つ選べ。 11

表2

総選挙の実施年	1980 年	1983 年	1986 年	1990 年	1993 年	1996 年
一票の格差	3.94	4.40	2.92	3.18	2.82	2.31
総選挙の実施年	2000 年	2005 年	2009 年	2012 年	2014 年	2017 年
一票の格差	2.47	2.17	2.30	2.43	2.13	1.98

（出所）裁判所 Web ページにより作成。

① 中選挙区制の下で実施された総選挙では，いずれも一票の格差が 4.00 を超えることはなかった。

② 小選挙区比例代表並立制の導入以降の総選挙では，いずれも一票の格差は 2.50 を下回っている。

③ 2000 年以降の総選挙に関して，最高裁判所が一票の格差を違憲状態と判断したことはなかった。

④ 1980 年の総選挙に比べて 2017 年の総選挙は投票率が高かったため，一票の格差も小さくなっている。

問4 下線部⊙について，生徒Yは，東西冷戦の対立構図の下，国際連合（国連）の安全保障理事会が，常任理事国の拒否権の頻繁な発動により十分な役割を果たせなかったことに関心をもった。そこでYは，常任理事国が拒否権を行使した回数を調べて次の**表3**を作成し，その背景にあるできごとについて推察した。**表3**から推察できる内容の記述として最も適当なものを，後の①～④のうちから一つ選べ。 12

表3

期　　間	アメリカ	イギリス	ソ　連（ロシア）	中　国	フランス
1946 ～ 1960 年	0	2	96	1	4
1961 ～ 1975 年	12	11	18	2	2
1976 ～ 1990 年	57	19	6	0	12
1991 ～ 2005 年	12	0	3	2	0
2006 ～ 2020 年	6	0	24	13	0

（注）1946 年から 1971 年まで中国の代表権は中華民国（台湾）がもっていた。
　　また，1991 年のソ連の解体後，ソ連の地位はロシアが継承した。
（出所）United Nations Web ページにより作成。

① 1946 ～ 1960 年の期間では，常任理事国のうちソ連が最も多く拒否権を行使しているが，その中には朝鮮戦争に関連する決議が含まれる。

② 1961 ～ 1975 年の期間では，常任理事国のうちイギリスが最も多く拒否権を行使しているが，その中にはベトナム戦争に関連する決議が含まれる。

③ 1976 ～ 1990 年の期間では，常任理事国のうちアメリカが最も多く拒否権を行使しているが，その中にはキューバ危機に関連する決議が含まれる。

④ 2006 ～ 2020 年の期間では，常任理事国のうちロシアが最も多く拒否権を行使しているが，その中には湾岸戦争に関連する決議が含まれる。

会話文3

X：日本国憲法では「法の下の平等」が規定されていて，この規定を根拠とした⒠最高裁判所の違憲判決も出されているね。

Y：国際社会では，1994年に国連開発計画が「人間の安全保障」という理念を打ち出しているね。この理念は，一国の国防というよりも，世界中の人々がそれぞれの暮らしの中で直面する問題に焦点を当てている点で，日本国憲法の前文の中の，「 ア 」という部分にみられる考え方に近いともいえるよね。

問5 下線部⒠の仕組みに関心をもった生徒**X**は，裁判所法を調べ，最高裁判所の違憲審査権の行使に関する部分について次の**メモ**を作成した。なお，**メモ**には，表記を改めた箇所やふりがなを振った箇所がある。**メモ**から読み取れる，最高裁判所における裁判に関する記述として最も適当なものを，後の ① 〜 ④ のうちから一つ選べ。 13

メモ

> 第9条第1項 最高裁判所は，大法廷又は小法廷で審理及び裁判をする。
> 第10条 事件を大法廷又は小法廷のいずれで取り扱うかについては，最高裁判所の定めるところによる。但し，左の場合においては，小法廷では裁判をすることができない。
> 一 当事者の主張に基いて，法律，命令，規則又は処分が憲法に適合するかしないかを判断するとき。（意見が前に大法廷でした，その法律，命令，規則又は処分が憲法に適合するとの裁判と同じであるときを除く。）
> 二 前号の場合を除いて，法律，命令，規則又は処分が憲法に適合しないと認めるとき。
> 三 憲法その他の法令の解釈適用について，意見が前に最高裁判所のした裁判に反するとき。

① 法律が憲法に適合しないとの裁判は，最高裁判所の定めるところに反しない限り，小法廷において行うことができる。

② 法律が憲法に適合しないとの裁判は，それが当事者の主張に基くか否かにかかわらず，小法廷において行うことはできない。

③ 法律が憲法に適合するとの裁判は，その意見が前に大法廷で行った裁判と異なるときであっても，小法廷において行うことができる。

④ 法律が憲法に適合するとの裁判は，その意見が前に大法廷で行った裁判と同一である場合には，大法廷において行うことはできない。

問6 生徒**Y**は，あらためて日本国憲法の前文を読み返してみた。次の**資料**は，日本国憲法の前文の一部である。なお，一部現代仮名遣いに改めた箇所やふりがなを振った箇所がある。**会話文3**中の空欄 ア に当てはまる記述として最も適当なものを，**資料**中の下線部 ① 〜 ④ のうちから一つ選べ。 14

資料

> 「日本国民は，恒久の平和を念願し，人間相互の関係を支配する崇高な理想を深く自覚するのであって，①平和を愛する諸国民の公正と信義に信頼して，われらの安全と生存を保持しようと決意した。われらは，平和を維持し，専制と隷従，圧迫と偏狭を地上から永遠に除去しようと努めている国際社会において，名誉ある地位を占めたいと思う。われらは，②全世界の国民が，ひとしく恐怖と欠乏から免かれ，平和のうちに生存する権利を有することを確認する。われらは，③いづれの国家も，自国のことのみに専念して他国を無視してはならないのであって，政治道徳の法則は，普遍的なものであり，この法則に従うことは，④自国の主権を維持し，他国と対等関係に立たうとする各国の責務であると信ずる。」

第4問 生徒X，生徒Y，生徒Zが，「政治・経済」の授業で学習した内容を踏まえて，日本の雇用慣行について話し合っている。次の**会話文1**および後の**会話文2**を読み，後の問い（**問1～6**）に答えよ。

会話文1

X：終身雇用などの雇用慣行を理解することは，ⓐ日本経済の今後の動向を考える上で欠かせないよね。

Y：ⓑ実際にいくつかのデータベースを用いて，日本と他国の雇用慣行に関するデータを比較してみたよ。

X：データをみるとそれぞれの国の特徴がわかって興味深いのだけど，その一方で比較対象によっては大きな違いがみられないね。一体どうしてだろう。

Z：欧米の一部産業では日本と同じ慣行が維持されているから，そこまでの差にならないんじゃないかな。そもそも日本は，労働に限らずⓒ年金などの社会保障分野でも他国を参考にしてきたともいわれているよ。

問1 下線部ⓐについて，生徒Xは，第二次世界大戦後の日本経済の歩みを調べ，次の**ア～ウ**のグラフを作成した。これらは，それぞれ1970年代，1990年代，2010年代のいずれかの消費者物価指数の変化率（対前年比）と完全失業率との推移を示したものである。グラフの横軸は「年」を表し，10年間について1年ごとの目盛り間隔となっている。このとき，これらを年代の古いものから順に並べたものとして正しいものを，後の**①～⑥**のうちから一つ選べ。 15

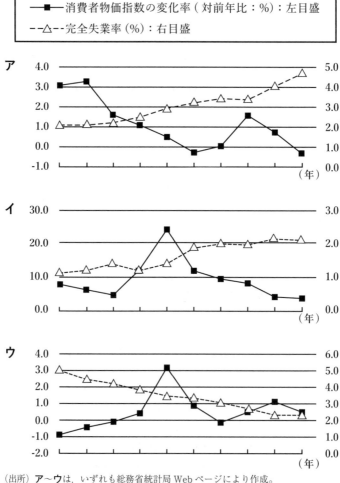

（出所）**ア～ウ**は，いずれも総務省統計局Webページにより作成。

① ア→イ→ウ　　② ア→ウ→イ　　③ イ→ア→ウ

④ イ→ウ→ア　　⑤ ウ→ア→イ　　⑥ ウ→イ→ア

問2 下線部⑥について，生徒**Y**は，日本，イギリス，スウェーデン，ドイツの4か国の雇用慣行を比較して考えてみた。次の**表**は，これら4か国の雇用慣行を数値で表したものであり，**表**中の**A～D**は，それぞれ，これら4か国のいずれかを示している。なお，**表**中の(ア)は勤続年数1～5年の賃金を100としたときに賃金が勤続年数に応じてどのぐらい変化するかを，(イ)は年齢階層別の平均勤続年数を，(ウ)は数値が大きくなるほど賃金交渉を主導する主体が企業別組合から産業別組合へ移ることを意味する「賃金交渉の集権度」を，それぞれ表している。**表**と後の**説明文1～3**とを参考にして，**A～D**が示す国の組合せとして最も適当なものを，後の①～⑧のうちから一つ選べ。 16

		A	B	C	D
(ア)賃金水準	勤続年数 10～14年	140.1	127.9	118.0	110.9
	勤続年数 15～19年	148.8	142.8	126.8	111.8
	勤続年数 20～29年	159.6	170.0	132.2	106.8
(イ)勤続年数	年齢階層 25～54歳	9.4	11.5	7.6	7.1
	年齢階層 55～64歳	19.2	19.6	13.8	17.1
(ウ)賃金交渉の集権度		3	1	1	3

(注) 賃金水準と賃金交渉の集権度の単位は指数である。日本の賃金水準のみ勤続年数1年以上5年未満の賃金を100とする指数である。また，すべてのデータは，2014年から2019年にかけてのいずれかの年のものである。
(出所) 独立行政法人労働政策研究・研修機構『データブック国際労働比較2019』，OECD/AIAS ICTWSS Database により作成。

説明文1 同一労働同一賃金が浸透しているとされるスウェーデンでは，他国に比べて，賃金水準が勤続年数とは独立に決まっている。

説明文2 労働市場の流動性が高いことなどを背景に，イギリスの平均勤続年数はどの年齢階層においても日本より短くなっている。

説明文3 ドイツおよびスウェーデンは，賃金交渉の集権度の面で，日本とは異なっている。

①	A	ドイツ	B	日本	C	イギリス	D	スウェーデン
②	A	日本	B	イギリス	C	スウェーデン	D	ドイツ
③	A	イギリス	B	スウェーデン	C	ドイツ	D	日本
④	A	スウェーデン	B	ドイツ	C	日本	D	イギリス
⑤	A	イギリス	B	日本	C	ドイツ	D	スウェーデン
⑥	A	日本	B	ドイツ	C	スウェーデン	D	イギリス
⑦	A	ドイツ	B	スウェーデン	C	イギリス	D	日本
⑧	A	スウェーデン	B	イギリス	C	日本	D	ドイツ

問3 生徒**Z**は，下線部ⓒについて調べてみた。年金の仕組みに関する記述として最も適当なものを，次の①～④のうちから一つ選べ。 17

① 現在の日本の年金制度の下では，税収が基礎年金の原資の中で最も大きな割合を占めている。

② 年金給付に要する原資をその時々の現役世代が賄う方式は，賦課方式と呼ばれる。

③ デフレーションが生じたときに年金給付額が実質的に減少するという問題が積立方式の下では存在する。

④ 現在の日本の厚生年金制度の下では，すべての受給者に対して同額の給付がなされている。

会話文2

Y：日本の雇用慣行についてはわかったけど，そもそも景気が悪くなってしまうと，失業などの問題も出てくるよね。

X：⒟資本主義経済においては，不況のしわ寄せが企業だけでなく労働者にもいってしまうんだ。

Y：現在の日本には⒠さまざまな働き方をしている人々がいるので，政府のきめ細やかな政策がいっそう重要になってくるね。

Z：さらに，外国人労働者の増加やAI（人工知能）などの⒡新技術の導入もまた，従来型の雇用慣行とは別のメカニズムで，賃金や雇用に影響を与えそうだ。こうした動向も踏まえて新しい働き方をみんなで模索していく必要があるよね。

問4　下線部⒟に関連して，生徒Xは，さまざまな経済学説について調べ，そのうちの二つの考え方を現代的な論点と対応させる次の**メモ1・2**を作成した。それぞれの**メモ**中の空欄　**ア**　・　**イ**　に当てはまる人名の組合せとして正しいものを，後の①〜④のうちから一つ選べ。　18

> **メモ1**　　**ア**　は，物価の安定を重視し，政策当局は通貨量を一定の率で供給すべきと主張したが，リーマン・ショック以降の日本の金融政策は，どのように実施されているのだろう。

> **メモ2**　　**イ**　は，自由貿易がもたらす国際分業によって関係国全体での生産量が増えると論じたが，資本や労働力も自由に国境を越える時代の国際分業には，どのようなメリット・デメリットがあるのだろう。

① **ア** ガルブレイス　　**イ** マルサス　　② **ア** ガルブレイス　　**イ** リカード
③ **ア** フリードマン　　**イ** マルサス　　④ **ア** フリードマン　　**イ** リカード

問5　生徒Yは，下線部⒠について調べてみた。現在の雇用に関する記述として**誤っているもの**を，次の①〜④のうちから一つ選べ。　19

① 日本では，労働者派遣法により，同一の人物が同じ職場で派遣労働者として勤務できる期間は，原則として最長3年に制限されている。

② フルタイムで働いているにもかかわらず，生活の維持が困難になるような所得水準にある労働者も，ワーキングプアと呼ばれる。

③ 日本では，グローバルな企業間競争が激化する中で，すべての雇用に占める非正規雇用者の割合は，現在も30％を超えている。

④ ある一定の仕事量に対して，一人当たりの労働時間を減らすことで雇用人数を増やすことは，ワーク・ライフ・バランスと呼ばれる。

問6　下線部⒡について，生徒X，生徒Y，生徒Zは，需要と供給によって価格と取引量が決まるという財市場のメカニズムを労働市場にも適用し，技術進歩が均衡賃金に与える効果を考え，次の**図**と，**図**を説明した後の**メモ**とを作成した。**メモ**中の空欄　**ア**　〜　**ウ**　に当てはまる語句と記号の組合せとして正しいものを，後の①〜④のうちから一つ選べ。　20

図

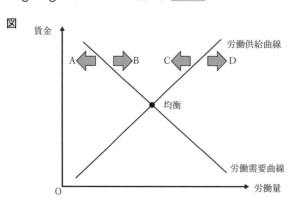

メモ

労働を節約できるような新しい技術が企業に導入されると、他の条件が等しい限りにおいて、 \boxed{ア} が \boxed{イ} の方向に移動する。その結果、均衡賃金は \boxed{ウ} する。

① ア 労働需要曲線　イ A　ウ 低下　② ア 労働需要曲線　イ B　ウ 上昇
③ ア 労働供給曲線　イ C　ウ 上昇　④ ア 労働供給曲線　イ D　ウ 低下

第5問　「政治・経済」の授業で、「現代社会で起きている変化と、それが私たちの生活にもたらす影響」をテーマに、クラス内でいくつかのグループに分かれて探究する学習が行われた。これに関して、後の問い（**問1～6**）に答えよ。

問1　探究する学習を始めるにあたり、先生**T**が「日本経済は歴史のなかでさまざまな変化を経験してきており、現在も変わり続けています。こうした現代につながる歴史を知った上で、現代社会を理解することが大切です。」と述べた。日本経済の変化に関する記述として最も適当なものを、次の①～④のうちから一つ選べ。 \boxed{21}

① 1980年代には貿易摩擦の激化を背景として、日本が外需主導型経済へ転換することが求められた。

② 2000年代に入ると、小泉純一郎内閣の下で構造改革が進められたが、これはいわゆる大きな政府を志向するものであった。

③ 近年進行してきた、モノそれ自体よりも知識や情報の重要性が高まっていく変化のことを、産業の空洞化という。

④ 企業の組織再編の加速を目的に設立が解禁された、株式の所有を通じて他の企業を支配することを主たる業務とする会社のことを、持株会社という。

問2　生徒**W**が、「近年では情報技術がどんどん発達しているし、それが日本経済を大きく変化させていそうだよね。」と発言すると、先生**T**は、「そのとおりですね。しかし経済の中にはさまざまな産業があり、情報化の影響の表れ方は産業によってかなり差があると思いますよ。データを調べてみてはどうですか。」とアドバイスした。それを受けて**W**、生徒**X**、生徒**Y**、生徒**Z**の4人のグループは、近年における産業ごとの変化を示すデータを集め、それをもとに考察と議論を行った。

次の**表1・2**は、日本の農林水産業、製造業、サービス業のそれぞれについて、1994年と2019年の実質付加価値と就業者数のデータをまとめたものである。**表1・2**の内容を踏まえて、後の**会話文**中の空欄 \boxed{ア} に当てはまる記述として最も適当なものを、後の①～④のうちから一つ選べ。 \boxed{22}

表1　産業別実質付加価値

	1994年（億円）	2019年（億円）	1994年から2019年にかけての変化率（％）
農林水産業	76,358	48,833	−36.0
製造業	846,691	1,179,232	39.3
サービス業	2,983,294	3,720,865	24.7

表2　産業別就業者数

	1994年（万人）	2019年（万人）	1994年から2019年にかけての変化率（％）
農林水産業	486	260	−46.5
製造業	1,411	1,081	−23.4
サービス業	3,904	4,841	24.0

（出所）**表1**，**表2**ともに，内閣府経済社会総合研究所『2019年度国民経済計算（2015年基準・2008SNA）』（内閣府経済社会総合研究所Webページ）により作成。

T：産業構造の変化を捉える上では，それぞれの産業でどれぐらいの生産が行われているかという実質付加価値の面と，それぞれの産業でどれぐらいの人が働いているかという就業者数の面の，双方をみることが重要です。**表1**と**表2**から，どのようなことが読み取れますか？

W：1994年から2019年にかけては情報化が大きく進んだと思いますが，情報通信業を含むサービス業は，実質付加価値でみても，就業者数でみても，この25年間で増加していますね。情報化の進展とともに，サービス業の比重がますます高まっていることが読み取れます。

T：そうですね。また情報技術は，生産にも影響を与えた可能性があります。実質付加価値を就業者数で割ると，「その産業で一人の人がどれぐらいの付加価値を生産しているか」を示す一人当たり労働生産性という指標が得られます。この25年間における各産業の一人当たり労働生産性の変化について，どのようなことがわかりますか？

X：**表1**と**表2**を見比べると，　ア　ということがいえるのではないでしょうか。

T：そのとおりです。つまり日本において情報技術が一人当たり労働生産性にどのような影響を与えたかは，産業ごとにかなり違っていた可能性がありますね。こうした違いがなぜ引き起こされるのかについても，考えてみると良いですよ。

① 農林水産業と製造業はともに就業者数の1994年から2019年にかけての変化率がマイナスであるが，一人当たり労働生産性の1994年から2019年にかけての変化率を比べると，農林水産業の方が製造業よりも大きな率で上昇している

② 製造業とサービス業はともに1994年から2019年にかけて実質付加価値が増加しているが，一人当たり労働生産性の1994年から2019年にかけての変化率を比べると，製造業の方がサービス業よりも大きな率で上昇している

③ 1994年から2019年にかけて一人当たり労働生産性はすべての産業において上昇しているが，最も大きな率で上昇しているのはサービス業である

④ 1994年から2019年にかけて一人当たり労働生産性はすべての産業において低下しているが，最も大きな率で低下しているのは農林水産業である

問3　情報技術について議論していく中で，日本において各種のインターネット端末を利用している人の割合を年齢階層別にまとめた次の**資料**をみつけた生徒**Y**は，生徒**W**，生徒**X**，生徒**Z**と発表に向けたグループ学習の進め方を話し合った。後の会話文中の空欄　ア　に当てはまる記述として最も適当なものを，後の①～④のうちから一つ選べ。　23

資料　年齢階層別インターネット端末の利用状況（個人）

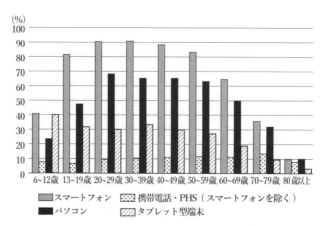

（注）複数回答であり，主な利用機器のみ記載している。また，「PHS」は，「Personal Handyphone System」の略称であり，移動通信サービスの一つである。

（出所）総務省『令和2年通信利用動向調査の結果』（総務省情報通信統計データベース）により作成。

Y：情報通信機器の利用実態は，若い人と高齢の人など，世代によってけっこう違いがあるかもしれないと思うんだけど，実際はどうなのかな。

Z：この**資料**をみると，たとえば，　ア　，といったことが読み取れるね。

X：なるほど。興味深い結果だね。この**資料**からは他にもいろいろと面白い特徴が読み取れそうだから，その背景にある理由を考えてみたいな。

W：そうだね。「インターネットに関わる問題」について，みんなで分担して，もっと調べてみようよ。

① スマートフォンを利用している人の割合をみると，「6～12歳」では半数に満たないものの，それ以外のすべての年齢階層においては半数を超えている

② パソコンを利用している人の割合をみると，「13～19歳」における割合は，60歳以上のすべての年齢階層における割合よりも高い

③ すべての年齢階層において，「携帯電話・PHS（スマートフォンを除く）」よりも「スマートフォン」の方が利用している人の割合が高い

④ すべての年齢階層において，「タブレット型端末」よりも「パソコン」の方が利用している人の割合が高い

問4 インターネットに関わる問題について調べたことをきっかけに，生徒W，生徒X，生徒Y，生徒Zは，さらに議論を重ねていった。インターネットをめぐる日本の今日の状況について述べた次の**ア～エ**の記述のうち，内容が**誤っているもの**が二つある。その組合せとして最も適当なものを，後の①～⑥のうちから一つ選べ。　24

ア インターネットにつながる自由は，著作権や商標権などとともに，知的財産権の一種として保障されている。

イ インターネット接続事業者に対して，インターネット上の表現によって権利を侵害された者が，発信者情報の開示を請求することについて定める法律が制定されている。

ウ インターネットやその他の高度情報通信ネットワークを通じた情報の活用などを所掌する組織として，デジタル庁が発足した。

エ インターネットを用いた通信販売は，一定の期間であれば無条件で契約の申込みを撤回したり契約を解除したりできるという，消費者保護を目的とした制度の対象となる。

① アとイ　　② アとウ　　③ アとエ
④ イとウ　　⑤ イとエ　　⑥ ウとエ

問5 生徒K，生徒L，生徒Mのグループでは，インターネットをめぐる今日の問題として，インターネット上に誹謗中傷やフェイクニュースなどの違法・有害情報が氾濫しているという状況についての対策を議論している。次の**会話文**中の空欄　ア　～　ウ　には，それぞれ後の**a～c**の記述のいずれかが当てはまる。当てはまる記述の組合せとして最も適当なものを，後の①～⑥のうちから一つ選べ。　25

K：SNS などのオンライン・サービスを提供する事業者が，表現の内容をモニタリングして，他人の権利を侵害する違法な情報や，法的には違法とはいえないけど有害な情報を削除したり，投稿者のアカウントを停止したりすることを，コンテンツ・モデレーションというらしいね。

L：違法・有害情報対策を，事業者の自主的なコンテンツ・モデレーションの取組みに任せておく方法はどうかな？

M：　ア　。

K：せめて違法な情報に対しては，コンテンツ・モデレーションを適切に行う義務を事業者に負わせる，というような法律を作るという方法はどうだろう？

L：　イ　。

M：そういう問題があるとしたら，その他に，どのような方法があり得るかな？

K：　ウ　。

L：情報を受け取る私たちのリテラシーを高めることも，同時に追求していくべきだね。

a 違反に対して罰則があったら，事業者は罰を回避するために，本来であれば規制対象とはならないような内容の表現も過剰に削除してしまう可能性があると思うよ

b 利用者が安心・信頼してサービスを利用できるように，事業者にコンテンツ・モデレーションの基準と運用を明確にさせるような法的な仕組みがあるといいと思うよ

c 事業者の考えや好みによって，違法・有害情報が放置されてしまったり，逆に問題があるとまではいえない内容の表現が削除されてしまったりする可能性があると思うよ

① ア－a　イ－b　ウ－c　　② ア－a　イ－c　ウ－b
③ ア－b　イ－a　ウ－c　　④ ア－b　イ－c　ウ－a
⑤ ア－c　イ－a　ウ－b　　⑥ ア－c　イ－b　ウ－a

問6 探究する学習のまとめの発表会で，「インターネット時代の世論」というテーマで調査を行った生徒Nたちのグループが，次の**発表原稿**に基づいて報告を行った。この報告に対して，報告を聴いていた生徒たちから，報告の内容を確認する後の**ア～ウ**の発言があった。**ア～ウ**のうち，Nたちのグループの報告の内容に合致する発言として正しいものはどれか。当てはまるものをすべて選び，その組合せとして最も適当なものを，後の①～⑦のうちから一つ選べ。　26

発表原稿

これまで，テレビ，ラジオ，雑誌，新聞などのマス・メディアが，国民が政治を判断するために必要な情報を伝えるなど，世論形成に大きな役割を果たしてきましたが，今日ではインターネットが果たす役割が大きくなっています。

しかし，インターネットやSNSの特性から，世論の分断化を招く恐れがあるなどの弊害も指摘されています。たとえば，SNS等を利用する際，自分と似た興味関心をもつユーザーをフォローする結果，意見をSNSで発信すると自分と似た意見が返ってくるという経験をしたことがあるでしょう。それにより，特定の意見が増幅されて強化されていくとされます。こうした状況は，閉じた小部屋で音が反響する物理現象にたとえて「エコーチェンバー」といいますが，それが世論形成に影響を与えるといわれています。

また，インターネットでは，アルゴリズムがインターネット利用者個人の検索履歴やクリック履歴を分析・学習し，個々のユーザーがみたい情報を優先的に表示していきます。その結果，自分の考え方や価値観に近い情報だけに包まれた情報環境に置かれることになります。この状況を指して，「フィルターバブル」といわれることがあります。

人間は，自分に都合の良い情報にばかり目を向けてしまい，都合の悪い情報は無意識のうちに無視したり，または，意識的に避けてしまったりという心理的な傾向をもつといわれます。かつては自分の好みや考え方に合わない情報にもマス・メディアを通じて触れる機会がありましたが，インターネットなどの特性からその機会が失われつつあるのです。

これらのことを自覚しながら，情報を批判的に吟味し読み解くメディア・リテラシーを身に付けることが，ますます重要な時代といえるでしょう。

ア 限定的な情報に接し，考えの同じ人々と同調し合うことで，特定の意見や立場が強化されていく結果，世論がより極端な意見や立場に分断していってしまう可能性があるということですね。

イ インターネット上の情報には真偽不明なものが少なくないから，たとえば，政治家についての虚偽情報が流布されることなどによって，有権者の理性的な判断が妨げられてしまうということですね。

ウ テレビ，ラジオ，雑誌，新聞などのマス・メディアは，自分とは異なる価値観や，多様な情報に触れる機会を与えるという意味で，インターネットの時代でもその重要性が失われたわけではないということですね。

① ア　　　　② イ　　　　③ ウ　　　　④ アとイ
⑤ アとウ　　⑥ イとウ　　⑦ アとイとウ

第6問 次の文章を読み，後の問い（**問1～6**）に答えよ。

　生徒**X**，生徒**Y**，生徒**Z**は，「政治・経済」の授業において，「ヨーロッパにおける人の移動と，それが日本に問いかけていること」をテーマにして，先生**T**の助言の下，研究発表と討論を行うことになった。

　まず先生**T**が，ヨーロッパにおける人の移動に関連して，欧州連合（EU）加盟国の人口に関わる資料を配布した。次の**資料1**は，EU加盟国の市民権をもつがEU域内の他国に移り住んでいる20～64歳の人口の，市民権をもつ国の居住人口に対する比率（2020年時点）の上位10か国を示し，**資料2**は，2014年と2020年とを比較したときのEU加盟国の居住人口増加率の上位5か国・下位5か国を示している。

資料1

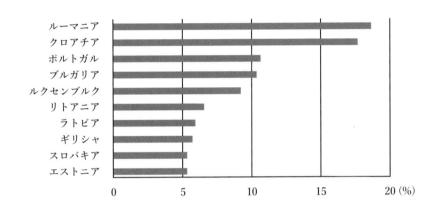

資料2

上位5か国	マルタ	ルクセンブルク	アイルランド	スウェーデン	キプロス
	15.7%	11.8%	6.6%	6.3%	4.4%
下位5か国	リトアニア	ラトビア	クロアチア	ブルガリア	ルーマニア
	−4.9%	−4.9%	−4.7%	−4.2%	−3.4%

（出所）**資料1**，**資料2**ともに，EU統計局（Eurostat）Webページにより作成。

問1 生徒**X**と生徒**Y**は，**資料1**と**資料2**の内容と自分たちが学習してきたこととを合わせて話し合っている。次の**会話文**中の空欄 **ア** には，後の語句**a**か**b**，空欄 **イ** には後の年**c**か**d**，空欄 **ウ** には後の語句**e**か**f**のいずれかが当てはまる。当てはまるものの組合せとして最も適当なものを，後の ① ～ ⑧ のうちから一つ選べ。 27

X：**資料1**では，東ヨーロッパに加えてポルトガルなど南ヨーロッパでも，出身国以外のEU加盟国に移り住んでいる人口の比率が高い国があるね。

Y：南ヨーロッパといえば，リーマン・ショックの後，2009年からの **ア** の影響が大きかった地域だよね。

X：**資料2**をみると， **イ** 以降に新たにEUに加盟した東ヨーロッパ諸国での人口の減少が目立っているね。これはなぜだろうか？

Y：東ヨーロッパ諸国では，1989年に相次いで民主化した後，1990年代に **ウ** へ移行する過程で深刻な不況に見舞われたんだよね。

X：人口の減少と出稼ぎ労働とが関連しているような気がするな。

ア に当てはまる語句

a 金融ビッグバン b ユーロ危機

イ に当てはまる年

c 2004 年 d 2013 年

ウ に当てはまる語句

e 計画経済 f 市場経済

① アーa イーc ウーe ② アーb イーc ウーe
③ アーa イーd ウーe ④ アーb イーd ウーe
⑤ アーa イーc ウーf ⑥ アーb イーc ウーf
⑦ アーa イーd ウーf ⑧ アーb イーd ウーf

問2 生徒 Z は，EU 加盟国の法定最低賃金に関する**資料3**を新たにみつけ，**資料1**，**資料2**も踏まえて，EU 域内における人の移動について推察した。このときの推察について述べた後の**ア〜ウ**の記述のうち，**適当でないもの**はどれか。当てはまるものを**すべて選び**，その組合せとして最も適当なものを，後の ①〜⑦ のうちから一つ選べ。 28

資料3 EU 加盟国の法定最低月額賃金（単位：ユーロ）（2021 年下半期平均）

上位5か国	ルクセンブルク	アイルランド	オランダ	ベルギー	ドイツ
	2,202	1,724	1,701	1,626	1,585
下位5か国	ブルガリア	ルーマニア	ハンガリー	ラトビア	クロアチア
	332	467	476	500	567

（出所）EU 統計局 Web ページにより作成。

ア ラトビアは，EU 域内の他国に移り住んでいる人口の比率は高いが，居住人口増加率と最低賃金は EU 加盟国の中で下位にある。よって，EU に加盟したことで EU 域内での人の移動が大幅に自由化され，EU 域内の他国での就労などを目的とした移住が EU 加盟後に増加したと推察できる。

イ ルクセンブルクは，EU 域内の他国に移り住んでいる人口の比率と居住人口増加率が高く，最低賃金は EU 加盟国の中で上位にある。よって，EU 域内の他国からの移住が増加する一方で，EU の原加盟国であることから経済統合が深化して EU 域内の他国への移住も増加したと推察できる。

ウ ブルガリアは，EU 域内の他国に移り住んでいる人口の比率は高いが，居住人口増加率と最低賃金は EU 加盟国の中で下位にある。よって，EU 加盟により EU 域内での人の移動は大幅に自由化されたが，EU 域内の他国での就労などを目的とした移住は EU 加盟後に減少したと推察できる。

① ア ② イ ③ ウ
④ アとイ ⑤ アとウ ⑥ イとウ ⑦ アとイとウ

問3　生徒Xは，調べ学習を進める中で，イギリスではポーランドなど東ヨーロッパ諸国から移民労働者を多く受け入れていたことを知った。他方で，Xは，先生Tが以前の授業で，EU離脱の是非を問うたイギリス2016年国民投票で移民問題が関わっていたと，関連する世論調査データも使いつつ話していたことを思い出した。次の**資料4**は，その授業での配布資料である。**資料4**中の空欄　ア　・　イ　に当てはまる記述として正しいものを，後の ① 〜 ④ のうちから，それぞれ一つ選べ。

　　　ア　に当てはまる記述→　29　　　　　　　イ　に当てはまる記述→　30

資料4　イギリスのEU離脱の是非を問う国民投票の結果と世論調査にみる支持理由

投票率72%，残留に票が投じられた割合48%，離脱に票が投じられた割合52%	
残留支持理由	1位：経済や雇用の面で離脱リスクが大きすぎる 2位：　ア　 3位：離脱すると孤立感が深まる
離脱支持理由	1位：　イ　 2位：移民や国境の管理を自国に取り戻せる 3位：EUが決めた加盟国の拡大などに抗えない

（出所）イギリス選挙委員会，アシュクロフト世論調査の各Webページにより作成。

① EU市場へのアクセスは現状維持が最善である
② イギリスのことはイギリスが決めるのが当然である
③ 欧州自由貿易連合（EFTA）に留まる必要がある
④ ユーロから離脱し通貨主権を取り戻せる

問4　ヨーロッパの難民問題を調べていた生徒Yは，シリア難民が，ギリシャ，オーストリア，ドイツをめざしたという先生Tの説明を思い出した。そこで，シリアを離れこれら3か国に到着し保護を求めた「庇護申請者」の合計の推移を調べ，次の**資料5**を作成した。後のア〜ウの記述のうち，**資料5**から推察できる内容として適当なものはどれか。当てはまるものをすべて選び，その組合せとして最も適当なものを，後の ① 〜 ⑦ のうちから一つ選べ。　31

資料5　シリアを離れギリシャ，オーストリア，ドイツに庇護申請をした人数の推移

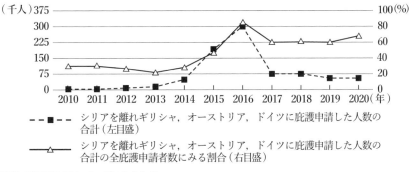

（出所）UNHCR Webページにより作成。

ア 2011年から2013年にかけて庇護申請者数はわずかに増加した一方，ギリシャ，オーストリア，ドイツ3か国の割合は減少している。これは，「アラブの春」によりシリアで政権交代が実現したことが背景にあると推察できる。

イ 2015年，2016年ともギリシャ，オーストリア，ドイツ3か国への庇護申請者数が前年に比べ急増している。これは，内戦の激化によって国内を脱出した人々が，自国より政治的に安定した国をめざしたからであると推察できる。

ウ 2017年にギリシャ，オーストリア，ドイツへの庇護申請者数は前年に比べ減少している。これは，パグウォッシュ会議でシリア難民対応への国際的合意がなされたことが一因であると推察できる。

① ア   ② イ   ③ ウ   ④ アとイ
⑤ アとウ   ⑥ イとウ   ⑦ アとイとウ

問5 生徒Xと生徒Yは，主な先進国の難民認定率と難民認定者数を示す次の**資料6**をみつけ，その内容について話し合っている。後の**会話文**中の空欄 ア には後の国名aかb，空欄 イ には後の語句cかd，空欄 ウ には後の記述eかfのいずれかが当てはまる。当てはまるものの組合せとして最も適当なものを，後の ①〜⑧ のうちから一つ選べ。 32

資料6 主な先進国の難民認定率（％）と難民認定者数（万人）（2020年）

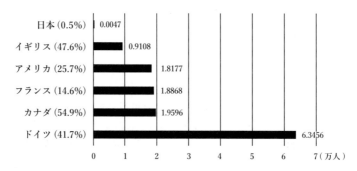

（出所）UNHCR Refugee Data Finder により作成。

X：難民の認定者数はドイツが一番多いけど，認定率は ア が一番高いね。

Y： ア は イ の政策をとっていたね。それが関係しているのかもしれないね。

X：日本は難民の認定者数が少なく，認定率も0.5％とかなり低いね。

Y：そういえば，難民条約では，ノン・ルフールマンの原則により，難民認定の申請を受けた国は ウ と定められている，と授業で学習したよね。

X：その原則の申請者への適用の仕方は各国の事情によるんだろうね。この後，日本の難民受入れ政策や申請者への処遇などを調べてみようか。

ア に当てはまる国名
a アメリカ
b カナダ

イ に当てはまる語句
c ユニラテラリズム
d マルチカルチュラリズム

ウ に当てはまる記述
e 出身国での困窮を理由に入国した申請者を自国から送還してはならない
f 帰国後に迫害される恐れのある申請者を自国から送還してはならない

① ア－a イ－c ウ－e　　② ア－b イ－c ウ－e　　③ ア－a イ－d ウ－e
④ ア－b イ－d ウ－e　　⑤ ア－a イ－c ウ－f　　⑥ ア－b イ－c ウ－f
⑦ ア－a イ－d ウ－f　　⑧ ア－b イ－d ウ－f

問6　これまでの学習の成果を踏まえて，生徒Zは，生徒X，生徒Yとともに，日本での移民・難民の期限を定めない受入れについて授業で討論した。この討論は異なる視点から3人が意見を出し合い，それぞれの意見を組み合わせて一つの政策的な含意をもつ提言を導くことがねらいであった。討論を通じて，まとめられたXたちによる次のア～ウの提言を読み，後の(1)，(2)の問いに答えよ。

ア　日本への移民・難民の受入れを考える前に，現状の根本的な問題解決として，そもそも日本は移民・難民の発生する地域の安定や開発に貢献すべきであるだろうし，そうした支援を行う国際機関への資金援助も今以上に積極的に行うべきだ。

イ　経済の活力が失われる日本の将来を考慮するならば，移民・難民の受入れとは考えなければならない選択肢の一つだけれども，移住してくる人たちに日本の社会や歴史，文化を深く理解してもらう教育制度に加えて，在留資格や国籍取得の要件を厳格にすべきだ。

ウ　多様な人材を日本に受け入れることで，雇用する会社はそれらの人材を事業や取引に活かせるだろうから，日本は移住者の雇用をどのように促進できて，その人たちといかに接点を作れるか，受入れ後の制度について既に移住している人たちと一緒に考えるべきだ。

(1)　まず3人の生徒が導いたア～ウの提言のうちから任意に一つ選び，アを選択する場合には①，イを選択する場合には②，ウを選択する場合には③のいずれかを選べ。なお，(1)で①～③のいずれを選んでも，(2)の問いについては，それぞれに対応する適当な選択肢がある。　33

(2)　(1)で選択した提言は，討論を踏まえ意見をまとめていく中で，2人の生徒の意見を調整して組み合わせたものである。どの2人の意見を組み合わせた提言だと考えられるか。次のa～cの意見のうちから適当なものを二つ選び，その組合せとして最も適当なものを，後の①～③のうちから一つ選べ。　34

a　【生徒Xの意見】
　今の日本は移民なしに少子高齢化社会を支えられないだろうし，移民労働者によって日本経済も活性化すると思うな。難民についても，欧米諸国との受入れの国際比較に関する**資料6**にあったように，日本は他の国と比べて受入れ数が少ないんだし，積極的に受け入れることでもっと国際社会に貢献しても良いと思う。日本国憲法にもあるように，人権はすべての人に保障されているもので，誰かが困っているんだったら答えは受入れ以外ないと思う。

b　【生徒Yの意見】
　移住してくる人たちが日本で働き口をみつけ，家族を呼び寄せて，ある地域に移民が急に増えると，生活習慣や文化の違いでその地域の住民と摩擦が起こりそうだな。**資料4**のEU離脱支持理由にもあったけど，移民を手放しで受け入れた後では遅くて，受入れ前に対策を講じるのが一番大切だと思う。難民も多く発生しているアフガニスタンやシリアは言葉や宗教の面で日本と違うだろうから，暮らしにくいと思うよ。

c　【生徒Zの意見】
　資料2で人口減少が顕著だった東ヨーロッパの国をみて思ったんだけど，移民・難民として出ていかれたら，その国の将来を担う人材も減りそう。それに他国の就労先で低賃金・重労働の仕事を押し付けられるのも心配だ。私たちが互いの意見を尊重するのと同様に，いろんな言語や宗教の人たちの考え方や意思を尊重してあげたいな。ただ実際に多くの人が国境を越えて移動している中，国が移住を希望する人を制限したり妨げたりすることは避けるべきことだと思う。

①　aとb　　　②　aとc　　　③　bとc

表紙デザイン
エッジ・デザインオフィス

本文基本デザイン
株式会社Vision

2025実戦攻略
公共，政治・経済
大学入学共通テスト問題集

QRコードは㈱デンソーウェーブの
登録商標です。

2024年　4月10日　初版第1刷発行

●編　者──実教出版編修部

●発行者──小田　良次

●印刷所──共同印刷株式会社

●発行所──実教出版株式会社

〒102-8377
東京都千代田区五番町5
電話〈営業〉(03) 3238-7777
　　〈編修〉(03) 3238-7753
　　〈総務〉(03) 3238-7700
https://www.jikkyo.co.jp/

002402024 ②

ISBN 978-4-407-36325-8

2025 実戦攻略
大学入学共通テスト問題集
公共，政治・経済
解答編

第1編　公共（公共の扉）

第1章　社会を作る私たち　(p.5)

❶【青年期の特徴】 正解 ③，④

A　心理的離乳とは，青年期の若者が親から精神的に自立しようとする傾向のことを意味する。「親元を離れてでも，一人暮らしを始めることを決意した」とある**ア**がこれに当たる。

B　第二反抗期とは，親や周囲の大人に対して反抗的な態度をとる，自我が目覚める 12 〜 13 歳ころに始まる。「親の言うことやすることには，いちいち反発したくなる」とある**ウ**がこれに当たる。なお，第一反抗期は 3 〜 4 歳ころで，言葉を覚えたての幼児が何でも「いや」と拒否する。

C　アイデンティティの拡散とは，青年期の若者が自分に対する確からしさを見失い心理的に混乱した状態を意味する（**アイデンティティの危機**とも言う）。「どれが本当の自分なのか分からなくなることがある」とある**エ**がこれに当たる。

D　境界人とは，子どもの集団にも大人の集団にも属さない，青年期の若者の宙ぶらりんな状態を指して，ドイツの心理学者**レヴィン**が言った言葉。「大人」の世界と「弟や妹」の世界とどっちつかずの状態である**イ**がこれに当たる。

> **Point**　青年期の捉え方としては，心理社会的モラトリアム（エリクソン）・第二の誕生（ルソー）なども頻出である。しっかり頭にいれておこう。

❷【マズローの欲求階層説】 正解 ②

アメリカの心理学者**マズロー**は，欲求の質という観点から人間の成長を捉え，**生理的欲求→安全の欲求→所属と愛情の欲求→自尊の欲求→自己実現の欲求**と，より高次のものに欲求を高めていくと考えた（**欲求階層説**）。しかし，低次のものから順に欲求が充足されるとは限らず，問題文にあるとおり，「低次の欲求が強制的に抑圧された場合や，低次の欲求を自発的に放棄した場合でも，高次の欲求があらわれることがある」とマズローは言う。
② は，「寝食」という生理的欲求を犠牲にして，「創作活動」という自己実現の欲求を満たそうとしており，その具体的な事例に当たる。

① 所属と愛情の欲求から自尊の欲求へと段階を踏んでおり，該当しない。
③ 「勉強の成績」で賞賛されることも，「部活動での活躍」で賞賛されることも，自尊の欲求であり，該当しない。
④ 自尊の欲求から自己実現の欲求へと段階を踏んでおり，該当しない。

> **Point**　本問のように具体的な事例を問う問題は共通テストで頻出である。第 5 編の「パターン別問題演習」で解き方を身につけよう。

❸【防衛機制】 正解 ③

防衛機制とは，欲求不満などから生じる不安や緊張から自我を守るための心の働きのこと。合理的に解決されない欲求は，無意識の領域に抑圧され，コンプレックス（複雑に絡み合ったマイナスの感情）として固定されて，意識ではコントロールできない防衛機制として働く。③ は，「勉強のやり方を変える」という合理的な解決方法をとっており，防衛機制の例として適当でない。

① 自分の心の内にある認めがたい感情を相手に投げかける，**投影（投射）**に当たる。
② 満たされぬ欲求を文化的・社会的に価値あるものに向ける，**昇華**に当たる。
④ 心の内で思うこととは反対の行動をとる，**反動形成**に当たる。

> **Point**　防衛機制については，具体的な事例を問うのが定番である。たんに名称を覚えるだけでなく，どういうものなのか，具体的なイメージをつかんでおこう。

❹【社会参加】 正解 ②

旧ユーゴスラビア出身の修道女**マザー・テレサ**は，キリスト教の**隣人愛**の精神をもって，インドの貧民街で孤児・病人など社会的に見捨てられた人たちへの奉仕活動に一生を捧げた。
① **アンガジュマン**（社会参加）を説いたのは実存

主義者の**サルトル**である（本冊 p.12 **1** で後述）。

③ ボランティア休暇は，企業が独自に設ける**特別休暇（法定外休暇）**であり，労働基準法には特別休暇についての定めはあるが，ボランティア休暇は「明記」されてはいない。

④ 「障がいのある人もない人も共に生活する社会を目指す」という考えは，**ノーマライゼーション**という。**フェアトレード**（公正な貿易）とは，発展途上国の自立のため，適正な価格で輸出・輸入を継続的に行うこと。

第2章 人間としてよく生きる (p.12)

1 【人と社会のあり方】正解②

「**万人の万人に対する闘争**」は，社会契約説を説いたイギリスの思想家**ホッブズ**の言葉。ホッブズは，自然状態（国家や社会が成立する以前の状態）は，各人が自己保存の欲求をむき出しにした争いの状態であったと捉えた。

① 古代ギリシアの哲学者**アリストテレス**は，著書『政治学』において，人間を共同体において生きる「**社会的（ポリス的）動物**」と表現した（本冊 p.21 **1** で後述）。

③ イギリスの功利主義の思想家**ベンサム**は，各人の幸福の総和が最大となる「**最大多数の最大幸福**」を，社会が目指すべき標語として掲げた。

④ 実存主義の思想家**サルトル**は，人間は社会的現実に拘束されながらも，その現実をつくりかえることができると考え，**アンガージュマン（社会参加）**を通じて個人としての責任を果たすべきことを説いた。

2 【知識と思考方法】正解①

古代ギリシアの思想家**ソクラテス**は，自分は何も知らないという自覚（**無知の知**）こそが，真理探究の出発点であると説いた。

② 「**人間は考える葦である**」は，17 世紀のモラリストの思想家**パスカル**が『パンセ（瞑想録）』に記した言葉。パスカルは，人間は自然界ではひ弱で無力な存在だが，知性によってこの宇宙を捉えることができるとして，知性に人間の尊厳を求めた。

③ 観察や実験によって得られた経験的事実を積み上げて，一般的法則を見出す思考方法は，**帰納法**という。弁証法とは，矛盾・対立するものを総合，統一し，より高次のものに発展していく理性的思考の形式のこと。

④ 近代において，人間は神の束縛から自由になったことで，科学を発達させ，その科学の力で自然

を利用することが可能となった。よって，「人間中心主義の考え方が衰退」は誤り。

> **Point** 帰納法は，演繹法と対比して理解することが肝心だ。具体から抽象に向かうのが帰納法，抽象から具体に向かうのが演繹法である（本冊 p.16 **2** 参照）。

3 【さまざまな宗教】正解②

イスラームでは，信仰告白・礼拝・喜捨・断食・巡礼の5つが，ムスリム（イスラーム教徒）の行うべき**五行**とされる。

① 日本の風土では，自然物や自然現象にカミ（霊魂）の存在を認める**アニミズム**が発達した。そのようにして生じた多数の神が八百万の神である（現在でも山の神・風の神などという）。一方，選択肢文にある「人格神」とは，ユダヤ教におけるヤハウェやイスラームにおけるアッラーなどである。よって「霊的存在を統合した人格神」は誤り。

③ 神から**十戒**を授かったのは預言者**モーセ**である。ユダヤ教では，この十戒が守るべき律法の根本とされる。

④ **涅槃（涅槃寂静）**とは，煩悩から解放された永遠の安らぎの境地である。また，**縁起の法**とは，この世のものはすべて他のものと相互に依存しているという存在の真理（法）で，仏教ではこの真理に対する無理解から苦が生じると考える。

4 【科学的思考の課題】正解③

A 問題文には「科学に法律などによる規制を加えると発展が阻害されるので望ましくない」とある。科学の発展を外部の力によって抑圧すべきではないと考えているのであるから，「社会的通念，道徳，権威等に囚われない」とある**ウ**が合致する。

B 問題文には「科学と技術の関係に着目」「技術がもたらす結果によっては，研究すること自体も規制される必要がある」とある。科学と技術は密接な関係にあるという立場であるから，「技術と科学そのものとを区別できない」とある**イ**が合致する。

C 問題文には「科学の社会的影響をよく考えながら研究に携わる必要がある」とある。科学を社会との関係において捉えようとしているのだから，生活の場面での活用を意識している**オ**が合致する。

> **Point** 本問のように問題文に書かれている内容に沿って考える問題は共通テストで頻出である。第5編「パターン別問題演習」で解き方を身につけよう。

5 【ロールズとセン】 正解 ⑧

X　アメリカの政治哲学者**ロールズ**の「**公正としての正義**」の考え方に沿って述べられている。ロールズは、平等な自由の原理と機会均等の原理を掲げたうえで、**自由競争によって生じる格差は、成功者が社会的に最も恵まれない者の境遇を改善するかぎりにおいて認められる**とした（格差の原理）。要するに、成功者はもう一度同じスタートラインに立つことを保証する義務があると考えたのである。

　　問題の4人の生徒の中では、「お金を落としてしまい、筆を買うことができない」生徒**エ**が、最も恵まれない者に当たる。よって、考え方Xによれば、この生徒**エ**に筆を与えるべきであるということになる。

Y　インド出身の経済学者**セン**の「**ケイパビリティ（潜在能力）**」の考え方に沿って述べられている。「ケイパビリティ（潜在能力）」とは、噛み砕いて言うと、なりたい自分になる能力のことである。センは、ロールズの議論が先進国に偏ったものであり、主に発展途上国における貧困の克服のため、読み書き計算などの基礎学力を与え、各人のケイパビリティを引き出すことが不可欠であると考えた。

　　問題の4人の生徒の中では、「書道家になる夢」を抱き、「夢の実現に向けて人一倍練習する努力家」である生徒**イ**こそが、ケイパビリティを引き出すべき人間と言える。

> Point 👆　ロールズは、「倫理」でも、「公共」の前身である「現代社会」でも頻出であった。理解を深めておこう。

6 【日本文化の特徴】 正解 ②

　アメリカの文化人類学者**ルース・ベネディクト**は著書『**菊と刀**』において、欧米が絶対的な神の存在を前提に個人の良心に基づいて行動する「**罪の文化**」であるのに対し、日本は世間の目や外面的な体裁を重んじる「**恥の文化**」であると指摘した。よって、②は両者が逆である。

① 　社会人類学者の**中根千枝**は、著書『タテ社会の人間関係』において、集団内での地位や上下関係を重視する日本社会の特徴を「**タテ社会**」と指摘した。

③ 　古来、稲作農耕を中心に生活してきた日本人は、集団作業を行うため「**和**」を重視する集団主義的傾向が強いと言われる。

④ 　日本人には内輪の集団（ウチ）と外部の他者（ソト）を明確に分ける傾向が見られるが、そうした中で、ソトの人間には「タテマエ」しか言わないが、ウチの人間には「ホンネ」を語るという使い分けをすると指摘される。

7 【日本人の宗教観】 正解 ②

　アニミズムを土台に多くの神が共存する風土（問題**3**参照）の下で、日本人は仏教・キリスト教など外来の宗教も受け入れる寛容さがあると言われる。②において兄は仏教を棄ててキリスト教に改宗しており、こうした宗教的寛容性を発揮した例には当たらない。

① 　固有の神々への信仰と仏教信仰とが融合した形態を**神仏習合**と言い、日本では古代から始まった。お寺での除夜の鐘（仏教）と神社への初詣（神道）との混在は、神仏習合の一例と言える。

③ 　仏壇と神棚が並ぶのも神仏習合の一例である。

④ 　キリスト教と神道の両形式を受け入れており、宗教的寛容性の例と言える。

> Point 👆　キリスト教やイスラームの神＝この世を作ったもうた唯一絶対なる存在／日本の神＝多数の神が共存し、不可思議で畏怖すべき存在、という形で対比して理解しておこう。

8 【日本の宗教・文化】 正解 ④

ア 　問題**3**で解説したとおり、**B**アニミズムについての説明である。

イ 　鎌倉時代に**浄土真宗（一向宗）**を開いた**親鸞**は、この世のすべては阿弥陀仏のはからいによるものであるから、一切の自力を捨て、阿弥陀仏に身を委ねよと説いた。親鸞のこの思想を**C**絶対他力と言う。

ウ 　**国学**とは、江戸時代におこった、仏教や儒教が伝来する以前の日本固有の精神（**やまとごころ**）を探究する学問である。国学の大成者である**本居宣長**は、善悪の観念を離れた、偽りのない生まれつきの心を**A**真心と呼び、やまとごころとして尊重した。

9 【アーレントの説く「活動」】 正解 ④

　ドイツ出身のユダヤ人思想家である**アーレント**は、著書『人間の条件』において、人間の生活上の行為を労働・仕事・活動の3つに分類した。労働は生命を維持するための行為、仕事は生活で使用する道具を作る行為、活動は他者と関わりながら公共的な空間を形成する行為である。問題文でも述べられているとおり、仕事と活動が「物と人との間で成立する」のに対し、活動は「人と人とが直接関わり合う行為」であり、それゆえ、アーレントは他者とともに生きる空間を作りながら自己実現していく行為として活動を重視した。

資料文を読むと，「自分がユニークな人格をもつ存在であることを積極的に明らかにし，そのようにして人間世界に自分の姿を現す」とある。他者と関わることで，自分が何者であるかを示す。それが，アーレントにとっての活動なのである。

これを踏まえて選択肢を見ると，④は，その場にいない人を中傷する同級生に「抗議」することで他者と関わり，「自分の姿を現」していると言え，アーレントの説く活動に合致していると判定できる。

① 他者である「演者の個性」を引き立てているだけで，その行動により「自分の姿を現す」とは言えない。

② 主体的に「飢餓に苦しむ人々を支援する運動」に参加しているのは同級生であり，それに触発されて「寄付」を行っても「自分の姿を現す」とは言えない。

③ 主体的に生徒会選挙に立候補したのは仲のよい同級生であり，その同級生に投票しただけでは「自分の姿を現す」とは言えない。

第3章 民主社会の倫理 (p.16)

❶【生命と平和】正解 ④

カントが集団安全保障の考え方を提唱したことは正しいが，『社会契約論』はフランスの思想家ルソーの著作であり，誤り。ドイツの哲学者**カント**は，著書『**永遠平和のために**』において，国際平和機関の創設を主張している。

① **アヒンサー**とは，古代インドから続く，すべての生き物を同胞とみなして殺すことを禁じる不殺生の思想である。インド独立運動の指導者**ガンディー**は，このアヒンサーの思想に基づき，**非暴力・不服従**の運動を貫いて，イギリスからの独立を勝ち取った。

② アフリカで医療活動に従事し，「密林の聖者」と呼ばれるフランスの医師**シュヴァイツァー**は，生命あるものにはすべて価値があり，尊重すべきとする「**生命への畏敬**」の理念を提唱した。

③ **マザー・テレサ**については，本冊 p.5 ❹ で解説した。テレサは，インドで「孤児の家」「死を待つ人の家」などを建設している。

❷【科学的思考法】正解 ③

演繹法とは，絶対確実な原理から個別の事柄を推論していく思考方法のことで，「近代哲学の父」とされるフランスの哲学者**デカルト**が重んじた。アは，「参議院議員は，30歳以上であると定められている」という絶対に動かせない法的な規定から始めて，参議院議員の「Wさんは，30歳以上である」と推論

しているので，演繹法にあたる。よって，**A‐b‐ア**の組合せとなり，正解は③と判断できる。

一方，個々の経験的事実を積み重ね，一般的法則を導き出す思考方法を**帰納法**と言い，経験論の創始者であるイギリスの思想家**ベーコン**が重視した。**イ**は，政党X・Y・Zがいずれもウェブサイトを開設しているという個別の事実から，「すべての政党は，ウェブサイトを開設している」と結論づけているので，帰納法に当たる。

Point 🖊 デカルト＝合理論／ベーコン＝経験論という対比も押さえておきたい。

❸【アファーマティブ・アクション】正解 ③

アファーマティブ・アクション（積極的格差是正措置）とは，少数民族や女性など長く社会的に不利益を被ってきた存在に対して，特別枠を設けるなど，雇用や入学などで優遇措置をとることをいう。「構造的差別の解消に向けて実施される，暫定的な措置」とある③がこれに当たる。なお，日本では，日本国憲法の「法の下の平等」の理念に沿って，**ポジティブ・アクション**と呼ばれることが多い（本冊 p.37 ❼ で後述）。

① 「人種やジェンダーの差異の積極的な承認」が誤り。それでは差別が固定されてしまう。

② 就職は実質的平等を目指すという点でアファーマティブ・アクションの対象となるが，結婚までは含まれない。

④ 「恒久的な措置」が誤り。正解の③にあるとおり，アファーマティブ・アクションは差別が解消されるまでの「暫定的な措置」である。

❹【ステレオタイプ】正解 ①

一面的な偏った物の見方や考え方を**ステレオタイプ**という。異なる多様な考え方を受け入れるためには，ステレオタイプ的な思考を乗り越える必要がある。①は，性別とは関係なく，そうでない男性もいるはずなのに，男性は「物事を論理的に捉えるのが得意で，機械を組み立てたり修理したりするのが好き」と決めつけており，ステレオタイプの例と言える。

② 塩分の過度の摂取は高血圧のリスクを高めるというのは，科学的な知見である。

③ 電気の灯りのなかった昔は夜空の星がもっとよく見えただろうというのは，論理的に妥当な推論である。

④ 「初めて会った人にでも気楽に声をかける」という見方と，「人と喋るのが好き」という本人の発言が一致しており，ステレオタイプではない。

5 【持続可能な開発と世代間倫理】 正解 ②

　持続可能な開発（発展）とは，環境保全と長期的な発展の両立を目指す考え方のことであり，1992年にブラジルのリオデジャネイロで開かれた国連環境開発会議（地球サミット）において，基本理念として採択された。現在世代が限りある資源を使い尽くしてしまったら，未来世代は生きていくことができなくなる。それゆえに，「将来世代の人々の享受すべき利益」と「現在世代の人々の欲求」の両立が求められるのである。

① 「将来にわたって高い経済成長率が確実に維持」が誤り。高い経済成長率を維持しようとすれば，地球環境に負荷がかかり，「持続」が不可能となる。

③ 世代間倫理とは，現役世代は未来世代に対して責任を負うべきとする考え方のことである。持続可能な開発の理念にも反映されている。前半の「現在世代の活動とまだ生まれていない将来世代の活動とは互いに密接に絡み合っている」は正しいが，後半の「両世代の人々は相互に責任や義務を負わなければならない」が誤り。未来世代はまだ生まれていないがゆえに，現役世代に対して物を言うことができない。だからこそ，現役世代は未来世代のことを考えて行動する責任があるのである。

④ 「現在世代はまだ生まれていない将来世代に対して責任を負う必要はなく」が誤り。

> **Point** 👆 環境問題はこれまでも公民の各科目において頻出のテーマであった。第4編・第2章5「地球環境とエネルギー」で必修事項が整理してあるので，理解を確かなものとしておきたい。

6 【カントの義務論】 正解 ②

　18世紀のドイツの思想家であるカントは，道徳的な行いには，**善き意志**という動機が必要であると考えた。例えば，募金をするにしても，「みんなから賞賛されたい」という別の目的によって行うのではなく，「善き意志」に基づき，「募金をして困っている人を救う」ということ**それ自体を目的として行うべきである**としたのである。資料文にも，「意図された目的」「それ自体」とある。これを踏まえて選択肢を見ると，② は「生き続けること」それ自体を目的としており，カントの考える「道徳的な人」に当たると判断できる。

　なお，カントは，「善き意志」に基いてのみ行われる道徳的な行為を義務と捉えた。この点からも，「人間の義務である」と述べている ② は正しいと判断できる。

① 「信用が得られる」という別の目的があり，「客

を公平に扱うこと」それ自体を目的としていないので，カントが求める道徳的な行いには当たらない。

③ ① と同様に「他人からも親切にされたい」という別の目的があり，「他人に親切」であることそれ自体を目的としていないので，カントが求める道徳的な行いには当たらない。

④ ①・③ と同様に，「友情を大切にしたい」という別の目的があるので，カントが求める道徳的な行いには当たらない。また，カントは道徳法則とは「常に～すべし」と無条件に行うべきものと考えた（このような道徳の形式を定言命法という）ので，場合によっては「嘘をつい」ても良いということはない。

> **Point** 👆 カントの義務論は「公共」の教科書で必ず取り上げられており，サンプル問題でも出題された（本冊 p.181 **2**参照）。カントの考え方については理解を深めておきたい。

7 【演繹法】 正解 ②

　問題**2**で解説したとおり，**演繹法とは，絶対確実な原理から個別の事柄を推論していく思考方法のことである。**② は，「スネオとノビタのうち一人が嘘つき」，「ノビタは嘘をついていない」という2つの間違いのないことから，「嘘つきはスネオ」であると推論しているので，演繹的な思考法にあたる。

① 「昨日いとこにもらったおみやげの饅頭はすごくまずかった」という具体的な経験を，「名物にうまいものなし」と一般化しているので，**帰納法**である。

③ 「今まで何匹も猫を飼ったけど，どれも『お座り』しなかった」という具体的な経験を，「猫って『お座り』しない動物だ」と一般化しているので，① と同じく**帰納法**である。

④ 「明日は試験だから，きっと図書館に行った」と特に根拠もなく推測しているだけであって，演繹法にも帰納法にもあたらない。

> **Point** 👆 「思考力」は新学習指導要領が目標として掲げる項目であることから，思考方法に関する問題は今後も出題が予想される。演繹法は普遍的な原理から個別の事実へ，帰納法は個々の事実から一般的な法則へという思考の流れを，対比させる形で押さえておこう。

第2編　現代日本の政治

第1章 民主政治の基本原理

1 政治と法 (p.21)

1 【アリストテレスの言葉】正解 ③

　アリストテレスは，人間は共同体（ポリス）において生きる存在であると考えて，**「ポリス的（政治的，社会的）動物」** と捉えた。共同体に生きる以上，他者との利害調整が必要とされる。それがつまり政治である。よって，「政治社会の一員として活動する」とある ③ が適当と判定できる。

① 「闘争は避けられない」が誤り。**ホッブズ**の社会契約説を踏まえた作文と考えられる。

② 「人間性が向上すれば政治権力は必要とされなくなる」との主張はアリストテレスには見られない。

④ 「国家の役割は警察活動に限定される」が誤り。**アダム・スミス**の国家観を踏まえた作文と考えられる。

> **Point** 👆 アリストテレスは，正義について説いた思想家として，公共分野でも出題される可能性が十分にあるので，理解を深めておきたい。

2 【契約の法的な位置づけ】正解 ①

ア　民法は私人間（個人と個人との間）である家族関係や経済的関係を規定する法律，**刑法**は犯罪に当たる行為とその犯罪に対する刑罰を規定した法律である。民泊を利用する契約は私人間のものであるので，民法が適用される。

イ　法律（国内法）は，**公法・私法・社会法**に分類される。公法は国家と国民の関係を規定する法（憲法・刑法など），**私法は私人間の関係を規定する法**（民法・商法など），社会法は公共の利益を目的とする法（労働基準法など）である。「私人間の関係を規律する」とあるとおり，民法は私法である。

ウ　「消費者に一方的に不利な条項の無効を定め」ているのは**消費者契約法**である。

3 【主権の意味】正解 ⑥

A　**統治権**とは，立法権・行政権・司法権の総称のこと。国家の統治権の意味で主権という場合，その前提として統治権が及ぶ範囲，つまり，**領域**が問題となる。日本国の領域について言及している**ウ**のポツダム宣言の文言が該当する。

B　**国家権力の最高・独立性**の意味で主権という場合には，他国との関係が問題になる。つまり，他国によって干渉されないのが主権であり，現代の主権国家体制は，互いに主権を認め合うことで成り立っている。「主権平等の原則」とある**イ**の国連憲章の条文が該当する。

C　「国家の政治のあり方を最終的に決定する」のが国民である場合は**国民主権**，君主である場合は**君主主権**という。国民主権に言及した**ア**の日本国憲法の条文が該当する。

4 【ウェーバーによる支配の正当性の類型】

正解 ⑥

　ドイツの社会学者**マックス・ウェーバー**は，国家権力による支配のあり方を，伝統的支配・カリスマ的支配・合法的支配の3つに類型化した。

1 - **伝統的支配**：古くから存在する秩序と権力の神聖性に基づく支配。**イ**に該当し，**オ**には「昔から存在する秩序」が入る。

2 - **カリスマ的支配**：支配者の資質（カリスマ性）に基づく支配。**ウ**に該当し，**カ**には「この人のもつ天与の資質」が入る。

3 - **合法的支配**：法的に定められた規則に基づく支配。**ア**に該当し，**エ**には「制定された規則」が入る。また，ウェーバーは合法的支配の一形態である**官僚制（ビューロクラシー）**の問題点を指摘している。

5 【主権】正解 ④

　絶対主義とは，国王の権力の絶対性を認める立場のこと。それを理論的に正当化したのが，国王の権力は神によって授けられたとする**王権神授説**である。

① **エドワード・コーク（クック）**はブラクトンの**「国王といえども神と法の下にある」**という言葉を引用し，絶対王政を批判した（本冊 p.23 **4** で後述）。よって，「国王のもつ絶対的な支配権を擁護」が誤り。

② アメリカ合衆国の各州に認められているのは自治権であり，**対外的主権は連邦政府が握っている**。

③ 「ローマ教皇の権威と結びついて」が誤り。**主権国家は教皇権を否定することで成立した**。

2 民主政治と人権保障の発展 (p.22)

1 【近代民主主義の理論】正解 ②

　ロックの社会契約説の特徴は，政府によって自然権としての生命・自由・財産が侵害された場合，政府に対する抵抗権を認めた点にある。

① 「信託」とあることから，ホッブズではなく**ロック**の社会契約説についての説明と考えられる。

③ モンテスキューではなく，**ルソー**についての説明。

④ たしかにルソーは直接民主政治を主張し，間接民主政治を否定したが，**リンカーンのこの言葉は民主主義の理念を述べたまでで**，間接民主政治を

否定しているわけではない。

2 【近代国家のあり方を支える考え方】正解 ⑤

A　『社会契約論』は**ルソー**の著作。社会全体の利益を考える**一般意志**に従って契約を結ぶとき，自然状態における自由を回復した市民的自由が得られるとして，**人民主権**による**直接民主制**を主張した。**ウ**が該当する。

B　『国富論』（『諸国民の富』）は**アダム・スミス**の著作。各人が利己心に任せて自由に経済活動を行えば，神の「**見えざる手**」に導かれて自然と社会全体の利益に合致するとして，**レッセ・フェール**（自由放任主義）を主張した。**ア**が該当する。

C　『リバイアサン』は**ホッブズ**の著作。国家を『旧約聖書に登場する海獣（リバイアサン）になぞらえ，「**万人の万人に対する闘争**」である自然状態を克服するため，国家に自然権を譲渡すべきことを説いた。**イ**が該当する。

3 【国家権力のあり方】　正解 ③

　資料文では，立法権・執行権（行政権）・裁判権（司法権）の分離について述べられているので，**モンテスキュー**の**三権分立（権力分立）**の主張であると判断できる。「自由」に言及されているように，個人の自由を保障するためには，分立によって国家権力を制約する必要があるとモンテスキューは考えた。モンテスキューの著作であるので，③『**法の精神**』が正解である。

①　『統治二論』は**ロック**の著作。なお，ロックはモンテスキューに先駆け，**立法権と執行権の分離**を主張している。

②　『国家論』は**ボーダン**の著作。**主権**の概念を明示したことで知られる。

④　『戦争と平和の法』は**グロチウス**の著作。グロチウスは，理性による自然法に基づく**国際法**の制定を提唱したことから，「国際法の父」と呼ばれる。

4 【法の支配】正解 ①

　法の支配とは，法によって権力行使は制約を受けるとする考え方のこと。17世紀イギリスの裁判官**エドワード・コーク（クック）**は，絶対君主ジェームズ1世による裁判への干渉に対して，13世紀の裁判官**ブラクトン**の「**国王といえども神と法の下に**

ある」という言葉を引用して退けた。また，**コモン・ロー**とはイギリスにおける**判例法・慣習法**のこと。法の支配の源流にあるものとして位置づけられた。

②　「権力分立」とあるので，ボーダンではなくモンテスキューについての記述。

③　**マグナ・カルタ**は，13世紀イギリスで王権を制限し，貴族の特権を確認したもの。よって，「国民の平等な権利を認め」が誤り。

④　**法治主義**とは，ドイツで発達した形式や手続きの適法性を重視する考え方。①にコモン・ローとあったとおり，法の支配の英米では慣習法（不文法）が重んじられるが，法治主義のドイツでは**成文法**が重視される。よって誤り。

5 【バージニア権利章典】正解 ③

　バージニア権利章典は，アメリカ独立革命に際して1776年に採択。第1条に「すべて人は，生来等しく自由かつ独立しており，一定の生来の権利を有するものであり」と記され，フランス人権宣言などに先駆けて，**自然権を初めて認めた**。

①　リンカーンの**奴隷解放宣言**（1863）に関する記述であり，バージニア権利章典とは関係ない。

②　イギリスの**マグナ・カルタ**（1215）に関する記述。

④　**社会権**について明記した，ドイツの**ワイマール憲法**（1919）に関する記述。

6 【人権宣言と憲法】正解 ④

　問題文に「**18世紀**」とあることに注目しよう。18世紀には，バージニア権利章典（1776）を先駆けとして，国家から不当に干渉されない権利として**自由権**が主張された。さらに言えば，個人の自由の保障には，**権力分立**が求められる。④の**フランス人権宣言**（1789）のこの文言は，権利の保障と権力分立の関係を明記したことで知られる。

①　男女平等が声高に求められるようになったのは20世紀のことである。

②　社会権について規定した，ドイツのワイマール憲法（1919）の条文。

③　労働基本権を認めた，日本国憲法の条文（1946）。

7 【憲法の概念】正解 ④

A　権力の分立について定めたフランス人権宣言の文言。憲法には，**統治権の制約とこれによる人権**

の保障という意味があり，これを**立憲主義**という。よって，「立憲主義理念」とある**イ**が合致する。

B　イギリスは，**コモン・ロー**（判例法・慣習法）が法の支配の源流にあり，**成文憲法がない**。イギリスには憲法がないと言う場合，それは，成文憲法がないという意味であるから，「成文の法典」とある**ウ**が合致する。

C　国会法，内閣法，裁判所法などは，**国家の統治機構**を定めた法であり，これを「憲法の一部」とみなすのであるから，**ア**が合致する。

8 【憲法の種類】 正解③

第一次世界大戦後の 1919 年に制定されたドイツの**ワイマール憲法**は，資本主義国で初めて社会権を規定したことで知られる。

① 国民が制定した憲法は**民定憲法**。欽定憲法は君主が定めた憲法である。

② イギリスは成文憲法を持たない。

④ 一般の法律と同じ手続きで改正できる憲法は**軟性憲法**。硬性憲法とは，日本国憲法のように改正の手続きが一般の法律より厳格な手続きを必要とするものをいう。

9 【ワイマール憲法】 正解③

資本主義国で初めて社会権を規定した**ワイマール憲法**には，第 151 条に「経済生活の秩序は，すべての人に，人たるに値する生存を保障することを目ざす，正義の諸原則に適合するものでなければならない」とあり，**公共の福祉による経済的自由の制約**を認めている。

① 宰相**ビスマルク**が社会保険制度の導入と労働運動の弾圧という「**あめとむち**」政策を展開したのは 19 世紀後半である（本冊 p.128 **3**参照）。ワイマール憲法とは関係ない。

② **ビバリッジ（ベバリッジ）報告**とは，第二次世界大戦中の**イギリス**でまとめられたもので，戦後，イギリスではこれをもとに「**ゆりかごから墓場まで**」と呼ばれる包括的な社会保障政策が展開された（本冊 p.128 **2**参照）。

④ **ニューディール政策**とは，1930 年代にアメリカで世界恐慌の克服のために行われた，**公共事業**を柱とする政策である（本冊 p.128 **2**参照）。時期が前後しており，ドイツ社会民主党が影響を受けることはありえない。

10 【人権の発展と憲法・宣言の文言】 正解⑤

ア　第一次世界大戦後の 1919 年に制定された，**社会権**について規定した**ワイマール憲法**の条文。

イ　第二次世界大戦後の 1948 年に国連総会で採択

された，**世界人権宣言**の前文の一部。

ウ　フランス革命に際して 1789 年に起草された，**フランス人権宣言**（人および市民の権利宣言）の文言。

> **Point** 🖐 これらの文章も教科書や資料集には載っている。内容や用いられている言葉から判断できるようにしたい。

3 国民主権と民主主義の発展 (p.25)

1 【自由と平等】 正解は⑥

X　バージニア権利章典（1776）・フランス人権宣言（1789）など，18 世紀の市民革命の後に定められた人権宣言では，すべての人に等しく**自由**が認められた。それは，国家からの干渉を排除した，**形式的な平等**ということでもある。**考え方ア**がこれに該当する。また，政策や取組みの例としては，「高等学校卒業予定またはそれと同等の資格をもつ者の全員」に等しく「大学受験資格を認定」している**a**が合致する。

Y　19 世紀から 20 世紀にかけて，資本主義の進展とともに格差が顕在化すると，労働者は格差の是正を国家に求めるようになる。形式的な平等ではなく**実質的な平等**ということであり，ここに，国家によって人間らしい生活を保障される権利，つまり，**社会権**が成立する。「社会的・経済的弱者に対して国家が手厚い保護を与えることで，ほかの個人と同等の生活を保障する」とある**考え方イ**がこれに該当する。また，政策や取組みの例としては，「世帯の年収が一定の金額に満たない者の全員に奨学金を支給」する**b**が合致する。

> **Point** 🖐 共通テストでは，本問のように複数の異なる立場から考えさせる問題が出題されている。第 5 編「パターン別問題演習」に取り組んでほしい。

2 【議会制の思想】 正解①

ブラクトンの「国王といえども神と法の下にある」という言葉を引用し，**コーク**が主張した**法の支配**の原則は，その後のイギリス議会政治の伝統となった。（本冊 p.22 **5**参照）。

② **三権分立**を提唱したのは**モンテスキュー**。ロックは立法権と執行権（行政権）の分立と立法権の優位を主張した（本冊 p.23 **3**参照）。

③ **ボーダン**は**主権**の概念を用いて**国王の統治権の絶対性**を主張している。よって，「国王に対する議会の力を強化する上で有利」は誤り。

④ **ルソー**は，**一般意志**を働かせるには**直接民主制**であるべきだと考えた（本冊 p.22 **2**参照）。よって，「国家の主権は議会にあると主張」が誤り。

3 【直接民主制】正解 ③

　直接民主制の一つである，有権者自身の手で役員の審議や行政の審議を行う**タウン・ミーティング**は，アメリカのニューイングランド植民地で始まった。

① **ルソー**が**直接民主制**を主張したのに対し，**ロック**は**議会制民主主義**（**間接民主制**）を主張した。

② モンテスキューではなく，**ルソー**の言葉。

④ 一般市民が積極的に政治に参加することを意味する「**草の根の民主主義**」は，アメリカの政治のあり方を指していう言葉。古代ギリシャの直接民主制は関係ない。

4 世界の政治体制 (p.26)

1 【各国の政治体制】正解 ③

　まず，タテの分類で選択肢に挙げられている国を整理すると，**連邦国家**はアメリカ・イギリス・ロシアで，**単一国家**はフランスである。次にヨコの分類で整理すると，**議院内閣制**がイギリス，**半大統領制**がフランスとロシア，**大統領制**がアメリカである。よって，アメリカは**C**，イギリスは**A**，フランスは**E**，ロシアは**B**に該当し，③ が正解で確定される。

　なお，**半大統領制**とは，国民の直接選挙で選ばれる大統領と，議会で選出される首相が併存する政治体制である。その代表例であるフランスとロシアは，ともに首相よりも大統領の方が権限が強い。

2 【各国の議会制度】正解 ⑤

a 法律案の再可決は**衆議院の優越**の一つで，日本国憲法第 59 条 2 項で規定されている。よって正しい。

b 議員の選出に関する前半の記述は正しい。しかし，後半は「下院にのみ与えられている」が誤り。**アメリカ連邦議会**では，政府高官人事への同意のほか，連邦最高裁判所判事の人事，また，条約締結への同意の権限が，**上院**にのみ与えられている。

c **イギリス議会**では，**下院優越の原則**が第二次世界大戦後の 1949 年に確立した。よって正しい。

3 【各国の立法府と行政府の関係】正解 ①

　アメリカは厳格な三権分立を採用しているので，大統領が下院の解散権を有するということはない。

② **イギリス**は，上院（貴族院）と下院（庶民院）の二院制をとるが，**下院優越の原則**が確立しており，下院における多数党の党首が首相に選出される。

③ **フランス**は，国民の直接選挙による大統領と，その大統領が任命した首相が併存する**半大統領制**をとるが，議会は首相に対する不信任決議ができるので，大統領制と議院内閣制をあわせた形態と

いえる。

④ **ドイツ**もフランスと同じく大統領と首相が併存するが，大統領は象徴的な存在にすぎず，権限は首相が握る。

4 【民主的な政治体制】正解 ③

　イギリスは典型的な**議院内閣制**の国家であり，下院で第一党の党首が首相となり，組閣して，内閣は議会に対して責任を負う。

① 「19 世紀中ごろ」が誤り，「すべての成人」，つまり，女性にも選挙権が認められたのは，ドイツが 1919 年，アメリカが 1920 年，日本が 1945 年など，20 世紀に入ってからである。なお，世界で初めて男女普通選挙が実現したのは，ニュージーランドである（1893）。

② 名望家政党と大衆政党の順序が逆。選挙権が拡大されるにつれて財産や教養をもつ地域の有力者を中心とした**名望家政党**から，広く有識者を組織に取り込んで拡大した**大衆政党**に移行していった。

④ フランスでは大統領は国民の直接選挙で選出される。

5 【政治体制の類型化】正解 ③

ア 現行の日本国憲法下では，**普通選挙**が行われ，**表現の自由**も憲法第 21 条で認められているので，ⅰ包括性もⅱ自由化も高いと判断できる。よって，bが該当する。

イ **チャーティスト運動**（**チャーチスト運動**）とは，19 世紀半ばのイギリスで，労働者らが普通選挙の実現などを求めた運動のこと。裏を返せば，ⅰ包括性が低かったということである。よって，aが該当する。

ウ ソ連では，**共産党一党優位体制**の下で政治的自由は抑圧されていた。よって，ⅱ自由化が低く，cが該当する。なお，ソ連でも普通選挙は行われていたので，形式的にはⅰ包括性は高かった。

> **Point** 設問で与えられた条件に沿って考える問題は，共通テストで頻出である。第 5 編「パターン別問題演習」で解き方を身につけよう。

6 【さまざまな政治体制】正解 ②

　「議会に議席をもつことなく」が誤り。**ナチス**（国家社会主義ドイツ労働者党）を率いた**ヒトラー**は，1932 年の**2 回にわたる議会選挙で勝利**し，翌年に首相となって，全権委任法を成立させて権力を掌握した。

① 1924 年の**レーニン**の死後にソ連の指導者となった**スターリン**は，政敵を排除することで独裁体制を築き上げた。

③ **新体制運動**とは，日本の近衛文麿元首相がナチスにならった強力な国民組織を目指して起こした運動である。軍部らの協力を得て首相に復帰した近衛は，1940年に**大政翼賛会**を結成したが，官製の上意下達機関にとどまった。

④ 韓国では朴正煕大統領，フィリピンではマルコス大統領が独裁政治を行っていたが，**民主化の波の中で，朴正煕大統領は1979年に暗殺，また，マルコス大統領も1986年に亡命に追い込まれた。**

7【多数者支配】正解 ②

多数を占める政党が，数にまかせて少数派の声に耳を貸さなければ，少数意見が押しつぶされる可能性がある。

① 民主党と共和党の二大政党制であるアメリカにも，少数党の第三党は存在する。

③ **比例代表制**は少数党にも議席獲得の可能性があるので，**多数者支配型とはなりにくいとされる。**

④ 多数を占める政党によって政治運営が行われるので，「多様な集団による妥協と合意形成」は誤り。

8【開発独裁】正解 ③

開発独裁とは，経済開発を目的とした，強権的な独裁政治のこと。**フィリピン**の**マルコス**政権，**インドネシア**の**スハルト**政権など，東南アジアに多く見られた。

① 多くの場合，革命や軍事クーデターで政権に就いた。

② 開発独裁では，**外国資本の積極的な導入**によって経済開発が進められた。

④ 国民の自由は制限された。

第2章 日本国憲法の基本的性格

1 日本国憲法の成立 (p.33)

1【大日本帝国憲法下の制度】正解 ⑤

A 日本国憲法第1条の内容であるが，大日本帝国憲法下では**主権在君**であり，天皇は**神聖不可侵**の存在とされたので，該当する。

B 大日本帝国憲法下でも衆議院議員は選挙によって選出されたので，該当しない。

C 日本国憲法では第5章が内閣に関する規定であるが，大日本帝国憲法にはなく，**各国務大臣が天皇を輔弼する**とされていたのみなので，該当する。

Point 👆 大日本帝国憲法には内閣についての規定がない。そもそも「内閣」という言葉が一度も出てこないということは，知っていて良いだろう。

2【日本国憲法と明治憲法の比較】正解は ①

「臣民による制限選挙で選ばれた」が誤り。明治憲法下の貴族院議員は，皇族・華族や天皇の勅選議員によって構成された。

② 明治憲法では，宣戦講和・条約締結権（外交大権）や陸海軍の指揮権（**統帥権**）は天皇の権限とされ，議会の同意も必要とされなかった（**天皇大権**）。

③ 明治憲法下では**主権在君**（天皇主権）であった。

④ 明治憲法下では，臣民の権利・自由は**法律の範囲内において認められる**のみであった（**法律の留保**）。

3【天皇】正解 ②

天皇機関説とは，**美濃部達吉**東京帝国大学教授が主張した，天皇を国家の最高機関とみなし，その統治権の行使は憲法の制約を受けるとする学説。政党内閣に道を開く，大正デモクラシー期の理論的支柱であったが，昭和期に入ると不敬であるとして問題化され，1935年の国体明徴声明で天皇機関説は公式に否定，美濃部は貴族院議員辞任に追い込まれ，著書は発禁処分となった。

① 「議会の承認決議が必要」が誤り。統帥権には議会の関与が許されなかった（**統帥権の独立**）。

③ 皇位継承については**皇室典範**で定められている。

④ 「天皇が任命を拒否できる」が誤り，日本国憲法では天皇に国政に関する権能はなく（第4条），内閣の助言と承認に基づいて**国事行為**を行うのみである（第7条）。

4【日本国憲法の成立過程】正解 ④

「修正されることなく」が誤り。生存権を規定した**第25条**や，戦争放棄・軍隊不保持を定めた第9条2項の「**前項の目的を達するため**」という文言は，帝国議会の審議において加えられたものである。

① **憲法問題調査委員会**は，幣原喜重郎内閣がGHQから憲法改正の指令を受け，松本烝治国務大臣を委員長として設置された。

② 憲法問題調査委員会が提出した改正案は天皇大権が温存されるなど消極的なものであったので，**GHQ**は政治的実権なき天皇・戦争放棄・封建制度の撤廃を原則とするマッカーサー草案を日本政府に突きつけ，これをもとに日本政府は改めて憲法案を作成した。

③ **女性参政権**は，終戦の年の**1945年**に衆議院議員選挙法によって，日本国憲法制定に先立って認められた。

5 【日本国憲法が定める意思決定の方法】正解 ①

国会議員の除名（資格争訟）については，日本国憲法第55条で規定されている。

② **憲法改正**は，衆参各議院の総議員の**3分の2以上**の賛成によって発議され，**国民投票**において**過半数**の賛成によって承認される（第96条）。

③ **内閣不信任決議案**は，**衆議院**において出席議員の過半数の賛成で可決される（第69条）。

④ **条約の承認**は，法案と同じく，両議院の出席議員の**過半数**の賛成によって可決される。また，予算案と同様の**衆議院の優越**が認められている（第61条）。

Point 👆 日本国憲法の全文は教科書に必ず掲載されている。問題に出てくるたびに該当する条文を確認する習慣を身につけよう。

6 【最高法規としての憲法】正解 ③

憲法が**最高法規**であるとは，憲法の条規に反する法律，命令，条例などはいっさい認められず，効力を持たないということである。日本国憲法第98条1項で規定されている。

① は第41条，② は第66条2項，④ は第92条の規定であるが，憲法の最高法規性とは関係ない。

7 【国民主権を具体化した日本の制度】正解 ④

最高裁判所裁判官については，衆議院議員総選挙に際して**国民審査**が行われ，投票総数の過半数が罷免を可とした場合に罷免される（日本国憲法第79条）。

① **憲法改正**における国民投票がある（第96条）。

② 住民投票は地方自治体が独自に条例を制定して行うことができる。

③ 公職選挙法によって候補者の**戸別訪問は禁止**されている。

8 【国民主権の原理】正解 ③

第66条2項の規定であるが，これは軍隊に対する**文民統制（シビリアン・コントロール）**を意味するものであって，国民主権の原理を示すものではない。

① 憲法改正における**国民投票**（第96条）は，国の最高法規である憲法の改正に国民の承認を求めるもので，国民主権の原理を示すと言える。

② 国民の代表者によって構成される国会を，**国権の最高機関**（第41条）と位置づけているので，国民主権の原理を示すと言える。

④ 国の「**全体の奉仕者**」である公務員を選定する権利を国民に認めている（第15条）ので，国民主権の原理を示すと言える。

Point 👆 主権が国家の政治のあり方を最終的に決定する最高の権力であるということを踏まえ，それに合致するかどうかを判断しよう。

9 【国民の責務】正解 ②

第12条に「この憲法が国民に保障する自由及び権利は，国民の不断の努力によつて，これを保持しなければならない」とある。

① 「自然環境の維持および保全」に努める義務は，憲法にはない。

③ 勤労者の**団結権**は第28条で認められているが，義務ではない。なお，勤労については，第27条で「すべて国民は，勤労の権利を有し，義務を負ふ」とされている。

④ 「普通教育を受ける義務」ではなく，保護する子女に「**普通教育を受けさせる義務**」である（第26条）。

10 【憲法改正手続】正解 ①

憲法第96条に定められている通りである。

② 国民投票については，2007年に**国民投票法**が制定され，投票者を**満18歳以上の日本国民**としたが，投票率に関する規定はない。

③ 「3分の2を超える」ではなく，**過半数**である。

④ 地方自治における直接請求のような仕組みは，憲法改正にはない。

11 【憲法改正】正解 ④

憲法第96条に従って憲法改正の手続きの流れを整理すると，**C**国会議員が改正原案を国会に提出→**A**各議院の総議員の3分の2以上の賛成で**国会が発議**→**D**国民投票により過半数の賛成で国民が承認→**B**天皇が国民の名で公布，という順になる。

12 【法律の制定・公布】正解 ②

日本国憲法第7条において，**法律の公布**は内閣の助言と承認に基づく**天皇の国事行為**とされている。

① 法律案は衆議院・参議院のどちらに先に提出しても良い。衆議院に先議権が認められているのは予算である。

③ 衆参両院で異なる議決をした場合に**両院協議会**を開くことができると第59条で規定されているが，そこでまとまった成案が「直ちに法律となる」のではなく，両院で改めて審議・議決される。

④ 「地方公共団体の議会の同意」が誤り。第95条では，**地方特別法**は当該地方公共団体の**住民投票**による過半数の同意が必要とされる。

❷ 平和主義 (p.35)

❶【自衛権】正解 ②

問題で示されている条文は，2015年成立の**安全保障法制**の一環として改正された自衛隊法の一部である。下線部㋐は，「我が国に対する外部からの武力攻撃」とあるので**個別的自衛権**に関する規定，下線部㋑は，「我が国と密接な関係にある他国に対する武力攻撃」とあるので**集団的自衛権**に関する規定と判断できる。安全保障法制の制定過程において，閣議決定で集団的自衛権の行使は可能であると憲法解釈が変更された。

❷【日本の安全保障】正解 ③

日米防衛協力のための指針（**ガイドライン**）は，1978年に策定された後も改定が重ねられており，**日米防衛協力体制は強化**されている。
① 朝鮮戦争勃発後の1950年にマッカーサーの指示により創設されたのは，自衛隊ではなく，その前身にあたる**警察予備隊**である。
② 国連平和維持活動（PKO）への自衛隊への派遣は，**PKO協力法**（1992年制定）で規定されている。テロ対策特別措置法は，2001年にアメリカ同時多発テロが起きた後，アメリカなどの軍事活動に自衛隊が後方支援を行えるようにした法律。
④ 1951年のサンフランシスコ平和条約と同時に締結されたのは，**日米安全保障条約**（旧安保条約）であり，日米相互協力及び安全保障条約（新安保条約）は1960年に締結された。

❸【日本の安全保障】正解 ③

砂川事件では日米安全保障条約の合憲性が争われ，第一審は違憲としたが，最高裁は，高度の政治性を有する統治行為は違憲立法審査の対象になじまないとする，**統治行為論**に基づいて判断を保留した。
① **イラク復興支援特別措置法**に基づいて，2003年にイラクに自衛隊が派遣されている。
② 1971年に衆議院本会議で決議された**非核三原則**が，その後に放棄されたということはない。
④ 日本国憲法第66条2項には「内閣総理大臣その他の国務大臣は，文民でなければならない」とあり，防衛大臣も文民である必要がある（**文民統制条項**）。

❹【日本の安全保障】正解 ④

国家安全保障会議は，従来の安全保障会議に代わって2013年に設置された。内閣総理大臣を議長とし，「**日本版NSC**」とも呼ばれる。
① **防衛装備移転三原則**は，2014年に従来の武器輸出三原則に代わって閣議決定され，**一定の条件**の下で武器の輸出が認められた。
② 自衛隊の最高指揮監督権は，防衛大臣ではなく**内閣総理大臣**が握っている。
③ 問題❶で見たとおり，2015年成立の安全保障関連法において**集団的自衛権**の行使が認められた。

❺【日米安全保障条約】正解 ①

最高裁は**統治行為論**に基づいて日米安全保障条約に関する合憲・違憲の判断を下していない。
② 1960年の安保改定は片務的であった旧安保条約を改めるものであったが，アメリカの世界戦略に巻き込まれる恐れがあるとして**安保闘争**が起こり，その後，衆議院で条約批准が強行採決されると，国民的な反対運動となった。
③ 現行の新安保条約では，**日米の共同防衛行動**が規定されている。
④ 日本は，本来は負担義務のない，在日米軍の駐留経費（基地従業員の人件費・施設の光熱費など）を負担しており，**「思いやり予算」**と呼ばれる。

❻【PKO】正解 ①

湾岸戦争（1991）において，国際貢献のあり方が問題となったことから，翌1992年に**PKO協力法**が制定され，自衛隊の海外派遣が可能となった。この法律に基づいて初めて派遣されたのが，**カンボジアPKO**（1992～1993）である。
② **テロ対策特別措置法**（2001）は，アメリカなどの軍事活動に対する自衛隊の後方支援を認めたものであって，PKOについて定めたものではない。
③ **イラク復興支援特別措置法**（2003）は，戦闘終結後のイラクに自衛隊を派遣するために制定されたものであって，PKOとしてではない。
④ **海賊対処法**（2009）に基づいて，アフリカの**ソマリア沖**に自衛隊が派遣されたが，PKOとしてではない。

❼【集団的自衛権】正解 ③

集団的自衛権とは，自国と密接な関係にある他国が武力攻撃を受けた場合，自国に対する脅威とみなして，共同で防衛活動を行う権利のこと。**NATO（北大西洋条約機構）**は，集団的自衛権に基づく地域的集団防衛体制である。
① 国連は，**集団安全保障**（武力攻撃を違法化し，これに違反した加盟国に対して全加盟国が一致して制裁を加えるとすることで，安全を保障するもの）に基づく国際平和機関である。**国連憲章**において，自衛権は緊急の例外として認められているにすぎない。よって「集団的自衛権に基づく」が誤り。
② ①と同様に「集団的自衛権に基づく」が誤り。

なお，PKOは，国連憲章第6章（平和的解決機能）と第7章（強制措置）の中間にあるものとして，**6章半活動**と呼ばれることがある。

④ 日本政府が集団的自衛権の行使を認めたのは，2015年の**安全保障関連法**においてである。湾岸戦争後の掃海艇のペルシャ湾派遣（1991）は，あくまで国際貢献とされた。

> **Point** 集団安全保障と集団的自衛権の違いに注意しよう。詳しくは本冊 p.144 **7** で扱う。

3 基本的人権の保障 (p.36)

1 【権利の内容と性質】正解 ①

公共の福祉とは，各人の間の人権の衝突を調整する原理のことで，国民の基本的人権を制約する唯一の要因である。ただし，制約が許容されるのは，主に職業選択の自由や財産権などの**経済的自由**に限られ，思想・良心の自由など精神的自由に対する安易な制約は許されないと考えられている。

② 憲法29条3項で「私有財産は，正当な補償の下に，これを公共の福祉のために用ひることができる」とされている。

③ **プログラム規定説**とは，生存権に関する憲法第25条の規定は，具体的な権利内容を定めたものではなく，政策的な努力目標（プログラム）を定めたにすぎないとする説のこと。**朝日訴訟・堀木訴訟**において，最高裁はプログラム規定説を採用し，原告の請求を却下した（本冊 p.40 **20** で後述）。

④ **職業選択の自由**などを規定した憲法第22条に，**営業の自由**に関する明文規定はないが，これに含まれると解釈されている。

2 【基本的人権と公共の福祉】正解 ②

経済的自由は精神的自由よりも広く公共の福祉の制約を受けると考えられている。

① 明治憲法（大日本帝国憲法）に公共の福祉の規定はなかった。

③ 「人および市民の権利宣言」とは，1789年に発表された**フランス人権宣言**のこと。1919年にドイツで制定されたワイマール憲法の前であり，「影響を受け」るということはありえない。

④ ナチス政権では，全権委任法（1933）に基づいて個人の自由・権利が抑圧された（本冊 p.27 **6** 参照）。

3 【人権相互の対立】正解 ③

公務員には**守秘義務**が課されており，表現の自由の侵害には当たらない。

① 報道の自由とプライバシーの権利が対立してい

る。

② 信教の自由と人身の自由とが対立している。

④ 経済活動の自由と財産権とが対立している。

> **Point** 人権どうしの対立という題意に沿って各選択肢の正誤を判定すること。

4 【人権の限界や制約】正解 ①

1999年に，捜査機関による電話などの通信傍受を一定の条件で認める**通信傍受法**が制定されたが，最高裁がこれを違憲とする判決を下したことはない。

② 2001年制定の**DV防止法**（配偶者暴力防止法）についての記述として正しい。

③ **国家公務員**は労働基本権が一部制約されているため，その代償措置として，**人事院**が給与などについて**勧告**を行う制度がある。

④ 憲法第21条2項に「検閲は，これはしてはならない」とあり，**検閲は禁止**されている。

5 【基本的人権の類型】正解 ⑥

A 国家から不当な干渉を受けない権利とは，**自由権**のこと。**ウ信教の自由**がこれに当たり，憲法でも特定の宗教に対する特権の付与などを禁止している（第20条）。

B 国家に対して積極的な行為を求める権利とは，**請求権**のこと。**イ国家賠償請求権**がこれに当たり，憲法第17条に明記されている。

C 国家に関する意思形成に参画する権利とは，**参政権**のこと。**ア選挙権**がこれに当たる。

6 【個人の自由と平等】正解 ④

「国会の判断」は多数者の意思によるものであるが，それによって少数者の自由・権利が脅かされないようにするため，裁判所には「自らの判断」に基づいて判決を下すことが求められる。

① 「国家権力をなるべく強くする」は，個人の自由と平等の保障に矛盾する

② 「決定に反対してはならない」では，住民個人の意見が尊重されていない。

③ 「特定の憲法条文」，例えば，基本的人権に対する規定が，「その時々の国民」の多数者の意思により改正することができたら，少数者の自由や権利が脅かされかねない。それゆえ，「特定の憲法条文の改正を禁止する規定」は，個人の自由と平等の保障という観点から許容しうる。よって「設けてはならない」が誤り。

7 【平等】正解 ④

女性を優先的に採用するというのは，社会的に不利益を被ってきた存在に対して優遇措置をとる，**ア**

ファーマティブ・アクションの一例であり（本冊p.16 **3**参照），「積極的な機会の提供を通じて，社会的な格差を是正しよう」という**実質的平等**の考えに沿ったものと言える。

① 男女同一賃金は，「すべての人々を一律，画一的に取り扱う」ことを求める，**形式的平等**の考えに基づくもの（実質的平等と形式的平等については，本冊 p.25 **1**参照）。

② 合否に性別を考慮しないのは，①と同様に形式的平等の考えに基づくもの。

③ 男女の定年年齢に違いを付けることを禁止するのは，①と同様に形式的平等の考えに基づくもの。

8 【男女の平等】正解 ②

選択的夫婦別姓を認めるかどうかについての議論は続けられているが，現在のところ民法の改正は行われていない。現行の民法では，夫婦はいずれかの姓を名乗ることとされている。

① 明治憲法下の民法には婚姻・家族関係における男性優位の規定があったが，日本国憲法第24条に**両性の本質的平等**が規定されたことを受けて，改正された。

③ **男女共同参画社会基本法**は，男女の実質的平等を目指して1999年に制定された。

④ **男女雇用機会均等法**は，**女子差別撤廃条約**の批准に向けた国内法の整備の一環として，1985年に制定された。1999年改正では，均等な雇用機会と待遇の確保という努力規定から，採用・昇進などにおける男女差別の禁止という規定に内容が強化された。

9 【精神的自由権】正解 ④

結社の自由は精神的自由（権）に当たり，憲法第21条1項で認められている。

① **環境権**に当たるもの。

② 財産権は**経済的自由**に当たるもの。

③ 弁護人依頼権は**人身の自由**に当たるもの。

10 【精神的自由】正解 ②

愛媛玉串料訴訟において，最高裁は県による玉串料の公金支出は憲法第20条・第89条の**政教分離原則に違反する**と判決した（1997）。

① **三菱樹脂事件**において，最高裁は，思想・良心の自由を規定した憲法第19条は私人間に適用されるものではなく，それゆえ，思想・信条による採用拒否は違憲ではないと判決した（1973）。

③ マスメディアの報道の自由も表現の自由に含まれる。

④ 最高裁はポポロ事件において，**学問の自由は大**学の自治によって保障されるとしている（1963）。

11 【表現の自由】正解 ①

通信の秘密は表現の自由を守るものとして，憲法第21条2項に**検閲の禁止**とともに規定されている。

② マスメディアの報道の自由と取材される側のプライバシーの権利は時に衝突する。

③ 中央省庁の行政文書の原則公開を定めた**情報公開法**は1999年に制定されたが，国民の「知る権利」は明記されなかった。

④ 『石に泳ぐ魚』事件において，最高裁は**出版差し止め**を命じた（2002）。

12 【表現の自由と通信の秘密】正解 ④

特定秘密保護法は，外交や防衛に関わる情報で，安全保障上で特に秘密にする必要のあるものを特定秘密に指定し，漏洩した者に罰則を定めた法律で，2013年に制定された。

① チャタレイ事件において，最高裁は，最小限の道徳性の維持は公共の福祉による制限であるとして，わいせつ文書の頒布を禁止した刑法の規定を合憲と判断した（1957）。

② 家宅捜索などと同じく，**通信傍受法**に基づいて捜査機関が傍受を行う場合にも，**裁判所の発する令状**を必要とする。

③ 最高裁は出版差し止めを命じた。

13 【検閲の禁止】正解 ③

検閲とは，最高裁の判決によれば，**思想内容等の表現物**を，**行政機関**が発表前にその内容を**審査**し，不適当と認めるものの**発表を禁止**することとされる。③の「地方自治体の計画案」は，思想内容等の表現物ではないので，「地方議会が閲覧して内容の変更を求め」ても，検閲には当たらない。

　その他の①・②・④は，思想内容等の表現物を，行政機関が発表前に閲覧し，削除または内容の変更を求めているので，検閲に当たる。

> Point ⚓ 検閲の定義に沿って各選択肢の正誤を判定することが肝心である。

14 【刑事手続】正解 ③

時効（**公訴時効**）とは，犯罪が行われてから一定の期間が経過した場合，犯人を処罰できなくなること。2010年の刑法・刑事訴訟法の改正により，25年とされていた殺人罪の公訴時効が廃止された。

① **取調べの可視化**（見える化）は現在も議論の対象とされるが，憲法にそのような規定はない。

② 憲法第38条2項で，強制や拷問などによる自白は証拠とすることができないとされている。

④　憲法第 33 条では，逮捕には**司法官憲（裁判所）**が発行する**令状**が必要であるとされているが，現行犯逮捕はその例外である。

⓯【罪刑法定主義】正解 ③

　罪刑法定主義とは，ある行為が犯罪とみなされ刑罰が科されるには，あらかじめ法律で定められていなければならないとする原則のこと。そして，この原則から，後に制定された法律によってそれ以前に行われた行為を処罰することはできないとされ（**遡及処罰の禁止**），憲法第 39 条に規定されている。
①　憲法第 73 条 6 号で，法律の委任がある場合を除き，政令で罰則は設けられないとされている。つまり，法律の委任があれば政令に罰則は設けられる。
②　刑事事件の手続きは**刑事訴訟法**で定められている。政令で定めることはできない。
④　法律の範囲内であれば，条例で罰則を設けることができる。例えば，空き缶やタバコのポイ捨て禁止条例に罰則を設けている地方自治体は多い。

⓰【被疑者・被告人の権利】正解 ④

　憲法第 39 条で，一度無罪とされた行為は再び刑事責任を問われることがないとされている（**一事不再理の原則**）。
①　現行犯逮捕の場合は令状を必要としない。
②　憲法第 37 条で，すべての刑事被告人に**弁護人依頼権**が認められている。
③　憲法第 40 条で，無罪となった場合の**刑事補償請求権**が認められている。

⓱【身体の自由】正解 ①

　令状（逮捕令状）を発行するのは，検察官ではなく**裁判所**である。
②　憲法第 38 条 3 項で，自己に不利益な唯一の証拠が本人の**自白**である場合，有罪とされることも刑罰を科すこともないと規定されている。
③　憲法第 31 条で，**法定手続の保障**が規定されている。
④　憲法第 39 条で，**遡及処罰の禁止**が規定されている。

> **Point** 👆　令状は裁判所が発するということから正誤を判定する選択肢は，すでに何問か見てきた。繰り返されるものには意味がある。問題演習を通じて「出題されるもの」を体得してほしい。

⓲【財産権の保障】正解 ④

　生存権について規定した憲法第 25 条の条文を利用した作文と思われるが，財産の「最低限度」に関する規定はない。
①　2002 年に知的財産基本法が制定され，違法な海賊版などのダウンロードには罰則が科されている。
②　2005 年，知的財産に関する事件を専門的に取り扱うため，東京高等裁判所の支部として**知的財産高等裁判所**が設置された。
③　経済的自由の一つである**財産権**が公共の福祉による制約を受けることは，憲法第 29 条 2 項で規定されている。

⓳【経済的自由】正解 ①

　営業の自由は，職業選択の自由（憲法第 22 条 1 項）に含まれると解釈されているが，憲法に明文はない。
②　憲法第 22 条 1 項，第 29 条 2 項にあるとおり，**経済的自由は公共の福祉による制約を受ける。**
③　憲法第 29 条 2 項に，「財産権の内容は，公共の福祉に適合するやうに，法律でこれを定める」とある。
④　私有財産を収用する場合の**補償**は，憲法第 29 条 3 項で規定されている。

⓴【生存権】正解 ③

　堀木訴訟において，最高裁は，**プログラム規定説**を採用して上告を棄却した（1982）。
①　**法的権利説**とは，憲法第 25 条の生存権の規定は，個人に対する具体的な権利内容を定めたものであるとの考えのこと。プログラム規定説を採用した最高裁は，この説を採らなかった。
②　**朝日訴訟**において，最高裁はプログラム規定説の立場から違憲ではないと判断した（1967）。
④　**プログラム規定説**は，憲法第 25 条の規定を政策的な努力目標（プログラム）と捉えるものである。よって「法的な義務を課している」が誤り。

> **Point** 👆　プログラム規定説も頻出の事項である。

㉑【社会権】正解 ④

A　**勤労権**とは，労働する意思と能力のある者が，就労の機会を国に要求することができるとする権利のことである。**イ**が該当する。
B　**生存権**とは，人間の尊厳にふさわしい生活を営む権利のことである。生活保護について説明した**ウ**が該当する。
C　**団結権**とは，労働基本権の一つで，労働組合を結成する権利である。使用者が解雇などをちらつかせ，労働組合への加入を妨害することは，**不当労働行為**として禁止されている（本冊 p.124 **1** で

後述）。**ア**が該当する。

㉒ 【労働基本権】正解 ②

生存権とは，人間らしい生活を送る権利であり，また，それを国家に保障してもらう権利を意味する。団結権・団体交渉権・団体行動権（争議権）からなる**労働基本権（労働三権）**は，生存権を実質的に保障するものである。よって，生存権を規定した②憲法第 25 条の文言が正解である。

① 憲法第 29 条の文言。財産権は**経済的自由**である。
③ 憲法第 20 条の文言。信教の自由は**精神的自由**である。
④ 憲法第 32 条の文言。裁判を受ける権利は**請求権**である。

㉓ 【社会権の保障】正解 ②

教育を受ける権利は憲法第 26 条で保障されているが，公立学校における宗教教育は，教育基本法で禁止されている。

① 新しい人権の一つである**環境権**は，**生存権**（憲法第 25 条）と**幸福追求権**（憲法第 13 条）を根拠に主張されている。ただし，環境権を認めた判例はまだない。
③ **勤労権**とは勤労の機会を国に求める権利であり，職業安定法や労働施策総合推進法（旧・雇用安定法）などで具体化されている。
④ 公務員は，労働基本権の一つである**団体交渉権**に関して制約を受ける。

㉔ 【福祉国家としての日本の現状】正解 ②

憲法第 26 条 2 項において**義務教育は無償**とされており，実際に授業料の無償化や教科書の無償配布が行われている。

① 最高裁はプログラム規定説を採用したため，憲法第 25 条の生存権の規定を根拠とした具体的な請求は認められない。
③ 国民の強制的な徴用は，**奴隷的拘束及び苦役からの自由**を定めた憲法第 18 条に反する。
④ 公務員は労働基本権の制約を受けるが，中でも**争議権（団体行動権）**は一切認められていない。

㉕ 【参政権】正解 ①

2005 年，最高裁は国政選挙における**在外邦人の投票制限に違憲判決**を出した。これを受け，翌 2006 年には公職選挙法が改正され，衆議院小選挙区と参議院選挙区への在外邦人の投票が可能となった。

② **憲法改正**は，衆参各議院の総議員の 3 分の 2 以上の賛成で**発議**される（本冊 p.34 ⓫参照）。
③ 女性など少数者に議席や役員を一定の割合で割

り当てる制度を**クオータ制**というが，そのような制度は日本の国会には導入されていない。
④ **女性参政権**が認められたのは，終戦の 1945 年の衆議院議員選挙法改正によるものであり，日本国憲法が施行された 1947 年に先立つ。

㉖ 【参政権】正解 ①

地方自治体の長や議員は，憲法第 93 条 2 項で**住民による直接選挙が保障**されている。

② 国政選挙でも地方選挙でも，在日外国人に選挙権は認められていない。
③ 参議院議員の被選挙権は成年ではなく**満 30 歳以上**である。
④ 条約の批准（承認）は**国会**が行う（憲法第 61 条）

㉗ 【基本的人権などをめぐる権利の保障】正解 ④

公務員の不法行為に対する損害賠償請求権は，憲法第 17 条で認められている。

① 経済産業省の外局として**特許庁**が置かれている。
② 最高裁が環境権を認めていないという記述は正しいが，それによって損害賠償請求が認められないということはない。
③ **情報公開法**は，行政文書の公開を通じて**公正で民主的な行政の推進**を図ることを目的としており，プライバシーの権利は関係ない。

❹ 人権と歴史の広がり (p.42)

❶ 【基本的人権の分類】正解 ④

A α 19 世紀までの権利宣言・憲法で保障されていたのは**自由権**と**参政権**であり，β 20 世紀になって**社会権**が認められるようになった。よって**イ**が該当する。
B α 国家からの干渉を受けない権利とは**自由権**であり，β 国会に一定の行為を求める権利とは**社会権と請求権**である。よって**ウ**が該当する。
C β 憲法に明文規定のない権利を**新しい人権**といい，プライバシー権や環境権などが主張されている。よって**ア**が該当する。

❷ 【国際人権規約】正解 ⑥

1966 年に国連総会で採択された**国際人権規約**は，社会権に関する **A 規約**・自由権に関する **B 規約**と，B 規約の**選択議定書**からなる。世界人権宣言が国際法上の拘束力がなかったのに対し，国際人権規約は批准国に対して法的拘束力を持つ。

A **社会権**に関する規約であるから，教育を受ける権利について述べた**ウ**が該当する。
B **自由権**に関する規約であるから，意見表明の権

利について述べた**イ**が該当する。

C B規約の第一選択議定書は，**国連規約人権委員会への救済申し立て**について定めている。よって**ア**が該当する。なお，第二選択議定書は別名を**死刑廃止条約**という。ただし，日本は第一・第二選択議定書ともに批准していない。

3 【人権に関する条約の国内実施】正解 ③

問題で与えられている条約の条文は，子の国籍に関する男女平等について定めていること，また，「1985 年に日本が批准した」とあることから，**女性差別撤廃条約**と判定できる。子の国籍に関して，日本は明治以降父系血統主義をとってきたが，条約批准のための国内法整備の一環として 1984 年に国籍法が改正され，父母両系血統主義が採用された。

① 2016 年に制定・施行された**ヘイトスピーチ解消法**に関する記述であるが，条約とは関係ない。

② 2008 年に最高裁が下した，**非嫡出子（婚外子）の国籍取得制限に対する違憲判決**に関する記述であるが，問題とされたのは嫡出子と非嫡出子の差別であり，条約とは関係がない。

④ 2015 年に最高裁が下した，**女性の再婚禁止期間に対する違憲判決**に関する記述であるが，問題で示された子の国籍に関する条文の内容とは関係ない。

Point 解説のとおり，誤りの選択肢も内容としては正しいが，問題で問われている内容に合致していない。共通テストでは，問いと答えの対応が重視されている。第 5 編のパターン別問題演習で十分にトレーニングを積んでほしい。

4 【人権に関する条約に対する日本の取組み】
正解 ④

日本は，国際人権規約B規約（自由権規約）の第二選択議定書（死刑廃止条約）を批准していない。また，死刑も廃止されていない。

① 選択議定書のほか，A規約（社会権規約）の**公務員のストライキ権，公休日の報酬**について**留保**している。また，中等・高等教育の無償化も留保していたが，2012 年に撤回した。

② 1985 年，女性（女子）差別撤廃条約の批准のための国内法の整備の一環として，**男女雇用機会均等法**が制定された（本冊 p.38 **8** 参照）。

③ 日本は**子ども（児童）の権利条約**を 1994 年に批准した。未成年者保護の観点から，成人と異なった取扱いをすることをこの条約は認めている。

5 【差別の解消】正解 ②

障害者雇用促進法では，民間企業に対しても法定

雇用率を課している。しかし，達成していない企業が多い。

① 1997 年に北海道旧土人保護法に代わって制定された**アイヌ文化振興法**では，アイヌの先住民族としての権利は明記されなかった。その後，2019 年に制定された**アイヌ民族支援法**では，初めて**先住民族と明記**されたが，先住権が認められていないなど，不十分との批判も多い。

③ 部落差別問題についての記述として正しい。

④ **人種差別撤廃条約**は 1965 年に国連総会で採択され，日本も 1995 年に批准している。

6 【新しい人権】正解 ④

大阪空港公害訴訟において，1981 年，最高裁は，環境権を認めず，原告の夜間飛行の差し止め請求も棄却した。環境権の認定に関しては，個人の権利の対象となる環境の範囲を特定できない（地球全体ということになりかねない）という難点を抱えている。

① **子どもの権利条約**が 1989 年に国連総会で採択され，日本も 1994 年に批准している。

② **アクセス権**をめぐっては，サンケイ新聞意見広告訴訟で憲法第 21 条における表現の自由を根拠に主張されたが，**最高裁判決はこれを認めなかった**（1987）。

③ 請願権は憲法第 16 条で保障されているが，憲法で明文化されているものは「新しい人権」には当たらない。

Point ③も正しいと考えて迷った諸君は，本問で問われているのが「新しい人権」であることに注意しよう。共通テストでは，「問いに対して答えになっているものを選ぶ」ということが，より重視されている。

7 【新しい人権】正解 ④

A **アクセス権**とは，マスメディアに対して個人が意見表明や反論の場を求める権利のことで，**イ**が該当する。ただし，前問で見たとおり，判決で認められたことはない。

B **知る権利**とは，国や地方自治体などの行政機関が持つ情報を請求できる権利のことで，**ウ**が該当する。1999 年には**情報公開法**が制定されたが，国民の「知る権利」は明記されなかった。

C **プライバシー権**とは，元は個人の私生活などをみだりに公開されない権利として主張されたが，最近では，**自分に関する情報を自らコントロールする権利**，さらには，その権利を国家から保障される権利へと，その意味が拡張されている。よって**ア**が該当する。

8 【情報公開法】 正解 ①

情報公開法では，開示請求が拒否された場合，情報公開審査会に**不服申し立て**をすることが認められているし，その決定も不服であれば裁判に訴えることもできる。

② 請求者に納税者などの制約は設けられていないし，**外国人も請求することができる。**

③ 消費者保護基本法は 1968 年制定で，2004 年には**消費者基本法**に改正された。1999 年制定の情報公開法とは年代が前後するし，内容的にも関係ない。

④ **情報公開法**で開示請求されるのは行政機関が持つ情報であり，個人のプライバシーとは関係ない。

9 【公開が認められている個人情報】 正解 ④

国会議員は，私人としてのプライバシーは当然保護されるが，**公人として不正な資金の授受がないか**を監視される必要があるので，毎年，資産公開が行われている。残る ①②③ は，いずれも極めて個人的な内容の情報であるので，公開してはならない。

10 【個人情報保護】 正解 ①

1988 年制定の**個人情報保護法**に加え，2003 年に個人情報保護関連 5 法が制定され，行政機関だけでなく民間企業にも個人情報の適切な保護・取り扱いが義務づけられた。これにより，個人が企業に対して自らの個人情報の開示・訂正・削除を求めることができる。

② **プライバシー**の観点から従業員の個人情報を第三者に渡すことは違法である。

③ **顧客の同意**があれば，企業は個人情報を利用することができる。ただし，個人が特定されないよう，その取り扱いには厳重な注意を要する。

④ 民間企業と同様に，行政機関にも個人情報の開示・訂正・削除を求めることができる。

11 【個人情報保護関連 5 法】 正解 ③

プライバシー権は，憲法第 13 条で規定された**幸福追求権**を根拠に主張されている。

① 個人情報保護法では，自らの個人情報に関する請求権が認められている。

② 前間で見たとおり，個人情報保護関連 5 法では**行政機関・民間企業ともに対象**とされている。

④ 「宴のあと」事件は，初めてプライバシー権が認められたことで知られる（1964）。「民間事業者の保有する個人情報の削除を最初に認めた」が誤り。

12 【マイノリティの権利保障】 正解は ①

1997 年，明治以来の北海道旧土人保護法に代わって**アイヌ文化振興法**が制定された。さらにその後，2019 年には**アイヌ民族支援法**が制定され，初めて**先住民族と明記**された。

② 一定割合の障害者雇用を義務づけているのは，障害者基本法（1993）ではなく**障害者雇用促進法**（1960）である。

③ 定住外国人地方選挙権訴訟において，1995 年，最高裁は地方参政権を認めなかった。ただし，憲法で禁止されているものではないとする傍論を付している。

④ 憲法第 89 条において，**政教分離の原則**から宗教団体への公金支出は禁止されている。

13 【外国人の権利】 正解は ③

人権とは人が生まれながらにして持つ権利のことであり，日本国憲法で規定されている人権の内容は，その文言に「**何人も**」とあるとおり，外国人にも及ぶ（ただし特定のものを除く）。

① 前間で指摘した最高裁判決における傍論は，地方参政権に対するものであって，国政選挙に対してではない。

② **指紋押捺**の義務づけは，1999 年の外国人登録法改正によって**廃止**された。また，外国人登録制度自体も 2012 年に廃止されている。

④ 日本に滞在している外国人には，国民年金，国民健康保険，介護保険が適用される。さらに，日本で雇用されている外国人には，雇用保険などが事業所を通じて適用される。

14 【子どもの権利】 正解 ②

教育基本法において，公立学校が宗教教育その他の宗教的活動を行うことは禁止されている。

① **児童虐待防止法**は 2007 年に改正され，児童相談所の立ち入り権限が強化された。

③ **子どもの権利条約**は，1989 年に国連総会で採択され，日本も 1994 年に批准した。子どもを権利主体とし，**意見表明権**を保障したことなどに特徴がある。なお，本条約における子どもとは **18 歳未満**の者である。

④ 児童買春・児童ポルノ禁止法は 2004 年に改正され，罰則が強化された。

15 【新しい人権】 正解 ③

新しい人権とは，憲法によって明文化された具体的な規定はないが，人間らしく生きるために必要不可欠と考えられる権利の総称である。③ で言う個人情報のコントロールを国に求める権利は，プライ

バシー権として主張されている。
① 請願権に当たるものであり，憲法第16条に規定されている。
② 職業選択の自由に当たるものであり，憲法第22条に規定されている。
④ 表現の自由に当たるものであり，憲法第21条に規定されている。

第3章 日本の政治機構

1 立法 (p.50)

1 【明治憲法下の帝国議会】正解 ⑤
A 明治憲法下の帝国議会は**衆議院**と**貴族院**の二院制であり，衆議院は公選制であったが，貴族院は皇族・華族・勅選議員などで構成された。よって該当する。
B **勅令**とは天皇の命令のこと。明治憲法では，議会閉会中に法律に代わって**緊急勅令**を発する権限が，天皇大権の一つとして認められていた。しかし，日本国憲法ではそのような規定はない。よって該当しない。
C 日本国憲法では，**国会が内閣総理大臣を指名**することになっている（憲法第67条）。しかし，明治憲法にそのような規定はなく，天皇の非公式の最高顧問である元老の推挙により，天皇がその人物に組閣を命じていた。よって該当する。

2 【国会】正解 ③
日本国憲法において**衆議院の優越**が認められているのは，法律案の議決，予算案の議決，条約の承認（批准），内閣総理大臣の指名であり，国会同意人事について衆議院の優越はない。
① 議員定数は**公職選挙法**で定められており，法改正を行えば変更できる。
② 1999年に制定された**国会審議活性化法**に基づいて，**党首討論（クエスチョン・タイム）**が衆参合同の国家基本政策委員会において行われることになった。しかし，近年では頻繁には開催されていない。
④ **常会（通常国会）**は，毎年1月に召集され，会期は150日である。

3 【国会】正解は ①
憲法第69条において，衆議院で内閣不信任決議案が可決された場合，内閣は**10日以内**に衆議院を解散するか，**総辞職**をすることとされている。
② **公聴会**とは，予算などの重要案件について，利害関係者や学識経験者から意見を聴く場であり，国会法で開催が認められているが，義務ではない。

③ 国会には**弾劾裁判所**の設置が認められているが，罷免されるのは国務大臣ではなく**裁判官**である（憲法第64条）。
④ **憲法審査会**は，2007年，**国民投票法**の制定にともない，憲法改正や改正原案について審議を行う機関として設置された。「法律や命令が憲法に違反するかしないか」を判断するのは，**違憲立法審査権**を有する裁判所である。

4 【国会議員の地位】正解 ④
弾劾裁判所は，裁判官を罷免するために国会が設置するものである（憲法第64条）。議員の除名は，各議院の出席議員の3分の2以上の賛成による（憲法第58条2項）。
① 議員には国会会期中の**不逮捕特権**が認められている。ただし，閉会中や現行犯，また，議院の許諾がある場合はこの限りではない（憲法第50条）。
② **免責特権**についての記述である（憲法第51条）。
③ **歳費特権**についての記述である（憲法第49条）。

5 【委員会制度】正解 ②
委員会には**常任委員会**と**特別委員会**がある。常任委員会は予算委員会，外務委員会など**17**ある。特別委員会は特定の案件を審査する場合に開かれる。
① 明治憲法下の帝国議会では**本会議中心主義**がとられていた。
③ 特別委員会は特定の案件のみ審査する委員会なので，その案件について議決されるとそこで終了となる。「同一期間中は廃止できない」という規定はない。
④ **予算の審議**については必ず公聴会を開かなければならないとされている。

6 【日本の立法過程】正解 ③
参議院が衆議院の可決した法律案を受け取った後，**60日以内**に議決をしない場合は，否決したものとみなされ，衆議院で**出席議員の3分の2以上**の特別多数決で再可決された場合，その法律案は成立する（憲法第59条）。よって，再議決が必要であるので「衆議院の議決が国会の議決となる」が誤り。
① **法律案の発議**（法案の提出）には，予算を伴わない場合は衆議院で20人，参議院では10人必要であり，少数政党にとっては法案提出権を得られるこの議席数が選挙における一つの目標となる。なお，予算を伴う場合は，衆議院は50人，参議院は20人必要である。
② 日本の国会は**委員会中心主義**をとっており，実質的な審議は委員会で行われる。
④ 法律と政令には，**主任の国務大臣の署名と内閣**

総理大臣の連署が必要とされる（憲法第 74 条）。

7 【法律制定の手続】正解 ③

前間で見たとおり，いわゆる「3 分の 2 ルール」が憲法第 59 条で規定されている。

① 国務大臣には，国会に議席を有するか否かに関わらず，議院に出席して発言することが認められている（憲法第 63 条）。

② ① のとおりの規定であるので，衆議院に議席を有する国務大臣も参議院に出席することができる。

④ 前問と同じく，「衆議院の議決が国会の議決とみなされ」が誤り。衆議院で出席議員の 3 分の 2 以上の特別多数決による再可決が必要である。

8 【法律の制定】正解 ①

法案は，衆参どちらに先に提出してもよく，また，問題 6 で見た「3 分の 2 ルール」などを除き，両議院で可決されたときに法律となる。

② 法案には，内閣提出法案と，議員提出法案の 2 つがあるが，平均成立率は内閣提出法案が圧倒的である。

③ 会計検査院は，財政支出が適切に行われたかどうかを事後に検査する機関であり，事前に予算の審議に関与することはない。

④ 地方特別法の制定には，該当する地方自治体の住民投票による過半数の同意が必要とされる（憲法第 95 条）。よって，「首長の同意」は誤り。また，憲法の規定であるので，1990 年代の地方分権の動きとも関係ない。

9 【予算審議】正解 ⑥

ア 予算の作成は内閣の事務である（憲法第 73 条）。

イ 予算には，本予算（当初予算），暫定予算，補正予算の 3 つがある。本予算は会計年度の当初（4 月 1 日）から行われるもので，表中に書かれた「予算」はこれに当たる。暫定予算は，会計年度の開始前に本予算が成立しなかった場合に組まれるもので，表では 3 月 27 日に予算（本予算）が成立しているので必要ない。補正予算は，本予算の成立後に追加で組まれるもので，イはこれに該当する。

10 【国会がもつ権限】正解 ①

1999 年制定の国会審議活性化法により，国会の審議において大臣に代わって官僚が答弁する，政府委員制度が廃止された。

② 内閣総理大臣および国務大臣は，議院に出席して発言する権利があるとともに，議院から求められた場合は出席する義務があるとされている（憲

法第 63 条）。

③ 国政調査権についての記述である（憲法第 62 条）。

④ 衆議院の内閣不信任決議権についての記述である（憲法第 69 条）。

11 【日本における権力分立】正解 ③

違憲審査権について，憲法第 81 条には「最高裁判所は，一切の法律，命令，規則又は処分が憲法に適合するかしないかを決定する権限を有する終審裁判所である」とある。「終審裁判所」とあるので，違憲審査権は下級裁判所にもあると解釈されている。

① 国務大臣は各議院に出席して発言することが許されている。

② 行政訴訟は国を被告として裁判所で行われる。なお，明治憲法下では行政裁判所が設置されていたが，日本国憲法では特別裁判所の設置が認められていない（憲法第 76 条）。

④ 下級裁判所の裁判官は，最高裁判所の指名した名簿に基づいて，内閣が任命する（憲法第 80 条）。よって「国会は」が誤り。

2 行政 (p.52)

1 【内閣】正解 ③

国務大臣の任命と罷免は，内閣総理大臣の専権事項であり，国会の同意を必要としない（憲法第 68 条）。

① 国務大臣には，国会に議席を有するか否かに関わらず，議院に出席して発言することが認められている（本冊 p.51 7 参照）。

② すべての国務大臣について，その訴追には内閣総理大臣の同意が必要とされる（憲法第 75 条）。

④ 国務大臣に関する報酬の規定は憲法にない。なお，裁判官は任期中に減額されないと定められている（憲法第 79 条 6 項，第 80 条 2 項）。

2 【内閣制度】正解 ②

内閣府は，2001 年の中央省庁再編において，省庁の縦割り行政を脱し，官邸主導を推進する目的で，従来の総理府に経済企画庁などを統合する形で設置された。よって「内閣官房に代わって」が誤り。内閣官房は内閣の補助機関として現在も存在する。

① 国務大臣の過半数は国会議員とすべきことは，憲法第 68 条で定められている。

③ 特別会（特別国会）とは，衆議院の解散総選挙後に召集される国会のこと。内閣は総辞職しなければならないと憲法第 70 条で定められている。

④ 閣議については内閣法で定められている。内閣総理大臣が主宰し，閣議の決定によらなければそ

の職権を行うことができないとされている。

③【内閣総理大臣】正解③

　内閣総理大臣を「同輩中の首席」と位置づけていたのは、明治憲法下においてである。現行の日本国憲法下とは異なり、首席ではあるが国務大臣の一人というのにすぎなかった。

① **国務大臣の任命と罷免**は内閣総理大臣の専権事項である。

② 内閣総理大臣は**閣議**を主宰する。

④ 憲法第72条に「内閣総理大臣は……**行政各部を指揮監督する**」とある。

④【内閣の運営】正解⑦

ア 閣議決定は**全会一致**を原則とする。異を唱える国務大臣がいる場合、首相はその国務大臣を罷免して、新たに任命するか自らが兼任するかすればよい。

イ 内閣総理大臣は、閣議を主宰し、国務大臣の任免権を握るなど、「**内閣の首長**」という位置づけである。「同輩中の首席」は、明治憲法下の地位を示した言葉。

ウ 憲法第74条において、法律および政令には、**主任の国務大臣の署名と内閣総理大臣の連署**が必要であるとされている（本冊 p.51 **⑥**参照）。

⑤【内閣総理大臣が欠けた場合】正解③

　内閣総理大臣が欠けた場合の措置については、憲法第70条、第71条で規定されている。第70条には**内閣総辞職**すべきこと、第71条には新たな内閣総理大臣が任命されるまで**内閣が引き続きその職務を行う**べきことが書かれている。

① **緊急集会**とは、衆議院の解散中に国会を開く緊急の必要が生じた際に、内閣の請求によって召集される**参議院**の集会である。そもそも衆議院で緊急集会は開かれない。

② 内閣総理大臣を指名するのは**国会**である（憲法第67条）。「閣僚の互選」が誤り。

④ アメリカでは大統領を欠いた場合、副大統領が**大統領に就任**し、残りの任期を全うすることになっている（トルーマンはフランクリン・ルーズベルト大統領の急死を受けて副大統領から昇格した）。日本の副総理大臣にそのような規定はない。

⑥【衆議院の解散】正解④

　衆議院の解散中に国会を開く緊急の必要が生じた際には、内閣の請求によって**参議院**の**緊急集会**が開かれる。

①② 憲法第7条に基づく解散である。「**7条解散**」

と言われる。

③ 憲法第54条では、衆議院の解散から**40日以内**に総選挙を行い、その選挙から**30日以内**に国会を召集しなければならないとされている。衆議院の解散総選挙後に開かれる国会を**特別会（特別国会）**と言い、内閣総理大臣の指名が行われる。

⑦【内閣機能の強化と整備】正解は④

　2001年の**中央省庁再編**において、従来の総理府に代わって置かれたのが**内閣府**である。

① **内閣官房**は従来からある。内閣の補助機関で、その長である内閣官房長官は総理の「女房役」とも呼ばれる。また、男女共同参画社会の形成の促進に際して置かれたのは、内閣府内の男女共同参画会議である。

② **人事院**は従来からある。公務員は労働基本権の一部が制約されているので、その代償措置（給与の勧告など）を行う行政機関である。

③ **内閣法制局**は従来からある。各省庁から提出された法律案や政令案を審査する。

> **Point** 🖐 人事院に関する選択肢は、この後の問題でもたびたび登場する。

⑧【行政改革】正解は③

A　地方分権推進委員会は、1995年に地方分権推進法に基づいて設置された。その後、1999年に**地方分権一括法**が制定され、地方自治体の事務の見直しにより**機関委任事務が廃止**され、**自治事務**と**法定受託事務**となった。よって**イ**が該当する。

B　**第二次臨時行政調査会**は、「増税なき財政再建」を掲げる鈴木善幸内閣の下で1981年に設置された。行政改革の一環として**国鉄・電電公社・専売公社の民営化**を答申し、後に実現した。よって**ア**が該当する。

C　**行政改革会議**は、橋本龍太郎内閣の下で1996年に設置され、**1府12省庁への再編や独立行政法人**の導入などを提言した。よって**ウ**が該当する。

⑨【中央省庁の再編】正解④

　2001年の**中央省庁再編**において、縦割り行政の見直しや官邸主導という趣旨から設置された内閣府は、**各省庁よりも上位に置かれ**、行政各部の統一を図るための企画立案や総合調整を行っている。

① 事務次官と同格であった**政務次官が廃止**され、代わって**副大臣**と**政務官**（正式には大臣政務官）が新設された。

② 公正取引委員会・中央労働委員会などの**行政委員会**は、政治的中立が必要な分野や、専門性が求められる分野で設置されている。「内閣からの独

立性が弱められ」るということはない。

③ **経済財政諮問会議**は，官邸主導という観点から内閣府に設置されている。

10 【**首相公選制**】正解は②

首相公選制と同様に，国民の選挙で大統領を選ぶ大統領制をとるアメリカでも，大統領の所属政党と議会の多数政党が食い違うことがたびたびある。

① 公選制は「首相と議会との協調」にはつながらない。むしろ，②のように，国民から直接選ばれた首相の所属政党と，議会で多数を占める政党が異なる場合，対立が生じうる。

③ 憲法第 67 条で**首相は国会が指名**すると明記されているので，憲法改正の必要がある。

④ 日本をはじめ**議院内閣制**を採用する国は，**議会で首相を選出**している。

11 【**行政委員会**】正解①

行政委員会は，戦後にアメリカにならって設置された。よって「明治憲法の制定時に導入」が誤り。

② **政治的中立性**が必要な分野としては人事院・国家公安委員会などがある。

③ **技術的専門知識**を要する分野としては，公正取引委員会・原子力規制委員会などがある。

④ 中央労働委員会のように，行政委員会は準司法的・準立法的機能を持つ。

3 司法 (p.54)

1 【**日本の裁判の制度と歴史**】正解①

憲法第 37 条 3 項において，**弁護人を依頼する権利**（弁護人依頼権）が刑事被告人に認められている。

② **陪審制**とは，一般人から選ばれた陪審員が有罪・無罪の認定を行い，職業裁判官がそれに従って量刑を判断する制度で，アメリカやイギリスで採用されている。日本でも戦前の一時期，採用されていた。

③ 死刑が確定した後に**再審で無罪**となった事例は，**免田事件**を皮切りに，財田川事件・松山事件など，1980 年代に多く出た。

④ 国家賠償請求訴訟では国が被告となる。**国家賠償請求権**は憲法第 17 条で認められている。

2 【**日本の裁判所**】正解④

裁判の公正を保つため，憲法第 77 条で最高裁判所に**規則制定権**が認められている。

① 憲法第 76 条 2 項で行政裁判所の設置は禁止されている（本冊 p.52 **11**参照）

② 最高裁判所長官は，**内閣の指名**に基づいて**天皇が任命する**（憲法第 6 条 2 項）。国会の同意は必

要ない。

③ 裁判官の**弾劾裁判所**は国会に設置される（憲法第 64 条）。また，行政機関による懲戒処分は禁止されている（憲法第 78 条）。

3 【**日本の司法制度**】正解⑤

A **裁判の公開**は，憲法第 82 条で定められている。国民の監視下に置くことで**裁判の公正性**を保つもので，**ウ**が該当する。

B **裁判官の身分保障**は，憲法第 78 条で規定されている。行政機関からの不当な圧力を排除し，**司法権の独立**を守るためのものであり，**ア**が該当する。

C **三審制**は，第一審や第二審を不服とする場合に上訴することができる制度である。**慎重な審理**を目的とするものであり，**イ**が該当する。

4 【**司法権の独立**】正解②

司法権の独立とは，裁判所が行政機関や立法機関からの介入を受けないということである。そして，その独立は，裁判官が判決において自らの良心にのみしたがって何者にも干渉されないこと（**裁判官の独立**）によって担保される。前問で見た**裁判官の身分保障**はそのために必要とされるものであり，憲法第 78 条で**行政機関による懲戒処分が禁止**されている。

① **再審制度**は司法権の独立と関係ない。

③ **裁判の原則公開**は憲法第 82 条で定められているが，公正な裁判のためのものであって，司法権の独立と関係ない。

④ **遡及処罰の禁止**についての記述であり，憲法第 39 条で規定されているが，司法権の独立と関係ない。

5 【**裁判所に対する国会のコントロール**】正解④

司法権の独立が貫かれている中で，憲法第 64 条で定められた**弾劾裁判所**の設置が，国会が裁判所にしうる唯一の働きかけと言える。なお，弾劾裁判所は両議院から選出された各 7 名で構成される。

① **最高裁判所裁判官**は**内閣が任命**するが，国会の同意は必要ない。

② 裁判官の任期は憲法第 80 条で定められており（任期 10 年，再任可），法律によらない。

③ 司法権の独立を担保するため，憲法第 77 条で最高裁に**規則制定権**が認められている。国会の承認は必要ない。

6 【**裁判官と裁判制度**】正解は④

犯罪被害者の権利を保障するという観点から，

2004 年に犯罪被害者等基本法が制定され，2008 年から**被害者参加制度**が開始された。
① 最高裁長官は，**内閣が指名**し，**天皇が任命**する（憲法第 6 条 2 項）。
② 最高裁判所の裁判官は，衆議院議員総選挙の際に行われる**国民審査**で罷免（解職）される可能性がある（憲法第 79 条 2 項）。また，他の裁判官と同じく，**心身の故障**や国会による**弾劾裁判**で罷免される（憲法第 78 条）。
③ 憲法第 82 条は**裁判の原則公開**を定めているが，その例外として，「裁判所が，裁判官の全員一致で，公の秩序又は善良の風俗を害する虞があると決した場合」を挙げている。よって「常に公開」は誤り。

7【国民審査】正解 ③
「有権者の過半数」が誤り。正しくは「**投票者の過半数**」である。
① 憲法第 79 条 2 項の規定では，国民審査は，**任命後**と任命から **10 年を経過した後**に行われる衆議院議員総選挙で行われる。
② 罷免を可とする裁判官にのみ「×」を記入し，罷免の意思がない場合には何も記入しない。
④ **公務員の選定罷免権**は，憲法第 15 条で規定される。最高裁判所裁判官の国民審査は，それを具体化したものと言える。

8【最高裁判所】正解 ④
たしかに憲法第 41 条で**国会は国権の最高機関**とされているが，**司法権の独立**という観点からしても，国会が最高裁判所を指揮監督するということはあり得ない。
① **違憲審査権**に関する憲法第 81 条の条文。
② 最高裁の**規則制定権**に関する憲法第 77 条 1 項の条文。
③ 内閣による**最高裁長官の指名**は憲法第 6 条 2 項で（任命は天皇），**その他の裁判官の任命**は憲法第 79 条 1 項（最高裁）および第 80 条 1 項（下級裁判所）で定められている。

9【裁判員制度】正解 ②
ア **裁判員制度**は，司法制度改革の一環として 2009 年から始まった制度で，殺人罪・放火罪など**重大な刑事事件の第一審**に限って行われる。有権者から選ばれた裁判員が，有罪・無罪の認定だけでなく，量刑にも関わるという点で，本冊 p.54 **1** で見た**陪審制**と異なる。
イ 裁判員は，裁判員候補者名簿から**事件ごと**に選ばれる。なお，フランスやドイツでは裁判員制度

に似た参審制をとるが，参審員は任期制である。
ウ 裁判員に選ばれた者には，裁判で知り得たことの**守秘義務**が，**任務終了後も課せられる**。そのことが，裁判員の心理的負担になっているとの指摘もある。

10【刑事手続の保障】正解 ④
逮捕には裁判所の発行する令状が必要とされるが，現行犯はこの限りではない（憲法第 33 条）。よって，「現行犯逮捕した場合」および「法務大臣」が誤り。
① 前半は**一事不再理（二重処罰の禁止）**，後半は**遡及処罰の禁止**について述べられている。ともに憲法第 39 条で定められている。
② **刑事補償請求権**についての記述である。憲法第 40 条で定められている。
③ 被告人が**公平な裁判所の迅速な公開裁判を受ける権利**は憲法第 37 条で，**裁判の原則公開**は憲法第 82 条で定められている。

11【刑事事件】正解 ④
恵庭事件は自衛隊の合憲性が問われた裁判の一つであるが，**憲法判断を回避した第一審で判決は確定**しており，最高裁まで行っていない。
① **大津事件**は，政府による死刑要求を大審院長（現在の最高裁長官）の児島惟謙が拒否し，**司法権の独立**を守ったことで知られる。
② ロッキード事件（1976）では，田中角栄元首相が贈収賄の容疑で逮捕された。
③ **財田川事件**は，死刑が確定した後に**再審で無罪**となった事件の一つである。

12【日本における刑事手続】正解は ①
令状（逮捕令状）は**裁判所**が発行する（憲法第 33 条）。よって「警察署長」が誤り。なお，憲法では「**司法官憲**」と記されている。
② 国会議員の**不逮捕特権**についての記述である（憲法第 50 条）。**法律に定める場合を除いて，国会会期中は逮捕されない**とされている（本冊 p.50 **4** 参照）
③ **刑事補償請求権**についての記述である（憲法第 40 条）
④ **遡及処罰の禁止**についての記述である（憲法第 39 条）

13【違憲立法審査権】正解 ①
多数派の意見は国会で立法化され，その権利が保障されるが，少数派の意見は通らない。それゆえ，問題文で言う「**必要な場合**」とは少数派の人権が侵害されているである場合と考えれば，多数派による

立法に対する違憲判断をためらうべきではないだろう。

② **国政調査権**を持つ国会に委ねよと言うのならば，それは「違憲判断を避けるべき」という見解に当たる。

③ ②と同じく国会に委ねよという考え方である。

④ **統治行為論**に関する記述であるが，裁判所は判断を保留すべきと言うのであるから，やはり「違憲判断を避けるべき」という見解に当たる。

> **Point** 👆 本問のように，問題文で書かれた条件に合致するものを選ばせる問題は，共通テストで頻出である。第5編「パターン別問題演習」で解き方をマスターしよう。

⑭【違憲審査】正解③

統治行為論とは，高度の政治性を有する行為は司法審査になじまないとする考え方のことである。最高裁をはじめ裁判所は，自衛隊や日米安全保障条約について，たびたび統治行為論に基づいて憲法判断を保留している。

① **長沼ナイキ基地訴訟**で違憲判決を下したのは札幌地裁である（1973）。最高裁が自衛隊に対して違憲判断を下したことはない。

② 公務員の労働基本権は制約されているが，**全逓名古屋中央郵便局事件**（1977）において，最高裁は国家公務員の争議行為の一律禁止を合憲と判断している。

④ **付随的違憲審査制**とは，具体的な事件の解決にあたって必要な範囲内で法令の審査を行う制度であり，日本の司法はこれを採用している。これに対し，問題文で言う「具体的事件とは無関係に法令の合憲性を審査する制度」とは**抽象的違憲審査制**である。ドイツなどが採用している。

⑮【政教分離原則に関する判例】正解⑥

① **津地鎮祭訴訟**において，第一審（地裁）は**習俗的行事**であるとして合憲，第二審（高裁）は逆転で違憲としたが，最高裁は再び憲法が禁止する宗教的活動には当たらないと判断した（1977）。よって誤り。

イ **愛媛玉串料訴訟**において，最高裁は目的効果基準（その行為の目的が宗教的意義をもち，その効果が宗教に対する援助などになるものか）に基づいて**違憲**と判断した（1997）。よって正しい。

ウ **空知太訴訟**において，最高裁は政教分離違反であると判断した（2010）。よって正しい。

⑯【裁判所の対応】正解②

大阪空港公害訴訟において，最高裁は環境権を認

めず，原告の夜間飛行の差し止め請求も棄却した（1981）。

① **日照侵害**による損害賠償や建築差し止めを認めた判例がある。

③ **尼崎公害訴訟**で，地裁は道路公害訴訟に関して初めて差し止め請求を認めた（2000）。

④ **大阪空港公害訴訟**において，第一審・第二審では原告の差し止め請求を認めていた。上述の最高裁判決は，これを逆転で棄却したものである。

⑰【違憲審査権の行使に対する批判】正解③

問題⑭では，少数派の人権保障という観点から裁判所は違憲判断をためらうべきでないとする見解（**司法積極主義**）が問われていたが，本問では逆に，積極的な行使は控えるべきとする立場（**司法消極主義**）が問われている。その根拠とされるのは，法律は国民の選挙で選ばれた議員で構成される国会で定められたものであるということである。

①④ 司法積極主義に当たる。

② 法律が表現の自由を過度に規制するというのならば，裁判所が審査すべきである。

⑱【裁判や紛争解決の手続】正解②

刑事と民事は別物であり，刑事事件で有罪判決を受けた者が民事上の責任を問われることは当然ある。選択肢文は憲法第39条が定める**二重処罰の禁止**を思わせるが，「民事」とあることに注意したい。

① 民事上の紛争を早期に解決するため，民間機関が第三者として調停や斡旋を行う**裁判外紛争解決手続（ADR）**が，2007年から導入された。

③ 審理の迅速化を図るため，刑事事件の公判前に裁判官・検察官（原告）・弁護人（被告）の三者であらかじめ争点や証拠を絞る**公判前整理手続**が，2005年から始まった。

④ **弁護人依頼権**とともに，被告人が自ら依頼することができない場合に，国の費用で弁護人をつける権利が，憲法第37条3項で認められている。国の費用でつける弁護人を**国選弁護人**という。

⑲【司法制度】正解①

日本司法支援センター（法テラス）は，司法制度改革の一環として，弁護士などと接点のない一般市民が法的サービスを受けられるようにする目的で，2006年に各都道府県に設置された。

② **裁判員制度**では，有権者から選ばれた裁判員が職業裁判官とともに，有罪・無罪の認定だけでなく，量刑の判断も行う。

③ **法科大学院（ロースクール）**は，法曹人口の増加を図るために設置された。よって「削減」は誤

り。

④ **検察審査会**制度は，**検察が不起訴処分としたことの当否**を，一般市民から選ばれた検察審査員によって行うものである。よって「検察官が起訴したことの当否」が誤り。

⑳【検察審査会】正解②
前問で見たとおり，**検察審査会**が審査するのは検察が不起訴処分としたことの当否である。起訴の当否を審査することはできない。
① 地方自治体の決定に対して異議がある場合は，裁判所に提訴する。
③ そもそも検察が起訴するのは**刑事事件**である。よって「民事裁判」が誤り。
④ 検察には検察審査会の判断に従って起訴する義務はないが，2009 年の改正により，検察審査会が再度起訴相当と判断した場合，裁判所が指定する弁護士が検察官役として被疑者を起訴する制度（**起訴議決制度**）が導入された。よって「起訴を強制する効力はない」が誤り。

4 地方自治 (p.58)
❶【ブライスの言葉】正解②
イギリスの政治家**ブライス**の「**地方自治は民主主義の学校**」という言葉は，自らの生活に根ざした地域の政治に参加することが，民主主義について具体的に学ぶことになるということを意味する。よって，「民主政治の担い手として必要な能力を形成」とある②が適当である。
① 「中央政府をモデルとして」が誤り。
③ 「合併による規模の拡大」とは関係ない。
④ 「学校教育の課題を解決」が誤り。

❷【地方自治の本旨】正解⑧
ア 憲法第 92 条では，**地方自治の本旨**について述べられている。地方自治の本旨とは，**団体自治**と**住民自治**の 2 つの原則であると解釈されている。団体自治とは，地方政治は**国から独立した団体**（地方自治体）によって行われるべきであるとする原則，住民自治は，地方政治は当該団体の**住民の意思と責任**に基づいて行われるべきとする原則である。団体自治は国から独立した自治体によって行われるものなので，「**分権**」的要請と言える。
イ **住民自治**は住民の意思に基づいて行われるのであるから，「**民主主義**」的要請であると言える。
ウ 「国の地方公共団体に対する関与を法律で限定する」ことは，**国からの独立性を強める**ことになるので，「**団体自治**」が適当である。

❸【日本の地方自治】正解①
前問で見たとおり，憲法第 92 条で掲げられた**地方自治の本旨**とは，**団体自治**と**住民自治**の 2 つの原則であると解釈されている。
② 大日本帝国憲法に地方自治に関する規定はなかった。
③ 団体自治とは地方政治は国から独立した団体（自治体）によって行われるとする原則で，選択肢文は住民自治の説明になっている。
④ **三割自治**とは，地方財源に占める自主財源（地方税など）の割合が 3 割程度しかない状況を表した言葉である。四割自治ということもある。

❹【日本の地方自治】正解②
憲法第 95 条では，特定の自治体にのみ適用される法律（**特別法**）の制定には，当該自治体における**住民投票による過半数の賛成**が必要であると規定されている。
① 1999 年制定の**地方分権一括法**により，**機関委任事務が廃止**され，地方自治体の事務は**法定受託事務と自治事務**の 2 つに分類されることになった（本冊 p.53 ❽参照）。
③ 三権分立を踏まえて考えれば，行政機関である地方自治体が司法機関である地方裁判所を設置するということはありえないだろう。地方裁判所は国の**下級裁判所**である。
④ 住民投票の結果に法的な拘束力はない。

❺【住民・首長・議会の関係】正解②
首長が議会を解散できるのは，議会から不信任決議を受けた場合に限られる。
① 直接請求権の一つで，有権者の**3 分の 1 以上**の署名により議会の解散を請求することができる。
③ 有権者の**50 分の 1 以上の署名**により，条例の制定・改廃を請求できるが，提案された条例案が議会で否決されることもある。
④ 首長には議会が議決した条例を拒否し，議会に再議を要求する権利（**再議権**）がある。再議により出席議員の**3 分の 2 以上の賛成**があれば再可決される。

❻【首長と議会の対立】正解③
首長の**不信任決議案**は，総議員の 3 分の 2 以上の出席により開かれた議会で，**出席議員の 4 分の 3 以上の賛成**により可決される。不信任決議を受けた首長は，**10 日以内に議会を解散**することができるが，そうしない場合は失職する。
① 地方議会は首長の提出した予算案を否決できるが，それによって首長が罷免されるわけではない。

② たとえ首長が裁判で法律違反が認定されたとしても，それによって首長が罷免されるわけではない。

④ 地方自治法が定める住民投票は，首長・議員の解職や議会の解散に関するものである。条例などの「重要な議案」に関する住民投票の定めは地方自治法にない。

7 【地方公務員】正解③

公務員は労働基本権の一部が制約されているが，地方公営企業（自治体が運営するバスなど）の職員には**団結権**が認められている。

① 地方公務員の資格として，当該自治体の住民であるという要件はない。

② かつては**国籍条項**による制約があったが，一部の職種を除き現在はほとんど撤廃され，外国人を採用する自治体も多い。

④ 公務員の争議行為は禁止されている。争議行為に参加した場合は処分の対象となる。

8 【地方交付税】正解②

地方交付税は，自治体間の財政力の格差を是正するために，国税の一定割合を各自治体に交付するものであり，**使途は特定されていない**。

①③ 「財政力の強い地方自治体」が交付するものではない。

④ 「使途を特定し」が誤り。

> Point 🖐 使途が特定されない地方交付税と，使途が特定される国庫支出金の違いに注意しよう（問題**15**で後述）。

9 【地方自治制度改革】正解④

A 1999年制定の地方分権一括法によって，機関委任事務が廃止され，法定受託事務と自治事務の2本立てとなった。**自治事務は各自治体の判断で行うことができる**ものなので，団体自治の拡充に当たる。

B **法定外税**についての記述である。地方税法の定めにない税目の地方税のことで，1999年制定の地方分権一括法にともなう地方税法の改正により，従来からあった法定外普通税が国の許可制から事前協議制に変更されるとともに，法定外目的税が新設された。**自主財源を増やす**ものであるので，団体自治の拡充に当たる。

C 解職請求（リコール）は住民自治に該当する。

10 【地方自治体の事務】正解⑦

a 都市計画の決定などは自治体が独自に行うものであるので，**ア**は**自治事務**にあたる。しかし，そ

もそも自治体の事務は法律で決められたものであり，憲法に事務の内容が具体的に列挙されているということはない。

b 国政選挙・戸籍事務などであるから，**イ**は**法定受託事務**に当たる。しかし，法定受託事務とは国が行うべき事務を法律で自治体に委託した事務であるから，「本来地方公共団体が行うべき事務」「国に委託した」が誤り。

c **自治事務**は自治体が独自に行うことができるものであるので，「国の関与の手段」が「限定的」であるとする記述は正しい。

11 【自治体が独自に行える政策】正解⑥

a 条例は法律の範囲内においてのみ制定できるものである。国が生活保護法で定めた認定の範囲を自治体の独自の判断で限定することはできない。

b 1999年制定の地方分権一括法により，自治体が独自に課税する**法定外税**が幅広く認められるようになった。選択肢文で言う「入山税」は，「登山道の整備に必要な財源を確保する」ことを目的としているので，**法定外目的税**に当たる。

c 地方公共団体が設置した公共施設の運営を民間に委託する**指定管理者制度**は，小泉純一郎内閣が推進した民営化の一環として2003年に導入された。

12 【地方分権改革】正解④

1999年制定の**地方分権一括法**は，国と地方の関係を，中央集権型の「上下・従属」関係から，地方分権型の「**対等・協力**」関係に改めることを目的としたものであった。機関委任事務の廃止もその一環である。

① 法律の規定に反する条例は制定できない。憲法第94条にも「地方公共団体は……**法律の範囲内で条例を制定することができる**」とある。

② **地方債**の発行については，2006年に，総務大臣または都道府県知事の**許可制**から，**事前協議制**に改められ，発行しやすい環境が整えられた。

③ **小泉純一郎内閣**が決定した「**三位一体の改革**」では，税源移譲・国庫支出金（補助金）の削減・地方交付税の見直しが掲げられた。しかし，相続税は地方税には移譲されず，現在も国税である。

13 【地方分権】正解②

1999年制定の**地方分権一括法**によって，**機関委任事務は廃止**され，**法定受託事務**と**自治事務**の2本立てとなった。

① 住民税などへの**税源移譲**は，小泉純一郎内閣の「**三位一体の改革**」で行われたものである。

③ 地方債の発行に関しては，**許可制**から**事前協議制**に変更され，国の関与は小さくなった。

④ **国庫支出金**は，**使途を特定**して国から支給されるものであるので，その増額は地方に対する国の関与を強めるものであり，地方分権に逆行する。実際に，国庫支出金は減額される方向にある。

⑭ 【三位一体の改革】 正解 ②

「**三位一体の改革**」は，21 世紀初頭に，「聖域なき構造改革」を掲げる**小泉純一郎内閣**が，国と地方の財政のあり方の見直しを図ったものである。国から地方への税源移譲・国庫支出金（補助金）の削減・地方交付税の見直しの 3 本柱からなる。よって，①・③・④ は正しい。

② 地方債の発行に関する許可制から事前協議制への移行は，1999 年制定の**地方分権一括法**によるものである。また，事前協議は行われる以上，「国の関与」が「廃止」されたとは言えない。

⑮ 【地方自治体の財政状況】 正解は ②

問題文に書かれている内容から選択肢を絞っていこう。まず，「L 市の依存財源の構成比は，表中の他の地方自治体と比べて最も低いわけではありません」とある。**依存財源**にあたるのは**地方交付税**と**国庫支出金**であり，両者の和が最も小さい ③ が候補から外れる。

次に，「依存財源のうち一般財源よりも特定財源の構成比が高くなっています」とある。使途が特定されない地方交付税が一般財源，使途が特定される国庫支出金が特定財源であるから，地方交付税よりも国庫支出金の方が割合の大きい ① と ② が残る。

最後に，「自主財源の構成比は 50 パーセント以上」とある。**自主財源**にあたるのは**地方税**である。よって，地方税の構成比が 52% である ② が L 市であると確定できる。

Point 🔔 問題文の条件に沿って考える問題は，共通テストで頻出である。第 5 編「パターン別問題演習」でトレーニングを積み重ねよう。

⑯ 【住民の参加】 正解 ①

条例の制定・改廃の請求先は，議会ではなく**首長**である。なお，必要な署名数は有権者の **50 分の 1 以上**である。

② **監査委員の解職**の請求先は**首長**で正しい。必要な署名数は有権者の **3 分の 1 以上**である。

③ **議員の解職**の請求先は**選挙管理委員会**で正しい。必要な署名数は有権者の **3 分の 1 以上**である。

④ 予算に限らず**監査**の請求先は**監査委員**で正しい。必要な署名数は有権者の **50 分の 1 以上**である。

Point 🔔 住民の直接請求権に関しては，必要な署名数だけでなく，請求先にも注意しよう。

⑰ 【直接請求】 正解 ①

議会の解散の請求があった場合には，**住民投票**が行われ，投票数の**過半数**の同意によって解散される。

② **監査請求**に議会の同意は必要とされない。

③ **条例の制定・改廃の請求**で住民投票は行われない。他の条例案と同様に，議会に付議され，過半数の賛成で成立する。

④ **首長の解職の請求**があった場合には，**住民投票**が行われ，投票数の**過半数**の同意により解職される。議会に付議されることはない。

⑱ 【住民投票】 正解 ①

公共事業の是非に関する住民投票の実施が禁止されていることはない。**住民投票条例**を制定すれば行うことができるし，実際に多くの自治体が行っている。

② 議員の**解職請求**の手続きの説明として正しい。

③ 一地方自治体にのみ適用される**特別法**に関しては，憲法第 95 条において，当該自治体で**住民投票**を行い，**過半数**の同意を得ることとされている。

④ 条例に基づく住民投票の結果に法的拘束力はない。

⑲ 【地方自治体をめぐる出来事】 正解 ①

A **平成の大合併**に関する記述。1995 年制定の市町村合併特例法に基づいて進められ，市町村数は 1700 台まで減少した。

B **革新自治体**は高度経済成長の歪みとして公害が深刻化した 1970 年代に多く誕生した。

C **地方自治法**が制定されたのは 1947 年である。これにより，**首長は選挙で選ばれる**ようになった。

D **大阪都構想**の是非に関する住民投票は，2015 年と 2020 年の 2 回にわたって行われたが，ともに僅差ながら反対多数という結果に終わった。

⑳ 【日本の地方自治】 正解 ④

首長は議会が議決した予算や条例を拒否し，議会に再議を要求することができる（**再議権**）。再議により出席議員の **3 分の 2 以上の賛成**があれば，再可決となる。

① **住民投票における永住外国人の投票**は，滋賀県坂田郡米原町（現・米原市）が実施した市町村合併の是非を問う住民投票（2002）で初めて認められた。

② **条例の制定・改廃の請求先**は，議会ではなく**首長**である。

③ **情報公開法**の制定は1999年。それ以前に多くの自治体で情報公開条例が制定されており，その流れに国が乗ったと言える。

1 戦後政治のあゆみ (p.67)

1 【政党の類型】正解⑤

政党は，19世紀の**制限選挙**の下で，議員となった各地の名家や有力者（名望家）が議会運営のために作った，**名望家政党**に始まる（B－ア）。その後，**普通選挙**が行われるようになると，労働者など一般市民を支持層とする**大衆政党（組織政党）**が生まれた（C－イ）。現代においては，冷戦の終結とともにイデオロギー対立がなくなったことを受け，特定の階層だけでなく全国民を対象とした**包括政党（キャッチオール・パーティ）**への脱皮が進んでいる（A－ウ）。

2 【政党に関する日本の法制度】正解②

1994年制定の**政党助成法**で，**国会議員5人以上**か，直近の国政選挙で得票率2％以上かの，いずれの条件を満たした政党に**政党交付金**が交付されることになった。
① 日本国憲法に政党に関する規定はない。
③ 1994年の**政治資金規正法**改正において，政治家個人への献金は禁止されたが企業等からの献金（団体献金）は禁止されていない。
④ 2001年の参議院議員通常選挙から，比例区において政党名と候補者名のいずれを記入しても良いとする**非拘束名簿式比例代表制**が導入されたが，比例代表制は廃止されていない。

3 【政党】正解②

明治憲法下でも1898年に発足した第一次大隈重信内閣を皮切りに政党内閣が誕生し，大正末から昭和初期にかけての8年間は，議会で多数を占める政党が組閣する「**憲政の常道**」の慣習が続いた。しかし，1932年の五・一五事件で犬養毅首相が暗殺されると，戦後まで政党内閣が復活することはなかった。
① **無党派層**とは，政治に無関心ではないが特定の支持政党を持たない有権者層のことである。選挙のたびに投票先は変わるが，無所属の候補にのみ投票するということではない。
③ **党議拘束**は憲法や法律で禁止されてはいない。重要法案などにおいて日本の政党ではよく行われる。
④ 自由民主党が発足したのは**1955年**である。

戦後初の衆議院議員総選挙が行われた**1946年**には存在していない。

4 【自民党一党優位体制】正解④

戦後の55年体制下での汚職事件としては，**ロッキード事件**（1976），**リクルート事件**（1988）のほか，**佐川急便事件**（1991）に端を発する**ゼネコン汚職事件**（1993）が知られる。
① **民主社会党・公明党**など，**野党の多角化**が進んだのは1960年代半ば以降である。
② **保革伯仲**の状況はロッキード事件が発覚した1970年代後半に生じたが，1980年代半ばには中曽根康弘内閣の下で自民党が衆議院で300を超える議席を獲得した。よって「1980年代末まで続いた」は誤り。
③ 自民党を離党した議員によって，新自由クラブ（1976）・新生党（1993）・新党さきがけ（1993）などの政党が結成された。

5 【1990年代以降の日本の政治】正解④

1993年，**宮沢喜一内閣**に対する不信任決議をめぐり，自民党を離党した議員により**新生党・新党さきがけ**が結成された。また，前年には元熊本県知事の**細川護熙**によって**日本新党**が結成されており，解散総選挙の結果，非自民8党派連立の細川内閣が発足して，**55年体制は終わりの時を迎えた。**
① 特定の政党の公認や推薦を受けない**無党派知事**は1990年代になって誕生したが，しがらみのない立場から旧来の慣行にとらわれず新しい政策を実行しようとしたため，官僚や議会と対立する場面が多く見られた。よって「官僚による地方自治体の支配が強化」は誤り。
② 選挙制度改革と派閥の解消は関係ないし，実際に自民党では派閥が大きな力をもった。
③ 自由党と日本民主党が保守合同して**自由民主党**が誕生したのは，**1955年**のことである。

6 【戦後の日本政治】正解③

1993年，宮沢喜一内閣の不信任決議を受けて行われた解散総選挙の結果，非自民8党派連立による**細川護熙内閣**が発足した。政治改革を掲げる細川内閣は，1994年，衆議院に**小選挙区比例代表並立制**を導入した。
① 55年体制において日本社会党が政権をとったことはなかった。
② 定数を3〜5とする**中選挙区**では，同一の政党から複数の候補者が立候補して争った。これを改め，政党・政策中心の選挙にすべく導入されたのが，衆議院の**小選挙区比例代表並立制**である。

④ 非自民内閣の細川護熙内閣・羽田孜内閣がとも
に短命に終わった後，自民党は連立を組むことで
政権に復帰した。現在も公明党と連立している。

7 【総選挙と政権交代】正解 ④
　図 b を見ると，民主党が 300 議席を超える歴史
的勝利を収めていることから，第 45 回の総選挙は，
2009 年に実施されたものであると判定できる。こ
の選挙の結果を受けて，民主党・社会民主党・国民
新党の 3 党連立による鳩山由紀夫内閣が発足した。
これを踏まえてア〜ウの正誤を判定していこう。
ア　1993 年に発足した非自民・非共産 8 党連立
　による細川護熙内閣以降，連立内閣が続いている
　（細川内閣については問題 **5**・**6** 参照）。イで後述
　するとおり，図 a の結果を受けて成立した第 3
　次小泉純一郎内閣も，自由民主党・公明党の 2 党
　連立であった。よって正しい。
イ　図 b が結果を示す第 45 回の総選挙が，2009 年
　に実施されたいわゆる「政権交代選挙」であるこ
　とから，図 a が結果を示す第 44 回の総選挙は
　2005 年に実施されたものと確定される。この選
　挙は，郵政民営化法案が参議院で否決されたこと
　を受けて，小泉首相が衆議院の解散を決断し，郵
　政民営化に反対する候補者に「刺客」を送り込ん
　で臨んだことから，「郵政選挙」と呼ばれる。結果，
　図 a が示すとおり，与党の自由民主党・公明党
　が合わせて 300 議席を超える議席を獲得し，その
　圧倒的な数をもって，小泉内閣は郵政民営化法を
　成立させた。よって正しい（郵政民営化について
　は本冊 p.74 **8** で後述）。
ウ　先述したとおり，図 b が結果を示す 2009 年の
　第 45 回総選挙で成立したのは鳩山由紀夫内閣で
　ある。細川護熙内閣は，1993 年に実施された第
　40 回総選挙を受けて成立した。よって誤り。

2 選挙制度と政党 (p.69)
1 【政治・行政に関係する団体】正解 ③
　NPO 法（特定非営利活動促進法）は，1998 年に
施行され，NPO に法人格を認めるなど，団体の社
会的信用を高め，活動を行いやすくした。
① 名望家政党は，制限選挙が行われていた時代に
　見られた政党である。普通選挙の実施とともに，
　大衆政党（組織政党）が生まれた（本冊 p.67 **1**
　参照）。
② 政治資金規正法で禁止されているのは，政治家
　個人への献金である。企業から政党・政治団体へ
　の献金は禁止されていない。
④ 圧力団体（利益集団）は，特定の利益の実現の
　ため政党や政治家個人を推薦したり政策協定を結

んだりするが，自ら政権の獲得は目指さない。

2 【利益集団（圧力団体）】正解 ①
　選択肢文の記述は，利益集団（圧力団体）の定義
そのものである。
② 前問にもあったとおり，利益集団は政権獲得を
　目指さない。
③ 利益集団の代理人であるロビイストの活動は，
　アメリカでは公認されているが，日本ではそのよ
　うな制度はないし，そもそもロビイストの活動が
　活発でもない。
④ 政党には，特定の利益集団の意向に偏ることな
　く，広く国民全体の利益を考えた政治を行うこと
　が求められる。「利益誘導政治を行うことが推奨」
　は誤り。

3 【日本の政治】正解 ③
　政治資金規正法は，政治家個人への献金を禁止し
ているが，政党・政治団体への献金は禁止していな
い。
① 日本国憲法に党議拘束を禁止する条文はない。
　そもそも，政党に関する規定が憲法にはない。
② 公職選挙法では，立候補を届け出る前の事前運
　動が一切禁止されている。
④ 2013 年の参院選から，インターネットを利用
　した選挙運動が，一定の条件の下で解禁されてい
　る。

4 【選挙の原則と選挙制度の特徴】正解 ②
　小選挙区制では，当選者が一人しかいないため，
大政党に有利で，当選につながらない死票が多く
なって，得票率と議席占有率に差が生じやすい。
① 秘密選挙の説明として正しい。
③ 普通選挙の説明として正しい。
④ 比例代表制は，小政党でも議席を獲得しやすい
　ので，多党制が生じやすい。

5 【日本の選挙制度】正解 ③
　ドント方式とは，比例代表選挙において，各党の
得票数を整数で割っていき，その値の大きい順に当
選を決定していく方式である。衆参両院ともに採用
されている。
① 衆議院議員選挙における比例代表区は，全国
　11 ブロックに分けられている。
② 参議院議員選挙では，選挙区と比例区の重複立
　候補は認められていない。
④ 参議院議員選挙の被選挙権は満 30 歳以上であ
　る。

6 【選挙制度と政党】 正解 ①

衆議院議員選挙で認められているのは、小選挙区と比例区の**重複立候補**であり、複数の選挙区への立候補は認められていない。

② 2003 年に従来の不在者投票に代わって**期日前投票**の制度が創設され、投票しやすい環境が整えられたため、近年では期日前投票による投票数が増加し、国政選挙では全投票数の 3 割を超えている。

③ 1994 年制定の政党助成法により、一定の条件を満たした政党に**政党交付金**が交付されている（本冊 p.67 **2**参照）。

④ **政治資金規正法**は、政治家個人への献金を禁止している。

7 【日本の選挙制度】 正解 ③

衆議院議員選挙では 1996 年から**小選挙区比例代表並立制**が実施されたが、それ以前は中選挙区制であった（本冊 p.68 **6**参照）。

① 公職選挙法で選挙運動における戸別訪問は禁止されている。

② 参議院議員選挙では重複立候補は認められていない。

④ 「一票の格差」は、議員 1 人あたりの人口（有権者数）の違いにより投票の価値に不平等が生じることであり、現在の衆議院小選挙区でも最大 2 倍程度の格差がある。

> Point 👉 日本の選挙制度における戸別訪問の禁止は頻出事項である。

8 【日本における選挙制度】 正解 ④

公職選挙法において、有権者の家への**戸別訪問は禁止**されている。

① 在外国民については、1998 年から比例区のみ投票できるようになったが、2005 年に最高裁が在外国民の投票権制限に対して違憲判決を下したことから、2007 年から選挙区も投票できるようになった。

② 有権者が投票や応援を**直接依頼することは禁止されていない**。

③ **期日前投票**によって認められている。

9 【選挙制度の特徴】 正解 ③

小選挙区制では、1 つの選挙区から 1 人しか当選しないので、当選につながらない死票を生みやすい。

① **比例代表制**では、小政党でも得票数に応じて議席を獲得できるので、死票が少なくなる。

② 比例代表には**政党に所属していなければ立候補できない**。それゆえ、当然「政党に属さない者が

議席を獲得しやすい」ということはない。

④ 仮に定数を 100 とすれば、小選挙区制では選挙区が 100 必要であるが、複数の議員を選出する大選挙区ならばそれよりも少なくなる。

10 【小選挙区制と比例代表制】 正解 ③

合併前の小選挙区制では、A 党はア・ウ・エの 3 議席、B 党はイ・オの 2 議席を獲得し、C 党は 0 議席である。合併後の比例代表制では、A 党 2 議席、B 党 2 議席、C 党 1 議席という配分になる。よって、B 党の獲得議席数は変わらないので、③ が誤りであると判定できる。その他の選択肢は正しい。

11 【小選挙区】 正解 ②

A 党の候補者が当選したア・ウ・オの選挙区における B 党の候補者の**惜敗率**は、アが 30/45、ウが 30/40、オが 25/40 にそれぞれ 100 をかけたものであり、50%（1/2）を超えていることが分かる。

① 得票数が最も少ないのは A 党であるが、ア・ウ・オの選挙区で 3 議席を獲得しており、議席数は最も多い。

③ C 党の候補者は、イの選挙区を除いて惜敗率は 50% を超えている。

④ 当選につながらなかった**死票**を政党ごとに算出すると、A 党は 10+10 = 20 票、B 党は 30+30+25 = 85 票、C 党は当選者が出なかったので全 150 票であり、得票数が最も多いのは 205 票の B 党であるが、死票数は C 党が上回っている。

> Point 👉 計算が求められる問題は、共通テストに移行して増加している。落ち着いて処理できるよう、第 5 編「パターン別問題演習」でトレーニングを積んでほしい。

12 【選挙制度と日本の政党】 正解 ①

小選挙区制では、1 つの選挙区から 1 人の当選者しか出ないので、大政党に有利で、小政党は議席を獲得しにくいとされる。

② **比例代表制**では政党ごとに立候補の届け出をするので、政党中心の選挙になりやすい。

③ 政党に対する企業・団体献金は禁止されていない（本冊 p.67 **2**参照）。

④ **政党助成金**に対して違憲判決が出されたことはない。

13 【地方選挙の実情】 正解 ②

ア Y の 1 つ目の発言に、空欄の直後に「都道府県や町村の議会議員選挙では、市議会議員選挙と比べると無投票当選の割合が高い」とあることから、**資料 a** が該当すると判定できる。

イ **ア**が**資料a**で確定されたので，**イ**は当然もう一つの**資料b**である。

ウ Ｙの２つ目の発言に，「投票率の変化の背景として，［ウ］が関係しているといわれているけど，これは政治に対する無力感や不信感などから生じるそうだよ」とあることから，「**政治的無関心**」が入ると判定できる。**秘密選挙**の原則は，ここでのＸとＹの議論に関係ない。

エ Ｘの３つ目の発言に，「［エ］をはじめとして選挙権を行使しやすくするための制度がある」とあることから，「**期日前投票**」が入ると判定できる。**パブリックコメント**とは，国や自治体が政策案を公表して市民から意見を募る仕組みであり，選挙権を行使しやすくすることとは関係ない。

❸ 政治参加と世論 (p.73)

❶【行政国家】正解 ②

行政国家とは，行政府の役割が拡大した現代の国家を指して言う言葉である。1929 年の**世界恐慌**以降，市場に委ねていては不況や失業者の増加に対処できないことから，社会保障・教育・公共事業など幅広い分野を行政が担当するようになった。このような国家を**福祉国家**とも呼ぶ。行政国家では，政策決定の中心が立法から行政に移り，行政裁量が拡大するとともに，具体的な内容を行政府に委ねる**委任立法**が増大する。

① 「行政が市場に介入することに対する不信感」が誤り。行政国家は経済政策を通じて市場に介入していく。

③ 国家機能を治安の維持や国防に限定するのは，レッセ・フェール（自由放任主義）に基づく**夜警国家**である（本冊 p.83 **5** 参照）。

④ 行政国家では，行政の役割が拡大することから官僚組織が肥大化し，小さな政府とは反対の**大きな政府**になる。

❷【官僚制への統制】正解 ③

政府委員とは，国会で大臣に代わって議案の説明や答弁をする各省の局長クラスの官僚のこと。1999年制定の**国会審議活性化法**により，官僚主導から政治主導への転換を図るため，**政府委員制度は廃止**され，大臣・副大臣・政務官が答弁を行うようになった。官僚が政治家に代わって答弁していては，「官僚制への統制を強化する主張」とは言えない。なお，**テクノクラート**とは，専門的な技術官僚のことである。

① **首相公選制**を導入して首相のリーダーシップを強化することは，官僚制への統制になる。

② 国会が，憲法第 62 条で認められた**国政調査権**を積極的に行使して行政各部のチェックを行うこ

とは，官僚制への統制になる。

④ **情報公開制度**や**オンブズマン（オンブズ・パーソン）制度**を通じて国民が行政を直接監視することは，官僚制への統制につながる。なお，オンブズマン制度を設ける自治体は増加しているが，国にはまだない。

> **Point** 「官僚制への統制」という視点から各選択肢の正誤を判定しよう。③も内容的な誤りがあるというわけではない。

❸【官僚制の弊害】正解 ③

中央官庁が，**許認可権**の行使や**行政指導**を通じて民間企業を統制することは，官僚制の弊害とみなされていた。そこで，1993 年に**行政手続法**が制定され，行政運営の公正・透明化が図られた。許認可権の手続きが定められるとともに，**根拠のあいまいな行政指導は廃止**された。

① **セクショナリズム**とは，組織内の各部署が自らの権限を保持しようとして，他の部署や外部からの干渉を排除しようとすることであり，官僚制の弊害の一つとされる。「（立法と行政の）両者の対等な関係をめざす立場」が誤り。

② **族議員**とは，特定の省庁や業界とつながりの深い政治家のことであり，農林族・文教族などという。政・官・財の癒着を象徴するような存在であるので，「批判して」は誤り。

④ **行政委員会**は，政治的中立が必要な分野や，専門性が求められる分野で設置されるものである（本冊 p.54 **11** 参照）。「各省庁内」に置かれることはない。

❹【日本の国家公務員制度と実態】正解 ①

「**天下り**」とは，中央省庁のキャリア組と呼ばれる**高級官僚が，退職後に関連する民間企業や業界団体に再就職すること**であり，官僚制の弊害として問題視されている。

② 国家公務員をはじめとする公務員は労働基本権が一部制約されており，**争議行為は禁止**されている（本冊 p.41 **24** 参照）。

③ 事務方のトップである事務次官は，官僚から選ばれる。国会議員からは任命されない。

④ 労働基本権の一部が制約されている国家公務員のために，給与の**勧告**などの代償措置を行う**人事院**は，現在も存続している（本冊 p.53 **7** 参照）。

❺【官僚制の問題点】正解 ③

官僚制の問題点の一つとして，手続き自体が目的化する**形式主義**は指摘されるものであるが，天下りとは関係ない。

① **縦割り行政**とは**セクショナリズム**のことであり，官僚制の問題点として指摘されている。

② 官僚が情報を独占し，本来は国民に知らせるべき情報を隠し通す**秘密主義**は，官僚制の問題点として指摘されている。

④ **法律万能主義**による「お役所」的態度は，官僚制の問題点として指摘されている。

⑥ 【行政制度と公務員】 正解 ④

国家公務員の給与については**人事院**が**勧告**する。国会ではない。

① 2001年の**中央省庁再編**において，事務次官と同格であった**政務次官が廃止**され，代わって**副大臣**と**大臣政務官**が新設された（本冊 p.54 **⑨**参照）。

② **中央労働委員会**は，中立性が求められる**行政委員会**として国に設置されている（本冊 p.54 **⑪**参照）。

③ 公務員の罷免などの**請願権**は，憲法第16条で認められている。

⑦ 【日本の公務員制度と組織】 正解 ①

副知事・副市町村長の解職請求は，有権者の**3分の1以上**の署名をもって，首長に対して行う。議会に付議され，3分の2以上の議員が出席した議会で，4分の3以上の同意があれば失職する。

② 一般の公務員には団結権と団体交渉権が認められている。ただし，労働協約締結権はない。

③ 公務員が「**全体の奉仕者**」と定められているのは日本国憲法（第15条2項）であり，大日本帝国憲法にそのような規定はなかった。

④ **内閣人事局**は，2014年，国家公務員の人事行政を戦略的に行う中枢組織として，内閣官房の部局として置かれた。国家公務員の給与などの勧告を行う人事院とは役割がまったく異なり，また，人事院は廃止されていない。

⑧ 【構造改革】 正解 ④

2002年に制定された**構造改革特区**法により，特定地域や分野に限って**規制緩和**を行うことで，地域経済の活性化が図られた。

① 1980年代に民営化されたのは，**日本電信電話公社**（現・NTTグループ）・**日本専売公社**（現・JT）・**日本国有鉄道**（現・JR各社）の3公社である。日本道路公団が民営化されたのは2000年代であり，誤り。

② **国家戦略特区**が設けられたのは，2013年の第二次安倍晋三内閣においてである。

③ 郵政事業とは，郵便・郵便貯金・簡易保険の3事業を指す。**郵政民営化**は小泉純一郎内閣の最重要課題であり，2003年の公社化をへて，2007年

に持株会社である**日本郵政株式会社**の下で民営化された。

⑨ 【行政改革】 正解 ④

2001年の**中央省庁再編**により，従来の総理府に代わって**内閣府**が設置された。首相直属の機関として各省庁の総合調整を行う権限が与えられ，官邸主導が強まった。

① 1993年制定の**行政手続法**により，各省庁のもつ許認可権に関する手続きの公正・透明化が図られたが，廃止されてはいない。また，根拠のあいまいな行政指導は廃止された。

② 国家公務員の幹部人事を一元管理する機関として設けられたのは，**内閣人事局**である。

③ 行政のスリム化・効率化を図るため，2001年に**独立行政法人**制度が導入され，多くの特殊法人が独立行政法人化または民営化したが，現在も日本放送協会（NHK）などは特殊法人のままである。

⑩ 【公的企業・特殊法人改革】 正解 ④

日本放送協会（NHK）は現在も特殊法人である。受信料によって運営が行われている公共放送であり，予算には国会の承認が必要とされる。

① **日本道路公団**は2005年に分割民営化された。

② 特殊法人であった日本住宅公団は整理・統合をへて，2004年に**独立行政法人**として**都市再生機構（UR）**が設立された。

③ 郵便事業はもともと郵政省の管轄であり，小泉内閣による郵政3事業民営化は「中央省庁改革の一環」として位置づけられる。

⑪ 【行政サービス】 正解 ④

第三セクターとは，国・自治体（第一セクター）と民間企業（第二セクター）がそれぞれ出資して設立された企業である。鉄道など公益性の高い事業を行うため，1980年代以降に多く設立されたが，採算が取れず経営破綻した企業も多い。その際には債務の処理に公金（税金）が投入されることになり，当然，行政の責任が問われる。

① **行政手続法**の目的は，許認可権などの**手続きの公正・透明化**を図ることである。「行政活動の評価」や「事務事業」の「縮小」「拡大」を進めるためのものではない。

② **独立行政法人**の目的は，**行政のスリム化・効率化**である。「政策の企画立案機能と実施機能とを統合する」ためのものではない。

③ 電気・ガス事業はもともと株式会社であった。

⓬ **【行政の透明性】** 正解 ③

オンブズマン(オンブズ・パーソン)制度とは，**行政監察官**制度ともいい，行政権の不当な行使または不行使に対する住民からの苦情を受け付け，中立的な立場から調査を行って，改善の勧告などを行う制度のこと。**スウェーデン語**の「代理人」に由来し，日本でも1990年に**川崎市**で設立されたのを皮切りに，多くの自治体が導入しているが，国にはまだ導入されていない。

① **行政手続法**によって，許認可権や行政指導が廃止されたわけではない。

② 1999年制定の**情報公開法**は，中央官庁の保有する行政文書を対象とするものである。自治体が保有する文書に関しては，各自治体で**情報公開条例**が定められている。

④ **監査委員**は各自治体に設けられている。よって「国会に報告」は誤りで，監査の結果は住民に公表され，議会・首長にも報告される。

⓭ **【行政の監視】** 正解 ④

まず，表1からA～Dを確定させよう。タテに見ると，左の列は，**国政調査権は国会**の権限であり，**人事院**は行政委員会であるから，**Aは法制度に基づくもの**，一方，右の列には圧力団体と同僚の反応とあるので，**Bは法制度に基づかないもの**である。続いてヨコに見ると，上の段は，国政調査権を行使する国会も，圧力団体も行政の外部にあるので，**Cは行政外部からのもの**，下の段は，人事院と同僚からの反応とあるので，**Dは行政内部からのもの**である。

これを踏まえて表2を見よう。Xは，法制度に基づく，行政外部からのものであるので，**行政訴訟**が該当し，Yは，法制度に基づかない，行政外部からのものであるので，**新聞報道**が該当し，Zは，法制度に基づく，行政内部からのものであるので，**監査委員**が該当する。

⓮ **【政府を監視する活動】** 正解 ②

世論調査で高い支持率を得ている政党の候補者に投票するという行動は政策そのものに目を向けたものではなく，国民が政府を監視する活動とはいえない。① 行政文書の**公開請求**，③ 公金支出に関する**監査請求**，④ 人権抑圧的な政策に対する批判と抗議活動は，主権者である国民が政府の活動を監視する活動である。

> Point 🅑 「政府の活動を監視」という視点から，各選択肢の正誤を判定することが肝心である。

⓯ **【国民の意見表明】** 正解 ①

請願権は憲法第16条で認められており，法律の制定・廃止も含まれる。

② **圧力団体(利益集団)**は，特定の利益の実現のために活動し，政党や政治家個人を推薦したり政策協定を結んだりする組織である（本冊p.69 ❶ 参照）。「国民の多様な意見や利害を集約」し，「政権の獲得」をめざすのは**政党**である。

③ **平成の大合併**（本冊p.63 ⓳）の際には，多くの自治体でその是非を問う住民投票が行われた。

④ **政治資金規正法**により，政治団体および政治家には毎年度の収支報告書の提出が義務づけられている。よって「政治献金に対する規制は，行われていない」は誤り。

⓰ **【国民の情報の収集や発信に関する法制度】** 正解 ④

国が非開示とした文書についても，裁判で公開を求めて争うことができ，また，裁判所もその法的適合性を審査したうえで，開示を命じる判決を下すことがある。

① **インターネットによる情報発信**も当然，法規制を受け，名誉毀損やプライバシー侵害の対象となる。

② テレビ放送も含め，あらゆる媒体に**表現の自由**が保障されている（憲法第21条）。

③ 2008年に青少年インターネット環境整備法が制定されたが，フィルタリングサービスの提供が義務づけられたのは**事業者**である。よって，「保護者に法律で義務付け」は誤り。

⓱ **【世論の反映】** 正解 ③

族議員とは，特定の分野に精通していて，その分野に関係の深い官庁の政策決定に強い影響力を持つ議員のことである。よって，「特定の政策分野に限定することなく」が誤り。

① **圧力団体(利益集団)**についての説明として正しい。

② **世論調査**の結果を見て，政府が政策を決定したり変更したりすることもあるので，「国の政治に反映させる機能」という記述は適当である。

④ ②と同様に，大衆運動も政府の政策に影響を与えることがあるので，「国の政治に反映させる機能」という記述は適当である。

⓲ **【国民と政治の関わり方】** 正解 ①

すでに何度も問題に登場しているとおり，**利益集団(圧力団体)**の説明として，「特定の利益を実現するために，政治や行政に対して働きかける集団」という記述は正しい。

② 立法・行政・司法の三権に次ぐ**「第四の権力」**

と呼ばれているのは，世論の形成に大きな影響力を持つ**報道機関**である。

③ 多数決による決定で政治を行う**多数者支配型民主主義**に対して，対話による合意形成を重視する民主政治のあり方を，**合意型民主主義**という。

④ 「政治指導者が大衆迎合的な政策を掲げて世論を動員しようとすること」は，直接民主制ではなく**大衆迎合主義（ポピュリズム）**である。

19 【情報技術の変化】正解 ③

デジタル・デバイドとは，情報機器の所持の有無や，情報技術を使いこなす技術の有無によって生じる格差のこと。現代においては，**高齢者や経済的弱者のデジタル・デバイドが新たな社会的不平等を生じさせる**として問題視されている。

① **メディア・リテラシー**とは，情報メディアを使いこなし，情報を有用に活かす能力のこと。「情報選別・判別能力」で説明として適当である。

② **サイバー・テロ**の説明として正しい。

④ **SOHO（ソーホー）**とは，Small Office Home Office の略である。「小規模事務所や自宅で働く職場形態」で説明として適当である。

20 【インターネット】正解 ④

ec サイトなどで個人が商品やサービスなどを購入することも，電子商取引（e コマース）の一つである。

① **ユビキタス・ネットワーク社会**とは，人とモノとがネットワークによって結ばれており，誰もがその恩恵を受けられる社会のことである。ラテン語で「あまねく存在すること」を意味する「ユビキタス」に由来する。「情報量の格差」は**デジタル・デバイド**である。

② **電子政府構想（e-Japan 構想）**とは，IT（情報技術）を利用することで，国と自治体とを結びつけ，行政手続きなどを簡素化すること。外国政府との折衝を目的としたものではない。

③ **コーポレート・ガバナンス（企業統治）**とは，経営者がステークホルダー（利害関係者）に配慮しながら適切な経営を行うように監視すること。そこには**コンプライアンス（法令遵守）**も含まれる。

21 【高度情報化社会】正解 ③

2003 年制定の**個人情報保護法**では，行政機関だけでなく民間事業者も対象とされている。

① **マイナンバー制度**は 2016 年から利用が開始されたが，個人情報の流出に対する懸念は根強い。

② **ドローン**（無人航空機）はさまざまな分野で活用

されつつあるが，犯罪への利用などの懸念がある。

④ 1999 年制定の**不正アクセス禁止法**では，他人のID・パスワードの無断使用や，権限のないコンピュータの不正使用などに罰則が設けられた。

22 【マスメディアと世論】正解は ④

日本でも，戦前は報道規制が行われていたし，戦後の占領期にも GHQ による検閲が行われていた。

① 同じ内容の世論調査でも，質問の仕方や表現，問題の順番などで結果に違いが生じることが知られている。

② マスメディアが世論の形成に果たす役割は大きく，「**第四の権力**」と呼ばれるゆえんである。

③ 例えば，選挙の情勢予測の報道が投票行動に影響を与えることが知られており，これを**アナウンス効果**という。

23 【情報メディアの現状】正解 ②

記者クラブとは，官庁などへの取材を目的として大手メディアを中心に作られている任意団体で，**日本独特のものであり，その閉鎖性が以前から指摘されている**。最近では，フリージャーナリストの記者会見への参加を認める官庁もある。

① 各紙には社説があり，自社の見解を紙面を通して伝えている。

③ 被害者の実名報道を控える場合もする場合もあり，その判断は各社に委ねられている。

④ 内閣総理大臣の面会者は一日の動静として公表されている。

24 【情報公開】正解 ①

「国の行政機関が保有する行政文書」の開示は情報公開法に基づいて行われるが，「個人情報の開示・訂正」の請求は**個人情報保護法**に基づいて行われる。

② 国が非開示とした文書について，請求者は公開を求めて裁判で争うことができる。

③ 地方自治体による情報公開条例制定の流れを受けて，国でも 1999 年に情報公開法が制定された（本冊 p.63 20 参照）。

④ 情報公開制度は「**知る権利**」の主張を背景に導入されたが，情報公開法には明記されていない（本冊 p.38 11 参照）。

25 【NPO 法人】正解 ②

NPO は Non-profit Organization の略で，営利を目的としない特定の活動を行う組織であり，企業では行えない分野での活動が顕著である。きめ細やかなサービスを提供するため，国や自治体との協働で事業を行うことが多い。

① 「特定の政党の支持」を目的とはしていない。
③ 「公企業の民営化」によって設立されるわけではない。
④ NPO の法人格は，1998 年制定の**特定非営利活動促進法（NPO 法）**に基づいて付与される。

㉖【NPO とボランティア】正解 ②

NPO 法人であっても有給の職員を雇用することはできる。すべてが無償のボランティアであったら組織として長続きしない。
① 1998 年制定の **NPO 法（特定非営利活動促進法）**によって，NPO に法人格が認められたことから，団体の社会的信用が高まり，活動も行いやすくなった（本冊 p.69 **1**参照）。
③ 特に介護サービスの分野で，NPO と自治体との協働がよく見られる。
④ 1995 年に発生した**阪神・淡路大震災**では，多くの人が救援活動に駆けつけたが，一方で，ボランティア活動にあたっての組織の必要性も痛感されたことから，1995 年は「**ボランティア元年**」と呼ばれる。

㉗【市民運動と住民運動】正解 ③

1997 年に岐阜県**御嵩町**で行われた，産業廃棄物処分場建設の賛否を問う住民投票では，**反対が約80％に達し**，当時の町長は民意を尊重して**建設を中止**した。
① 1970 年前後は高度成長の歪みとして公害問題が顕在化した時期であり，1967 年には**公害対策基本法**が制定され，1971 年には**環境庁**（現・環境省）が設置された。
② 米軍基地の整理・縮小に関する賛否を問う住民投票を実施したのは，**沖縄県**である（1996）。結果は **89％が賛成**であった。
④ 2000 年，**徳島市**で吉野川可動堰建設の賛否を問う住民投票が実施された。結果は**反対が 90％**に達し，法的な拘束力はなかったものの，**建設は中止**された。

㉘【承認の政治】正解 ②

問題文によると，「承認の政治」とは，「少数民族のもつ独自の文化などの価値を認め，そのような差異を配慮することが平等のために必要だ」という考え方である。**②**は，公用語について「一定の習得度に達した者」にしか参政権・公民権を与えないことは，少数民族の独自の文化の否定につながり，適当ではない。

Point 6 この問題も与えられた条件にしたがって考える問題である。巻末の「パターン別類題演習」でトレーニングを積もう。

㉙【地方自治における住民投票の位置づけ】

正解 ④

ア 空欄の直後で X は「その結果は首長と議会の双方にとって無視しがたいものになる」「住民にとっても政策決定に関与する機会が得られる」と述べているので，「首長と議会に対して住民の意思を直接示す」とある **b** が入ると判定できる。
イ 空欄を含む一文には「二元代表制にも，［ **イ** ］といった意義がある」とあることから，「住民が首長や議員を選出し，首長と議会による慎重な議論が期待できる」と，地方自治制度における**二元代表制**の意義を端的に述べた **c** が入ると判定できる。
ウ 空欄の直後で Y は「制度上の限界もある」と述べているので，「現行の法制度では法的拘束力がない」と，条例に基づく**住民投票の限界**を指摘している **a** が入ると判定できる。

第3編　現代日本の経済

<table><tr><td>第1章</td><td>経済社会の変容</td><td>(p.82)</td></tr></table>

❶経済活動の意義・❷経済社会の形成と変容

❶【機会費用】正解①

ア　**トレード・オフ**とは，2つのものが同時には成り立たない関係，つまり，片方を選択した場合，もう片方をあきらめざるを得ない関係を意味する。問題文の事例では，ある土地を駐車場として利用した場合，公園や宅地として利用できないので，トレード・オフの関係にあると言える。**ポリシー・ミックス**とは，ある目標を実現するために複数の政策を組み合わせることであり，文脈に合わない。

イ　問題文で，**機会費用**とは「ある選択肢を選んだとき，もし他の選択肢を選んでいたら得られたであろう利益のうち，最大のもの」であると説明されている。問題文の事例では，ある土地を駐車場として利用することを選択しているので，「他の選択肢」は公園と宅地である。また，「利用によって企業が得る利益は，駐車場が最も大きく，次いで公園，宅地の順である」という条件があるので，「他の選択肢」の公園と宅地のうち，利益が最大となるのは公園である。

> **Point** 👆 「機会費用」の語は教科書でも説明されているが，知らなかったとしても，問題文の定義に従って考えれば解くことができる。共通テストではこのような問題が増えているので，第5編「パターン別問題演習」でトレーニングを重ねたい。

❷【公共財】正解①

公共財には，複数の人が同時に消費できるという性質（**非競合性**）と，代金を支払わなくても誰でも消費できるという性質（**非排除性**）とがある。例えば，市が設置した公園は，複数の人が同時に使えるし（非競合性），市民税を納めていない市外の人も使える（非排除性）。①は非競合性を端的に説明している。

②　たしかに公共財にはそのような性質があるが，非競合性・非排除性のどちらにも当たらない。

③　非排除性についての説明である。

④　たしかに公共財にもこのようなスケールメリット（規模の利益）は働くが，非競合性・非排除性のどちらにも当たらない。

❸【経済体制】正解①

「**労働力の商品化**による賃金労働」は，マルクスが指摘した資本主義経済の特徴である。奴隷は無償でこき使われる。

②　中世社会における**封建制**の特徴の説明として正しい。

③　マルクスとエンゲルスが主張した**社会主義**経済の特徴の説明として正しい。

④　**資本主義**経済の特徴の説明として正しい。

❹【経済政策】正解④

ア　アメリカの経済学者**フリードマン**は，ウのケインズの手法を批判し，**有効需要の創出よりも，通貨供給量（マネーサプライ）の調節を行い物価の安定を図る金融政策が効果的である**と主張した（**マネタリズム**）。よって「貨幣供給のルールの策定」とある**b**が該当する。

イ　ドイツの経済学者**リスト**は，リカードらの自由貿易の主張に対して，後発国の立場から，生産性に劣る幼稚産業を保護するため，**保護貿易を行う**べきであると主張した。発展途上国が「自国産業の保護」のため「輸入数量を制限」するとしている**c**が該当する（本冊 p.151 ❸で後述）。

ウ　イギリスの経済学者**ケインズ**は，アダム・スミスに始まる自由放任主義（レッセ・フェール）を批判し，**有効需要の創出による不況の克服の必要**性を説いた。政府が「不況対策」を行うとする**a**が該当する。

❺【自由主義】正解①

イギリスの思想家**アダム・スミス**は，著書『**国富論（諸国民の富）**』において，各人が利己心に従って自由に経済活動を行えば，神の**「見えざる手」**に導かれて，社会全体の発展につながるとして，自由放任主義（レッセ・フェール）を主張した。

②　アダム・スミスは，自由放任主義の立場から，国家の役割は国防や警察に限定されるべきであると主張した。このような国家のあり方を，**「夜警国家」**と批判したのは，ドイツの社会主義者**ラッサール**である。

③　蒸気機関や鉄道といった**イノベーション（技術革新）**を経済発展の原動力と捉えたのは，オーストリアの経済学者**シュンペーター**である。

④　**比較生産費説**を提唱して自由貿易を主張したのは，イギリスの経済学者**リカード**である（本冊 p.157 ❷参照）。

❻【ケインズの経済理論】正解③

有効需要とは，貨幣の支出を伴う需要のことである。例えば，お腹が空いたのでパンを食べたいという場合，パンを買うためのお金を持っていて，初めて有効需要となる。ケインズは，不況時には有効需要が不足していると考え，政府が公共事業などの経

済政策を行い，有効需要を創出することが必要であると主張した。

① **マネタリズムはフリードマンの立場。**
② 市場により完全雇用が達成されるというのは，自由放任主義の立場である。**ケインズは，市場に委ねていては失業は解消されないと考えた。**
④ ケインズは「市場の機能」よりも政府の役割を重視した。

7 【修正資本主義】正解 ④
アメリカの**レーガン**大統領は1980年代，**「レーガノミクス」**と呼ばれる，規制緩和・減税など自由主義的な経済政策を行った。しかし，結果として累積債務が増加し，財政赤字と経常収支赤字（貿易赤字）の**「双子の赤字」**に苦しむことになった。よって「連邦財政が黒字化した」は誤り。
① 第二次世界大戦後のイギリスは，**「ゆりかごから墓場まで」**という言葉に象徴される手厚い社会保障政策を長らく行っていた（本冊 p.24 **9** 参照）が，「イギリス病」と呼ばれる生産性の低下による経済の停滞に苦しんでいた。こうした中で1979年に首相となった保守党の**サッチャー**は，**「サッチャリズム」**と呼ばれる経済政策を行い，規制緩和・国営企業の民営化・高福祉政策の見直しなどを進めた。
② **スタグフレーション**とは，景気の停滞とインフレが並行して生じることである。1970年代には，第一次石油危機などの影響で，先進国は軒並みスタグフレーションに苦しんだ。
③ スタグフレーションの状況下では，政府が有効需要の創出のために財政出動を行うと，インフレに拍車がかかってしまうので，大胆な経済政策を打つことができない。こうした中で，ケインズ的な手法に対する批判が高まり，**フリードマンのマネタリズム**の主張などが現れた。

8 【マルクス】正解 ②
社会主義経済では生産手段が公有化されており，市場は存在しない。よって「市場を計画が補完」が誤り。
① 恐慌や失業は，マルクスが主張した資本主義経済の問題点である。
③ 貧富の差の拡大も，マルクスが主張した資本主義経済の問題点である。
④ マルクスは，資本主義経済において**労働力の商品化**が進み，労働者と資本家の階級対立が頂点に達すると考えた。そこで，**エンゲルス**との共著『**共産党宣言**』において「万国のプロレタリアート（労働者階級）よ，団結せよ」と呼びかけ，プ

ロレタリア革命による社会主義の実現を訴えた。

9 【社会主義】正解 ①
中国は，1980年代に**改革・開放路線**に転換し，1993年に**「社会主義市場経済」**と憲法に明記して以降，急激な経済成長を遂げ，貿易収支も大幅な黒字となっている。
② 冷戦の終結を受け，東側諸国の経済協力機構であった**コメコン（経済相互援助会議）**は1991年に解体された。
③ **「ドイモイ（刷新）」**と呼ばれる政策を進めたのは，北朝鮮ではなく**ベトナム**である。
④ 共産党一党支配は，旧ソ連のゴルバチョフ政権時の1990年に放棄されている。

第2章 現代経済のしくみ

1 市場機構 (p.90)
1 【市場経済】正解 ④
完全競争市場では，ある財に対する需要量が供給量を上回る場合，価格は上昇する。要するに，高くてもみんな欲しがるということである。
① 電気・ガスなどの公共財・サービスは，安定的な供給のため公的機関の規制を受けて価格が決定されるので，「市場機構における価格決定の例外」と言える。
② アメリカの経済学者**ガルブレイス**は，消費者は非価格競争である広告や宣伝に依存して購買意欲をかき立てられると指摘し，これを**依存効果**と呼んだ（本冊 p.122 **5** で後述）。
③ **公正取引委員会**は，**独占禁止法**を運用する行政委員会である。

2 【アダム・スミス】正解 ②
アダム・スミスの言う神の「見えざる手」とは，市場メカニズム（需要と供給の原理）に当たる。スミスは，市場における神の「見えざる手」に委ね，政府が市場に介入すべきではないと考えた。よって「政府の調整能力」は誤り。
① スミスは自由放任主義（**レッセ・フェール**）の立場から，国家の役割を国防や警察に限定すべきと考えた（本冊 p.83 **5** 参照）。
③ スミスは**自由貿易**を主張し，重商主義政策を批判した。
④ スミスの自由主義的な経済学説は，産業革命による資本主義の発達を背景としたものである。また，スミスは「古典派経済学の祖」とも呼ばれる。

❸ 【均衡点】正解①

　当初のガソリン価格に炭素税が上乗せされるので、供給曲線は左（上）にシフトする（同じ数量で価格が上昇する）。一方、「消費者の事情に変化がない」というので、需要曲線は変わらない。よって、新たな均衡点は、需要曲線上で当初の均衡点の左上の①に移動すると判断できる。

> **Point 👆** 需給曲線に関する問題は、センター試験でも毎年必ず出題された。本冊でも数多くの問題を収録しているので、演習を積み重ねたい。

❹ 【完全競争市場】正解③

　完全競争市場は、多数の売り手と買い手が存在し、何の規制もなく自由に取引が行われていることを成立の条件とする。

① **価格協定や生産調整**といった市場に委ねられていない要素が存在しては、完全競争市場とは言えない。

② 品質やデザインによる製品の差別化を図る、**非価格競争**が行われるのは**寡占市場**においてであり、完全競争市場とは言えない。

④ **価格の下方硬直性**が見られるのは、独占市場や寡占市場においてである。完全競争市場では価格の下方硬直性は見られない。

❺ 【市場メカニズムと政策】正解⑤

Ａ 寡占市場では売り手が限定されるため、市場メカニズムが適切に働かない。そこで、**規制緩和**などを行って、**ウ**新規参入の促進を図る。

Ｂ **外部不経済**とは、公害などのように、ある経済活動が市場を通さずに第三者に不利益を与えることである。市場メカニズムが適切に働かないので、放置したままだと問題は解決しない。そこで、政府が介入して**ア**生産の制限などの措置をとる。

Ｃ 財が**公共財**の性質を持つ場合、市場では十分な量が供給されない。そこで、**イ**政府による供給を行う。

❻ 【市場の失敗】正解②

　市場の失敗における「**情報の非対称性**」とは、売り手と買い手の間で情報量に差があり、市場メカニズムが働かないことである。財・サービスについて買い手に十分な情報が伝わらないと、買い手は適切な選択ができない。「買い手が売り手に聞かない限りわからない修復歴やエンジンの不具合などがありうる」ため、「買い手が見た目だけでは中古車の良し悪しを判断できない」という**イ**が該当する。

ア 「事業者が少数の時は、市場メカニズムが働きにくい」とあるので、「**独占・寡占**」の事例に当

たる。

ウ 大型トラックの通行量の増加による交通渋滞の発生や交通事故件数の増加は、「**外部不経済**」の事例に当たる。

エ 外灯の設置により「犯罪の発生件数が減少」し「安心して生活できるようになった」というのであるから、**外部経済**の事例に当たる。

> **Point 👆** 共通テストでは具体的な事例に即して考える問題が増加している。市場の失敗の類型についても、本問を活かして具体的なイメージをつかんでほしい。

❼ 【市場の失敗】正解④

　ショッピングモールの建設により自然豊かな里山が失われるというのは、市場の失敗の一つである**外部不経済**（市場を介さずに不利益が生じる）に当たる。

① Ｂ級品を需要に見合った価格に下げているのであるから、市場メカニズムは働いている。

② 需要がなくなった製品の生産を縮小しているのであるから、市場メカニズムは働いている。

③ 需要の高まりを受けて生産と輸出を拡大しているのであるから、市場メカニズムは働いている。

> **Point 👆** 市場の失敗を問う問題では、市場を介するか・介さないかが、正誤を判定するポイントになる。次問でも確認しよう。

❽ 【外部経済・外部不経済】正解①

　市場を介さずにプラスの影響が出ることを**外部経済**、マイナスの影響が生じることを**外部不経済**という。①は、ある店が割引セールを行ったので他の店の売上げが減少したというのであるから、**市場メカニズムが働いただけ**であり、適当でない。

② 近隣住民の気持ちが和むという市場を介さないプラスの影響があるので、**外部経済**の事例である。

③ 収穫の増加という市場を介さないプラスの影響があるので、**外部経済**の事例である。

④ 日当たりが悪くなるという市場を介さないマイナスの影響があるので、**外部不経済**の事例に当たる。

❾ 【社会環境の変化と公共財】正解④

　問題文で言う「非排除性」と「非競合性」とは、**複数の人が同時に消費できるという性質（非競合性）**と、**代金を支払わなくても誰でも消費できるという性質（非排除性）**という、公共財の持つ２つの性質のことである（本冊 p.82 ❷参照）。これを踏まえて、**ア**〜**ウ**で述べられている具体的な事例について検討しよう。

ア 企業がテーマパークを造ったことで公園が「誰も利用しない状態」になったからといって，非排除性と非競合性が失われたわけではない。よって正しい。

イ 「地方自治体が管理していた時と同じ利用方法のまま」とあるので，非排除性と非競合性は保たれている。よって正しい。

ウ 「地方自治体が公園への入場料金を徴収し管理するようになった」とあることから，非排除性は失われた。よって誤り。

10 【需要量に価格の変化が及ぼす影響】正解 ②

200 円〜 300 円の価格帯では，商品 a の需要曲線よりも商品 β の需要曲線の方が傾きが大きい。つまり，商品 β の方が需要量の変化は小さい。実際に計算してみても，商品 a は，200 円で販売した場合の需要量は 5 千個，300 円で販売した場合の需要量は 3 千個であるから，200 円から 100 円上昇した場合の需要量の減少幅は 2 千個。商品 β は，200 円で販売した場合の需要量は約 6.5 千個，300 円で販売した場合の需要量は 5 千個であるから，200 円から 100 円上昇した場合の需要量の減少幅は約 1.5 千個で，商品 β の減少幅の方が小さい。

① 商品 a の需要曲線は，価格が上昇するほど傾きが大きい，つまり，需要量の変化は小さくなるので，「500 円で販売した場合の方が減少幅は大きい」は誤り。実際に計算してみても，200 円から 100 円上昇した場合の需要量の減少幅は ② のとおり 2 千個。500 円で販売した場合の需要量は約 1.5 千個，600 円で販売した場合の需要量約 1.25 千個であるから，500 円から 100 円上昇した場合の需要量の減少幅は約 0.25 千個で，500 円で販売した場合の方が減少幅が小さい。

③ 商品 β の需要曲線は直線であり，価格の変動による需要量の変化量も一定であるから，「500 円で販売した場合の方が減少幅は大きい」は誤り。実際に計算してみても，200 円から 100 円上昇した場合の需要量の減少幅は ② のとおり約 1.5 千個。500 円で販売した場合の需要量は 2 千個，600 円で販売した場合の需要量約 0.5 千個であるから，500 円から 100 円上昇した場合の需要量の減少幅は約 1.5 千個で，同じである。

④ 500 円から 600 円の価格帯では，商品 a の需要曲線よりも商品 β の需要曲線の方が傾きが小さい。つまり，商品 β の方が需要量の変化は大きいので，「需要量の減少幅は，商品 a よりも商品 β の方が小さい」は誤り。実際に計算してみても，商品 a は，500 円から 100 円上昇した場合の需要量の減少幅は ① のとおり約 0.25 千個，商品 β は，500

円から 100 円上昇した場合の需要量の減少幅は ③ のとおり約 1.5 千個で，商品 β の方が大きい。

> **Point** 本問は，計算しなくとも，グラフの特徴から見当をつけることができる。最終的には計算して確認するのが良いが，計算ミスをしないためにも，あらかじめ見当をつけることは肝心だ。

11 【需給曲線】正解 ①

ア 人気が高まる，つまり，需要が大きくなるということは，**需要曲線は右（上）にシフトする**（同じ価格で数量が増える）。よってD*が該当する。

イ 均衡価格 10,000 円，均衡数量 8,000 足の場合の売上総額は 10,000 円× 8,000 足＝ 8,000 万円。そこから，価格が 30 ％上昇して 13,000 円，数量が 20 ％上昇して 9,600 足となるので，売上総額は 13,000 円× 9,600 足＝ 12,480 万円で，12,480 万円－ 8,000 万円＝ 4,480 万円増加する。

12 【価格の自動調節作用】正解 ③

価格 P_2 では，需要が供給を上回る（需要量の方が供給量よりも多い）。そこで，超過需要を減少させるために，価格は上昇する。実際にグラフでも均衡価格は P_2 よりも高い。このように，**市場では需要と供給の関係によって価格の自動調節作用が働く。**

① 価格 P_1 では需要が供給を下回っている。
② 超過供給を減少させるために価格は下落する。
④ 価格 P_2 では需要が供給を上回っている。

13 【規制価格と需要・供給の変化】正解 ②

政府により価格の上限が P′に規制されたという条件であるので，仮に価格が上限の P′になったとすると，均衡数量 Q_0 から，需要量は Q_2 に増加，供給量は Q_1 に減少する。市場では供給される分しか取引されないので，数量は Q_1 となり，超過需要を取りこぼすことになる。政府による価格規制がマイナスに働く事例である。

14 【輸出による需要・供給の変化】正解 ③

輸出により価格が 350 円から 500 円に上昇すると，需要量は 400 個から 250 個に減少する。よって，輸出量は，問題文に「国内生産者による供給と国内需要との差だけ輸出される」とあるので，700 － 250 ＝ 450 個である。これに輸出後の価格 500 円を掛けあわせ，450 × 500 円＝ 225,000 円が輸出額となる。

15 【二国間の労働移動】正解 ③

労働移動が自由化される以前は，需要と供給の関係によって定まる賃金が，Y 国より X 国の方が高い。ゆえに，自由化後は，より高い賃金を求めて Y 国か

らX国に労働移動が起こると考えられる。その結果，X国では労働量が増えてBに，Y国では減ってCに，均衡点はそれぞれ移動する。また，賃金はX国では減少，Y国では増加する。このように，国際的な労働移動は国内の労働環境にも影響を与える。

> **Point** 労働力の需給曲線を見る場合は，労働供給は労働者が労働を提供するもの，労働需要は企業が労働力を求めるものであることに注意しよう（本冊 p.100 **11** で後述）。

16 【寡占市場】 正解 ④
カルテル（企業連合） とは，同一産業における複数の企業が価格・生産量・販売地域について協定を結ぶことである。「同一産業内の企業合併」とはトラストのことであり，説明が誤っている。

① 寡占市場では，価格支配力をもつ**プライス・リーダー**が現れ，**管理価格**を決定するため，市場メカニズムが働かなくなることがある。
② 寡占市場では管理価格により価格が下方に変化しにくくなる（**価格の下方硬直性**）。
③ 寡占市場では価格以外のデザインや広告などで**非価格競争**が行われる（本冊 p.90 **4** 参照）。

17 【市場取引】 正解 ②
完全競争市場においては，需要量が供給量を上回る場合は価格が上昇し（高くても買う），下回る場合は下落する（安くならないと買わない）。

① 賃金，資本装備率，生産性などに見られる大企業と中小企業との格差は**日本経済の二重構造**と言われ，1963 年制定の**中小企業基本法**で中小企業の保護・育成が図られている（本冊 p.119 **1** で後述）。
③ 寡占市場における**非価格競争**の説明として正しい。
④ 乗用車のほか，ビール・家庭用ゲーム機などで上位 3 社の生産額合計が 50% を超え，寡占状態となっている。

18 【非価格競争】 正解 ②
非価格競争とは，品質・デザイン・広告といった，価格以外の要素で商品の差別化を図ることである（本冊 p.90 **4** 参照）。人気俳優の CM 起用で販売拡大を図るのは，まさに非価格競争である。

① **カルテル**は非価格競争ではない。
③ 安い値段で発売するということは，価格で競争している。
④ 政府による規制価格は非価格競争の原因になりうるが（価格以外で勝負するしかない），非価格競争の例そのものではない。

2 現代の企業 (p.95)

1 【経済主体】 正解 ⑤
A 家計・企業から政府に流れるものであるから，**租税・社会保険料**が該当する。
B 家計から企業に流れるものであるから，**資本**が該当する。具体的には，株式への投資や社債の購入である。
C 政府から企業・家計に供給されるものであるから，上下水道や公道などの**社会資本**が該当する。

2 【企業や家計】 正解 ①
資産価格が上昇すれば，その分だけ家計に余裕が生じ，**可処分所得**（所得から税金や社会保険料を差し引いた，自由に使えるお金）が増える。よって，消費額を増やす傾向が見られる。

② 銀行の貸出金利が低下すれば，お金が借りやすくなり，企業は融資を受けて積極的に設備投資を行おうとする。
③ 家計の消費支出で最も大きいのは食料費で，全体の 4 分の 1 以上を占める。一方，保健医療費は 5 ％程度にすぎない。
④ 日本では中小企業の従業者数が大企業よりも多く，中小企業が全体の約 70％である。

3 【会社法】 正解 ④
2005 年に制定された**会社法**では，有限会社の新設ができなくなった。ただし，それ以前からあった有限会社はそのまま存続が認められている。

① **合名会社**は**無限責任社員**によって構成される。
② 会社法では，**資本金の規制が撤廃された**。つまり，資本金 1 円でも株式会社を設立できるようになった。
③ 会社法で新たに設立が認められたのは，**合同会社**である。合同会社は有限責任社員によって構成され，利益配分や権限などを定款によって決めることができる（**定款自治**）。

> **Point** 会社法により最低資本金が撤廃されたということで，正誤を判定する選択肢は多いので，しっかりと頭に入れておきたい。

4 【株式会社】 正解 ④
利潤から株主への配当金を差し引いた残りを**内部留保**（内部資金）といい，事業拡大のため設備投資などに回すことができる。

① 「事業活動を支配することを目的として，他の株式会社の株式を保有する」会社を**持株会社**というが，1997 年の**独占禁止法改正**によって戦後禁止されていた**持株会社**が解禁された。
② 会社法では資本金の規制が撤廃された。つま

り，最低資本金の額は定められておらず，資本金
１円でも起業できる。
③　コーポレート・ガバナンス（企業統治）の観点
からは，株主の利益が守られるように企業経営を
行うことが求められる。よって「株主の権限の制
約」は誤り。

５ 【企業の資金調達】正解 ③

自己資本とは，企業が自ら用意した資本という意
味で，株式発行による資金や内部留保が自己資本に
あたる。これに対して，**他人資本**とは，社債発行や
金融機関からの借り入れなど，外部から調達した資
金である。
①　メインバンクとは企業が主に取引を行っている
金融機関のことである。金融機関から借り入れて
資金を調達する方法は，間接金融である。
②　企業が新規株式を発行し，それを家計が市場で
購入しているので，**直接金融**である。「証券会社
を通して」とあるからといって，間接金融である
と誤解しないようにしたい。
④　株式発行によって調達された資金は，**自己資本**
である。

> **Point** 直接金融と間接金融の違いは，市場を
> 通すか・通さないかである。「証券会社を介して
> いるから間接金融」と誤解しないようにしたい。

６ 【利潤】正解 ①

「企業内部に蓄えられた利潤」，すなわち，**内部留
保**は設備投資などに用いることができる。
②　**国民所得を分配面**から見ると，**雇用者報酬・財
産所得・企業所得**に分類される。企業の利潤は企
業所得である。
③　企業の利潤は，収入（売上高）から賃金や原材
料費などの費用を差し引いた残りである。
④　「利潤から株主に支払われる分配金」は**配当**で
ある。

７ 【企業活動】正解 ③

関連企業が同じ地域に多数立地することで，効率
よく生産を行うことができる。このような正の経済
効果を**集積の利益**という。
①　金融機関からの借入れによる資金は，**他人資本**
である。借入れが増えても自己資本額は変わらな
い。
②　利潤から株主への配当金を支払えば，その分，
内部留保は減少する。
④　**所有と経営の分離**とは，株式を所有する株主と
企業の経営者が異なることである。株主が経営を
行うのであれば分離にならない。

８ 【コンプライアンス（法令遵守）】正解 ④

企業内の不正を防止するためには，常に情報が公
になる必要がある。従業員が企業内の違法行為を行
政機関や報道機関に告発することを内部告発という。
そのことによって従業員が解雇などの不利益な取り
扱いを受けないよう，2006 年に公益通報者保護法
が施行され，事業所内に通報窓口を設けることが義
務または努力義務とされている。
①　貿易などの国際的な取引を行うことを考えれ
ば，条約なども遵守すべき法に含まれる。
②　地域での活動を考えれば，その地域の自治体が
制定する条例も遵守すべき法に含まれる。
③　コンプライアンス（法令遵守）の理念は，大企
業の不祥事が相次いで発覚した 2000 年代に，そ
の必要性が高まった。

９ 【企業間関係】正解 ④

持株会社とは，事業活動を支配することを目的と
して，他の株式会社の株式を保有する会社である。
戦後は長らく独占禁止法によって禁止されていたが，
1997 年の同法改正によって解禁された。「○○ホー
ルディングス」という会社名をニュースなどで耳に
することがあると思うが，持株会社のことである。
①　**財閥**とは，本社である持株会社が多数の企業を
傘下に置いて実質的に支配する企業形態（**コン
ツェルン**）である。戦前に発達したが，戦後の民
主化で解体された。「役員の相互派遣や共同事業
の推進」は，系列企業で見られる特徴である。
②　**下請け企業**とは，大企業の仕事の一部を請け負
う企業のことである。「親会社の資金調達を請け
負っている会社」ではない。
③　**トラスト（企業合同）**とは同一産業内での企業
合併のことであるが，市場占有率とは関係ない。
50％未満でもトラストである。

10 【日本における企業】正解 ③

巣ごもり需要とは，家の中で生活しやすくしよう
とする消費性向による需要の高まりのことである。
2019 年末に始まるコロナ禍では，在宅勤務のため
にデスクなどを買いそろえたり，旅行の代わりに各
地の名産品を取り寄せたりと，巣ごもり需要が高
まった。
①　「社内の行為をその会社の株主が監視するこ
と」を，**企業統治（コーポレートガバナンス）**と
いう。**リストラクチャリング（リストラ）**とは，
不採算部門を切り捨てて成長が見込まれる部門に
注力するなど，事業の再構築を図ることである。
②　株主への分配率が上昇すれば，その分だけ**内部
留保**への配分率は下降する。また，設備投資は内

部留保でまかなわれるので，内部留保が減れば設備投資も減る（内部留保については問題**4**参照）。

④ 2005年に制定された**会社法**では，最低資本金が撤廃され，資本金1円でも株式会社を設立できるようになった（問題**3**参照）。

3 国民所得と経済成長 (p.97)

1【フローとストック】正解 ⑤

　フローとは，英語の flow の意味のとおり，お金の流れの量のことである。この問題の例では，⑦お小遣いの収入，⑦両親へのプレゼントの支出，および11月分の支出合計である㋜8,000円がフローに当たる。これに対して，**ストック**とは，英語の stock の意味のとおり，ある時点でのお金の蓄えの量のこと。㋒が11月1日時点の，㋓が11月24日時点のストックである。

2【国の経済活動を図る指標】正解 ④

a　**産業構造**は，生産面から見た国内総生産（GDP）によって分かる。

b　**労働分配率**は，分配面から見た国民所得（NI）によって分かる。

c　本問で与えられた指標は，国内総生産（GDP），国民所得（NI）である。計算式を示すと，

・国民所得＝国民総生産（GNP）－固定資本減耗－（間接税－補助金）
・国民総生産＝国内総生産＋海外からの純所得

であり，国内総生産と国民所得との間には，固定資本減耗以外の要素があるため，本問の指標から固定資本減耗を算出することはできない。

> Point　国内総生産（GDP）から始めて，どのような要素を差し引きしていくと，最終的に国民所得（NI）に至るのかを，理詰めで整理しておこう。

3【社会資本】正解 ②

　財政法で禁止されているのは，歳入の不足を補うための**赤字国債（特例国債）**の発行である。社会資本の整備を目的とした建設国債の発行は認められている。

① **社会資本**は，港湾・工業用地などの**生産関連社会資本**と，上下水道・公園などの**生活関連社会資本**に分けられる。

③ **財政投融資**とは，郵便貯金・年金積立金などの財政資金によって行う投資・融資のことであり，社会資本の整備のために利用されてきた。かつては一般会計の約半分の規模の大きさから「第二の予算」とも呼ばれたが，2000年代の小泉純一郎内閣によって改革が行われ，事業資金は財投債の

発行などで市場から調達することになった（本冊 p.104**2**で後述）。

④ 憲法第29条3項において，「私有財産は，正当な補償の下に，これを公共のために用ひることができる」とされている。この**私有財産の補償**の規定を具体化したのが土地収用法である。

4【国富】正解 ①

　国富とは，ある時点の**有形資産**（土地・建物・機械など）と**対外純資産**（対外資産から対外負債を差し引いたもの）の合計である。ここで，**現金や預金は国富には含まれない**ことに注意しよう。現金は，保有する個人にとっては資産であるが，発行する日銀にとっては負債とみなされ，差し引きゼロになるからである。同様に，銀行への預金も，預金者にとっては資産だが，銀行にとっては負債であり，差し引きゼロである。よって，① 現金は国富に含まれない。

　② の機械，③ の建物，④ の森林は，所有者に関係なく，いずれも**国富**である。

5【NNP・GNP・NI】正解 ④

B　**国民総生産（GNP）**は，**国内総生産（GDP）**に**海外からの純所得**を足すことで算出される。よって，500＋20＝520であり，**ウ**が該当する。

A　**国民純生産（NNP）**は，**国民総生産（GNP）**から**固定資本減耗**を差し引くことで算出される。国民総生産は B で520と算出されているので，520－100＝420であり，**イ**が該当する。

C　**国民所得（NI）**は，**国民純生産（NNP）**から「**間接税－補助金**」を差し引くことで算出される。国民所得は A で420と算出されているので，420－40＝380であり，**ア**が該当する。

> Point　国民所得を算出する際に，間接税を差し引くのは，税金の分が価格に上乗せされるからである。補助金を足すのは，その分だけ価格が値引きされるからである。

6【市場取引と GDP】正解 ②

　GDP（国内総生産）とは，一国内で1年間に生産された付加価値の総和である。環境破壊による損失は，市場を通さない外部不経済であるため，GDP には計上されない。

① 株式の取引額は，生産により生じた付加価値ではないので，GDP には計上されない。

③ 輸出される財・サービスも，国内で生産された付加価値であるから，GDP に計上される。

④ 家計や企業が通貨を保有しているだけでは付加価値は生み出されないので，GDP には計上されない。

❼ 【名目 GDP と実質 GDP】 正解 ⑧

a GDP デフレーターは，名目 GDP から物価変動の影響を取り除くために用いられる数値で，実質 GDP に GDP デフレーターの数値を掛け合わせ，100 で割ると，名目 GDP の値が得られる。よって，**a** は 500 × 94 ÷ 100 = 470（億ドル）である。

b 一人当たり GDP は，GDP を人口で割ることで得られる。2016 年の一人当たり GDP は，名目ベースで，470 ÷ 47 = 10（百ドル）である。「2015 年と 2016 年の一人当たりの名目 GDP が同じ」であるから，2015 年の人口 **b** は，500 ÷ 10 = 50（百万人）と算出される。

c 2017 年の実質 GDP は，2016 年の 500 億ドルから 20 億ドル増加しているので，実質 GDP 成長率は 20 ÷ 500 × 100 = 4 ％と算出される。

❽ 【国民所得】 正解 ②

A 日本の（名目）**国民所得を分配面**から見たとき，最も大きな割合を占めるのは**雇用者所得**である。

C **財産所得**は，1990 年代後半の**バブル景気**で資産価値が上がって増加し，1990 年代には**バブル崩壊**によって減少したと推理できる。この推移を示すグラフは**C**である。

B B の推移だけで判断するのは難しいが，A と C が決まるので，B は残る**企業所得**となる。企業所得が雇用者所得の次に大きいことは，覚えておいても良い。

❾ 【物価】 正解 ②

デフレーション（物価の下落）は，貨幣の価値が上がることで生じる。貨幣の価値が上がるということは，同じ債務額でも，価値が上がった分，実質的な負担は重くなるということである。

① **インフレーション（物価の上昇）**は，貨幣の価値が下がることで生じる。

③ 自国通貨の為替相場が下落すると，輸入品の価格が上昇するので，その分，国内の物価を引き上げる効果をもたらす。

④ **デフレスパイラル**とは，景気後退と物価の下落が相互に影響し合って進行する現象である。景気が後退すると，人々が消費を控えるため，事業者は価格を下げざるを得なくなり，さらに景気が冷え込む，という悪循環である。選択肢文は「物価上昇」が誤り。

Point 6 インフレ／デフレは，たんに物価の上昇／下落というだけではなく，貨幣価値の下落／上昇という点から理解していると，問題を解く際に推理が働きやすくなる。次問で確認してほしい。

❿ 【物価の変動が国民生活に与える影響】 正解 ⑧

ア 「名目の消費支出額を一定とする」という条件があるため，物価が上昇すれば，その分，消費できる数量は**減少**する（例えば，ある商品が 100 円から 150 円に値上げされれば，これまで 3 個買えた金額で 2 個しか買えない）。

イ **インフレ（物価の上昇）**は，貨幣の価値が下がることで生じる。貨幣の価値が下がるということは，同じ債権額でも，実質的な価値は目減りするということである。よって，**債権者（貸す側）**にとっては不利である。

ウ イの債権者とは逆に，同じ債務額でも，価値が下がった分，実質的な負担は目減りするということであるから，**債務者（借りる側）**にとっては有利である。

エ イ・ウで見たとおり，貨幣の価値が下がるのであるから，**債権・債務の価値は実質的に下落**する。

⓫ 【景気循環の局面】 正解 ①

好況期の説明として正しい。しかし，好況が永遠に続くわけではなく，②の景気後退期に向かう。

② 超過供給となれば，在庫は増加する（売れなくなって在庫が増える）。

③ 労働供給は労働者が労働を提供するもの，労働需要は企業が労働力を求めるものであることに注意しよう（本冊 p.94 ⓯参照）。**不況期**には，労働供給が労働需要に対して過大となる（つまり，労働者は仕事がほしいが，企業には与える仕事がない）。

④ **景気回復期**には，不況期に増加していた在庫が整理され，減少に向かうとともに，投資も拡大する。よって「投資が減少する」は誤り。

⓬ 【景気循環】 正解 ⑥

A **短期波動（キチンの波）**は，**ウ**在庫投資の変動によって生じる景気の波で，約 40 ヶ月（3 年半）の周期である。

B **中期波動（ジュグラーの波）**は，在庫投資の変動よりも周期の長い，**イ**設備投資の変動によって生じる景気の波で，約 10 年の周期である。

C **長期波動（コンドラチェフの波）**は，**ア**技術革新や大規模な資源開発によって生じる景気の波で，約 50 年の周期である。

🔟🖊 【日本の経済成長率の推移】正解②

1985年，**プラザ合意**でドル高是正のための協調介入が決定されたことにより，急速な円高が進み，日本は**円高不況**に陥った（本冊p.153 🔟で後述）。

① Aの時期には，**ドル・ショック**や**第一次石油危機**の影響に，田中角栄内閣の「**列島改造**」政策による経済の混乱が重なり，**1974年**に戦後初めて経済成長率がマイナスに転落した。選択肢文の説明は**C**の時期のものである。

③ Cの時期には，日銀が**金融引き締め**を行ったことから**バブルが崩壊**し，不良債権を抱えた金融機関が相次いで破綻した。選択肢文の説明は**D**の時期のものである。

④ Dの時期には，アメリカで**サブプライム・ローン問題**が生じたことを引き金に，2008年に**リーマン・ショック**が起こり，**世界金融危機**が生じた。選択肢文の説明は**A**の時期のものである（本冊p.166 🔟で後述）。

４ 金融のしくみ（p.101）

① 【通貨制度】正解④

管理通貨制度の下では，中央銀行は金保有量に関係なく通貨の発行量を決めることができるので，経済政策の自由度が高まる。

① **金本位制**は，金貨（正貨）と紙幣（銀行券）が交換できる（兌換）ことを条件としているから，中央銀行は金保有量に見合った量の紙幣しか発行できない。

② 金本位制を各国が採用した場合，各国の通貨は金との交換比率が定まっているので，為替相場は変動しない。

③ **管理通貨制度**の下では，兌換銀行券ではなく**不換銀行券**が発行される。

② 【貨幣】正解③

前問で見たとおり，**管理通貨制度**の下では，中央銀行による通貨の発行は金保有量に制限されない。

① 取引の仲立ちは**交換手段**としての機能である。

② **マネーストック**とは，金融機関・中央政府を除く，企業・個人・地方自治体などが保有する通貨量の集計である。市中に出回っているお金の量と考えれば良い。

④ **預金通貨**とは，金融機関に預けられているお金のこと。公共料金やクレジットカードの支払いを

銀行口座からの引き落としにするように，**支払手段**としても用いられる。

③ 【貨幣の機能】正解②

貨幣には，**交換手段・支払手段・価値貯蔵手段・価値尺度**という４つの機能がある。価値貯蔵手段とは，要するに，今は使わずに貯金しておくことである。「購買力を保つために」とある②が該当する。ここで言う「貨幣を用いる」とは，貯めておくことである。

① **支払手段**にあたる。

③ **交換手段**にあたる。

④ **価値尺度**にあたる。

④ 【日本銀行】正解①

現在の日本は金本位制を採用していないので，中央銀行としての日本銀行が発行する紙幣は**不換銀行券（不換紙幣）**である。

② 日本銀行は，金融政策を通じて物価の安定を図っている。

③ 日本銀行には，**「銀行の銀行」**として，市中銀行に対する「最後の貸し手」としての役割を担う。

④ 日本銀行は**「政府の銀行」**として，税金などの国庫金の管理・出納を行っている。

⑤ 【金融政策】正解③

2000年代前半の日本は，バブル景気が崩壊した1990年代に引き続き不況下にあった。日銀は，政策金利を０％に近づける**ゼロ金利政策**や，市中銀行が日銀に保有する当座預金の残高を増加させる**量的緩和政策**を行って，市中銀行に貸出しを促して，景気浮揚を図った。

① **預金準備率**とは，市中銀行が保有する預金から中央銀行に再預金する割合である。預金準備率が引き上げられると，市中銀行はその分だけ中央銀行に預けなければならないので，貸し出せる資金量が減る。

② **買いオペレーション（買いオペ）**とは，中央銀行が市中銀行から国債などを購入する金融政策である。その代金が市中銀行に支払われるので，市中に流通する通貨量（マネーストック）は増加する。

④ 国債には**市中消化の原則**があり，日銀は政府から国債を直接引き受けることはできない。

⑥ 【金融政策】正解②

外国為替相場で自国通貨が売られれば，自国通貨

の供給が需要を上回って，自国通貨安となる。そこで，為替レートの切下げ（通貨安への誘導）のため中央銀行は売り介入を行う。
① **売りオペレーション（売りオペ）**は，日銀が市中銀行に国債を売ることで通貨量を減少させるので，デフレーション（物価の下落）が進む。よって「デフレーション対策」にはならない。
③ **政策金利**を高めに設定すると，市中銀行の貸出量が減り，金融は引き締められる。よって「金融緩和政策」にはならない。
④ **預金準備率**を引き上げると，市中銀行はその分だけ中央銀行に預けなければならないので，貸し出せる資金量が減る（前問参照）。よって「企業への貸出しを増やす」ことにはならない。

> **Point** 🖐　現在，日銀の金融政策としては公開市場操作（売りオペ・買いオペ）しか行われていないが，その他の政策についても意味を理解しておこう。

7 【公開市場操作】 正解 ①
ア　**買いオペ（買いオペレーション）**は，中央銀行が市中銀行から国債などを購入し，その代金が市中銀行に支払われるので，市中に流通する通貨量（マネーストック）は増加する。つまり，**金融緩和**の効果がある。
イ　「個人や一般企業が保有する通貨量」，つまり，市中で流通している通貨量を，**マネーストック**という。**マネタリーベース**（資金供給量）とは，日銀が市中に供給する通貨量で，具体的には，現金通貨（紙幣・貨幣）と，市中銀行が日銀に預ける当座預金残高の総和である。

8 【日本の金融機関】 正解 ③
証券会社は有価証券（株式・債券など）の引き受けもできる。要するに，証券会社自身も有価証券を保有している。
① 日本銀行には，市中銀行に貸出しを行う**「銀行の銀行」**としての役割がある。
② **コール市場**とは，金融機関が短期資金を融通し合う市場のことである。急に資金繰りが必要になった時に利用できると考えれば良い。
④ **ノンバンク**には，信販会社や消費者金融などがあるが，資金の貸出しのみを業務とし，**預金の受入れはできない**。

9 【金融の仕組みと制度】 正解 ③
信用創造によって創出される預金通貨額は，当初の預金額を支払準備率で割ったものであるから，支払準備率が小さいほど，創出される預金通貨額は大きくなる。
① **BIS規制**とは，国際決済銀行によって定められた，銀行の自己資本比率の最低基準のこと。信用秩序の維持のため，国内業務のみを行う銀行には**4%**，国際業務を行う銀行には**8%**以上の自己資本比率が課されており，国際業務を行う銀行の方がハードルが高い。
② **ペイオフ制度**とは，金融機関が破綻した場合に，預金保険機構が預金を保護する制度のこと。2005年から全面実施されたが，払戻し額には上限があり，元本**1,000万円**とその利子までしか保証されない。よって「預金の元本のみが全額払い戻される」は誤り。
④ 社債の発行は，市場を通して資金調達を行うものであるので，間接金融ではなく**直接金融**にあたる（本冊 p.96 **5** 参照）。

10 【金融機構】 正解 ④
銀行は，預金とその貸出しを繰り返すことによって，最初の預金（本源的預金）の何倍もの預金通貨を創造することができる。この働きを**信用創造**という。
① 市中銀行は，預金額の一定の割合を中央銀行に再預金する必要があるが，その割合を**預金（支払）準備率**という。自己資本比率のことではない。
② **公開市場操作**において，中央銀行と市中銀行の間で売買されるのは，債券や手形である。株式は売買の対象とされない。
③ **コールレート**とは，**コール市場**における利率のことである。コール市場で融通し合うのは金融機関であるから，「優良企業に無担保で貸出し」は誤り。

11 【金融】 正解 ③
量的緩和政策とは，市中銀行が日銀に保有する当座預金の残高を増加させることで，通貨量の増大を図る政策である。よって「金融政策の主たる誘導目標を政策金利として」が誤り。
　実際，2000年代には，政策金利を0%に近づける**ゼロ金利政策**が行われたが，景気回復に効果がなかったため，量的緩和政策に切り替えた。
① デリバティブとは金融派生商品ともいい，もとになる株式や債券に関する価格変動のリスクを対象とした取引契約のこと。先物取引やオプション取引はその一例である。
② **ヘッジ・ファンド**とは，大口の資金を集めて為替や株式に投資し，利益を出資者に分配する投資信託の組織である。投機的性格が強く，1997年の**アジア通貨危機**などを引き起こした（本冊

p.158 **❶** で後述)。

④ **コール市場**の説明として正しい。

⓬ 【金融】正解 ①

日本では長らく個人が投資を行うということがあまりなかったため、現在でも家計における金融資産の5割近くは現金・預金である。

② 直接金融と間接金融が逆。高度経済成長期には金融機関からの融資である**間接金融**が主であったが、最近はグローバル化とともに企業自身が株式・社債を発行して市場に売り出す**直接金融**が増えている。

③ **ノンバンク**は預金業務を行わない。

④ **信用創造**の説明として誤り。

⓭ 【信用創造】正解 ③

銀行は、預金とその貸し出しを繰り返すことによって、最初の預金（本源的預金）の何倍もの預金通貨を創造することができる。この働きを**信用創造**という。問題の図のとおり、銀行は預金から支払準備金を差し引いた残りを貸し出す。貸出金は再び銀行に預金され、支払準備金を差し引いて貸し出す。これを繰り返すのである。

信用創造によって生み出される預金通貨の額は、**「本源的預金額÷支払準備率－本源的預金額」** という算定式によって算出される。よって、本問の例では、5,000万円÷0.1－5,000万円＝4億5,000万円となる。

また、この算定式から分かるとおり、支払準備率が小さいほど信用創造額は大きくなる。

> Point 👆 信用創造は今後も計算問題の出題が予想されるので、演習を積み重ねたい。

⓮ 【バブル崩壊後の日本の金融】正解 ②

1990年代には、**バブル崩壊**によって銀行が所有する株式の株価や融資の担保としていた土地の価格が下がり、含み損が発生したため、銀行は不良債権を抱えて経営が悪化した。こうした状況において、銀行は企業への貸出しを抑制したことから、**「貸し渋り」** と批判された。

① 「銀行の所有している土地」が誤り。正しくは「貸出す際に担保とした土地」である。

③ 「日本の各地の金融市場へと取引が分散」が誤り。「金融の空洞化」現象とは、東京の金融市場から海外の金融市場に取引がシフトする現象である。この状況を変えるため、1990年代後半に、フリー・フェア・グローバルを3本柱に行われた金融改革を、**(日本版) 金融ビッグバン**という。

④ たしかに日銀は**ゼロ金利政策**をとったが、それ

により市中銀行に無利子での貸出しを義務づけたわけではないし、そもそも無利子で貸出したら市中銀行は利潤を得られない。

⓯ 【金融の自由化】正解 ③

たしかに**預金準備率の操作**による金融政策は1991年を最後に行われていないが、市中銀行による日銀への再預金が廃止されたわけではない。

① **金融の自由化**の1つである、**業務の自由化**にあたるもの。相互参入を制限していた、銀行・証券・保険・信託の垣根が取り払われ、銀行の窓口でも保険の取り扱いなどができるようになった。

② 金融の自由化の一環として、外為法改正によって銀行にも為替業務が認められた（**金融の国際化**）。

④ 金融の自由化の1つである、**金利の自由化**にあたる。かつては預金金利は各銀行で横並びだったが、現在では自由に利率を設定できる。

⑤ 財政のしくみ (p.104)

❶ 【財政の役割】正解 ⑥

A **所得の再分配**とは、**累進課税**により高所得者に高い税率をかけ、低所得者に手厚い**社会保障給付**を行うなどして、所得格差の是正を図る財政の働きである。**ウ**が該当する。

B **資源配分の調整（資源配分機能）**とは、民間に任せていては充足されない**公共財・サービス**を供給し、社会資本の整備を図る財政の役割である。**イ**が該当する。

C **景気の安定化（景気調整機能）**とは、税制や歳出を用いて、好況時には増税などにより過熱を抑え、不況時には公共事業を拡大するなどして、景気を調整する財政の役割である。**ア**が該当する。

❷ 【日本の予算】正解 ①

予算には、**一般会計予算・特別会計予算・政府関係機関予算**の3つがある。特別会計予算は、特定の事業や特定の資金の管理・運用を行うために組まれるもので、一般会計予算とは区別される。

② 憲法第86条で、予算は「国会に提出して、その審議を受け議決を経なければならない」とされているとおり、予算の一つである政府関係機関予算も国会の承認を必要とする。

③ 2000年代の**財政投融資改革**により、資金に充てられた郵便貯金・年金積立金などの国への預託制度は廃止され、財投債などの発行により市場原理で運用されることになった（本冊 p.98 **❸** 参照）。

④ **補正予算**とは、当初予算（本予算）成立後に新たに組まれる予算である。当初予算審議中に追加

や修正がなされ，国会で承認されれば，それが当初予算である。

❸ 【租税と国債】正解 ③

　GHQ占領下の1949年，コロンビア大学教授のシャウプの提言による税制改革（**シャウプ勧告**）が行われ，**直接税（所得税）中心主義**の方針が定まった。

① **水平的公平**とは，所得が同じであれば税負担も同じであるという考え方。選択肢文は**垂直的公平**の説明になっている。

② **国債費**とは，要するに借金を返すお金である。国債収入（借金したお金）の方が国債費よりも多ければ，借金は増え，基礎的財政収支（プライマリーバランス）は赤字になる。

④ 1990～1993年度は，赤字国債の発行はしていない。

❹ 【歳出と歳入の項目別金額】正解 ②

　国債依存度とは，歳入に占める国債（公債金）の割合である。表の数値から算出すると，2017年度は 16／60 = 0.267 であるが，2018年度は 19／75 = 0.253 なので，低下している。

① **国債残高**は，公債金（新たな借金）の分だけ増え，国債費（借金の返済金）だけ減る。2018年度は，公債金（19億円）が国債費（17億円）を上回っているので，国債残高は増加する。

③ **プライマリーバランス（基礎的財政収支）**とは，財政の健全さを図る指標で，**（歳入−公債金）−（歳出−国債費）**の数式で算出される。要するに，借金の部分を取り除き，新たに借金が増えたか減ったかを見るということである。プラスならば黒字（借金が減る），マイナスならば赤字（借金が増える）である。

　2017年度は，(60 − 16) − (60 − 14) = − 2 (10億ドル)，2018年度は，(75 − 19) − (75 − 17) = − 2 (10億ドル) で，変化はなかった。

④ 表の歳入のうち，法人税と所得税が**直接税**，酒税と消費税が**間接税**である。2017年度の直間比率は，(10 + 12)：(5 + 17) = 22：22 = 1：1，2018年度は，(13 + 16)：(5 + 22) = 29：27 であり，直接税の割合が高まった。

> Point 共通テストでは，特に経済分野で計算を求める問題が増えている。時間をかければ確実に正解できるので，落ち着いて処理したい。

❺ 【価格支持政策が市場に与える影響】正解 ④

ア　aの時点では市場価格が政府買取価格を上回っているから，**市場**に売った方が良い。

イ　bの時点では政府買取価格が市場価格を上回っているから，**政府**に売った方が良い。

ウ　ア・イから見て取れるように，市場価格が政府買取価格よりも安い，つまり，下回っている場合には，生産者は政府に売るため，**政府保有の在庫が増大**することになる

❻ 【基礎的財政収支】正解 ④

　基礎的財政収支（プライマリーバランス）の算出式は，**（歳入−公債金）−（歳出−国債費）**である。その他の額に変化はないという条件であるので，**A** 国債収入（公債金）が増えれば赤字（マイナス）が拡大し，**B** 租税収入が増えれば縮小する。また，**ア** 国債費の金額が減れば赤字拡大し，**イ** 支出の金額を減らせば縮小する。よって ④ **B−イ**で確定できる。

❼ 【税】正解 ①

　租税は法律に基づかなければならないとする**租税法律主義**は，憲法第84条で定められている。

② **タックス・ヘイブン**とは，租税回避地ともいい，課税を軽減・免除する国・地域のことである。選択肢文に言う国際的な資本取引に対する課税は**国際課税**といい，企業のグローバル化が進む中でその必要性が高まっている。

③ **逆進性**とは，本来の目的とは反対の効果がもたらされることである。所得が低いほど税負担率が低いのであれば**垂直的公平**にかなっており，逆進性にはあたらない。

④ 給与所得者（サラリーマン）は給与から源泉徴収されるため**所得捕捉率**が高く，自営業者や農業者は自己申告であるので所得捕捉率が低い。この差を，給与所得者が約9割，自営業者が約6割，農業者が約4割なので，**クロヨン**と呼んでいる。

❽ 【消費税の納付】正解 ④

　図は消費税が納付されるまでの流れを図式化したものだが，**消費税の負担者はパンを購入した消費者**である。当然，増税前の50円も，増税後の増加分50円も，すべて消費者が負担する。

> Point 消費税は財・サービスを購入した時に購入者が支払う税金であるという基本が押さえられていれば，図に惑わされることはない。共通テストでは図表を用いた問題が増えたが，本問は基本事項の理解が大切であることを示していると言える。

❾ 【税収額の推移】正解 ③

　消費税は1989年に創設され，当初は**3％**で，その後，1997年に**5％**，2014年に**8％**に引き上げら

れた。よって，この２つの年に税収額が大幅に増加していることを示す，**C**のグラフが該当すると判定できる。

A ４つの費目の中で最も税収額が多いことから，**所得税**だと判定できる。なお，2020年度からは消費税の税収額が所得税を上回っている。

B 2008年・2009年に税収額が大きく減少していることが注目される。これは，**リーマン・ショック**による世界金融危機の影響と考えられる（本冊p.166 **14** で後述）。４つの費目の中で最も影響を受けるものなので，**法人税**だと判定できる。

D ４つの費目の中で最も税収額が少なく，また，景気変動の影響を受けていないことから，相続税だと判定できる。

> **Point** 👆 グラフの読み取り問題では，変化が大きい部分に注目することが肝心である。巻末の「パターン別類題演習」でトレーニングを積もう。

⑩ 【国債残高・地方債残高の推移】 正解 **③**
　平成不況は，バブル景気が崩壊した1990年代前半に始まる。グラフを見ると，この時期に地方債残高は明らかに急増している。

① **バブル景気**は1980年代後半，**アジア通貨危機**は1997年である。この時期，赤字国債は増減がほとんどないのに対し，建設国債は増加している。よって誤り。

② 小泉内閣は2000年代前半（2001～2006）である。この時期に，赤字国債残高が建設国債残高を逆転している。よって誤り。

④ **サブプライム・ローン**問題が表面化したのは2007年，それを引き金に**世界金融危機**が起こったのは翌2008年である，この時期，地方債残高は増減がほぼなく，2009年度以降はむしろ増加している。よって誤り。

⑪ 【歳入についての意見】 正解 1-**④**，2-**①**
a 下線部に「納税者の要求に応じて生活を保障しなければならない」とあるので，「人々が求める基礎的な公共サービスに関する予算を拡充する」とある **④** が適当であると判定できる。また，**財政民主主義**とは，国の予算運営には国会の議決が必要であるという考え方であり，下線部の前文にある「選挙や世論を通じて，財政運営に強い影響力を有するのは納税者である」という記述に合致する。

b 下線部に「債務の返済能力についての信用度を高めて」とあるので，「格付け機関による国債の格付けを高める」とある **①** が適当であると判定できる。また，信用度を高めるためには，「歳出

削減を通じて財政再建を進める」ことも必要である。

第3章 現代経済と福祉の向上

１ 経済の成熟と再生 （p.116）
１ 【経済の民主化】 正解 **③**
　小作地の解放と自作農の創設を目指した**農地改革**は，山林を対象としなかったので，山林地主は温存された。

① **過度経済力集中排除法**（1947）によって巨大独占企業の分割が図られたが，冷戦の進行に伴う占領政策の変更により，指定を受けた325社のうち実際に分割されたのは11社にとどまった。

② **五大改革の指令**（1945）に**労働組合の結成奨励**が掲げられ，**労働組合法**（1945）で労働基本権が認められたことで，戦後は労働組合の結成が進んだ。

④ 一連の改革は戦前の日本経済の後進性に向けられたものであり，企業間競争や生産性の向上といった構造の変化が，高度経済成長の基盤となったと言える。

２ 【戦後復興期の経済政策】 正解 **①**
　1946年に始まる**傾斜生産方式**では，**石炭・鉄鋼**などの基幹産業に重点的に資金・労働力などを投入し，生産力の回復を図った。

② **米の生産調整**（減反政策）により他の作物への転換が進められるのは，欧米型の食生活が浸透し，米食が減少した1970年代以降のことである。

③ **マーシャル・プラン**とは，欧州経済復興計画のことである（本冊p.136 **5** 参照）。日本で取られた経済政策ではない。

④ 現在では法改正により解禁されているが，1947年制定時の**独占禁止法**では持株会社が禁止されていた（本冊p.96 **9** 参照）。よって「持株会社方式の強化」は誤り。

３ 【高度経済成長期の通称と出来事】 正解 **③**
A **神武景気**（1954～57）は，技術革新と設備投資が成長を牽引し，1956年度版『経済白書』には**「もはや戦後ではない」**と記された。また，**イ**GATTに加盟した（1955）のもこの時期である。

B **岩戸景気**（1958～61）の時期には，安保闘争で辞任した岸信介に代わって首相となった池田勇人が，**ア**国民所得倍増計画を発表した（1960）。

C **オリンピック景気**（1962～64）の時期には，**ウ**OECD加盟（1964）のほか，GATT11条国移行（1963）・IMF8条国移行（1964）など，貿易

や資本の自由化が進んだ。

4 【高度経済成長期】正解 ④

　1949 年の**ドッジ・ライン**で設定された **1 ドル＝360 円**という**単一為替レート**は，当時としても円の実力に見合わない円安のレートであり，日本の輸出伸長に有利に働いた。よって「不利な条件」は誤り。

① 高度成長期前半の日本経済は，重工業製品や資源の多くを輸入に頼っていたため，景気が拡大して生産が増えると，輸入も増えて外貨準備が底をつき，そのたびに経済成長にストップがかかるという問題を抱えていた。これを**国際収支の天井（外貨の天井）**という。

② 日本は 1968 年，GNP（国民総生産）が西ドイツを抜き資本主義国第 2 位となった。ただし，現在では中国に抜かれて世界第 3 位である。

③ **池田勇人内閣**が掲げた**国民所得倍増計画**は，**10 年間**で一人当たり国民所得を 2 倍にするというものであったが，平均 10% を超える高成長により，わずか 7 年でその目標を達成した。

5 【資本主義の発展】正解 ④

1 番目　イギリスで起こった**産業革命**は，**綿工業・毛織物工業**などの繊維産業から始まった。日本でも，1890 年代の日清戦争前後に，紡績業を中心とする第一次産業革命を達成した。よって 1 番目にくるのは③ である。

2 番目　工業の発達は**軽工業**から重化学工業へという段階を踏む。日本でも，1910 年代の第一次世界大戦に伴う好景気（大戦景気）で重化学工業が発達した。よって 2 番目にくるのは② である。

3 番目　工業の発達は**大量生産・大量消費**を可能とする。日本では，高度経済成長期に，1950 年代には「**三種の神器**」（電気冷蔵庫・電気洗濯機・白黒テレビ），1960 年代には「**新三種の神器**」（自動車・クーラー・カラーテレビ）と総称される耐久消費財が家庭に普及した。よって 3 番目にくるのは④ である。

4 番目　1970 年代には，**第一次石油危機**の影響で，日本をはじめ先進国は**省エネルギー化**を迫られた。そうした中で，**ME（マイクロ・エレクトロニクス）**技術の導入などで作業や生産の効率化が図られた。よって 4 番目にくるのは① である。

6 【産業構造の変化】正解 ②

　1970 年代の二度にわたる石油危機は，省資源・省エネルギー化の流れを押し進め，ME（マイクロエレクトロニクス）技術が利用されるようになった。

① 重化学工業と軽工業が逆である。

③ 1980 年代後半には，**プラザ合意**（1985）後の円高の進行と日米貿易摩擦から，国内製造業で生産拠点を海外に移す動きが見られた。よって「労働集約的な生産方法への転換」は誤り。

④ 経済の発展につれて，労働人口は第一次産業から第二次産業，さらには第三次産業に移るとされる（**ペティ・クラークの法則**）。日本もそれに当てはまる。

7 【所得分配の不平等の是正】正解 ④

　かつて日本の金融機関は，「**護送船団方式**」とも呼ばれるように，旧大蔵省の下で競争制限的な規制が行われ，金利（利子率）も横並びであった。しかし，それは金融機関の破綻を防ぐという目的であり，「所得分配の不平等の是正」には当たらない。

① **最低賃金法**は 1959 年に制定された。賃金の最低限の保障は，「所得分配の不平等の是正」という目的に合致する。

② 食糧管理制度は，戦中の 1942 年に食糧の確保を目的に始まったものだが，戦後の高度経済成長期には，売渡価格を上回る価格で農家から買い上げることで，農家の所得の保障につながった。よって「所得分配の不平等の是正を目的とした政策」と言える。

③ **中小企業基本法**は 1963 年に制定された。大企業と中小企業の格差（二重構造）が存在する状況における中小企業の支援は，中小企業で働く従業員の所得向上にもつながるので，「所得分配の不平等の是正」という目的に合致する。

> **Point** 　本問は，たんに内容の正誤を問うのではなく，「所得分配の不平等の是正」という目的に合致しているかを問うている。すべて正しいと思った諸君は，「問いに対して答える」という意識があったかどうかを反省してほしい。

8 【高度経済成長後の出来事】正解 ②

ア　**バブル経済**により，日経平均株価が過去最高の 38,915 円を記録したのは，1989 年 12 月 29 日の大納会においてである。

イ　**世界金融危機**が生じたのは 2008 年である。日本のみならず各国の経済は大きな打撃を受けた。

ウ　バブル崩壊後，不良債権を抱えた金融機関が相次ぐなど長期不況に陥ったのは，1990 年代であり，「**失われた 10 年**」とも呼ばれる（本冊 p.103 **14** 参照）。

⑨【1990 年代以降の新産業の育成】正解 ④

産業再生機構は，負債を抱えた企業の再建を支援するため，2003 年に政府によって設立された株式会社である（2007 年に業務を終えて解散）。大学の研究機関とは関係ない。

① 2005 年制定の会社法では，資本金の規制が撤廃され，資本金 1 円でも株式会社を設立できるようになった（本冊 p.95 ❸ 参照）。

② ベンチャー企業とは，新しい技術や知識を活かして未開拓の市場を目指す企業である。ベンチャー企業を対象として，東証マザーズなどさまざまな新興市場が創設された（東証マザーズについては，2022 年に東証グロース市場に統合された）。

③ 中小企業基本法は 1999 年に改正され，大企業との格差是正から，多様で活力のある成長発展へと趣旨が変更された。

⑩【規制緩和】正解 ①

規制が緩和されれば，新規参入により競争が生じて，経済活動の効率化が図られる。

② 幼稚産業の育成や衰退産業の保護には規制が必要であるから，「規制緩和を推進する論理」に反する。

③④ 規制緩和は消費者の利益を目的とするものではない。むしろ，サービスの低下などで消費者が不利益を被る場合も考えられる。

⑪【アベノミクス】正解 ③

アベノミクスとは，2012 年に発足した第二次安倍晋三内閣が掲げた，デフレ脱却のための一連の経済政策を表した標語である。問題文にもあるように，金融政策・財政政策・成長戦略の「3 本の矢」からなる。

ア 物価の引き上げのために取るべき政策は A 金融緩和である。金融引締を行ってはデフレが加速する。

イ 新たな需要を創出するためには，D 機動的な財政支出が求められる。財政均衡をめざして支出を抑制しては，景気が冷え込んでしまう。

ウ 新産業の育成には E 規制緩和が求められる。規制強化は幼稚産業や衰退産業の保護を目的とする。

> **Point** 👆 本問は，アベノミクスの内容を知らなくとも，それぞれの政策の目的と手段の関係を考えれば解答できる。特に経済分野では因果関係が重視されるので，十分な理解に努めたい。

❷ 日本の中小企業と農業 (p.119)

❶【中小企業】正解 ③

大企業と中小企業との間には，賃金・生産性・資本準備率などの面で格差が存在する（二重構造）。一般的に，従業員の少ない企業の方が，生産性が低く，賃金も低い。

① 従業員の少ない 20 〜 29 人の方が，生産性は低い。

② 約 99％という数字は，全事業所数に占める中小企業の割合である。従業員数の割合は，中小企業よりも大企業の方が 1 事業所当たりの従業員数が多いのでそれよりも小さくなり，約 70％である。

④ 製造業における中小企業の出荷額は 50％未満であり，それだけ生産性が低いということを示している。

❷【中小企業】正解 ②

「円安による輸出競争力の低下」が誤り。円安であれば商品が割安となり競争力は上昇するはずである。実際には，1990 年代以降，円高によって輸出競争力が低下した。

① 国内需要が減少したり，大企業が生産拠点を海外に移したりすれば，下請けの受注数は減る。

③ ベンチャー・ビジネスについての正しい説明である（本冊 p.118 ❾ 参照）。

④ ニッチ産業とは，需要が少ないため大企業が手を出しにくい，まさに「隙間産業」である。中小企業は小回りが利くのでそうした分野に進出しやすい。

❸【1990 年代の中小企業】正解 ①

アジア諸国における製品の品質向上や，円高による輸出競争力の低下により，海外製品と競合する繊維などの分野の中小企業の経営は厳しさを増している。

② 金融機関は確実な成功が保証されていないベンチャー企業への融資を躊躇する傾向にある。ベンチャー向けに専門的に資金を提供しているのは，ベンチャー・キャピタル（VC）である。

③ 現在も全事業所の 99％が中小企業である。

④ 大企業と中小企業との間の格差（二重構造）は，今なお存在している。

❹【農業に関する法制度】正解 ②

食料・農業・農村基本法は，従来の農業基本法に代わって 1999 年に制定された法律で，食料自給率の向上や，保水・大気の浄化といった農業の多面的機能の発揮ということも目的とされた。

① 農業基本法（1961）についての説明。高度成長

によって生じた，農業と工業の生産性の格差の縮小が目的とされた。
③ **農地法**（1952）についての説明。農地改革によって創設された自作農の維持が目的とされた。
④ **農地法改正**（2009）についての説明。企業的な経営手法を取り入れた，**農業法人**の参画が幅広く認められた（本冊 p.122 **3** で後述）。

5【日本の農業政策】正解 ⑤
ア コメの**完全関税化**が実施されたのは，1999 年である。GATT **ウルグアイ・ラウンド**での最終合意を受け，1995 年から開始された**ミニマム・アクセス**（最低輸入義務量）の段階的引き上げをへて，1999 年に完全関税化に踏み切った。
イ 農家に対する戸別所得補償制度が導入されたのは，民主党政権下の 2010 年である。販売価格が生産費を下回る作物に対して差額を支給する制度で，自民党が政権に復帰した後も，経営所得安定対策として引き継がれている。
ウ **新食糧法**が制定されたのは，1995 年である。ミニマム・アクセスを開始するにあたって価格や流通に関する規制を緩和したもので，これにより**食糧管理制度は廃止**された。

6【地域経済の発展と農村の再生】正解 ②
A **グリーン・ツーリズム**とは，都市住民が農山村に滞在し，農作業などを通じて現地住民と交流を図る活動である。**ア**が該当する。
B **スローフード**とは，ハンバーガーなどのファストフードに対して，伝統的な食文化を見直し，地産地消などを通じて持続可能な食文化を育てる運動である。**ウ**が該当する。
C **六次産業化**とは，農産物の生産（第一次産業）だけでなく，加工（第二次産業）や販売（第三次産業）を組み合わせて地域ビジネスを展開することで，1 × 2 × 3 で六次という。**イ**が該当する。

7【1990 年代以降の日本の農業】正解 ③
「コメの市場の部分開放」とは，1995 年に開始された**ミニマム・アクセス**の段階的引き上げのことである。
① 政府が**米の生産調整（減反政策）**を開始したのは 1970 年である（2017 年に終了）。WTO（世界貿易機関）の発足は 1995 年であり，時期が合わない。
② 1999 年制定の**食料・農業・農村基本法**では，WTO の農業協定を踏まえ，農業の規制緩和が図られた。よって「厳しい制限が設けられた」は誤り。

④ 1995 年制定の**新食糧法**によって食糧管理制度は廃止された。よって「食糧価格のコントロールが強化」は誤り。

8【六次産業化】正解 ②
A 直売所での販売は第三次産業であるが，きのこの栽培は第一次産業であり，第二次産業が欠けている。よって該当しない。
B 乳製品の製造が第二次産業，レストランでの販売が第三次産業であり，該当する。
C 地引網漁の体験ツアー，魚介の販売ともに第三次産業であり，第二次産業が欠けている。よって該当しない。

3 国民の暮らし（p.121）
1【消費者の四つの権利】正解 ⑤
問題文にもあるとおり，アメリカの**ケネディ大統領**が 1962 年の消費者保護特別教書で示したものであり，**安全を求める権利・知らされる権利・選ぶ権利・意見を聞いてもらう権利**の 4 つからなる。
A **ウ**医薬品の製造・販売に対する国の認可は，安全にとって重要である。
B **ア**成分の表示は，知らされる権利を保障するものである。
C **イ**カルテルが禁止され，多数の商品が並ぶことで，消費者は選ぶことができる。

2【経済主体の関係図】正解 ④
まず，「需要側からの汚染物質の問題は省いて」とあるので，需要側である消費者に汚染物質が書かれている ①・③ が消去される。次に，「供給側からの汚染物質の排出と供給側への政府の対策を作図するってことでいい」とあるので，供給側である企業の汚染物質の排出に対し，政府が**環境税**を課すことで働きかけている，④ が正解と判定できる。

> Point 📖 模式図を用いた問題，さらに言えば，問題文で与えられた条件をもとに考える問題は，共通テストで頻出である。第 5 編の「パターン別問題演習」でトレーニングを十分に積んでほしい。

3【食品の生産・流通】正解 ①
安全性が農林水産省によって認められた遺伝子組み換え作物は輸入できる。また，遺伝子組み換え作物を用いた食品にはその表示が義務づけられているが，販売が禁止されたわけではない。
② **消費者庁**は，縦割り行政を脱し，消費者行政を一元的に行う機関として，2009 年に発足した。
③ 本来は自作農の維持を目的に 1952 年に制定さ

れた**農地法**は，2001 年の改正により，企業的な経営手法を取り入れるために，**株式会社の参入も認められた**（本冊 p.119 **4**参照）。

④ BSE（牛海綿状脳症）対策として，2003 年制定の**牛肉トレーサビリティ法**により個体識別制度が導入され，生産から販売までの履歴が確認できるようになった。

4 【消費者問題】 正解 ③

特定商取引法は，2000 年に訪問販売法を改正する形で制定された。従来の訪問販売法や割賦販売法を引き継ぐ形で，原則として契約から 8 日間以内であれば，消費者は一定の条件のもとで契約を解除できるとする，**クーリングオフ制度**が導入されている。

① **食品安全委員会**は，2003 年制定の**食品安全基本法**に基づいて設置された内閣府の機関であり，消費者基本法を根拠とはしていない。

② 改正貸金業法が 2010 年に施行され，多重債務の原因となっていたグレーゾーン金利が撤廃されるとともに，総借入れ額が年収の 3 分の 1 までに制限された。よって「総量規制が撤廃」は誤り。

④ 2000 年に制定された**グリーン購入法**により，環境への負荷の少ない製品を優先的に購入することが義務づけられたのは，消費者ではなく**国等の機関（地方自治体は努力義務）**である。

5 【消費に関する経済用語】 正解 ②

A **依存効果**とは，アメリカの経済学者**ガルブレイス**が用いた言葉で，消費者の購買意欲は，消費者自身の内面から湧き上がってきたものというよりも，企業の宣伝や広告によって喚起されたものであるということを意味する。**ア**が該当する。

B **デモンストレーション効果**とは，みんなが持っているから自分も欲しいというように，消費行動は他人の消費水準や消費パターンに影響されることを意味する。**ウ**が該当する。

C **消費者主権**とは，市場において生産のあり方や価格を決めるのは，消費者の需要であるとする考え方のこと。**イ**が該当する。

6 【消費者をめぐる法制度】 正解 ②

2022 年 4 月に施行された**改正民法**では，成人年齢が 18 歳に引下げられた。このため，18 歳以上の者は成人として「親の同意なく自分一人で契約することができる」ようになった（本冊 p.189 問**4**で後述）。

① 前半の「契約は，当事者間の合意により法的な義務を生じさせる」との記述は正しいが一部例外を除いて，**口頭などでの合意でも契約は成立する**ので，後半の「契約書が必要である」は誤り。

③ **クーリングオフ制度**では，購入者が一方的に契約解除できる期間は原則として契約から 8 日以内と定められている。よって「いつでも契約を解除できる」が誤り。

④ 2010 年施行の**改正貸金業法**では，多重債務の防止という観点から，**借入総額を借り手の年収の 3 分の 1 以下とする規制が設けられた**。よって「撤廃された」が誤り。「3 分の 1」という数字を知らなくとも，多重債務の防止が目的であることを踏まえれば，「撤廃」はありえないと推理できるだろう。

4 環境保全と公害防止 (本冊 p.123)
1 【日本の公害と環境問題】 正解 ③

大阪空港公害訴訟において，1981 年，最高裁は環境権を認めず，原告の夜間飛行の差し止め請求も棄却した（本冊 p.43 **6**参照）。

① **環境アセスメント（環境影響評価）**とは，開発などの事業が環境に及ぼす影響を，事前に調査・予測するものであり，1997 年制定の**環境アセスメント法**で調査と公表が義務づけられた。

② 石綿（アスベスト）による健康被害が問題になったことから，2006 年に**石綿健康被害救済法（アスベスト新法）**が制定され，労災補償の対象外である周辺住民の患者に対しても救済金が支給されることになった。

④ **鞆の浦景観訴訟**において，2009 年，広島地裁は，橋梁などの建設は景観を損ねるとして，工事着工の差し止めを命じる判決を下した。

2 【環境基本法】 正解 ②

環境基本法は，1992 年に開催された**国連環境開発会議（地球サミット）**におけるリオ宣言を受けて，1993 年に公害対策基本法に代わって制定された。国・地方自治体・事業者・国民のそれぞれに対し責務を定めている。

① **環境権**は，憲法に明記されていない，**新しい人権**の一つである（本冊 p.40 **23**参照）。

③ **水俣病**などが社会問題化したのは 1960 年代後半から 1970 年代前半であり，その対策として環境基本法の前身である**公害対策基本法**が制定された。

④ 環境基本法およびその前身の公害対策基本法では，公害にかかるコストは汚染者である事業者が支払うべきであるとする，**汚染者負担の原則（PPP）**が採用されているが，罰則規定はない。

3 【公害防止】 正解 ②
　環境アセスメント（環境影響評価）とは，開発などの事業が環境に及ぼす影響を，事前に調査・予測するものである。よって「事後的に」が誤り。というよりも，事後では取り返しがつかない。
① 汚染者負担の原則（PPP）の説明として正しい。なお，この考え方は，1972年にOECD（経済協力開発機構）が提唱したものである。
③ 1970年の国会は公害対策を中心に議論され，公害国会と呼ばれた。翌1971年には環境庁（2001年の中央省庁再編で環境省に）が発足している。
④ 高度経済成長期の前期は，水俣病などの産業公害が中心であったが，後期になると，都市化の進展に伴い，騒音や大気汚染などの都市公害が問題となった。

4 【環境保全と公害対策】 正解 ③
　足尾銅山鉱毒事件は，日本の公害の原点とも言える，明治時代に発生した公害問題であり，戦後の1967年に制定された公害対策基本法とは関係ない。
① モントリオール議定書は，1985年採択のウィーン条約（オゾン層保護条約）に基づき，1987年に採択された取り決めであり，オゾン層破壊物質であるフロンの生産・消費が規制された。
② 汚染者負担の原則（PPP）の説明として正しい。
④ 石綿による健康被害と石綿健康被害救済法（アスベスト新法）についての説明として正しい。

5 【3R】 正解 ④
　詰替製品を使用することは，廃棄される容器の削減につながり，リデュース（発生抑制）にあたる。
① 2000年制定の循環型社会形成推進基本法では，3R（リデュース・リユース・リサイクル）の考え方が採用された。
② 1998年制定の家電リサイクル法において，エアコン，テレビなど対象となる家電を廃棄する際に有用な資源を取り出すリサイクルの費用は，消費者が負担することとされている。
③ 水をむだに流さないということであるから，リデュースにあたる。

> Point 🔎 　3Rについては，具体例に即した問題が予想されるので，具体的なイメージをつかんでおきたい。

5 労使関係と労働条件の改善 (p.124)
1 【労働三法】 正解 ③
A　賃金・労働時間などの労働条件について定めているのは，イ労働基準法（1947）である。

B　使用者が労働組合との交渉を拒否することを，不当労働行為として禁止しているのは，労働基本権を保障したア労働組合法（1945）である。
C　労働委員会の斡旋・調停などによる労働争議の解決について定めているのは，ウ労働関係調整法（1946）である。

2 【労働契約】 正解 ③
⑦ 労働基準法では，1日8時間以内，1週間40時間以内という枠が定められているだけであり，週休2日制が義務づけられているわけではない。よって，「週6日」は法律には抵触しない。
① 労働基準法において，雇用期間を定める有期労働（雇用）契約は，最長3年とされているので，法律には抵触しない。
⑨ 有給休暇（年次有給休暇）は，正規雇用・非正規雇用を問わず，一定の条件を満たした者に取得する権利が，労働基準法で認められている。よって「有給休暇：付与なし」は法律に抵触する。

3 【労働者の権利】 正解 ④
　電気・ガスなどの公益事業における労働争議は，国民の生活や経済に多大な影響を及ぼす恐れがある。そこで，そのような場合，内閣総理大臣は中央労働委員会の意見に基づき，争議行為を50日間禁止することができる（緊急調整）と，労働関係調整法で定められている。
① 労働組合法において，正当な争議行為である限りは民事上・刑事上の責任を負わないとされている。
② 公務員は，憲法第15条で「全体の奉仕者」とされていることから，労働基本権の一部が制約されている。最高裁も，全逓名古屋中央郵便局事件（1977）において，国家公務員の争議行為の一律禁止を合憲と判断している（本冊 p.57 **14** 参照）。
③ 警察官および自衛隊員には，団結権を含む労働基本権の一切が認められていない。

4 【契約自由の原則】 正解 ④
　契約自由の原則とは，契約は，当事者双方の合意によって自由に結ぶことができるという原則である。合意である以上，両者の意思に基づかなければならない。④ は「本人の意思に関係なく」とあり，「同意は尊重されなければならない」とする契約自由の考え方に反している。
　なお，労働契約においては，労働者が使用者よりも弱い立場に置かれていることを考慮して，労働基準法などに反する契約は無効であるという形で，契約自由の原則に制約が課されている。

① 十分な情報開示と交渉の上での合意を尊重するのであるから，契約自由の原則に合致する。
② 広範囲の労働条件から労働者が選択するのであるから，契約自由の原則に合致する。
③ 行政の介入を必要最小限のものにとどめ，当事者の合意に任せるのであるから，契約自由の原則に合致する。

5 【不当労働行為】正解 ④
不当労働行為とは，労働組合法で認められた労働基本権を，使用者が侵害する行為のことである。④は，使用者が労働者との団体交渉で賃下げを提案しているだけであるから，不当労働行為にはあたらない。
① 労働組合員であることを理由とする解雇は，不当労働行為にあたる。
② 使用者が理由なく団体交渉を拒否することは，不当労働行為にあたる。
③ 使用者が労働者に労働組合を結成しないよう命令することは，不当労働行為にあたる。

6 【日本の雇用環境とその変化】正解 ②
ア 日本的雇用慣行とは，**終身雇用・年功序列型賃金・企業別労働組合**の3つを指す。要するに，定年まで雇用が（ほぼ）保障され，ライフステージに応じて給料が上がっていくことで，労働者（会社員）も会社に対する忠誠心を抱き，組織としての一体性を保ってきたのである。しかし，近年ではグローバル化の進行とともにこれらの慣行は崩れ，**欧米型の成果主義**による賃金体系を採用する企業も増えている。
イ 技術開発や商品デザインなどの専門的な業務については，労働時間を決めることは難しい。そこで，実際の労働時間に関係なく，一定時間働いたとみなして給与を算定する制度を，**裁量労働制（みなし労働制）**という。**フレックスタイム制**とは，定められた時間の範囲の中で，労働者が自由に出社・退社の時間を決められる制度のことである。

7 【労働組合に関する日本の法制度】正解 ④
a 労働組合法では，正規・非正規を問わず，すべての労働者に対して団結権が認められている。また，その前提として，憲法第28条に「勤労者の団結する権利及び団体交渉その他の団体行動をする権利は，これを保障する」と明記されている。よって正しい。
b 労働組合法において，正当な理由なく労働者の団体交渉を拒否することは，**不当労働行為**として

禁止されている（問題**5**参照）。よって正しい。
c 使用者が労働組合に対して経費などを援助することは，**労働組合の自主的な運営を損なうため，**不当労働行為として禁止されている。よって誤り。

8 【賃金と雇用慣行の関係】正解 ①
図で示されている賃金水準のグラフは，勤続年数に応じて賃金が上昇していく，**年功序列型賃金**を表したものである。労働者が生み出す価値が一定であると仮定すると，勤続年数が短い段階では賃金水準は生み出す価値を下回るが，勤続年数が長くなると逆転し，賃金水準が生み出す価値を上回る。つまり，企業の側から見れば，生み出す価値が同じならば，勤続年数の短い労働者を使った方がコストが抑えられるわけで，勤続年数の長い労働者の比率が相対的に増えると，賃金コストが嵩むことになる。
② 勤続年数が短い段階では，賃金水準が生み出す価値を下回るため，短期間で退職する予定の場合，このシステム（年功序列型賃金）を採用する企業で働くのは不利である。
③ この図では，労働者が生み出す価値は変化しないと仮定している。
④ 勤続年数が長くなるほど賃金水準が生み出す価値を上回るのであるから，労働者を一企業に定着させやすく，長期的に人材を育成したい企業に向いている。

> **Point** この図は，年功序列型賃金の長所と短所をともに表していると言える。企業が右肩上がりで成長を遂げていて，新入社員が続々と入っている時には，相対的にコストは抑えられる。しかし，成長が止まり，新入社員が入ってこなくなると，古参社員のコストが嵩む。日本的雇用慣行の一つである年功序列型賃金が曲がり角を迎えたことは，日本全体が高度経済成長を望めなくなったことと関係している。

9 【過労死・過労自殺】正解 ③
労働者災害補償保険（労災保険）とは，労働者が業務上や通勤途中において負傷・疾病・障害などを負い，または死亡した場合，必要な保険給付を行うものである。近年では，過労死・過労自殺した労働者の遺族が，これとは別に企業の法的責任を問うケースが多々見られる。
① 業務上の過重な負担が**過労自殺**の原因であるとみなされれば，労災として認定される。
② 過労自殺と同じく，業務上の過重な負担が**過労死**の原因であるとみなされれば，労災として認定される。
④ 労災の認定は，労働基準法に基づいて置かれて

いる**労働基準監督署**が行う。裁判所の認定は必要ない。

❿ 【さまざまな労働のあり方】 正解 ⑥

A **ワークシェアリング**とは，要するに「仕事の分かち合い」である。一つの仕事を複数の労働者で分けて行うことで，一人当たりの労働時間を減らし，働ける人の数を増やす。**イ**が該当する。

B **裁量労働制**とは，要するに「○時間働いたとみなす」ことである。専門的な業務について実際の労働時間に関係なく，一定時間働いたとみなして給与を算定する。**エ**が該当する。

C **変形労働時間制**とは，要するに「法定労働時間の形を変えられる」ということである。1ヶ月・1年といった一定の期間内の平均労働時間が，1日8時間以内・週40時間以内という法定労働時間内に収まれば，期間内の特定の時期にそれを超えて労働することが可能とされる。**ウ**が該当する。

なお，残った**ア**は**ベーシックインカム**についての説明である（本冊 p.131 **⓯**で後述）。

⓫ 【雇用形態の多様化】 正解 ③

A **労働者派遣法**は，1985 年に制定され，従来は禁止されていた派遣事業が認められた。当初は専門性の高い業種に限定されていたが，2004 年には製造業にも解禁された。しかし，「派遣切り」などの問題が生じ，いくたびの改正を経て，2015 年には派遣期間が原則 3 年と定められた。**イ**が該当する。

B **パートタイム労働法**は，正社員よりも労働時間が短いパートタイマーの増加を背景に，その労働条件の改善を目的に 1993 年に制定された。**ア**が該当する。なお，同法は働き方改革の一環として 2020 年に改正された際に，パートタイム・有期雇用労働法と名称も変更された。

C **高年齢者雇用安定法**は，**55 歳以上**の高年齢者の安定した雇用や再就職を促進するために，1971 年に制定された法律である（本冊 p.130 **⓬**で後述）。2012 年の改正では，年金受給年齢の 60 歳から 65 歳への引き上げを背景に，事業者に希望者全員の 65 歳までの再任用・再雇用が義務づけられた。**ウ**が該当する。

⓬ 【労使間の紛争と解決】 正解 ②

労働組合法において，正当な争議行為は民事上・刑事上の責任が免除されている。

① 最高裁は公務員の労働基本権の一部制約を合憲と判断している。

③ 労働関係調整法に基づいて労使間の調停を行う

のは，**労働委員会**である。

④ 労働委員会と裁判所は無関係である。なお，**労働審判手続**とは，労働関係のトラブルの迅速な解決を目的に 2006 年に始まった制度で，裁判所が行う。

⓭ 【外国人に関する法制度とその実態】 正解 ①

法律の内容まで詳しく知らなくとも，外国人の入国に関することが「国民保護法」という名称の法律で定められているとは考えられないだろう。実際に，外国人の出入国は**出入国管理及び難民認定法**で規定されている。なお，国民保護法は，2004 年に有事法制関連 7 法の一つとして制定されたものである。

② **外国人技能実習生制度**は，発展途上国の経済発展を担う人材の育成を目的に 1993 年に創設されたが，労働力不足を補うための利用という実態が見られ，賃金不払いなどが問題となっている。

③ カジノを含む**統合型リゾート（IR）**の建設を認める IR 整備推進法は，2016 年に制定された。

④ 国内で労働力を確保することが困難な分野で，一定の専門性や技能を有する外国人に在留資格を与える**特定技能制度**が，2019 年から始まった。

❻ 社会保障の役割 (p.128)

❶ 【社会保障】 正解 ②

社会福祉とは，児童・障害者・高齢者など社会的弱者に対する生活援助や自立支援を目的としてサービスや施設を提供するものである。

① 疾病の予防や健康の増進を目的に，上下水道の整備などを行うのは，**公衆衛生**にあたる。**公的扶助**とは，貧困に陥った人に対して最低限度の生活を保障するもので，生活保護がこれにあたる。

③ **朝日訴訟**において最高裁は 1967 年，生存権に関する憲法第 25 条の規定は，具体的な権利内容を定めたものではなく，政策的な努力目標（プログラム）にすぎないとする**プログラム規定説**を採用し，原告の請求を棄却した（本冊 p.36 **❶**参照）。

④ 朝日訴訟と同様に，**堀木訴訟**においても最高裁は 1982 年，プログラム規定説の立場から立法（国会）の裁量の範囲を広く認めた。

❷ 【各国の社会保障制度】 正解 ⑤

A 1601 年に**イギリス**で制定された**エリザベス救貧法**は，公的扶助の起源とされる。ただし，労働可能な貧民に強制的に労働させるといった側面もあった。**ウ**が該当する。

B 1935 年に**アメリカ**で制定された**社会保障法**は，フランクリン・ローズベルト大統領による**ニューディール政策**の一環としてのもので，世界で初め

て「社会保障」という言葉が用いられた。**ア**が該当する（「大恐慌」とは世界恐慌のこと）。

C　**ベバリッジ報告**とは，第二次世界大戦中の1942年に**イギリス**で，経済学者のベバリッジを委員長とする社会保障委員会が行った報告である。イギリスでは戦後，この報告に基づいて，**「ゆりかごから墓場まで」**と呼ばれる，ナショナル・ミニマム（国民の最低限度の生活水準）を保障する，包括的な社会保障政策が展開された（本冊 p.24 **⑨**参照）。**イ**が該当する。

③ 【社会保障制度】正解①
　ILO（国際労働機関） は第二次世界大戦中の1944年に**フィラデルフィア宣言**を採択し，社会保障の最低基準を示した。その意味で「社会保障の範囲の拡大に貢献した」と言える。なお，この宣言をもとに戦後の1952年には **ILO102号条約（社会保障の最低基準に関する条約）** が採択されている。
② 自分で納めた保険料で自らの年金受給を賄う方式は，**積立方式**である。賦課方式とは，毎年の年金給付を現役世代が負担する保険料で賄う方式である。
③ 日本の社会保障費の中で大きな割合を占めているのは，高齢化を反映して，年金と医療である。
④ 「ゆりかごから墓場まで」はイギリスの社会保障政策のスローガン。19世紀後半のドイツの宰相ビスマルクは，**「アメとムチ」**と呼ばれる社会政策を展開し，社会主義者を弾圧する一方で，世界初の保険法である疾病保険法を成立させた。

④ 【日本の社会保障制度】正解②
　堀木訴訟において最高裁は，**プログラム規定説**を採用し，障害者福祉年金と児童扶養手当の併給を禁止した法規定は違憲とは言えないとの判決を下した。
① **朝日訴訟**でも最高裁は**プログラム規定説**の立場を採り，憲法第25条の生存権の規定は個人に対する具体的な権利内容を定めたものだとする**法的権利説**を採用しなかった（本冊 p.40 **⑳**参照）。
③ 世界初の社会保険制度は，19世紀後半の**ドイツ**で宰相ビスマルクによって導入された（前問参照）。なお，日本で初めて社会保険制度が導入されたのは，大正時代の1922年制定の健康保険法によるものであって，「明治期に」も誤り。
④ 世界で初めて「社会保障」という言葉を用いた法律が制定されたのは，**アメリカの社会保障法**（1935）である。

⑤ 【日本の社会保障制度】正解①
　公的扶助は，貧困に陥った人に対して最低限度の

生活を保障するものである。自然災害の被災者を対象とするものではない。
② **社会保険**には，**医療保険・年金保険・雇用保険・労災保険（労働者災害補償保険）・介護保険**の5種類がある。労働災害による負傷や疾病に対して給付を行うのは，労災保険である（本冊 p.126 **⑧**参照）。なお，保険料はすべて事業主が負担する。
③ 社会福祉の説明として正しい。
④ 公衆衛生の説明として正しい。

⑥ 【日本の社会保障制度】正解は①
　全国民が健康保険に加入する**国民皆保険**は，1958年の国民健康保険法改正により，それまで健康保険に加入していなかった国民が全員，市町村単位の国民健康保険に加入することになり，1961年に実現した。同様に，**国民皆年金**も，1959年制定の国民年金法に基づく国民年金の実施により，1961年に実現した。
② 2008年，従来の**老人保険制度**に代わり，**75歳以上**の高齢者を対象とした**後期高齢者医療制度**が導入された。従来の老人保健制度は65歳以上の高齢者を対象に1982年に導入されたが，老人医療費の大部分を国・自治体・各健康保険組合からの拠出金で賄ってきた。しかし，高齢化の進行により財政が逼迫したため，後期高齢者医療制度では対象者が**保険料の1割を負担**する仕組みとなった。
③ **介護保険**は**40歳以上**の国民が加入する。よって，保険料の徴収も20歳以上ではなく40歳以上の被保険者である。
④ **雇用保険**の保険料のうち，失業給付に充てられる分は事業主と被用者（従業員）で折半する。よって「全額が事業主から徴収」は誤り。

⑦ 【日本の社会保障制度】正解①
　国民健康保険法は戦前からあったが，1958年の全面改正により，給与所得者が加入する健康保険，公務員や教職員が加入する共済組合保険と合わせ，1961年に**国民皆保険**が実現した。
② **児童手当**は，児童の健全育成を目的に支給されるものである。もともとは小学校卒業までの期間，養育者に支給されたが，民主党政権における子ども手当の新設で一時停止され，自民党の政権復帰後は中学校卒業まで延長された。**養育者の所得制限**があるので，「所得による制限を設けることなく」は誤り。なお，政府は2023年12月，「こども未来戦略」において所得制限の撤廃を決定した。
③ 公的年金制度で**基礎年金**とされているのは，20歳以上の全国民が加入する**国民年金**である。

④ 　**雇用保険**の保険料は，失業給付に充てられる分は事業主と被用者（従業員）で折半し，その他の分は事業主が全て負担する。よって「被用者がその全額を負担」は誤り（前問参照）。

⑧【社会保障の国民負担】正解①
　介護保険の財源は，被保険者から徴収する保険料が半分，公費（税金）が半分である。被保険者が支払う保険料は，社会保障負担に含まれる家計の負担である。
② 　医療費のうち被保険者が支払う自己負担分は保険で賄われていないので，社会保障負担には含まれない。
③ 　民間企業である保険会社に支払う保険料は，国が行う社会保障とは関係ないので，社会保障負担にも含まれない。
④ 　②と同様に，自己負担分であるから社会保障負担には含まれない。

⑨【年金制度改革】正解⑤
ア 　基礎年金にあたる**国民年金**の国庫負担割合は，2004 年に 3 分の 1 から 2 分の 1 に引き上げられた。よって正しい。
イ 　日本の年金制度は現役世代の保険料により退役世代の年金を給付する**賦課方式**をとっているため，少子高齢化が進めば現役世代の負担は大きくなる。そのため，厚生年金の保険料は 2017 年まで段階的に引上げられていた。よって「引き下げる」は誤り。
ウ 　**マクロ経済スライド（マクロスライド）**とは，年金を支える現役世代の減少や，平均余命の伸びによる給付総額の増加など，そのときの社会情勢に応じて年金の給付水準を自動的に調整する仕組みである。2004 年に導入された。具体的には，年金額は賃金や物価の上昇に応じて増額されるが，現役世代の負担を考慮して，その増加率が賃金や物価の上昇率を超えないように調整する。例えば，物価が 2 ％上昇したとしても，年金額は 1.5 ％程度の増加にとどめるということである。

> **Point** 💡 マクロ経済スライドはインフレ（物価の上昇）と関係がある。普段からニュースなどに注意したい。

⑩【日本の年金制度】正解③
　少子高齢化の進行によって，年金保険料の納付額は減少する一方，年金の給付総額は膨れ上がっているため，年金の給付水準は引下げられている。よって「引上げ」は誤り。
① 　**国民年金**は基礎年金として位置づけられ，20

歳以上の全国民が加入することとされているが，若年層を中心とする保険料の未納が問題となっている。しかし，若年層を中心に保険料の未納が問題となっている。
② 　**厚生年金**は，被用者が強制加入される。2015 年には，公務員や教職員を対象とした共済年金が厚生年金に統合された。受給額は在職中の報酬に比例する。
④ 　**企業年金**とは，企業が主に正規雇用者（正社員）を対象に設けている，公的年金（国民年金・厚生年金）に追加できる私的年金である。しかし，運用に失敗して元本が失われ，支給額が減額されるような事態も生じている。

⑪【介護保険法】正解③
　介護保険制度の運営主体は市町村（および東京 23 区）であるため，各自治体の高齢化率の違いやそれに伴う介護ニーズの違い，また，保険料負担能力（財政力）の違いによって，保険料は自治体によって異なる。よって「全国一律」は誤り。
① 　**介護保険**は 40 歳以上の国民が加入し，保険料も 40 歳以上の国民が納める。
② 　きめ細やかな介護サービスを提供するため，実際の事業は運営主体である市町村から**民間企業**や**NPO** に委託されていることが多い（NPO については本冊 p.78 **㉖**参照）。
④ 　介護保険制度を通じた介護サービスの利用には，**要介護認定**を受ける必要がある。要支援 1 〜 2 ・要介護 1 〜 5 の 7 つの段階に分けられており，認定を受けると原則として **1 割の負担**で介護サービスを利用できる。

⑫【高齢者福祉】正解②
　1971 年制定の**高年齢者雇用安定法**は，年金受給前の **55 歳以上**の高年齢者を対象とした法律であり，事業主に対して，**定年年齢の引上げ・定年制の廃止・定年後の継続雇用制度の導入**のうちいずれかの措置をとることを義務づけている。また，2012 年の改正では，年金受給年齢の 60 歳から 65 歳への引き上げに伴い，事業者に希望者全員の 65 歳までの再任用・再雇用が義務づけられた（本冊 p.127 **⑩**参照）。
① 　1963 年に制定された**老人福祉法**の趣旨の説明として正しい。老人福祉法は社会福祉 6 法の一つと位置づけられている。
③ 　**介護保険制度**は，1997 年制定の介護保険法に基づき，2000 年から開始されている。
④ 　**成年後見制度**とは，認知症の進行などで判断能力が不十分な人の財産管理や身上監護を，代理権や同意権・取消権が与えられた成年後見人が行う

仕組みで，2000 年から導入された。

⓭【日本の高齢化の現状】正解②
　現在，**年金受給年齢は 65 歳**である。75 歳まで繰り下げて増額された年金を受け取る「繰下げ受給」という制度もあるが，基本的に 65 歳から受け取ると考えれば，「半数を超えている」ことは間違いない。
① 高齢者に限らず，医療は国民皆保険の下で社会保険により行われている。
③ 国連の基準では，総人口に占める **65 歳以上**の高齢者の割合が，**7 %** を超えると**高齢化社会**，**14%** を超えると**高齢社会**，**21%** を超えると**超高齢社会**としている。日本は，1970 年に高齢化社会，1994 年に高齢社会の仲間入りをし，2007 年には超高齢社会に突入した。
④ **介護保険**を通じて介護サービスを受ける場合，原則として **1 割**は自己負担である。

⓮【少子化の動向と対策】正解①
　1995 年，従来の育児休業法の改正により成立した**育児・介護休業法**では，1 歳未満の子を養育するための休業の申し出と，2 週間以上の常時介護が必要な家族を介護するための休業の申し出を，事業者は拒否できないとされた。また，男女を問わず育児休業・介護休業が認められている。
② 「**つぼ型（紡錘型）**」と「**富士山型（ピラミッド型）**」が逆である。日本の年齢別人口構成は，多産多死の「富士山型（ピラミッド型）」から，少産少死の「つぼ型（紡錘型）」に移行している。
③ **ゴールドプラン**は 1989 年に策定された高齢者保健福祉推進 10 ヵ年戦略の通称である。少子化対策としての子育て支援は，1994 年に策定された**エンゼルプラン**（今後の子育て支援のための施策の基本的方向について）である。
④ **合計特殊出生率**とは，1 人の女性が一生のうちに生む子どもの平均数である。男女 1 組で子どもを作るのであるから，病気や事故による死亡を考慮に入れると，人口の維持にはおよそ 2.08 以上が必要であると考えられている（人口置換水準）。しかし，現在の日本では 1.3 前後まで低下しており，また，2005 年には人口減少に転じている。

⓯【公平性の高い社会】正解①
ア 公平性を追求すれば，経済効率性が損なわれる。このように，一方を取ればもう一方は失われ，2 つのものが同時に成り立たない関係を，**トレード・オフ**という（本冊 p.82 **１**参照）。**プライマリー・バランス**とは，基礎的財政収支のことである（本冊 p.104 **４**参照）。
イ 全国民に一律に一定額を給付する制度を**ベーシック・インカム**といい，近年注目が高まっている。**ユニバーサル・デザイン**とは，障害の有無や身体能力の違いに関係なく，誰もが使いこなせる製品・施設の設計のこと。トイレの温水洗浄便座がその一例で，もともと障害者用に開発されたものだが，現在は健常者にも利用されている。

⓰【ワーク・ライフ・バランス】正解①
　育児・介護休業法は，育児休業・介護休業を認めるものであって，介護手当の支給は義務化されていない。
② 育児休業を取得した者には，**雇用保険**からの給付はあるが，企業に賃金を保障する法的な義務はない。
③ 被用者からの育児休業・介護休業の取得の申し出を，事業主は拒否できない。つまり，「企業の承認」は不要である。
④ 育児休業・介護休業は，男女を問わず認められる。その意味で，育児・介護休業法は，「男は仕事，女は家事」のような**性別役割分業**を打破する，画期的な法律であった。

⓱【セーフティネット】正解②
　2005 年から実施されている**ペイオフ**により，破綻した金融機関に預けていた預金は，**元本 1,000 万円**とその利子までしか保証されない。よって「全額払戻しを受けることができる」は誤り（本冊 p.102 **９**参照）。
① 失業した場合に雇用保険から受け取ることのできる**失業給付**は，セーフティネット（社会的安全網）の一つである。
③ **介護保険制度**もセーフティネット（社会的安全網）の一つである。
④ 最低限度の生活を保障する**生活保護**も，セーフティネット（社会的安全網）の一つである。

⓲【日本の社会保障制度】正解②
　介護保険の運営主体は市町村および特別区（東京23 区）である（問題**⓫**参照）。よって正しい。
① 日本の公的医療保険は，職域ごとに分かれている。国民健康保険は，自営業や農業の従事者を対象とする。よって「公的医療保険を統合する」が誤り。
③ **厚生年金保険**は，サラリーマンなどの被用者が強制加入とされる公的年金である（問題**⓾**参照）。**保険料は雇用主と被用者（被保険者）が折半**する。よって「保険料の全額を事業主が負担」が誤り。

④　基礎年金にあたる**国民年金**は，生年月日や被保険者期間に基づく計算式により一律で算出される（**定額**）。現役時の報酬に比例して年金額が決まる（**報酬比例**）は，**厚生年金**である。よって誤り。

⓭ 【日本の社会保障制度】正解②

　国民皆保険は，1958年の**国民健康保険法**の全面改正により，1961年に実現した（問題**6**参照）。**疾病保険法**は，1883年にドイツで**ビスマルク**によって制定された法律である。よって誤り。

①　基礎年金にあたる**国民年金**の国庫負担割合は，2004年に3分の1から**2分の1に引き上げられた**（問題**9**参照）。よって正しい。

③　**地域保健法**は，旧来の保健所法を改正する形で1994年に制定された。社会保障のうち**公衆衛生**の分野を担うこの地域保健法に基づき，保健所や保健センターが置かれている。よって正しい。

④　社会保障のうち**公的扶助**に当たるのが**生活保護**である。1946年制定の生活保護法に基づき，生活困窮者に対して**最低限度の必要な保護**が行われる。よって正しい。

第4編　グローバル化する国際社会

第1章　現代の国際政治

■1 国際政治の特質と国際法（p.136）

■ 【主権国家体制】正解②

　領空は**領土**と**領海**の上空であり，排他的経済水域の上空は含まれない。なお，領海は領土の沿岸の基線から**12海里**とされている。

①　**主権国家体制**とは，各国が互いに対等な立場で主権を認め合い，他国に対して干渉しない国際体制のこと。**ウェストファリア条約**（1648）でヨーロッパにおける主権国家体制が確立した。

③　**集団安全保障**とは，武力攻撃を違法化し，これに**違反した加盟国に対して全加盟国が一致して制裁を加える**とすることで，安全を保障するものである。国際連盟・国際連合で採用された。

④　国際法は，条約などで明文化された**成文国際法**と，慣習に基づく**慣習国際法**（国際慣習法）で構成される。

> **Point** 👆　集団安全保障と集団的自衛権の違いに注意しよう（本冊 p.35 **1**参照）。

■2 【主権国家体制】正解②

　EU（欧州連合）で用いられている**ユーロ**がこれに当たる。主権に含まれる通貨発行権をEUに委ねていると言える。

①　「初めて各国の主権と平等が確認」，つまり，主権国家体制が成立したのは，**ウェストファリア条約**（1648）においてである。

③　国連安全保障理事会の決定には法的拘束力があり，国連加盟国はその決定に従わなければならない。

④　不戦条約（1928）によって戦争は違法化されたが，それでも世界から武力衝突はなくなっていない。

■3 【国際慣習法】正解②

　近年では**FTA・EPA**の締結によって関税撤廃の動きが進んでいるが，**関税自主権**は慣習的に認められたものである。

①　国家間の長年の慣行が法として認められたのが**国際慣習法**である。

③　**国際慣習法は明文規定がない**ので（不文国際法ともいう），条約の形で成文化する，つまり，成文国際法とする動きが進んでいる。

④　**公海自由の原則**とは，公海はどこの国の主権的支配にも属さず，航海や漁業のために使用できるとする国際慣習法のことである。現在では**国連海洋法条約**（1982）で成文化されている。

4 【条約】正解 ④

　国連海洋法条約（1982）は「海の憲法」とも呼ばれ，前問で見た公海自由の原則のほか，**排他的経済水域**（基線から **200 海里**）なども規定されている。
① **京都議定書**（1997）では，温室効果ガスの削減目標値を達成するための仕組み（京都メカニズム）の一つとして，各国間で排出枠を売買する**排出量取引**が認められた（本冊 p.163 **1** 参照）。
② **国際人権規約**（1966）では，**留保**も認められている。実際，日本は社会権規約（A規約）の公務員のストライキ権，公休日の報酬について留保している（本冊 p.43 **4** 参照）。
③ **化学兵器禁止条約**（1997 年発効）は，化学兵器の使用だけでなく，開発・生産・貯蔵も禁止されている。

5 【冷戦期の国際社会】正解 ④

　マーシャル・プランとは，第二次世界大戦後の 1947 年にアメリカのマーシャル国務長官が発表した**欧州復興経済援助計画**のこと。国連が「米ソ間の緊張緩和」をめざしたものではない。
① アジア・アフリカや中南米の一部の国では，東西両陣営のどちらにも属さない**非同盟主義**の動きが見られた。1961 年にはユーゴスラビアで非同盟諸国首脳会議が開かれている。
② 東側諸国の集団安全保障が**ワルシャワ条約機構**であったが，冷戦の終結に伴い 1991 年に解体された。
③ 米ソ（ロ）間では，核軍縮に向けた取組みとして，**戦略兵器制限交渉（SALT）**，続いて**戦略兵器削減交渉（START）**が行われた。

6 【勢力均衡】正解 ②

　勢力均衡（バランス・オブ・パワー）とは，国家間の力関係を均衡に保つことで平和を維持するという安全保障の方法である。第一次世界大戦では勢力均衡が戦争を防げなかったため，国際連盟では集団安全保障が採用された。
① **集団安全保障**についての説明。
③ 勢力均衡において国家の権限を分散させる方法は用いられない。
④ 核抑止力とは互いに核兵器を持ち合うことで働くものであり，「唯一の超大国」のみが保有していても，戦争を防ぐことにはならない。

> Point 📝 勢力均衡から集団安全保障へという流れを押さえておきたい。

7 【国際平和の実現】正解 ①

　1945 年，サンフランシスコ会議において**国連憲章**が採択された。この年はもちろん，日本が**ポツダム宣言**を受諾して第二次世界大戦が終結した年である。
② 常設仲裁裁判所は 1901 年にハーグ条約に基づいて設置された国際裁判所。国連の主要機関としての国際裁判所は，**国際司法裁判所（ICJ）**である。
③ 国際連盟は，第一次世界大戦における勢力均衡の限界から集団安全保障がとられた。
④ **ウェストファリア条約**は 17 世紀半ばに結ばれたもの。なお，欧州通常戦力条約は 1990 年に署名されている。

8 【国際社会の秩序】正解 ④

　国連安全保障理事会の決定には**法的拘束力**があり，国連加盟国はその決定に従わなければならないとされる。
① **国際司法裁判所（ICJ）**における裁判の開始には，**紛争当事国双方の同意が必要**とされる。
② 国際原子力機関（IAEA）は，核拡散防止条約（NPT）で核保有を認められた国に対しては，強制的に査察することはできない。」としてください。
③ 国連憲章では，個別的自衛権・集団的自衛権ともに緊急の例外としてではあるがその行使が認められている（本冊 p.36 **7** 参照）。

2 国際連合と国際協力（p.137）
1 【国連憲章】正解 ④

　いわゆる**五大国の拒否権**は安全保障理事会において常任理事国に認められているものであって，総会での拒否権ではない。
① 植民地の独立を求める条項はない。
② **国際司法裁判所（ICJ）**における**裁判の開始には紛争当事国双方の同意が必要**とされるのであって，義務づけられてはいない。
③ 安全保障理事会は，**非軍事的措置と軍事的措置**の両方を決議することができる。

2 【国連の目的】正解は ②

　「内部に境界線のない」というのは，要するに，**国境を否定する**ということである。加盟国の主権を前提とする国連が，そのようなことを目的とすることはありえない。
①③④ 国連憲章第 1 条に明記された 3 つの目的である。

3 【国際連合】正解は ③

　信託統治理事会は，独立の支援を目的とする機関であるが，**1994 年のパラオ独立をもって活動を停**

止している。よって「活動範囲を拡大」が誤り。
① 国連の構想は，1941 年の米英による**大西洋憲章**で合意されていた。しかし，第二次世界大戦後の冷戦の進行に伴い，拒否権の発動により安全保障理事会が機能不全に陥るなど，構想が具体化されたとは言い難い。また，**集団安全保障に必要な国連軍は創設されていない**。
② 国連憲章第 1 条で目的として掲げられている。
④ **経済社会理事会**は，**専門機関**と協定を結び，連携して活動を行っている。選択肢に挙げられたもののほか，国際労働機関（ILO）・国連教育科学文化機関（UNESCO）も経済社会理事会の専門機関である。

4 【国連の仕組み】正解 ④
　国連軍は国連憲章第 43 条に規定されているが，加盟国間の意見対立などから，**現在も創設されていない**。
① 「すべての理事国」が誤り。拒否権をもつのは常任理事国の 5 カ国のみである。
② 安保理決議に基づく措置が実施されるまでの間，**侵略を受けた側が個別的自衛権・集団的自衛権を行使**することは，国連憲章第 51 条で緊急の例外として認められている。
③ **平和維持活動（PKO）**への参加は加盟国の任意である。よって「義務を負っている」が誤り。

> Point 👆 共通テストでは，条約や協定を資料文として用いる問題が増加している。主要なものは教科書や資料集に掲載されているので，問題で出てくるたびに確認することを推奨する。

5 【国連加盟をめぐる状況】正解 ②
　1991 年，**ソ連**は崩壊したが，代わって**ロシア**が国連加盟国となり，安全保障理事会の常任理事国の地位も引き継がれた。なお，1971 年には，中華民国（台湾）に代わって中華人民共和国が中国としての代表権を認められ，常任理事国の地位も引き継いだ。
① **東西ドイツ**は 1973 年に同時加盟した。
③ **スイス**は永世中立国であり，長らく加盟していなかったが，2002 年に加盟した。
④ 順番が逆。1956 年，**日ソ共同宣言**でソ連が日本の国連加盟を支持するとされたため，同年に**日本の国連加盟**が実現した。

6 【国連の活動】正解 ④
　安全保障理事会は国際社会の平和と安全に関する第一次的な責任を負っており，**PKF（国連平和維持軍）**を派遣する権限を握っている。

① **湾岸戦争**（1991）ではアメリカを中心とする**多国籍軍**が組織されたが，多国籍軍は各国の判断によって参加するものであって，「事務総長の命令」は誤り。
② **「平和のための結集」決議**（1950）は**朝鮮戦争**に際して国連総会で採択されたが，その時に派遣されたのはアメリカを中心とする朝鮮国連軍である。また，NATO 軍は国連とは関係がない（本冊 p.140 **3** で後述）
③ そもそも**国連軍は常設されておらず**，当然，バンドン会議（1955）に基づいて派遣されたという事実もない。

> Point 👆 「国連軍は常設されていない」ということから正誤を判定する選択肢は，これまで何度も出題されている。しっかり頭に入れておこう。

7 【安全保障理事会における表決】正解 ⑥
　安全保障理事会における決議には，理事国 **15 カ国中 9 カ国の賛成**を必要とするが，**実質事項**の場合には，常任理事国全 5 カ国が反対投票を行っていないことが条件として付け加わる。いわゆる五大国の**拒否権**である。
A　イギリスは常任理事国なので，否決される。
B　**手続事項**の場合は拒否権は発動されないので，常任理事国 5 カ国が全て反対しても，**非常任理事国 10 カ国が賛成すれば可決**される。
C　実質事項に「すべての常任理事国を含む 9 か国」が賛成しているので，可決される。

8 【国際紛争の処理】正解 ①
　国際司法裁判所（ICJ）における裁判の開始には，紛争当事国双方の同意が必要とされる。
② 安全保障理事会の決議によって行われる措置には，非軍事的措置と軍事的措置があり，経済や外交関係などを断絶する**非軍事的措置に経済制裁も含まれる**。
③ **PKO（平和維持活動）**への参加は，**加盟国の自発的意思**に任されている。
④ 繰り返しではあるが，国連軍は国連憲章に規定があるものの，これまで常設されていない。

9 【国際裁判所】正解 ③
　前問と同じく，**国際司法裁判所（ICJ）**における裁判の開始には，紛争当事国双方の同意が必要とされる。
① 日本は，南極海における調査捕鯨に関してオーストラリアから中止を求める訴訟を起こされたことがある（2010）。
② **国際刑事裁判所（ICC）**は，重大な非人道的行

為を犯した個人を裁く常設裁判所として，2003年に設置された。日本も2007年に加盟している。なお，アメリカ・中国・ロシアは加盟していない。

④ 国家間の紛争を裁判するのは国際司法裁判所である。②で見たとおり，国際刑事裁判所は個人を裁く。

> **Point** 国際司法裁判所と国際刑事裁判所の違いに注意したい。

🔟 【国連改革】 正解 ④

国連総会の議決は，大国・小国によらず，**1国1票**である（国連憲章第18条）。票の価値に差を付ける加重投票制は採用していない。

① 国連加盟国には**分担金**の負担が課されているが，最大の拠出国である**アメリカ**をはじめ多くの国が滞納しており，財政問題が深刻化している。

② 安全保障理事会の決議では，**実質事項**については常任理事国全5ヵ国の賛成を必要とする。

③ **国連には権限を調整するための組織がない**ため，各機関で権限の重複が存在している。

🔟🔟 【国際社会の共存・協力】 正解 ③

17世紀のオランダの法学者**グロチウス**は，理性に基づく**国際法**の制定を提唱したことから，「国際法の父」と呼ばれる（本冊p.23 ❸参照）。

① **国際連盟**はアメリカの**ウィルソン大統領**の提唱により創設されたが，議会の反対によりアメリカは参加しなかった。

② SALT（戦略兵器制限交渉）は，1970年代に米ソ間で行われた核軍縮の話し合いである。イギリスのチャーチル首相は関係ないし，そもそも時期が合わない。

④ **ボーダンは主権**の概念を基礎づけた16世紀のフランスの思想家（本冊p.23 ❹参照）。選択肢文は，ホッブズの社会契約説と，カントの国際平和機関の創設の主張を混ぜ合わせた作文と思われる。

🔟🔟🔟 【戦争の違法化】 正解 ②

A 「初めての国際機構」とある**ア**が該当する。国際連盟では**集団安全保障**が採用された（本冊p.136 ❶参照）。

B **不戦条約**は1928年に締結され，国際紛争の解決の手段として戦争が否定された。戦争放棄を定めた**日本国憲法第9条**もその影響を受けている。**ウ**が該当する。

C 国連憲章では，**イ**で言う「特別協定に基づいて創設される軍」，すなわち，**国連軍**の創設が規定されている。

🔟🔟🔟 【人間の安全保障】 正解 ②

人間の安全保障とは，貧困や戦争から個人の生命と生活を守るという考えのこと。感染症から人々を守る①，森林の環境を守る③，紛争における人権侵害を防ぐ④が該当する。②は，軍事や外交によって国家を守る従来の国家安全保障である。

❸ 現代国際政治の動向 (p.140)

🔟 【戦後の国際政治】 正解 ②

警察予備隊は，1950年の朝鮮戦争の勃発を受けて，米軍出動後の国内の軍事的空白を埋めることを目的に創設された。その後，1952年の独立回復後に**保安隊**に改組され，1954年にMSA協定に基づいて現在の**自衛隊**となった。よって「日米安全保障条約により」は誤り。

① **トルーマン・ドクトリン**は，1947年にアメリカのトルーマン大統領が一般教書演説で表明したもので，共産主義勢力の「**封じ込め**」政策とも呼ばれる。**マーシャル・プラン**（欧州経済復興計画）とともに東西冷戦を象徴する動きであった。

③ 1953年，スターリンの死後にソ連共産党第一書記となった**フルシチョフ**は，1956年に**スターリン批判**を行うとともに，**平和共存路線**に舵を切り，「雪どけ」と呼ばれた。

④ 1955年に，インドネシアのバンドンでアジア・アフリカ諸国29ヵ国が集まって開かれた**バンドン会議**は，**アジア・アフリカ会議**（A・A会議）とも呼ばれ，民族自決など「**平和10原則**」を発表した。

🔟 【国連総会の権限】 正解 ①

1950年に朝鮮戦争が始まると，ソ連の拒否権行使により安全保障理事会は機能停止に陥った。そこで，国連総会は**緊急特別総会**を開き，加盟国の3分の2以上の賛成により，安保理に代わって軍事的行動を含む集団的措置を勧告できるようにした。これを「**平和のための結集**」決議と呼んでいる（本冊p.138 ❻参照）。

② ソ連は国連の前身である国際連盟を1939年に除名されたが，国連ではそのようなことはない。

③ ベトナム戦争に際して国連軍は派遣されていないし，そもそも**国連軍は常設されていない**（本冊p.138 ❹参照）。

④ START（戦略兵器削減条約）は米ソ（ロ）間の条約であり，国連総会もカンボジア紛争も関係ない。

🔟 【朝鮮戦争・ベトナム戦争】 正解 ①

トルーマン・ドクトリンの発表は1947年であり，

朝鮮戦争が始まった 1950 年よりも前である。

② アメリカは 1965 年に北ベトナムへの爆撃（**北爆**）を本格化させた。

③ 朝鮮戦争を機に**警察予備隊**が創設されるとともに，日本経済はアメリカ軍を中心とする軍需発注による好景気に沸いた（**特需景気**）。

④ **ベトナム戦争**に投じた多額の戦費により，1970年代のアメリカは財政赤字に苦しむことになる。

4 【戦後の米ソ関係】正解は ④

1979 年に**ソ連がアフガニスタンに侵攻**したことから，1980 年代前半の米ソ関係は「**新冷戦**」と呼ばれるほどに緊張した。アメリカのレーガン大統領による SDI 構想（戦略防衛構想）も，そうした状況下で打ち出されたものである。

① 1955 年に**ジュネーブ四巨頭会談**などが開かれている。また，ニクソン大統領のソ連訪問は中国訪問の誤り。

② 「直接的な軍事衝突」が生じないから「冷戦」と呼ばれたのである。**ベルリンの壁**は 1961 年に築かれた。もちろん米ソ間の軍事衝突はない。

③ **南北ベトナムの統一**（1976）は，アメリカがベトナムから撤退し，ベトナム戦争が終結した後のことである。

5 【大国間の外交】正解 ②

1950 年代半ばには，ソ連の**フルシチョフ**による平和共存路線により「雪解け」とも言われたが，末ごろから緊張が再び高まり，1960 年代初頭には**ベルリンの壁**構築や**キューバ危機**などが生じている。

① アメリカが単独で軍事行動に踏み切ったとする記述が誤り。1950 年の朝鮮戦争勃発に際しては，アメリカを中心とする 16 カ国による**朝鮮国連軍**が組織されている。

③ 1960 年代末におこった**チェコスロバキア**の改革運動に介入したのは，アメリカではなく**ソ連を中心とする東欧諸国**である。

④ アメリカの**ニクソン大統領が中国を訪問**したのは 1972 年であるが，国交を樹立したのは 1979 年である。また，**中ソ国境紛争**は 1960 年代から始まっている。

Point 朝鮮戦争において組織された朝鮮国連軍は，国連憲章で定められた常設の国連軍とは異なるので注意しよう。

6 【新冷戦】正解 ③

1979 年のソ連による**アフガニスタン侵攻**をきっかけに，1980 年のモスクワオリンピックを西側諸国（日本を含む）がボイコットするなど，1980 年

代前半には米ソの緊張が高まり，**新冷戦**と呼ばれた。

① **キューバ危機**は 1962 年，② **ベルリンの壁建設**は 1961 年，④ アメリカの**ビキニ環礁での水爆実験**は 1954 ～ 58 年（1954 年には**第五福竜丸被ばく事件**が起こった）で，いずれも時期が異なる。

7 【冷戦終結】正解 ③

ハンガリー動乱（1956）は，ハンガリー国内で生じた自由化の動きをソ連が軍事介入して抑え込んだ事件であり，冷戦が終結した 1980 年代末とは時期が合わない。

① **ベルリンの壁崩壊**は 1989 年で，冷戦終結を象徴する出来事とされる。翌 1990 年には東西ドイツが統一された。

② 1989 年，アメリカのブッシュ（親）大統領とソ連のゴルバチョフ大統領が地中海の**マルタ**で会談し，**冷戦の終結を宣言**した。

④ 1991 年にソ連は解体され，ソ連時代の 15 の共和国のうち，バルト 3 国を除く 12 ヵ国は，1993年までに**独立国家共同体（CIS）**に参加した。

8 【非同盟諸国】正解 ②

非同盟諸国とは，西側・東側のどちらにも属さず，中立の立場（非同盟中立）を貫く国々のことである。第 1 回非同盟諸国首脳会議は，ユーゴスラビアのチトー大統領の呼びかけで，1961 年にベオグラードで開かれた。

① インドの**ネルー（ネール）**首相は非同盟中立の提唱者であるが，開発援助委員会（DAC）は経済協力開発機構（OECD）の下部組織であり，関係ない。

③ **コメコン（経済援助相互会議）**は，1949 年に発足した東側諸国の経済協力機構（1991 年解散）であり，関係ない。

④ **キューバ危機**は本会議の翌年の 1962 年の出来事であり，非難決議が採択されることはありえない。

Point 開発援助委員会（DAC）が経済協力開発機構（OECD）の下部組織であるということから正誤を判定する選択肢は，この後の問題でもたびたび登場する。しっかり頭にいれておこう。

9 【冷戦終結後の出来事】正解 ③

問題**7**で見たように，**冷戦終結は 1980 年代末**（マルタ会談は 1989 年）である。ソ連によるキューバでのミサイル基地建設の動きと，アメリカの海上封鎖に端を発した**キューバ危機**は 1962 年であり，冷戦下の出来事である。

① 2003年に開始された**イラク戦争**についての記述。

② 1991年に始まった**ソマリア内戦**と，翌1992年の多国籍軍による軍事介入についての説明。

④ 1999年に行われたNATO軍による**ユーゴスラビア空爆**についての記述。多民族国家であったユーゴスラビアは冷戦終結後に分裂し，1998年には**コソボ**自治州にセルビア治安部隊が介入してコソボ紛争が発生した（本冊p.143 **5** で後述）。

4 核軍縮と軍縮 (p.141)

1 【核兵器】正解②

パキスタンは，1998年に国境紛争を繰り広げる**インド**が核実験を行うと，対抗して核実験を行った。よって，「自国の核実験を禁止」が誤り。

① 1968年調印の**核拡散防止条約（NPT）**は，原子力の平和利用（原発など）を禁止していない。なお，パキスタンとインドはNPT非締約国である。

③ 1963年調印の**部分的核実験禁止条約（PTBT）**は，大気圏内・宇宙空間・水中における核実験を禁止したが，地下核実験は禁止されなかった。その後，1996年に地下核実験の禁止も含む**包括的核実験禁止条約（CTBT）**が調印されたが，未発効の状況である。

④ **東南アジア諸国連合（ASEAN）**加盟10ヵ国は，1995年に東南アジア**非核地帯**条約（バンコク条約）を締結した。このような，非核地帯とすることを取り決めた地域的な条約は，南太平洋諸国やアフリカ諸国，中南米諸国でも結ばれている（本冊p.145 **10** で後述）。

2 【核兵器に関する条約】正解④

2017年に国連で採択された**核兵器禁止条約**では，核兵器を使用するとの威嚇も禁止された。ただし，核保有国や，「核の傘」の内にあるNATO諸国・日本などは調印していない。

① 1968年調印の**核拡散防止条約（NPT）**は，アメリカ・イギリス・ロシア（当初はソ連）・フランス・中国の核保有を認め，それ以外の締約国の核保有を禁止したものである。よって，「すべての締約国」が誤り。

② **部分的核実験禁止条約（PTBT）**では，地下核実験は禁止されなかった。

③ **包括的核実験禁止条約（CTBT）**では，地下核実験は禁止されたが，核爆発を伴わない未臨界実験は禁止されなかった。

3 【NGOが主導的な役割を果たした条約】正解⑥

ア **新戦略兵器削減条約（新START）**は，米ロ間

で結ばれたものであり（2010），NGO（非政府組織）は関与していない。

イ 2008年調印の**クラスター爆弾禁止条約（オスロ条約）**においても，**ウ**で後述する対人地雷全面禁止条約（オタワ条約）に続き，NGO連合であるクラスター爆弾連合（CMC）が主導的な役割を果たした。

ウ 1997年調印の**対人地雷全面禁止条約（オタワ条約）**では，NGOである地雷禁止国際キャンペーン（ICBL）が会議の開催に向けて主導的な役割を果たし，ノーベル平和賞も受賞した。

4 【国家間の協調】正解④

問題文において，**A国とB国が互いに相談できない状況**であること，また，**両国とも自国の点数の最大化だけに関心をもつこと**という，2つの条件が示されている。

仮に，両国がどちらを出すかを事前に相談できるのであれば，お互いに「協調的」を選択して，4点を取り合うであろう。しかし，相手が何を出すかがわからない状況で，自国が「協調的」を選択しても，相手国が「非協調的」を選択すれば，1点しか得られない。

また，自国の点数の最大化ということであれば，自国が「非協調的」を選択し，相手国が「協調的」を選択した場合の5点が最も多い。そこで，両国とも「非協調的」を選択し，ともに2点しか得られない結果に終わることが予想される。

よって，協調の実現には別の仕組みが必要であると考えられる。

> Point 🔎 本問で示されているモデルは，「囚人のジレンマ」と呼ばれるものである。共通テストで再び出題されても不思議ではないので，考え方を理解しておこう。

5 国際紛争と難民 (p.142)

1 【民族紛争】正解④

PKO（国連平和維持活動）は，加盟国が自発的な意思によって要員を提供することを原則としている（任意の原則）。選択肢文で言うように，「国連加盟国の義務ではない」。

① 冷戦終結後，**東ティモール**のインドネシアからの独立（2002），**南スーダン**のスーダンからの独立（2011）など，分離独立の動きが見られる（東ティモール独立については問題 **4** で後述）。

② ノーベル平和賞を受賞した**国境なき医師団（MSF）**をはじめとして，紛争地域ではNGOが中立の立場で救援活動を行っている。

③ 大量虐殺など個人の人道上の犯罪を裁くため，**国際刑事裁判所（ICC）**が設置されている（本冊 p.139 **9**参照）。

2 【民族・国家・ナショナリズム】正解①
「他民族の住民を強制的に排除する」動きとしては，ルワンダ内戦（2000〜04）における多数派のフツ族による少数派のツチ族のジェノサイド（集団殺戮）が具体例として挙げられる。
② 「人種のるつぼ」と呼ばれるアメリカをはじめとして，国民国家が単一の民族で構成されていることはまずない。
③ **ナショナリズム**が 19 世紀の近代化の進行の中で衰退したということはない。むしろ，国民国家の形成とともに強化されたと言える。
④ アメリカでも，2001 年の同時多発テロ以降にはナショナリズムが高揚した。

3 【難民条約】正解④
難民条約（難民の地位に関する条約）では，迫害の恐れのある難民を送還してはならないとする，**ノン・ルフールマンの原則**が採用されている。
① 難民条約が保護の対象とするのは，政治的・宗教的理由などにより自国内で迫害で受けているために他国に逃れた人たちであり，**経済的理由による難民は保護の対象としていない**。
② 難民条約では，迫害を受けて故郷などを追われ，難民と同じような状況に置かれている人たち（**国内避難民**）は，難民と区別され，保護の対象とされない。
③ 難民条約は 1951 年に国連総会で採択されたものである。「冷戦終結後」は誤り。

4 【難民問題】正解③
A **アフガニスタン**では，1979 年にソ連による侵攻を受け，内戦が発生した（本冊 p.140 **4**参照）。2001 年にはアメリカ軍などの攻撃を受けてイスラーム原理主義の**タリバン政権**が崩壊している。よって**イ**が該当する。
B **東ティモール**は，1976 年にインドネシアが軍事介入して一方的に併合を宣言したものの，1999 年の住民投票をへて，2002 年に東ティモール民主共和国として独立した。よって**ア**が該当する。
C アフリカ中央部に位置する**ルワンダ**では，多数派のフツ族と少数派のツチ族の対立から，1990 年には内戦に発展，1994 年にはツチ族に対する**集団虐殺（ジェノサイド）**が発生した。よって**ウ**が該当する。

Point この後の問題**6**のような地図を用いた問題も十分に考えられるので，場所を確認しておこう。

5 【民族紛争】正解②
A **コソボ紛争**は，1998 年，旧ユーゴスラビアの解体後，コソボ自治州におけるアルバニア系住民の独立を目指す動きにセルビアが介入したことから始まった。よって**ア**が該当する。
B **パレスチナ問題**は，第二次世界大戦後の 1948 年にユダヤ人（イスラエル人）が入植して**イスラエル**を建国したことから始まった。土地を追われた**パレスチナ難民**は抵抗運動（インティファーダ）を起こし，現在も報復の連鎖が続いている。よって**ウ**が該当する。
C **チェチェン紛争**とは，1991 年に独立を宣言したチェチェン共和国に対して，**ロシア**がそれを認めず，1994 年に攻撃を行ったことで生じた。よって**イ**が該当する。

6 【地域紛争】正解④
地点 **D** は**ソマリア**である。イギリスの植民地であった北部とイタリアの植民地であった南部の対立から，1991 年以降，**ソマリア内戦**が続いている。ソマリア海域で海賊の活動が止まらないことから，日本も 2009 年に自衛隊を派遣した（本冊 p.36 **6**参照）。
① 地点 **A** は**フォークランド諸島**である。1982 年，イギリスとアルゼンチンとの間で領有権をめぐって紛争が生じた（**フォークランド紛争**）。よって「フランス」は誤り。
② 地点 **B** は**東ティモール**である。2002 年に独立を果たしたのであるから，隣国の撤退後に内戦が激化したとする記述は誤り。
③ 地点 **C** は**北アイルランド**である。イギリスに残ることを求める多数派のプロテスタント系住民と，アイルランドへの併合を求める少数派のカトリック系住民との間で対立が続いている。選択肢文は中東戦争に関する記述であり，位置が異なる。

7 【集団安全保障体制】正解③
国連が採用する**集団安全保障体制**とは，武力攻撃しないことを約束し，これに違反した加盟国に対して全加盟国が一致して制裁を加えるとすることで，安全を保障するというものである（本冊 p.136 **1**参照）。問題では，安全保障理事会が A 国の C 国に対する侵略を認定しているので，軍事同盟を理由に B 国が「A 国の武力行使に参加する」ことは許されない。

①② 国連憲章では，安保理決議に基づく平和及び安全の維持に必要な措置が実施されるまでの間，侵略を受けた側が個別的自衛権・集団的自衛権を行使することが，緊急の例外として認められている（本冊 p.138 **4**参照）。**1** の C 国の行動は個別的自衛権の行使，**2** の D 国の行動は集団的自衛権の行使に当たる。

④ E 国は加盟国として，国連がとる軍事的な措置に協力することができる。

Point　共通テストで頻出の，具体的な事例に即して考える問題である。第 5 編「パターン別問題演習」でトレーニングを積もう。

8 【民族自決】正解③

かつては**パレスチナ解放機構（PLO）**が，国連でオブザーバーとしての地位を付与されていた。現在ではパレスチナ自治政府が非加盟オブザーバー国家とされている。

① 第一次世界大戦末期の 1918 年，**14 ヶ条の平和原則**を発表し，その一つに民族自決を掲げたのは，**ウィルソン米大統領**である。

② **国際人権規約** A 規約は，第 1 条で「すべての人民は，自決の権利を有する」と明記している（国際人権規約については本冊 p.42 **2**参照）。

④ 今なお民族紛争は世界各地で生じている。また，**信託統治理事会**は，その活動を停止している（本冊 p.137 **3**参照）。

9 【発展途上国の経済発展と国際機構】正解①
DAC（開発援助委員会）は OECD（経済協力開発機構）の下部組織である（本冊 p.141 **8**参照）。

② **NIEO（新国際経済秩序）の樹立に関する宣言**は，資源ナショナリズムの高まりを受け，1974 年，**国連資源特別総会**で採択された。

③ **UNCTAD（国連貿易開発会議）**は，南北問題の解決を目指して，1964 年に第 1 回総会が開かれた。その後，4 年に 1 度開催されている。

④ **UNDP（国連開発計画）**は，発展途上国への開発援助を行う中心的機関として，1966 年に発足した。

10 【発展途上国の国際的取組み】正解①
1974 年に**国連資源特別総会**で採択された **NIEO（新国際経済秩序）の樹立に関する宣言**では，天然資源に対する恒久主権が確認された。

②④ 現在，世界の各地域では**非核地帯条約**が結ばれているが，トラテロルコはラテンアメリカ諸国，ペリンダバ条約はアフリカ諸国のものである。また，東南アジア諸国はバンコク条約を結んでいる。

③ 繰り返しであるが，DAC（開発援助委員会）は OECD（経済協力開発機構）の下部組織である。

6 国際政治と日本
1 【外交三原則】正解②

1957 年，岸信介内閣によって掲げられた外交三原則とは，③ 国連中心主義，④ 自由主義諸国との協調，① アジアの一員としての立場の堅持，からなる。これを知らなくても「唯一の被爆国」としての立場と「核抑止体制を主導」とは明らかに矛盾しているので，② を解答することは難しくないだろう。

Point　共通テストではよく見られるので，たんに知識だけではなく，推論から正誤を判断するというトレーニングを積んでほしい。

2 【日本の外交】正解②
日韓関係の修復は，戦前の植民地支配に関する問題や日本海における漁業水域問題などで難航したが，アメリカの後押しもあり，1965 年に**日韓基本条約**が結ばれて，国交は正常化した。

① 独立回復後の日本は，1952 年，中華民国（台湾）と**日華平和条約**を結んだ。その後，ニクソン米大統領の電撃的な中国訪問（**ニクソン・ショック**）を受けて，1972 年，田中角栄首相が北京を訪れ，**日中共同声明**を発表，中華人民共和国と国交を結んだ（**日中国交正常化**）。

③ 日本は非常任理事国を務めたことはあるが，常任理事国はアメリカ・ロシア・中国・イギリス・フランスで決まっており，日本が務めたことはない。

④ 国連分担金は，国民総所得（GNI）を基礎としつつ算出されており，分担率が最も高いのはアメリカである（日本は 3 位）。しかし，**アメリカをはじめ滞納する国が多い**のが現状である（本冊 p.139 **10**参照）。

3 【外交に関する日本国憲法の規定】正解①
条約の締結は，憲法第 73 条において**内閣**が行う事務の一つとされている。よって正しい。

② **外国の大使及び公使の接受**は，**天皇の国事行為**とされる（憲法第 7 条）。よって内閣総理大臣は誤り。

③ **外交関係を処理する権限は内閣にある**（憲法第 73 条）。よって国会は誤り。

④ 条約の締結を承認する権限は国会にある（憲法第 61 条）。よって最高裁判所は誤り。

4 【第一次石油危機当時の日本の情勢】正解③
第一次石油危機が起こった **1973 年**には，**ドル・**

ショックや，**田中角栄内閣**の**列島改造**政策による物価の高騰（**狂乱物価**と呼ばれた）が重なって経済が混乱し，翌 1974 年には戦後初めて経済成長率がマイナスに転落した（本冊 p.100 **13**参照）。

① **戦後初の建設国債**は，**1966 年度**に発行された。1 回目の東京オリンピック（1964）年後の景気の冷込みに対処したものである。よって第一次石油危機とは関係ない。

② **IAEA（国際原子力機関）**の設立は 1957 年である。**原子力科学・技術の平和的利用**に対する関心が高まり，各国で原子力発電所の運転が開始されたことなどが背景にある。よって第一次石油危機とは関係ない。

④ **イラン革命**を機に起こったのは 1979 年の**第二次石油危機**である。よって誤り。

第2章 現代の国際経済

1 商品・資本の流れと国際収支 (p.151)

1 【経済理論】正解 ⑥

A　イギリスの思想家**アダム゠スミス**は，著書『**国富論（諸国民の富）**』において，各人が利己心に従って自由に経済活動を行えば，神の「見えざる手」に導かれて，社会全体の発展につながるとして，**自由放任主義（レッセ・フェール）**を主張した（本冊 p.83 **5**参照）。

B　イギリスの経済学者**リカード**は，**比較生産費説**を唱えて，自由貿易の利点を主張した。

C　イギリスの経済学者**ケインズ**は，**有効需要の創出**による恐慌の克服を主張した（本冊 p.83 **6**参照）。

2 【比較生産費説】正解 ①

リカードが唱えた**比較生産費説**とは，各国が労働生産性の高い（**比較優位の**）産業に特化し，自由貿易を行えば，世界全体での生産量は増大するというものである。

ア　1 単位の生産に必要な労働者数が少ないほど，労働生産性は高い。問題の表では，工業製品・農産品ともに，A国の方が労働生産性が高い。

イ　問題文に「各国内の労働者は，この二つの産業で全員雇用される」とあることを踏まえて考えよう。A国では農産品の生産を 1 単位減らすことで余った労働者 4 人が工業製品の生産に回り，4/2＝2 単位の生産増加，一方，B国では農産品の生産を 1 単位増やすのに必要な労働者 6 人が工業製品の生産から回されるので，6/12=0.5 単位の生産減少，両国の増加・減少を差し引きすると，2－0.5=1.5 単位の増加ということになる。このように，たしかに生産性の高い産業に労働者を回

した方が，全体として生産量が増える。

> **Point** 👆　比較生産費説に関する計算問題は，センター試験の時から頻出である。次の問題と合わせて練習を積み重ねたい。

3 【保護貿易】正解 ②

ドイツの経済学者リストは，比較生産費説を論拠に自由貿易を主張するリカードに対し，後発国の立場から，先進国と比べて生産性の劣る国内の幼稚産業を保護するために，保護貿易を行うべきであると主張した。

① 「寡占企業の利益を保護するため」が誤り。

③ 「経済ブロック化政策」が誤り。

④ 「報復的な関税政策」が誤り。

4 【比較生産費説】正解 ④

表では，a国ではβ財，b国ではα財の方が労働生産性が高いので，それぞれ特化する。

特化前については，「特化前は，両国ともにα財とβ財の生産にそれぞれ半数ずつが雇用されている」という問題文の条件を踏まえて算出すると，

・α財：A国で 100 人 × 1 単位＝ 100 単位，B国で 90 人 × 6 単位＝ 540 単位で，計 640 単位

・β財：A国が 100 人 × 3 単位＝ 300 単位，b国は 90 人 × 3 単位＝ 270 単位で，計 570 単位

となる。

次に，特化後は，

・α財：b国で 180 人 × 6 単位＝ 1080 単位

・β財：a国で 200 人 × 3 単位＝ 600 単位

となる。特化前と特化後の数値を比較すると，α財は全体で 1080 － 640 ＝ 440 単位の増加，β財は 600 － 570 ＝ 30 単位の増加と算出される。

5 【国際取引】正解 ③

算出の際には，自国（A国）にお金が入ってくるのがプラス，他国（B国）に出ていくのがマイナスであることに注意しよう。

・**貿易・サービス収支**にあたるのは，特許使用料（＋25 億ドル）と電気機器の輸入代金（－35 億ドル）であり，差し引き－10 億ドルである。

・**第一次所得収支**にあたるのは，株式の配当（＋40 億ドル）・国債の利子（＋10 億ドル）であり，計＋50 億ドルである。

・**第二次所得収支**（対価を伴わない資金移動）にあたるのは，医薬品のための無償資金援助（－5 億ドル）と外国人労働者による家族への送金（－10 億ドル）であり，計－15 億ドルである。

6 【国際収支】正解 ⑤

a **経常収支**は，貿易・サービス収支・第一次所得収支・第二次所得収支の和である。表にしたがって計算すると，43,888＋188,183－21,456＝210,615億円の黒字であるが，厳密に計算しなくても，1万の位の数字を見れば黒字と判断できるであろう。よって正しい。

b **金融収支**（だけ）は，他国に出ていく方をプラスとするので，経常収支＋資本移転等収支－金融収支＋誤差脱漏＝0となる。よって誤り。

c **第一次所得収支**には，海外で保有する資産からの配当や利子も含まれるので，「対外証券投資からの収益が含まれている」という記述は正しい。

> **Point** 🖐 いきなり計算すると間違えることがある。計算の前に，aのように概数を見たり，bのように定義を確認したりすることで，ミスを極力なくそう。

7 【国際収支と外国為替相場】正解 ①

自国の通貨高を是正するために行う為替介入では，自国の通貨で外国の通貨を買うので，外貨準備高は増加する。

② **自国の通貨高**の状況では自国の製品が割高となるので，**輸出に不利**に働く。

③ **貿易収支**が黒字の場合，自国の製品の購入のため他国が自国の通貨を必要とするため，**通貨高**となる。

④ 自国への資本流入が他国への資本流出を上回っている場合，自国の通貨需要が高まるので，**通貨高**となる。

> **Point** 🖐 通貨高／通貨安は，その通貨に対する需要から判断することが肝心である。

8 【円高の要因】正解 ①

輸出が増加した場合，支払いに必要な円の需要が高まるため，**円高**となる。

② **アメリカの短期金利が上昇**した場合，ドルの需要が高まるので，相対的に**円安**となる。

③ 円を売れば**円安**となる。

④ ドル高を予想して投機を行う場合は，ドルを買うので，相対的に**円安**となる。

9 【円高と企業の海外進出】正解 ①

海外での投資コストが低下すれば，海外での事業展開が容易になる（リスクが減る）ので，拡大する。

② **円高**が進めば，**輸入品は割安**となるので，輸入は増加する。

③ 円高が進めば輸出にかかるコストは低下するが，そのことと海外での事業展開とは関係がない。

④ **円高**が進めば，自国への投資コストは上昇するので，**海外からの投資は減少**する。

10 【為替相場】正解 ④

1ユーロ＝131円から1ユーロ＝111円に20円の円高となっているので，2億ユーロの売上を日本円に換算すると，2億×20＝40億円減少する。

11 【購買力平価】正解 ①

問題文の説明にもあるとおり，**購買力平価説**とは，同一商品の価格によって二国間の為替レート（通貨の交換比率）を見るという考え方である。これを踏まえて問題における為替レートの変化を考えると，

・変化前：900ドル＝9万円なので，約分して1ドル＝100円

・変化後：1,000ドル＝8万円なので，約分して1ドル80円

となり，円高ドル安になったと捉えられる。

12 【購買力平価】正解 ④

購買力平価によれば，5ドル＝600円なので，1ドル＝120円。これを実際のレートである1ドル＝99円と比較すると，実際の外国為替レートは，120－99＝21円の円高ドル安であると捉えられる。

> **Point** 🖐 購買力平価は，簡易的な代用として，各国で販売されているビックマックの価格を指標とすることがあるため，「ビックマック指数」とも呼ばれる。本問で「SEIKEIバーガー」を例として挙げているのは，そのような理由による。

13 【為替レートの変動と物価】正解 ③

アの時点でドル価格を日本円に換算すると，商品Aは10×250＝2500円，商品Bは15×250＝2750円であり，ともに日本国内での価格2000円よりも割高で，**国内で買った方が安い**。一方，イの時点でドル価格を日本円に換算すると，商品Aは10×150＝1500円，商品Bは15×150＝2250円であり，日本国内での価格2000円よりも，**商品Aは割安，商品Bは割高**となる。つまり，イの時点でも商品Bは国内で買った方が安いが，商品Aは国内で買った方が高くなる。

14 【為替による決済の仕組み】正解 ①

図における矢印の向きに注目して，分かるところから決めていくのが良いだろう。まず，輸入業者が支払い，輸出業者が最終的に受け取るのは代金であるから，**Cはウ自国通貨**で確定できる。

次に，船積み書類は輸出業者が発行するものであり，輸入業者はそれを受け取ることで商品の発送が

約束される。また，為替手形も，代金の受け取る輸出業者が振り出し，代金を支払う輸入業者の手に渡る。よってBは**イ為替手形・船積み書類**で決まる。

最後に，**ア支払いを確約する信用状（L/C）**というのは聞きなれないが，支払いの確約は決済にあたる銀行から輸出業者に対してなされるものであると考えれば，斜めに伸びるAに入ると考えられる。乙銀行から信用状を受け取った輸出業者は，これを甲銀行に提出して，代金を受け取るのである。

> **Point ♭** 模式図を使った問題は，共通テストで増加している。第5編「パターン別問題演習」で練習を積み重ねよう。

15 【日本の地域別貿易収支の推移】正解 ④

ア 「この国で発生した経済危機」とは，2008年にアメリカで生じた**リーマン・ショック**であると推定される。2012年には景気が底入れし，輸出が増加したというのであるから，2011年から貿易黒字額が増加しているAが該当する。

イ 「2012年に8パーセントを下回り」とあるので，それまで急成長を遂げていた**中国**であると推理できる。輸出が減少したというのであるから，2011年から貿易赤字額が増加したBが該当する。

16 【海外直接投資の動向】正解 ②

中国が憲法で「**社会主義市場経済**」を掲げた1990年代以降，日本企業の中国進出が目立っている。
① アジアNIESとの間で貿易摩擦は生じていない。
③ EU諸国に生産拠点を新設するのならば，関税のかからない域内向けの販売を目的とするはずである。よって「域外向けの輸出を主目的に」が誤り。
④ 円ドルの為替相場が安定したということはないし，国内に拠点を戻す動きも見られない。

2 国際経済体制の変遷 (p.156)

1 【国際通貨制度の変遷】正解 ②

IMF協定（ブレトンウッズ協定・1944）では，金1オンス＝35米ドルと定め，米ドルを基軸通貨として，各国通貨との交換比率を固定した。それゆえ，IMF体制（ブレトンウッズ体制）は「**金・ドル本位制**」とも呼ばれる。よって「すべての加盟国に自国通貨と金との交換を義務づけた」が誤り。
① 1930年代，各国は**世界恐慌**からの回復のため，自国通貨安に誘導して輸出の拡大を図った。
③ 1960年代後半には**ドル危機**が生じ，1971年にはアメリカが**金・ドルの交換を停止**するに至った。
④ 金・ドル交換停止を受け，1971年には**スミソニアン協定**で固定相場制の維持を図ろうとしたも

のの，1973年には変動相場制に移行し，1976年の**キングストン合意**で追認された。1973年には第一次石油危機が重なったこともあり，1975年から**主要国首脳会議（サミット）**が開かれるようになった。また，財務相・中央銀行総裁会議としては，G5によるプラザ合意（1985），G7によるルーブル合意（1987）などがある。

2 【自由貿易をめぐる交渉・政策】正解 ④

WTO（世界貿易機関）は，**ウルグアイラウンド**（1986～94）での合意に基づき，**GATT（関税及び貿易に関する一般協定）**を発展・改組する形で1995年に設立された。
① GATTの基本原則は，**自由・無差別・多角**である。そして，多角主義に基づいて，ラウンド（多角的貿易交渉）が開催された。よって「二国間主義」が誤り。
② **知的財産権**についても交渉が行われたのは，**ウルグアイラウンド**である。
③ **工業製品の関税**に関して一括引き下げ方式が初めて提案されたのは，**ケネディラウンド**（1964～67）である。平均35%の引き下げで合意に達した。

3 【GATTとWTO】正解 ④

ウルグアイ・ラウンドにおける合意を踏まえ，WTOでは**知的財産権（知的所有権）**の保護の問題も扱っている。
① 通貨に関してはGATTではなくIMF（国際通貨基金）の管轄であると推理できるだろう。実際に，IMF協定では自国通貨の安定が義務づけられている。
② 各国には関税を決定する権利（**関税自主権**）があり，関税による保護貿易政策も認められていた。
③ GATTおよびWTOでは，特定商品の輸入が急増し，自国の産業に重大な損害を受ける恐れがある場合，一時的に輸入制限を行う，**セーフガード（緊急輸入制限）**の発動が認められている。

4 【国際通貨体制】正解 ①

ブレトンウッズ体制（IMF体制）では，**金・ドル本位制**が採用され，各国通貨とドルとの為替相場が固定された。
② 1971年の**スミソニアン協定**では，ドル切り下げにより固定為替相場制の維持が図られたが，1973年には変動相場制に移行した。よって「長期的・安定的な固定相場制が実現」は誤り。
③ 1976年の**キングストン合意**では，金の公定価格が廃止されたというのは正しいが，それは変動

相場制を追認するものであった。よって「固定相場制だけが各国の為替制度とされた」は誤り。

④ **変動相場制**は，その時々の通貨需要と供給により，各国の通貨どうしの平価（交換比率）が決まる仕組みである。よって「金と各国通貨価値との平価が決まる」は誤り。

> **Point** 金・ドル交換停止→スミソニアン協定→変動相場制移行→キングストン合意という流れを押さえよう。

5 【国際経済体制】 正解 ④

1971 年の**スミソニアン協定**では，金・ドル交換停止を受け，固定相場制の維持のため，ドルが切下げられた。円ドルの相場も，1 ドル＝ 360 円から**1ドル＝ 308 円**に円が切上げられ，円高ドル安になった。よって「ドル安是正」は誤り。なお「ドル安是正」で合意されたのは 1987 年の**ルーブル合意**である。

① **世界恐慌**後の 1930 年代に行われた**為替切下げ競争**や**ブロック経済化**は，国際関係の緊張をもたらし，第二次世界大戦の原因となった。

② **IMF** は，第二次世界大戦中の 1944 年に結ばれた**ブレトン・ウッズ協定**に基づき，大戦後の 1947 年に業務を開始した。「各国通貨の対ドル交換比率の固定化」という記述も，金・ドル本位制の説明として正しい。

③ 1960 年代後半には，**ベトナム戦争**の影響などでアメリカの国際収支が悪化し，**ドル危機**が生じた。

6 【IBRD】 正解 ②

IBRD（国際復興開発銀行・世界銀行）は，IMF とともに 1944 年の**ブレトンウッズ協定**で設立が決まった機関であり，1945 年に発足した。

① 世界恐慌の発生は 1929 年であり，時期が異なる。

③ IBRD は国連の経済社会理事会の専門機関である。

④ IBRD は当初，戦災国の経済復興を目的としていたが，現在では，発展途上国の開発援助に軸足を移している。「先進国の失業対策」は誤り。

7 【戦後の国際通貨体制】 正解 ④

変動相場制への移行が合意されたのは，**キングストン合意**（1976）である。スミソニアン協定は誤り。

① **ブレトンウッズ協定**では，金・ドル本位制に基づく固定相場制が採用された。

② 1960 年代後半のドル危機の記述として正しい。

③ 1971 年に金・ドルの交換が停止された。

8 【変動相場制】 正解 ③

金利を引き下げれば，自国の通貨需要が小さくなり，為替レートの下落と海外への資本流出につながる。

① 自国通貨の**為替レートの下落は輸出に有利**に，**上昇は輸入に有利**に働く。選択肢文は説明が逆になっている。

② **変動相場制**には，その時々の通貨の需要・供給によって為替レートが決まるので，国際収支の不均衡を抑制する作用がある。よって前半の記述は正しいが，現実には 1980 年代に円安基調から**日米貿易摩擦**が生じた。よって後半の記述は誤り。

④ 急激な円安や円高が進んだ場合，日銀は為替市場への介入を行っている。1985 年の**プラザ合意**では，円買い・ドル売りの協調介入を実施した。

9 【GATT をめぐる出来事】 正解 ①

A **ウルグアイ・ラウンド**（1986 ～ 94）は，8 回目の多角的貿易交渉として，**サービス貿易や知的財産権保護**についても話し合われた（問題**2**参照）。

B 「加盟国間の最恵国待遇の原則」とは**無差別の原則**のことであり，1947 年の GATT の発足当初から原則とされている。

C WTO 発足後の 2001 年から始まった**ドーハラウンド（ドーハ開発アジェンダ）**は，各国間の利害対立から合意には至らず，多国間交渉は停滞している。そのため，**2000 年代以降は，二国間交渉による EPA（経済連携協定）・FTA（自由貿易協定）締結**の動きが活発化している。日本も初の EPA として 2002 年にシンガポールと EPA を締結した。

D **UNCTAD（国連貿易開発会議）**の第 1 回総会が開かれたのは，1964 年である（本冊 p.145 **9** 参照）。

3 グローバル化と世界金融 (p.158)

1 【1990 年代以降の経済危機】 正解 ②

アジア通貨危機の発生は 1997 年である。UNDP（国連開発計画）が設立された 1966 年とは時期が異なる。

① 2008 年に発生した**リーマン・ショック**を受け，アメリカでは，銀行本体のデリバティブ取引の原則禁止，**ヘッジファンド**との関係制限など，銀行の高リスク投資を制限する法律が制定された（ヘッジ・ファンドについては，本冊 p.102 **11** 参照）。

③ **金融監督庁**は，バブル崩壊後に金融機関の破綻が相次いでいた 1998 年に，大蔵省（現・財務省）の検査・監督部門を分離・独立させる形で発足し

た。現在は，大蔵省の金融企画局と統合され，**金融庁**となっている（2000年発足）。

④　ヘッジファンドと呼ばれる機関投資家の組織が，短期的利益を求める投機的性格の強い投資活動を行っており，1997年の**アジア通貨危機**は，**ヘッジファンドがタイから資金を引き上げたこと**が原因となった。

2 【為替変動リスク】正解①

1997年の**アジア通貨危機**は，**タイの通貨バーツが暴落したこと**に始まり，その影響はアジア諸国にとどまらず，インドネシアや韓国などアジア諸国にも波及した。

②　ドル建てで輸入している日本企業が為替変動リスクを負うのは，円安ドル高となった場合である。円安が輸入に不利に働くことから推理できるだろう。

③　対日証券投資を行っていたアメリカの機関投資家にとっては，円高ドル安は差益を得られるものである。実際に，**プラザ合意後**に急速に円高が進んだ1980年代後半がそうであった。

④　ヨーロッパの経済統合を通貨の面から推し進めようとしたのが，1979年に発足したEMS（欧州通貨制度）である。1999年にユーロの流通がはじまったことにより，98年末にEMSは発展的に終了した。

> **Point ▶**　円高（通貨高）・円安（通貨安）が貿易や投資にどう影響するかは，覚えるというより，理屈で推論できるようにしよう。理屈が分かっていれば，さまざまな問題に対応できる。

3 【先進国の政策協調】正解①

G7（先進7か国財務省・中央銀行総裁会議）は，1986年の東京サミットで開催が決定され，国際経済問題について協議を行っている。なお，Gはgroupの略であり，一時期はロシアが加わりG8となったが，ロシアが参加停止したためG7に戻った。また，現在では参加国を20カ国に拡大した**G20**も開催されている。

②　**サミット**は，1973年の第一次石油危機による混乱を機に，先進国が世界経済について話し合う場として，1975年に開始された。よって「冷戦の終焉を受けて」が誤り。なお，かつては先進国首脳会議と呼ばれたが，現在は**主要国首脳会議**と呼ばれる。

③　IMFは通貨政策に関する国際協力のための機関。発展途上国の構造改革を担うのは，IBRDである（本冊p.157 **6** 参照）。

④　DAC（開発援助委員会）は，国連ではなく

OECD（経済協力開発機構）の下部組織である。

4 【関税】正解⑤

ア　FTA（自由貿易協定）を結んでいるということは，関税が撤廃されていると考えられる。X国とY国が互いに関税率を0%である**B**が該当する。

イ　**特恵関税**が認められているということは，輸出関税が免除されていると考えられる。X国からY国・Z国への輸出の関税率が0%である**C**が該当する。

ウ　最恵国待遇が適用されているならば，他国からの輸入関税率は同じであると考えられる。よって**A**が該当する。

> **Point ▶**　模式図を用いた問題では推論が求められることが多い。第5編の「パターン別問題演習」でトレーニングをしよう。

5 【国際分業】正解④

ア　空欄の直前に「親会社と子会社との間で」とあるので，「**企業内貿易**」が入ると判定できる。問題文で例として挙げられているスマートフォンで言えば，各部品を子会社が生産し，親会社がそれらを組み立てて本体を製造するというのがこれに当たる。「**所有と経営の分離**」とは，資本（株式）所有者と経営者が別である株式会社のあり方を指して言う言葉である（本冊p.96 **7** 参照）。

イ　事業活動において，**労働力に依存する割合が高いことを労働集約的**，固定資本の占める割合が高いことを資本集約的という。組立工程は人手がかかるため「**労働集約的**」であり，国際分業においては，「人件費が低い」という理由から発展途上国・新興国によって担われる。一方，資本集約的な産業としては，大規模な設備投資が必要な鉄鋼業・化学工業などが挙げられる。

6 【地域的経済連携】正解①

ア　日本が参加し，アメリカが離脱した後に成立したものであるから，**TPP11（環太平洋パートナーシップに関する包括的及び先進的な協定）**が入ると判断できる。2017年にアメリカがTPPから離脱した後，アメリカを除く11カ国の間で結ばれ，翌2018年に発効した。また，**APEC（アジア太平洋経済協力会議）**は1989年に発足し，アメリカも参加している。

イ　空欄の直前に「締約国に貿易上有利な条件を与えた場合に他の締約国にもそれを適用する」とあるので，**最恵国待遇**原則が入ると判断できる。**内国民待遇**とは，輸入品に対して，国内産の商品と同様に扱い，差別的な扱いはしないという原則の

ことである。

7 【多国籍企業の活動】正解 ①

経営が悪化した日本企業の外国資本による買収は多く行われている。金融機関に関しても，1999年に日本長期信用金庫（現在の新生銀行）をアメリカの投資組合が買収した例がある。

② 日本に進出した欧米企業や日本企業を買収した欧米資本家は，**成果主義**などの欧米流のシステムを持ち込み，終身雇用・年功序列型賃金などの**日本的雇用慣行**（本冊p.125 **6**参照）から脱却するのが常である。

③ 貿易摩擦が生じた場合，**摩擦を回避するために，現地に生産拠点を建設**しようとする。

④ たしかに日本企業が生産拠点を海外に移すことで国内の産業の空洞化が進んでいるが，海外への投資の規制は行われていない。

8 【多国籍企業の影響】正解 ④

ブロック経済化は，1929年の世界恐慌後に進展したもの。現在は，世界が一つの市場で結ばれ，ヒトやモノが国境を越えて移動する**グローバル化**が進行しており，ブロック化とは真逆の方向である。

① **多国籍企業**は人件費の安い発展途上国に生産拠点を移すことが多い。

② 企業の多国籍化は経済のグローバル化を加速させたが，それは，国を越えた企業間競争を激化させるものでもあった。

③ 銀行も多国籍化し，グローバルに活動している。

4 地域経済統合と新興国の台頭 (p.161)

1 【EUへの道のり】正解 ②

A ECSC（欧州石炭鉄鋼共同体）・EURATOM（欧州原子力共同体）とともにEU（欧州連合）の起源の一つである**EEC（欧州経済共同体）**は，1958年に結成された。

B ECB（欧州中央銀行）は1998年に設立された。

C EUの統一通貨である**ユーロ**は，2002年に紙幣・硬貨の流通が開始された。

D EU（欧州連合）は，**マーストリヒト条約**の発効によって1993年に発足した。

よって，A→D→B→Cの順であり，3番目はBで確定される。

Point 👆 B中央銀行が設立されてから，C通貨が発行されるという順序は当然だろう。年代順に並び替える問題では，間違いのないところから決めていくことが肝心である。

2 【EUに関わる出来事】正解 ⑧

ア **イギリス**が2回目の国民投票でEU離脱を決定したのは2016年である。その後，2020年に正式に離脱した。

イ **ギリシャ財政危機**が生じたのは，2009年である。EU圏にはすでに単一市場が形成されていたため，その影響はEU全体に波及した。

ウ 前問で見たとおり，単一通貨**ユーロ**の紙幣・硬貨の使用が開始されたのは，2002年である。

エ これも前問で見たとおり，ECB（欧州中央銀行）が設立されたのは，1998年である。

よって，エ→ウ→イ→アの順となる。年次まで知らなくとも，エ→ウの順は前問と同様に推理でき，アが最も最近の出来事であるということが分かっていれば，⑧を選択するのは難しくないだろう。

3 【BRICS】正解 ⑤

ア 「二酸化炭素の総排出量が現在最も多い」国であるから，**中国**で確定される。GDPの水準が2000年から2016年で9倍以上に達しているのは，Aである。

イ 「2012年にWTOに加盟した」国であるから，**ロシア**で確定できるが，その事実を知らなくとも，アとウは明らかに他国であるから，イはロシア以外にない。GDPが一時は2000年水準の8倍以上に拡大しながら，2016年に5倍未満まで下降しているのは，Bである。

ウ 「国連環境開発会議が開催された」国であるから，**ブラジル**で確定できる。2000年から2016年の間にGDPが2000年の水準より下回ったことがあるのは，Cのみである。

4 【直接投資の推移】正解 ②

A 1980年代後半に直接投資のピークが来ているので，この時期に急成長を遂げた韓国・台湾などの**アジアNIES**であると判断できる。

B 2000年代に入って直接投資が拡大しているので，**中国**であると判断できる。

C Aに遅れて1990年代に直接投資が拡大しているので，**ASEAN4か国**であると判断できる。

Point 👆 アジアにおける経済発展は，アジアNIES → ASEAN諸国→中国の順であることを押さえよう。

5 【地域的経済統合】正解 ③

たしかにWTOは**無差別**の**最恵国待遇**を原則としているが，そもそも最恵国待遇とは条約や協定を結んだ複数の国の間で適用されるものであるから，日本が結んでいないFTAやETAから，日本がその

恩恵を受けられるとは限らない。

① メキシコはアメリカ・カナダと FTA を結んでいるので，日本がメキシコと EPA を結べば，メキシコ市場でアメリカ・カナダと「対等に近い条件」となる。

② 日本は**インドネシア・フィリピンとの EPA** に基づき，**看護師候補者**および**介護福祉士候補者**の受け入れを，2008 年から始めている。

④ EPA により輸入関税が撤廃されれば，国内品は輸入品との競争を余儀なくされる。

5 地球環境とエネルギー (p.163)

1 【地球環境問題に対する国際的取組み】**正解 ②**
国連人間環境会議は，1972 年にストックホルムで開かれた，環境問題に関する初の国際会議である。「**かけがえのない地球**」をスローガンとする人間環境宣言が採択されるとともに，**国連環境計画 (UNEP)** の設立が決定された。

① 先進国に対する温室効果ガスの削減目標値が設定されたのは，**京都議定書**を採択した 1997 年の地球温暖化防止京都会議である。

③ 1987 年に採択された**モントリオール議定書**は，ウィーン条約（オゾン層保護条約）に基づくものであり（本冊 p.123 **4** 参照），1992 年の国連環境開発会議（地球サミット）とは関係ない。

④ 温室効果ガスの**排出量取引**の仕組みは，**京都議定書**で定められたものである。京都議定書は，1992 年の国連環境開発会議（地球サミット）で調印された気候変動枠組み条約によるものであるが，この条約によって「国連環境開発会議の決議を受けて」排出量取引の仕組みが作られたわけではない。

2 【環境問題における国家間の対立と協調】**正解 ④**
「ポスト京都議定書」として結ばれた**パリ協定** (2015) では，先進国だけでなく，発展途上国を含む全ての締約国に，削減目標を 5 年ごとに国連に提出し，計画に基づいて対策を行うことを義務づけた。また，世界全体の目標として，産業革命前からの温度上昇を 2 度以内に抑えるということを掲げた。しかし，京都議定書のように，各国に具体的な数値目標までは課されなかった。

① 1972 年にストックホルムで開かれた，**国連人間環境会議**についての説明として正しい。

② **京都議定書** (1997) の説明として正しい。1990 年の排出量を基準に，2008 年からの 5 年間で，EU15 カ国（当時）が 8 ％，アメリカが 7 ％，日本が 6 ％という温室効果ガス削減の数値目標が設定された。ただし，**アメリカは 2001 年に離脱した**。

③ **国連持続可能な開発会議** (2012) は，国連環境開発会議（地球サミット）から 20 年を記念して，リオデジャネイロで開かれた。会議では，環境保護と経済成長の両立を図る「**グリーン経済**」が重要であるとの認識で一致し，「我々が望む未来」と呼ばれる文書がまとめられた。

3 【気候変動問題】**正解 ②**

ア・イ 1992 年の**地球環境開発会議**で採択されたのが**気候変動枠組み条約**であり，この条約に基づいて 1997 年に採択されたのが**京都議定書**である。

ウ 2016 年における世界最大の二酸化炭素排出国であるので，**中国**であると判断できる。

エ 1990 年の時点における世界最大の二酸化炭素排出国であるので，**アメリカ**であると判定できる。

オ・カ ウとエが確定されたところで，残るは日本と EU であるが，規模の違いを考えれば，**オ**が EU で**カ**が日本と判定できるだろう。また，1990 年から 2006 年への増減を見たとき，EU は全体で脱炭素社会に向けて取り組みを続けてきたことから，減少しているオ，一方，日本は，京都基準書における基準年である 1990 年以前から省エネルギー化を進めていたので，それ以上の削減が厳しく，微増であるカと判定することもできるだろう。

> **Point** 🔖 気候変動問題は，SDGs においても「気候変動に具体的な対策を」と目標として掲げられており，今後も出題が予想される。確実に学習したい。

6 経済協力と人間開発の課題 (p.164)

1 【人間開発指数】**正解 ④**
人間開発指数 (HDI) は，① **国連開発計画 (UNDP)** が，1990 年創刊の『人間開発報告書』で発表したものである。「**人間の安全保障**」（本冊 p.139 **13** 参照）を提唱したインド出身の経済学者センによって考案された（センについては本冊 p.13 **5** 参照）。② 人間として必要な基本的ニーズを満たすため，各国の保健・教育・所得の水準を，③ 平均寿命・成人識字率・一人当たり GDP の指標により算出する。

④ **ミレニアム開発目標 (MDGs)** は，2000 年の国連ミレニアム宣言などに基づいて設定されたものであり，人間開発指数とは関係ない。なお，ミレニアム開発目標の後を受けて 2015 年に設定されたのが，**持続可能な開発目標 (SDGs)** である。

2 【発展途上国の経済】**正解 ①**
「特恵関税制度の撤廃」が誤り。1964 年，**UNCTAD**

（国連貿易開発会議）の第1回総会において，事務局長のプレビッシュは，発展途上国の立場からGATTの自由貿易体制に異を唱え，一般特恵関税や一次産品の価格安定などを求めた（**プレビッシュ報告**）。

② **フェアトレード（公正な貿易）**の説明として正しい。

③ **ミレニアム開発目標（MDGs）**の説明として正しい。

④ **マイクロクレジット**の説明として正しい。ノーベル平和賞を受賞したバングラデシュの**グラミン銀行**などが知られる。

❸ 【発展途上国の経済政策】正解 ④

モノカルチャー経済とは，単一の一次産品（農産物・鉱産物など）に依存する経済のこと。国際的な価格変動に弱いため，発展途上国はモノカルチャー経済からの脱却を目指す。よって「モノカルチャー経済政策が採用」は誤り。

① 発展途上国はまず，人件費の安さを武器に**軽工業品の輸出**を目指す。

② **輸入代替工業**についての正しい説明である。

③ 経済成長のため**外国資本を積極的に誘致**する発展途上国も多い。

❹ 【発展途上国の経済問題】正解 ④

1980年代，**ブラジル・メキシコ**では，アメリカの金利引き上げと一次産品の価格下落によって対外債務の返済が困難となり，返済を遅らせる**リスケジューリング**などの措置がとられた。

① 「国営企業の民営化」は誤り。逆に，**資源ナショナリズム**の立場から，石油メジャーなど外国資本に独占されていた産業の国有化を進めた。

② 北半球に位置するアジアNIESの経済発展は，南半球の発展途上国間の格差である**南南問題**とは関係ない。

③ **プレビッシュ報告**は発展途上国の立場からGATTの自由貿易体制を批判した。

❺ 【輸出主導型の経済開発】正解 ④

ほとんどの発展途上国にとって，「高度なハイテク製品」を「自前で開発」することはできない。人件費の安さを武器に軽工業製品を輸出の中核に据えた。

① **経済特区**を設置するなどして，外国企業を積極的に誘致する動きが見られる。

② 東アジアでは，中国・東南アジア諸国も加えた地域間貿易が活発化している。

③ 租税優遇措置は輸出の促進につながる。

❻ 【第二次大戦後の発展途上国】正解 ②

1980年代には**ブラジル**や**メキシコ**で累積債務問題が生じ，**リスケジューリング**の措置が取られた。

① 先進国との経済力の違いから，自由貿易体制では，**モノカルチャー経済**をとる発展途上国は不利になる。だからこそ，**フェアトレード**や**特恵関税**などを主張するのである。よって「交易条件が改善」は誤り。

③ **OECD（経済協力開発機構）**は，「先進国クラブ」と呼ばれるとおり，先進国の組織であり，発展途上国が主体ではない。

④ 1974年に開かれた**国連資源特別総会**では，資源ナショナリズムの立場から**NIEO（新国際経済秩序）**樹立に関する宣言が採択され，天然資源に対する恒久主権が確認された（本冊 p.145 🔟 参照）。よって「資源ナショナリズム反対を決議」は誤り。

❼ 【国際機関と発展途上国】正解 ①

1964年に開かれた**UNCTAD（国連貿易開発会議）**の第1回総会において，事務局長のプレビッシュは，特恵関税や一次産品の価格安定などを求める報告（**プレビッシュ報告**）を行った。

② 原油価格に関する協定を行っているのは，**OPEC（石油輸出国機構）**である。

③ 発展途上国への融資を行っているのは**IBRD（国際復興開発銀行・世界銀行）**である。

④ **UNICEF（国連児童基金）**は，発展途上国の児童に対して医療・食糧などの援助を行っている。「児童の就労を促進」では，児童虐待に加担していることになる。

❽ 【格差への考慮】正解 ①

最恵国待遇は，加盟国を対等に扱うものであり，「格差を考慮に入れた制度」とは言えない。

② ある国からの輸入品に対して特別に低い税率を適用する**一般特恵関税**は，「格差を考慮に入れた制度」と言える。なお，NIEO（新国際経済秩序）には，天然資源に対する恒久主権とともに，一般特恵関税についての主張が盛り込まれている。

③ 国連安全保障理事会における**常任理事国の拒否権**は，「政治的，軍事的な力」の「格差を考慮に入れた制度」と言える。

④ IBRDの意思決定機関において出資額に応じて票数が割り当てられていることは，「経済的な発展の程度」の「格差を考慮に入れた制度」と言える。

9 【経済的国際組織】正解④

OECD（経済協力開発機構）は，1961年に先進
国が集まり，自由貿易の拡大や発展途上国への援助
を目的として結成されたため，**「先進国クラブ」**と
も呼ばれる。日本は第1回東京オリンピックを開催
した1964年に加盟した。

① EURATOM（ヨーロッパ原子力共同体）は，
原子力の共同研究を目指して設立されたものであ
る。技術の域外流出を防ぐ目的ではない。

② EFTA（ヨーロッパ自由貿易連合）は，EUの
源流の一つであるEEC（ヨーロッパ経済共同体）
に対抗すべく，1960年にイギリスを中心に結成
された。

③ ILO（国際労働機関）は，1919年に国際連盟の
下部組織として設置された。ウルグアイ・ラウン
ドとは関係ない。

10 【日米の景気変動】正解③

バブル崩壊後の1990年代の日本経済は**「失われ
た10年」**とも呼ばれる長期的不況に苦しんだが，
完全失業率は最高でも2002年の5.4%である。よっ
て「10パーセントを超えた」は誤り。

① いざなぎ景気の説明として正しい。

② インフレと不況が同時に進行することを**スタグ
フレーション**という（本冊p.83 **7**参照）。1970年
代末から1980年代初頭のアメリカは，第二次石
油危機の影響でスタグフレーションに陥った。

④ 1990年代のアメリカ経済は，**IT（情報技術）
革命**に伴う好景気に沸いた。

11 【日本の国際協力】正解①

APEC（アジア太平洋経済協力会議）は，アジア
太平洋地域の持続的発展に向けた協力の枠組みで，
日本は1989年の設立当初から参加している。

② これまでに何度も誤りの選択肢に登場している
が，DAC（開発援助委員会）はOECD（経済協
力開発機構）の下部組織である。

③ **青年海外協力隊**は，自衛隊の組織ではなく，外
務省管轄の独立行政法人である**国際協力機構
（JICA）**が行っている海外ボランティア事業であ
る。

④ これもたびたび出てきたが，そもそも国連軍は
常設されていない（本冊p.137 **3**参照）。

12 【日本のODA】正解④

国連ミレニアム開発目標（MDGs・問題**1**参照）
は，先進国が2015年までにGNI（国民総所得）比0.7%
以上の額のODA（政府開発援助）を拠出するとの
目標を定めていたが，2021年度で0.3%の日本をは
じめ，ほとんどの国が未達成であった。

① 専門家派遣などの技術協力もODAに含まれる。

② ODAには無償援助のほかに借款によるものも
多い。日本のODAは円借款の比率が他国よりも
高い。

③ 日本のODAは，戦後賠償や距離的な近さから
アジアが最大である。

13 【アメリカのアジア諸国からの輸入額】正解①

考え方・グラフの見方は本冊p.162 **4**と同じである。

A 1980年代後半から割合が大きいので，**アジア
NIES**であると判断できる。

B 1990年代に割合が大きくなっているので，
ASEAN4か国であると判断できる。

C 2000年以降に急速に上昇していることから，
中国であると判断できる。

14 【国際的な資本移動】正解④

1997年の**アジア通貨危機**は，**タイの通貨バーツ
の暴落**から始まった（本冊p.158 **2**参照）。「高騰」
が誤り。

① 1980年代に生じた**メキシコの累積債務問題**に
ついての説明として正しい。

② 2007年，アメリカで低所得層向けの住宅ロー
ンである**サブプライムローン**を証券化した金融商
品が暴落し，翌2008年の**リーマン・ショック**の
引き金となった（本冊p.158 **1**参照）。

③ 2009年の**ギリシャ財政危機**の説明として正し
い（本冊p.161 **2**参照）。一般的に，財政の悪化
などにより国債の信用が悪化した場合，買い手を
付けるために金利を高くする必要があり，利回り
は上昇する。

15 【企業の対外進出】正解④

1980年代には，日米貿易摩擦を回避するために，
自動車産業を中心に生産拠点をアメリカに建設する
動きが見られた。

① 外国企業の株式や社債を取得するのは，対外直
接投資ではなく**間接投資（証券投資）**である。

② 対外進出するのは間接投資ではなく**対外直接投
資**である。

③ 中国がWTOに加盟したのは2001年であるか

ら，1990年代の外国企業の中国への進出件数の急増の要因とはなりえない。1980年代以降の**改革開放路線**によるものである。

16 【企業活動のグローバル化】正解③

日本のGDPは米ドル換算で4兆ドルを超える。一方，多国籍企業で売上高最大のウォルマート（アメリカ）でも5,000億ドル強であり，日本のGDPを上回るということはあり得ない。
① 実際に日本では，企業が生産拠点を海外に移す動きにより，産業の空洞化が進んでいる。
② 技術の向上は生産力や所得の増大につながる。実際に発展途上国では，技術を学ぶために**先進国の企業を積極的に誘致する動き**が見られる。
④ **石油メジャー**などによる支配は，**資源ナショナリズム**の高まりの原因となった。

17 【アジアのインフラ開発と政府開発援助】
正解③

「食料や医療品の無償援助」は，国際機関への拠出金などとともに**第二次所得収支**に分類される。
① **一帯一路構想**は，**中国の習近平政権**が掲げている，中国から中央アジア，欧州を結ぶ広域経済圏構想のこと。インフラ投資などの財政支援で域内経済を発展させる一方，同地域内での中国の影響力を拡大させる思惑がある中国から中央アジア，欧州を結ぶ広域経済圏構想のこと。インフラ投資などの財政支援で域内経済を発展させる一方，同地域内での中国の影響力を拡大させる思惑がある。新シルクロード構想とも呼ばれるが陸路（一帯）とともに海路（一路）によって構成されており，「陸路のみによる」は誤り。
② **アジアインフラ投資銀行（AIIB）**は，2015年に中国が主導する形で設立された。ヨーロッパ・中東・アフリカなどの国々が参加しており，「アジア諸国に限定されている」は誤り。
③ 2015年にそれまでのODA大綱を改定する形で閣議決定する**開発協力大綱**では，「開発協力の目的」の項目で「我が国が豊かで平和な社会を引き続き発展させていく」と謳われている。よって「日本の国益を考慮せずに」は誤り。

> **Point** 時事的な内容は「公共」でも「政治・経済」でも学習範囲に含まれる。特に，現代世界において存在感を増す中国の動向は注視したい。

第5編　パターン別問題演習

■ 表やグラフを使った問題 (p.168)
1 【ジニ係数】正解④

ジニ係数から所得格差の是正について考える問題である。「ジニ係数」とは，社会における所得分配の偏り（不平等）を示す指標で，問題文にあるとおり，0〜1の間で，0に近いほど格差が小さく（0は完全に平等の状態），1に近いほど格差が大きい（1は1人に所得が独占された状態）。

また，ジニ係数は**当初所得**と**再分配所得**の2つの数字が算出される。累進課税・社会保障給付などの所得再分配を行えば，所得格差は是正され，ジニ係数は小さくなる。つまり，当初所得の数値との差が大きいほど，所得再分配の効果があるということになる。

これを踏まえて，空欄に入る語句を判断しよう。
X 資料1からα国・β国それぞれの，当初所得と再分配所得のジニ係数の差を計算すると，α国は0.4−0.3＝0.1，β国は0.5−0.3＝0.2であり，数値の大きい**β国**の方が，「当初所得と比べて所得格差がより縮小した」と言える。
Y 所得再分配の方法の一つとして**累進課税**がある。累進課税とは，**所得の多い者ほど税率を高くする**ことで，**格差を是正する**ものである。資料2を見ると，所得800万円以下では1と2で税率が変わらないが，800万円以上では2の税率が1を上回る。つまり，2の方が高所得者の課税額が大きくなり，「所得格差」が「より縮小される」と考えられる。よって，Yには**資料2−2**が入ると判定できる。

以上の組み合わせから，正解は④で決まる。

> **Point** グラフや表の数値の意味するところは，その数値がどのようにして算出されるかによって決まる。本問のジニ係数は必修事項と言ってよいが，未修の場合は問題文で定義が説明されているので，それを踏まえて数値を判断するようにしよう。

2 【都道府県と市町村】正解⑦

普通地方公共団体としての都道府県と市町村の違いを踏まえて，都道府県が該当する文章中の空欄とグラフの組合せとして正しいものを選ぶ問題である。**特徴的な記述や項目に注目して**，判定していこう。
【資料1】3項と4項にある空欄から判定するのは難しいが，5項の「　Y　は，　X　を包括する広域の地方公共団体」という文言に注目すれば，Xが市町村，Yが都道府県で決まる。「包括」とは，〈さまざまなものを一つにまとめるこ

と〉という意味である。もちろん，市町村は都道府県の中にある。共通テストでは資料文の読解が求められるので，こうした**標準的な国語の語彙力も必要**である。

【資料2】まず，**B**に「警察」の項目があることに注目しよう。警察は，埼玉県警察・北海道警察のように，都道府県単位で置かれている（東京都のみ警視庁という）。一方，「消防」の項目は**A**の方が職員数・割合ともに圧倒的である。消防は基本的に市町村が主体で行われる（町中を走る消防車や救急車を見ると，車体に「〇〇市消防局」などと記されているだろう）。よって，**A**が市町村，**B**が都道府県と判定できる。

【資料3】まず，**ア**には「**地方消費税**」「**自動車税**」の項目があることから，**道府県**であると判定できる。現行の消費税率は，8％の軽減税率が適用される飲食品などを除いて10％だが，そのうち**7.8％が国**，**2.2％が道府県の財源**に充てられる。また，自動車税も道府県税であることは覚えておいてよい（なお，地方税法上では「道府県税」とされているので，問題文ではこう記されているが，特別地方公共団体である23区に関する特例を除いて，東京都もほぼ同じである）。

一方，**イ**には「**固定資産税**」「**都市計画税**」の項目があることから，**市町村**であると判定できる。私たちの住む街に関わる費目は市町村であると考えれば良いだろう。

以上のとおり，都道府県または道府県に当たるものの組合せは，⑦ **Y - B - ア**である。

Point 　文章中の空欄もグラフも，分かるところから決めていくことが肝心だ。特にグラフでは，数値はもちろん，項目にも注目しよう。本問のように，項目の有無はそれだけで決定打になる。

❸【銀行のバランスシート】正解④

バランスシートをもとに，市中銀行の貸出業務について考える問題である。このような資料は見たことがないと思うが，（メモ）の説明に沿って読み取ろう。

①②（メモ）に書かれているとおり，**市中銀行は「新規の預金」から新たに貸出す**のであって，「すでにある預金」から貸し出すのではない。

このことは，貸出前のバランスシートを見ても分かる。「すでにある貸出」85と日銀当座預金15を合わせた資産100と，「すでにある預金」90と資本金10を合わせた負債・純資産100で，すでに±0でバランスが取れているから，ここから新たに貸出すことはできない。また，資産と負債・純資産は釣り合っているのだから，**どちらかが増加しどちらか**

が減少するということはあり得ない。

③ 貸出前のバランスシートと貸出後のバランスシートを見比べれば分かるとおり，貸出後のバランスシートでは，「新規の貸出」＝「新規の預金」20の分だけ資産および負債・純資産は増加している。よって「資産と負債を減少させる」は誤り。

④ 市中銀行は「新規の預金」から新たに貸出すわけだし，その分，資産と負債は増加するのであるから，正しい記述である。

Point 　本問では，（メモ）にバランスシートの見方が書かれていた。表やグラフの読み取りを求める問題では，その見方を説明した文章をしっかりと読み取ることが肝心である。

❹【日中韓の経済発展】正解⑥

日本・韓国・中国それぞれに該当する経済統計と記述の組合せを問う問題である。いきなり経済統計を見ても判別しがたいところがあるので，まず，それぞれの記述がどの国に当たるかを確定させ，そこに書かれている内容も踏まえて，経済統計を判別するという手順を踏むのが良いだろう。

ア 「**改革開放**」の語から，**中国**についての記述と分かる。中国は，2020年代に入ると新型コロナ感染症の影響もあり成長に陰りが見えてきたが，2010年代までは急速な成長を遂げていたので，**2010年の実質GDP成長率が他より高く2ケタを記録しているC国**であると判定できる。また，**一人当たり実質GDPが他より低い**ことも判断材料となる。

イ 「**NIESの一つ**」とあることから，**韓国**についての記述と分かる。残るA国とB国を比較すると，B国の方が実質GDP成長率が高いので，**B国**が韓国であろうと推理できるが，続く**ウ**で日本を決めてからの方が確実だろう。

ウ 「**1950年代から1973年頃まで高度経済成長を遂げ**」とあることから，**日本**についての記述と分かる。たしかに現在の日本では「**政府部門の累積赤字の拡大**」が問題となっており，これを踏まえて経済統計を見ると，**一般政府総債務残高が唯一100％を超えているA国**が日本であると判定できる。

以上より，組合せを確認すると，**日本＝A国＝ウ**，**韓国＝B国＝イ**，**中国＝C国＝ア**であり，正解は⑥である。

Point 　本問のように表やグラフと文章を組み合わせた問題では，文章に書かれている内容をヒントにして，表やグラフで与えられた数値を見るという方針で臨もう。

5【公的医療保険制度】正解 ②

　図では，年齢階級・制度別の医療保険加入者数の割合が示されている。会話文中で母が指摘しているように，「60歳代から国民健康保険制度の加入者の割合が急に増えている」ことが読み取れる。これは，**60歳代で退職し，被用者向けの各医療保険制度から国民健康保険制度に切り替わる者が多い**ことが原因である。

　それゆえ，「国民健康保険制度の加入者が被用者向けの各医療保険制度の加入者よりも相対的に多い状態」が生じているのであり，それを「緩和する方法」としては，**国民健康保険制度の加入者を減らす**か，**被用者向けの各医療保険制度の加入者を増やす**かの2通りが考えられる。これを踏まえて選択肢を検討しよう。

a　「定年退職者を正社員として継続雇用する」ことを「義務化」すれば，これまで退職して国民健康保険制度に切り替わっていた人が，被用者向けの各医療保険制度に加入したままになる。よって適当である。

b　「定年年齢を引き下げる」と，退職して国民健康保険に切り替わる時期が早まり，その分だけ国民健康保険制度の加入者の割合が高まってしまう。よって適当でない。

c　現行の**後期高齢者医療制度は75歳以上**の者を対象としているが，これを「65歳に引き下げ」た場合，図によると，70〜74歳，60〜69歳の大半は国民健康保険制度であり，これらの人が60〜64歳を除いて後期高齢者医療制度に切り替われば，国民健康保険制度の加入者は相対的に減る。よって適当である。

d　高齢者の「自己負担割合を引き下げ」たところで，健康保険の加入状況に影響はない。よって誤り。

　以上のとおり，**a**と**c**が「緩和する方法」として適当であると判定でき，正解は②となる。

②計算が求められる問題 (p.172)

①【消費税の逆進性】正解 ②

　消費税の逆進性について，モデルをもとに具体的に考える問題である。**逆進性**とは，本来の目的とは反対の効果がもたらされることである。消費税には，低所得者ほど税負担の割合が重くなる性質があり，垂直的公平に反するので，これを消費税の逆進性という。これを踏まえて，表の数値から実際に計算してみよう。

① 逆進性は，税負担額ではなく，**可処分所得（家計で自由に使えるお金）に対する税負担額の割合**から判断する。よって，「カの額が多」いからと言っ

て，それが消費税の逆進性を示しているわけではない。というよりも，可処分所得が多いのだから，税負担額も多くなって当然である。よって誤り。

② 可処分所得アに対する税負担額カの割合を計算すると，個人Aは27/300で9％，個人Bは35/500で7％，個人Cは52/800で6.5％となる。たしかに「可処分所得アが高い個人ほど，可処分所得に占める表中カの割合が低く」なっており，消費税の逆進性の一例と言える。

③ 可処分所得アが高い個人ほど，消費支出割合オは低いので，誤り。そもそも，**低所得者であっても最低限の生活必需品は購入する必要があるため消費支出割合が高くなり，そこから逆進性は生じる**のである。

④ 計算しなくとも，「可処分所得アが高い個人ほど，可処分所得に占める表中キの割合が高」いのであれば，それは**垂直的公平**にかなったものであり，逆進性を示しているとは言えない。

　よって，②が正解であると判断できる。

> **Point** 　④は計算すると小数点以下の数字が出てくるので，ミスをする確率が高まる。それよりも，逆進性の定義から判断する方が確実だ。いきなり計算するのではなく，定義を踏まえて考えよう。

②【地方交付税制度】正解 ③

　モデルをもとに地方交付税額の増減について考える問題である。本問でも，**いきなり計算するのではなく，計算式から見当をつけよう**。

① 単価Dが下がれば，D×Eで算出されるFが減少し，その分**Gも減少**するから，国からの交付額は減少する。よって誤り。

② 人口Bが減少すれば，A×Bで算出されるCも減少し，その分**Gも減少**するから，国からの交付額は減少する。よって誤り。

③ 固定資産税Iが減少すると，**Gから差し引くKも減少**するから，その分だけ国からの交付額は増加する。よって正しい。

④ 数値Kを算定する際にかける数値を上げれば，**Gから差し引くKは増加**するから，その分だけ国からの交付額は減少する。よって誤り。

　以上より，正解は③であると判定できる。

> **Point** 　必要のない計算をしないというのは，その問題にかける時間を短くするという点でも大きな意味がある。そこで浮いた時間を他の問題の資料文の読み取りなどに使ってほしい。

3 資料文の読み取りが求められる問題 (p.173)

1【国家権力のあり方】正解 ②

国家権力のあり方に関するある思想家の著作の一部を読み，そこから読み取ることのできる内容として最も適当なものを選ぶ問題である。まずは，その思想家が誰かを考えながら，与えられた文章を丁寧に読むことが肝心だ。

① 冒頭で，「およそ権力を有する人間がそれを濫用しがち」であると，権力の恣意的な（好き勝手な）行使に対する懸念が表明されているが，権力の濫用を不可能にするための手段として述べられているのは，「権力が権力を抑止する」，つまり，**権力分立**である。選択肢文にある「**革命権**」は**ロック**の主張を思わせるが，文中に言及はなく，誤りである。

② 文章には「同一の人間あるいは同一の役職者団体において立法権力と執行権力とが結合されるとき，自由は全く存在しない」「裁判権力が立法権力や執行権力と分離されていなければ，自由はやはり存在しない」とある。これを裏返せば，**権力の分立は公民の自由を守るために必要である**ということであり，選択肢文の記述は妥当である。

③ ①で見たとおり，「およそ権力を有する人間がそれを濫用しがち」であり，だからこそ権力の分立が公民の自由の保護のために必要とされるのである。よって「公民の自由を保護する傾向」は誤り。

④ **ホッブズ**の『**リヴァイアサン**』における主張を思わせる記述であるが，文中には「自然権」や「絶対的な存在」への言及がなく，誤りである。

以上から，②が正解であると判定できる。

> **Point** 文の終わりで立法・行政・司法の三権分立について述べられているので，モンテスキューの『法の精神』からの引用であると推論できる。そこから①④は誤りと判断しても良いだろう。資料文を読む際には，学習してきた内容を活かすことも大切である。

2【リヴァイアサン】正解 ①

与えられた選択肢の文章を並び替える形で，**ホッブズ『リヴァイアサン』**の論の展開を問う問題である。まず，ホッブズの社会契約説を整理しよう。

ホッブズは，人には生きたいという欲求（**自己保存の欲求**）があると考え，その欲求に基づいて，生命の維持や人生の幸福のために行動する権利を，**自然権**として認める。しかし，各人が欲求のままに行動すれば，競争や不信の渦巻く状況に陥ってしまう。つまり，ホッブズは**自然状態**（国家や社会が成立する以前の状態）を争いの状態と捉えたのであり，それを端的に表現したのが，「**万人の万人に対する戦**

い」「人間は人間に対して狼」という言葉である。

そこで，人民権は自然を国家に譲り渡す契約を結ぶとホッブズは説く。平和のために，自然権を譲渡し，国家の命令に従うことにするのである。

以上の内容を踏まえて，模式図の**ア～エ**に当てはまるものを考えよう。まず，**ア**は「自然権」とあるので，「…生命を維持するために…自由をもっている」と**自己保存の権利**について述べた**c**が該当すると判断できる。同様に，**イ**も「自然状態」であるので，「各人の各人に対する戦争」とある**b**で確定できる。

残る**ウ**と**エ**は，「第一の自然法」「第二の自然法」という表現が見慣れないが，論の展開から考えよう。残りの選択肢のうち，**a**は，「この権利を，すすんですてるべき」と，**自然権の譲渡**について述べている。自然権を譲り渡す契約を結ぶことで国家が成立するのであるから，「契約（信約）を締結して国家を創設する。」の前に位置する**エ**（第二の自然法）に入ると考えるのが妥当である。よって正解は①と判定できる。

念のため，**ウ**と**d**についても確認しよう。**d**では「平和をもとめ，それにしたがえ」という「理性の戒律すなわち一般法則」が述べられているが，これを**ウ**（第一の自然法）に入れれば，人の理性は平和を求める（**ウーd**）。しかし一方で，人は自然権を持っており（**アーc**），自然状態は争いの状態となる（**イーb**）。そこで，自然権を国家に譲り渡して従う（**エーa**）という流れとなり，筋の通った論となる。よって①が正解であることが確認される。

> **Point** 本問は，学習してきた内容と重ね合わせる形で資料文の内容を読み取る問題である。資料文を読む前に，ホッブズの社会契約説を頭の中で整理し，そのうえで，例えば**b**の「戦争とよばれる状態」はホッブズが考えた自然状態の説明である，といったように重ね合わせて読んでいくと読みの正確さとスピードを上げることができる。

3【空家法と財産権】正解 ①

空家法の条文を踏まえて，会話文中の空欄に入る語句を答える問題である。「特定空家等」の条件が細かく規定されているので，そこをしっかりと読み取ろう。

ア 日本国憲法第29条2項には，「財産権の内容は，**公共の福祉**に適合するやうに，法律でこれを定める」とある。経済的自由は，精神的自由よりも広く公共の福祉の制約を受けると考えられている。よって「**公共の福祉**」が該当する。なお，「**公序良俗**」は，民法にある「公の秩序又は善良の風俗」という文言の略語である。要は，社会的な秩

序や一般的な道徳と考えれば良い。

イ 空家法では，「特定空家等」の条件として「保安上危険となるおそれ」や「衛生上有害となるおそれ」のある状態が挙げられている。「周辺住民の生命や身体に対する危険がある場合」というのはこの条件に該当する。「周辺の景観を著しく損なっている場合」というのは，2(c)で「特定空家等」に当たるとされているが，3に「上記(a)または(b)の状態にない特定空家等については，建築物を取り除くよう助言や指導，勧告，命令をすることはできない」とあるので，この条件のみでは取り除くことができない。また，「土地の有効利用のための必要性がある」という理由で建築物を取り除かれるのだとしたら，それは所有権の侵害である。

以上より，正解は ① と判定できる。

> **Point** 共通テスト「政治・経済」では，最高裁の判決文を資料文として用いた問題も出題されている。慣れるまでは難しく感じると思うので，問題演習を通じて数をこなしてほしい。

4 条件文に沿って考える問題 (p.175)

1【国内総生産に占める支出割合】正解 ①

国内総生産に占める支出割合について問う問題である。

まず，教科書や資料集に掲載されているグラフを見ても明らかなとおり，**消費が投資を大幅に上回る**（全国民の消費と企業の投資の比較であるから想像がつくだろう）。よって，「民間消費支出より民間企業設備投資の方が小さい」とする ① と ③ が残る。

次に，メモによると，2014年度から2015年度にかけての増加額は，民間企業設備投資の方が大きい。増加率は，増加額を前年度の支出額で割ることで算出されるが，分母に当たる支出額の小さい民間設備投資が，分子に当たる増加額では大きいのであるから，当然，増加率は民間消費支出よりも高くなる（これも，国民の消費は急に増えたり減ったりしないということから想像がつくだろう）。よって ① が正解と判定できる。

ただし，「民間消費支出より民間企業設備投資の方が小さい」ということを知らなくても，本問は正解にたどりつくことができる。仮に ②・④ のように「民間消費支出より民間企業設備投資の方が大きい」とした場合，増加率はどうなるであろうか？分子の支出額，分母の増加額ともに民間設備投資の方が大きいのであるから，増加率はどちらが高いかということは言えない。また，先に述べたとおり ③ は成り立たない。つまり，**与えられたメモから**推論できるのは，① しかないということになる。

> **Point** 共通テストでは「推論」が重視されている。それは，知識として知らなくても，推論によって解答できる問題があるということだ。知らないからと諦めずに，粘り強く考えてほしい。

2【安保理決議】正解 ④

資料を踏まえ，安全保障理事会会合における修正決議案の採択の行方について推論する問題である。

まず前提として，安全保障理事会における決議には，**理事国15ヵ国中9ヵ国の賛成を必要とし**，かつ，**実質事項**については**常任理事国全5ヵ国の賛成**を必要とするということを確認しよう。

そのうえで，資料2で示された各国の意見を踏まえると，修正決議案に対し，常任理事国のA～Eの5か国はすべて賛成し，反対は「経済制裁にとどめるくらいなら反対に回る」という非常任理事国G・Hと，「制裁措置には反対だ」とする非常任理事国N，Oの4か国のみとなる。つまり，**常任理事国全5か国を含む11か国が賛成に回るので，修正決議案は採択されると考えられる**。よって，④ が正解と判定できる。

① 資料2より，常任理事国A，Bは「いまは決議を速やかに採択することが最重要だ」という意見なので，この両国が修正決議案に「反対する」とは考えにくい。よって誤り。

② 上記のとおり，修正決議案は採択されると考えられるので，「採択されないのではないか」は誤り。

③ 非常任理事国K，L，Mの3か国が保留すると，賛成は8か国にとどまるため，採択されない。よって「採択されるのではないか」は誤り。

> **Point** 資料を読むのも選択肢を吟味するのも手間がかかる問題であったが，逆に言えば，手間さえかければ確実に正解できる問題である。「だいたい」で決めずに，きちんと整理して正誤を判定しよう。

3【ルートの決定】

正解 ①-②-③，②-③-①，③-①-②

新しく道路を建設する際のルートの決定方法と，その根拠，決定されるルートの組み合わせを問う問題である。条件に従って的確に判断しよう。

まず，決定方法として (1) ①「5人の幸福度の総和ができるだけ大きくなる決定を行う」というのは，根拠として ②「**最大多数の最大幸福**」という目標に合致する。また，評価から各ルートの幸福度の総和を計算すると，ルート1は19，ルート2は20，ルート3は21となり，(3) ③ ルート3が選ばれる。なお，「最大多数の最大幸福」とは，イギリ

スの功利主義の思想家**ベンサム**が掲げた，立法・行政において目指すべき標語である（第1編・第2章・問題**1**参照）。

続いて，決定方法として (1) ② 「**多数決**」を採用するというのは，根拠として (2) ③ 「単純に賛成の数で決定する」ものと言える。また，各人が最も幸福度の高いものを選ぶと，ルート1がV・W・Yの3人，ルート2がX・Zの2人，ルート3が0人となり，(3) ① ルート1に決定される。

最後に，決定方法として「『耐えられないほどの苦痛を受ける』者が生じない範囲」という条件を付けるのは，根拠として (2) ① 「**少数者の人権を尊重**する」ものと言える。この場合，Yがマイナスとなるルート3が除外されるので，残るルート1・ルート2のうちで5人の幸福度の総和が最も大きい (3) ② ルート2に決定される。

> **Point** 決定方法により結果が変わるというのは，共通テスト現代社会においてすでに出題されている。それぞれの方法の長所・短所と，どのような場合に適切なのかについて理解を深めておこう。

5 論の展開を踏まえて答える問題 (p.177)

1【民主主義における選挙の意義】正解 ①

選挙監視団の役割について，「民主主義における選挙の意義」という観点から考える問題である。二重傍線部のように考えられる理由が問われているということを押さえて，選択肢の正誤を判定しよう。

① 「国民に選挙を通じた政治参加を保障する」というのは「選挙の意義」そのものであり，それにより「国の統治に国民全体の意思」が「反映」されることで，二重傍線部で言うように「その国に民主的な政治体制が定着するきっかけになる」と言える。

② 例えば，ドイツの**ヒトラー**は，選挙に勝利し，議会で全権委任法を成立させることで，独裁体制を築いた（本冊 p.27 **6**参照）。公正な選挙が行われたからといって，「独裁に委ねる可能性が排除されている」わけではない。

③ もちろん，裁判は民主主義を支える仕組みの一つであるが，「民主主義における選挙の意義」から外れている。

④ もちろん，選挙以外にも「国民が政治的意思を表明する」方法はあるが（言論やデモなど），「民主主義における選挙の意義」から外れている。

以上より，正解は ① と判定できる。

> **Point** 章別の問題でも述べたが，共通テストは「問いと答えの照応」という点を重視している。本問でも，「民主主義における選挙の意義」について述べているのは正解の ① だけだ。「問いに対する答えになっているものを選ぶ」という意識を強くもってほしい。

2【日本の国際貢献】正解アー ①，イー ④

日本が他国を援助する理由について問う問題である。問題文で示された条件を踏まえて考えよう。

ア 「国際貢献は日本国憲法の依拠する理念や原則に照らしても望ましい」ということを理由として挙げているというのであるから，「**平和主義や国際協調主義**」という日本国憲法の前文が掲げる理念について述べた ① が最も適当であると判断できる。② も日本国憲法に言及しているが，「日本は他国に積極的に改善を求めていくことが義務づけられています」という内容は憲法になく，誤りである。

イ 「国際貢献は日本の利益に照らしても望ましい」ということを理由として挙げているというのであるから，「人類共通の利益の追求が日本の利益の実現につながりうる」と述べている ④ が最も適当であると判断できる。③ も日本の利益に言及しているが，「日本の利益から離れて」が条件に合致しない。

> **Point** 前問で述べたように，本問でも「問いに対する答えになっているものを選ぶ」ということが重要であった。内容的な正誤にどうしても目が行きがちだが，その前に問われている内容を的確に押さえよう。

3【国際社会における国際裁判の意義】正解 ②

生徒Xは，「たとえ判決が強制されえないとしても，国際裁判所が判決を下すこと自体に大きな意味がある」と述べ，その具体例として空欄アを示している。これを踏まえて**ア**に入る内容を検討しよう。

A 「判決を自らの主張の正当性の拠り所として外交交渉等の場で紛争の解決を求めていく」というのは，「国際裁判所が判決を下すこと」の「意味」と言える。よって適当である。

B 生徒WとXが話し合っているのは，国家間の紛争を裁く**国際司法裁判所**についてであり，「集団殺害や戦争犯罪について個人の刑事責任」を扱う**国際刑事裁判所**ではない。よって誤り。

C 「国際法のルールの内容が明確にされ，法の支配を強めることにつながる」というのは，「国際裁判所が判決を下すこと」の「意味」と言える。よって適当である。

D 「国連安全保障理事会が判決の内容を強制的に実現させる」は、「たとえ判決が強制されえないとしても」という前提に合わない。よって誤り。

以上のとおり、**A**と**C**が適当と判定でき、正解は②である。

6 具体的な事例に即して考える問題 (p.179)

1【民間企業の取組み】正解 ④

民間企業の取組みについてまとめた文章の空欄に入る語句を答える問題である。文脈から判断しよう。

ア 卒業生が大学在学中の**インターンシップ**（就業経験）を踏まえて就職する会社を決めているので、b「雇用の**ミスマッチを防ぐ取組み**」の一例と言える。aで言う**スケールメリット**（規模の利益）とは、企業の規模の拡大によって得られる生産性や経済効率の向上のことであり、文脈とは全く関係ない。

イ 「障がいのある人たちが働きやすい職場環境の整備が進み、障がいのない人たちと一緒に働いている」というので、d「**ノーマライゼーションの考え方を実行に移す取組み**」の一例と言える。**ノーマライゼーション**とは、障害の有無や性別・人種などの違いを乗り越えて、すべての人が同じ生活者として同じ空間で共生する社会を目指す考え方のことである。cで言う**トレーサビリティ**とは、ある商品について生産・加工から消費まで各段階の履歴を確認できるシステムのことであり、日本でも牛肉に導入されているが（牛肉トレーサビリティ法）、文脈とは全く関係ない。

> **Point** 本問では具体的な事例に沿った用語を選ぶことが求められている。普段の学習から、単に用語を覚えるというのではなく、具体的なイメージをもって理解していくことが肝心である。

2【エシカル消費】正解 ④

エシカル消費に関するメモの内容を踏まえ、その具体的な取組みとして適当でない事例を選ぶ問題である。まず、メモの内容を押さえることが先決だ。メモによると、エシカル（倫理的）消費とは、「地域の活性化や雇用等を含む、人や社会・環境に配慮して消費者が自ら考える賢い消費行動のこと」とされる。これを踏まえて選択肢の事例を検討しよう。

① 「環境への負荷が少ない油脂を使用した洗剤を購入する」というのは、「人や社会・環境に配慮」した行動と言える。

② 「輸送エネルギーを削減し、地産地消を推進する観点」というのは、環境とともに「地域の活性化」にも配慮したものと言える。

③ 「発展途上国の原料や製品を適正な価格で継続

的に購入する」、すなわち**フェアトレード**は、「発展途上国の生産者や労働者」に配慮し、その「生活改善」につながる行動と言える。

④ 「形のゆがみや傷のない野菜や果物」ばかりを購入するというのは、傷物の農作物の廃棄につながり、また、生産者にも負担をかけるもので、「人や社会・環境に配慮」した行動とは言えない。

以上より、正解は④と判定できる。

> **Point** 本問は前問とは逆で、資料文の定義から具体的な事例を考えることが求められている。また、エシカル消費は、持続可能な開発目標（SDGs）で示された17の目標のうち、「12 つくる責任つかう責任」に関連する取り組みであり、消費者庁のHPでも特集が組まれている。理解を深めておこう。

7 異なる複数の立場から考える問題 (p.180)

1【地域経済の活性化と居住環境】正解 ③

民泊について議論する2人の生徒の会話文中にある空欄に入る語句を答える問題である。両者の立場を踏まえ、文脈から判断しよう。

ア 空欄に続いて「民泊がたくさんできると、利用者の選択肢が増え利便性が上がる」とあるので、**規制緩和**が適当であると判断できる。規制緩和はある業種への新規参入を促す政策であり、住宅を宿泊事業に用いること（民泊）を認める住宅宿泊事業法は、まさにこれに当たる。

イ 空欄の直前に「住宅所有者が民泊事業に新たに参入することを制限するのはだめだよ」とある。それを受けて**イ**に「反対」しているのであるから、「住宅街において民泊事業を始めることを地方議会が条例で禁止する」が適当であると判断できる。「夜間の激しい騒音を改善するよう民泊事業者に行政が命令する」は、民泊を推進するうえでむしろ行わなければならないことである。

> **Point** 共通テストでは複数の異なる立場から考えさせる問題が出題されているが、これは「問いに対する答えになっているものを選ぶ」ということにも通じる。それぞれの立場を踏まえ、それに合致するものを選ぶという心構えで臨みたい。

2【正しい行為について】正解 ②

「フードドライブ」を通じて正しい行動について話し合う、2人の生徒の会話文中にある空欄に入る語句を答える問題である。与えられたメモの内容も踏まえて、解答を確定していこう。

X 空欄の直後で「購入した食品をそのまま捨ててしまうことも、購入した人の自由であって」とあ

るので,「**所有権絶対の原則**」が入ると推理でき
る。所有権絶対の原則とは,所有者は所有物を自
由にできるという原則のことで,食べずに捨てる
ことも他人にあれこれ言われる筋合いはない。一
方,**契約自由の原則**とは,契約は当事者双方の合
意によって自由に結ぶことができるという原則の
ことで,文脈に合わない(本冊 p.124 **4**参照)

Y 「必要とする人がいるのに食品を捨ててしまう
ことが,社会全体の損失になる」という「行為の
結果」を見て,「なるべく多くの人をできるだけ
幸福にする」ために「フードドライブ」に取り組
むというのであるから,**イ**が該当する。

Z 「食べ物に対して感謝の心を持」ち,「食品ロス」
をやめ」るというのは,「善意や愛をもった**徳**の
高い人」が「その人柄にふさわしく為すであろう
と思われる行為」であるので,**ア**が該当する。

Point メモで示された「正しい行為に関する
三つの考え方」というのは,アがアリストテレス
に由来する徳倫理学,イが功利主義のベンサム
に由来する帰結主義,ウがカントに由来する義務論
に当たり,「公共」の教科書では現実の問題に対
処するための考え方として提示されている。それ
ゆえ今後も出題が予想されるので,理解を確かな
ものにしておこう。

3【自由の規制をめぐる意見の相違】 正解①
生徒Aの考え方は,本人にとって良くないもの
は「法で規制すべき」であるという,**パターナリズ
ム**(父権主義・力の強い者が弱い者に対して温情的
に干渉を加えること)に基づくものと言える。当人
である「運転者が受ける被害を小さくするという理
由」で「運転者にヘルメットの着用を義務づける」
という **①** は,これに合致する。
② 「道路に看板を立てることを禁止する」目的は
「地域の景観を守る」ということであり,看板を
立てた当人に対する温情的な干渉には当たらない。
③ イギリスの**功利主義**の思想家であるミルは,他
者に危害を及ぼさない限りにおいて個人の自由は
認められるとする,**他者危害の原則**を説いた。
「他の生徒を傷つけるおそれ」から「学校にナイ
フを持ち込むことを禁止する」というのは,この
他者危害の原則に基づくものと言える。また,
「本人の自由に任せればよい」とする生徒Bの主
張も,他者に危害を及ぼさないという範囲内で認
められるものである。
④ 「学校の校風を守る」という理由で「昔から使
われてきた制服の着用を生徒に義務づける」ので
あるから,**②**と同様に,当人である生徒への温
情的な干渉にはあたらない。

Point ミルの他者危害の原則は,共通テスト
倫理でたびたび出題されてきた内容であり,ま
た,公共の教科書でも「公共の扉」で記述されて
いる。今後も出題が予想されるので,理解を確か
なものにしておきたい。

8 模式図を用いた問題 (p.182)
1【排出量取引】 正解③
排出量取引の意味について,モデルケースに即し
て考える問題である。排出量取引とは,温室効果ガ
スや排気ガスなどについて,**国や事業者ごとに排出
できる量(排出枠)を割り当て,それを取引できる
ように**することで,全体としての排出削減目標の達
成を目指す仕組みである。
例えば,A国は実際の排出量が割り当てられた排
出枠を下回ったとする。その場合,余った分を他国
に売ることができる。逆に,B国は上回ったとした
ら,不足した分の排出枠を他国から購入して充てる
ことができる。このように,**排出枠の市場取引を認
める**ことで,効率よく全体の排出量を一定の範囲内
に収めようというのが,排出量取引の意図である。
以上の内容を踏まえて問題で示された2つの方法
を見ると,「排出枠を割り当て」たうえで「排出枠
を売買することを認める」とする方法**イ**が,排出量
取引に当たる。方法**ア**のように「排出できる量を規
制する」だけでは,市場原理は働かない。よって選
択肢は方法**イ**を採用する**③**と**④**に絞られる。
次に,問題で仮定されているA社とB社の状況を
踏まえて,どのような取引が行われるかを考えよう。
まず,A社にとっては,排出枠の市場での取引価
格がA社のコストよりも大きいというのであるから,
排出枠以上に削減をして,その上回った分を市場で
売れば,利益が得られる。一方,B社にとっては,
排出枠の市場での取引価格がB社のコストよりも小
さいというのであるから,自社で削減するよりも,
市場から排出枠を購入した方が安上がりになる。
こうして,A社が余った排出枠を市場に売りに出
し,B社がそれを購入すれば,両者にとって win-
win の関係になるし,社会全体で見てもより小さな
コストで削減できるということになる。
よって,B社がA社から排出枠を購入している
③が正解と判定できる。

Point 本問は，Ａ社・Ｂ社それぞれの削減コストと取引価格を，問題の条件の範囲内で適当に決め，計算して解答することもできる。しかし，排出量取引の仕組みを理解していれば，計算しなくても正解にたどり着ける。最終的に計算して確認するのは構わないが，その前に理詰めで考えよう。その方が，排出量取引と同様に時間というコストを効果的に削減できる。

❷【日本企業の進出】正解 ②

発展途上国・新興国への日本企業の進出の要因と影響について，それをまとめた図中の空欄に入る記述を考える問題である。図で示された論の流れに沿って，特に空欄の前後の要素との関係を押さえて解答しよう。

ア 日本企業の進出によって発展途上国・新興国で生じることであるから，**a**「**外資導入**による輸出指向（志向）型での工業化の進展」が入ると判断できる。外資を導入しているのであるから，**b**「自国資本による」は誤り。

イ 「日本企業による部品供給と進出先での組立て」によって生じることは何か？ **日本国内で高付加価値の部品を生産し，それを発展途上国・新興国に輸出し，安価な労働力を利用して組み立てる**という**国際分業**が行われるのであるから，日本の中間材輸出比率は上昇する。さらに，完成した製品を日本に再び持ってくるのであるから，日本の最終製品輸入比率も上昇する。よって，以上の２つの要素を含んだ**d**が入ると判断できる。**c**は輸出と輸入が逆である。

Point 物事を考えるときに最も重要なのは因果関係であり，共通テストではそれをダイレクトに問うてくる。普段の学習から，因果関係を意識して理解するよう心がけたい。

❾ 調査・探究に関する問題 (p.185)

Point ・調査内容として与えられている具体的な事例からどのようなことが言えるのか，推論して抽象化（一般化）しよう。
・探究とは，与えられた要素から推論して一つの結論を引き出すことである。その際，与えられた要素以外のものを持ち込まないように注意しよう。

❶【地域産業の取組み】正解 ⑦

農業従事者に対して行った，地域産業の取組みについての聞き取り調査から分かることを問う問題である。メモの内容と照らし合わせながら，各選択肢

の正誤を判定していこう。

a 「地域内のスーパーや学校給食にも卸すようにした」とあるので，「販路の拡大を行っている」と言える。

b **六次産業化**とは，農産物の生産（第一次産業）だけでなく，加工（第二次産業）や販売（第三次産業）を組み合わせて地域ビジネスを展開することである（本冊 p.120 ❻参照）。メモを見ると，「従業員が加工や販売も行い」とあるので，「六次産業化を実施している」と言える。

c 「地域内での消費の拡大を図る」とあるので，「**地産地消**に取り組んでいる」と言える。
よって，すべて正しく，正解は ⑦ で確定できる。

Point 本問は資料文読解問題の一種と位置づけることができるが，一方で，「六次産業化」「地産地消」といった選択肢にある用語の意味を知らなければ解答することができない。普段から，これらの用語を具体的なイメージをもって理解することを心がけよう。

❷【子育ての支援】正解 ③

資料の数値のみから読みとることのできる内容について問う問題である。「のみ」とあることにも注意しよう。**資料外から条件を持ち込まずに正誤を判定したい**。

ア 資料１は支給対象児童の年齢区分と１人あたり月額を示しているだけで，ここから「児童手当支給額の経年での変化」を読み取ることはできない。

イ 資料２は保育所等の待機児童数の推移を示しているだけで，ここから「保育所等を利用する児童数」の増減は分からない。

ウ 資料３の数値を見ると，たしかにイギリス・スウェーデン・ノルウェーは「対 GDP 比でみた家族関係社会支出の規模が日本の２倍以上」である。

エ 資料４を見ても，「社会保障の財源には借金が含まれて」いるかどうかは分からないし，それゆえ，借金が「プライマリーバランスが悪化している主な要因」なのかも，そもそも「プライマリーバランスが悪化している」のかどうかも分からない。

以上より，資料の数値のみから読みとることができるのは**ウ**であり，③ が正解と確定できる。

Point 先入観を抜きにして資料の数値を見るというのは，思いのほか難しい。普段の学習から，与えられた条件の中で何が言えて何が言えないのかということを見極める姿勢が求められる。

第6編　公共，政治・経済試作問題

第1問　多様性と共通性〈公共〉

問1　[1]【人格の尊重を唱える思想家】正解④

　会話文のY3の発言に，「行為の善さは行為の結果にあるのではなく，多様な人々に共通している**人格**を尊重しようとする意志の自由にある」とあるので，「この思想を唱える哲学者」は，ドイツの観念論の思想家である**カント**であると判断できる。

　カントは，心の内にある理性（**実践理性**）の命じる道徳法則に従う意志を**善意志**と呼び，行為の善さを，行為の結果から判断するのではなく，行為の動機としてある善意志に求めた。また，理性の命じる道徳法則に従い，自律的に行為する主体を**人格**と捉え，自律にこそ自由を認めた。ここまで踏み込んで理解していなくとも，「行為の善さは行為の結果にあるのではなく」「人格を尊重」などの文言からカントと推理することは難しくないだろう。

　さて，カントは，著書『**永遠平和（永久平和）のために**』で，その後の国際連盟・国際連合にあたる国際平和機関の創設を主張していたことで知られる。カントは，人格を完成させた主体が互いに目的として尊重しあう「**目的の王国**」を理想の社会として描いたが，これを国際社会に拡張することで構想されたのが国際平和機関であった。**エ**は以上の内容を簡潔に述べているし，「永遠平和」というキーワードから選ぶことも十分に可能である。

ア　「**アンガジュマン**」の語から，**実存主義**の思想家である**サルトル**についての記述であると判定できる。サルトルは，人間は社会的現実に拘束されながらも，その現実をつくりかえることができると考え，**アンガジュマン（社会参加）**を通じて個人としての責任を果たすべきことを説いた（本冊p.12**１**参照）。

イ　「**イデア**」の語から，古代ギリシアの哲学者**プラトン**についての記述であると判定できる。プラトンは，感覚によって捉えられる現実の世界（現象界）とは別に，理性によってのみ捉えられる真の実在の世界（イデア界）の世界があると考え，人間の魂はもともとイデア界の住民であったので，真の実在であるイデアを求める精神的欲求（**エロース**）を持ち合わせると説いた。そして，イデアに少しでも近づくことのできる，理性を備えた**哲学者が国家（ポリス）を統治すべき**であると主張した（哲人政治）。

ウ　「**共通善（公共善）**」の語から，現代アメリカの政治哲学者である**サンデル**についての記述であると判定できる。サンデルは，ロールズの自由主義（リベラリズム）に基づく正義論を批判し，社会

行動の目的として個人が生きる共同体内で共有される共通善（公共善）を重視した。サンデルのこの立場を，**コミュニタリアニズム（共同体主義）**という（ロールズについては本冊p.13**５**参照）。

> **Point**　思想分野は，前身の「現代社会」でも共通テストに移行してからかなり踏み込んだ内容が出題されていたが，本問は「公共」でもその方向性が継承されることを窺わせる。たんに人名や用語を覚えるだけでなく，思想の内容をしっかりと理解していきたい。

問2　[2]【多様性尊重のための改善・工夫】
正解⑤

B　**障害者差別解消法**は，2006年に国連総会で採択された障害者の権利に関する条約の批准に向け，国内法の整備のため2013年に制定された法律である（条約は2014年に批准）。障害の有無に関係なく人々が共生できる社会の実現を目指し，障害に関わる差別の解消を推進することを目的とする。ただし，本法の内容について知らなくとも，「幅が広い改札口」や「エレベーター」といった駅の**バリアフリー**化について述べられた**ウ**を選ぶことはできるだろう。

C　**男女雇用機会均等法**は，**女子差別撤廃条約**の批准に向けた国内法の整備の一環として，1985年に制定された。その後の何度かの改正をへて，現在では，採用・昇進などにおける男女差別が禁止されている（本冊p.38**８**参照）。「多くの業務に女性も男性も従事している」とある**イ**が該当する。

> **Point**　「公共」では「主に法に関わる事項」が出題されることが，大学入試センターから発表されているが，本問は，法律的な知識を問うというよりも，パターン別問題演習「**６**具体的な事例に即して考える問題」に当たるものと考えるべきだろう。知識だけで答えようとするのではなく，問いに対するアプローチのかけ方を，問題演習を通じてトレーニングしたい。

問3　[3]【SDGs の目標】正解①

ア　**国際労働機関（ILO）**の取組みを紹介するということから，①「**8働きがいも経済成長も**」が最も適当であると考えられるが，「社会全体の創造性などに寄与できる」という文言からは，②「11住み続けられるまちづくりを」も捨てがたい。③「13気候変動に具体的な対策を」と④「16平和と公正をすべての人に」は直接関係がないので消去して，イと合わせて正解を確定するのが良いだろう。

イ 「妊娠中の人に特に重要な職場や家庭での分煙」「若年層を禁煙の害から守る」とあるので、①「3 すべての人に健康と福祉を」が最も適当である。②「10 人や国の不平等をなくそう」は直接関係がないので、①で正解を確定できる。

> **Point** 本問は予備知識がなくとも資料文の読みから解答できるが、「SDGs」は社会的に注目が集まるテーマであり、すでに「政治・経済」「現代社会」では出題されているので、本冊「公共の扉」第3章の要点整理を活用して、概要を頭に入れておこう。

問4 ┃ 4 ┃【現行の民法】正解 ②

ア 親権とは、子どもを養育したり財産を管理したりする権利のことをいう。民法では、未成年者は父母の親権に服するとされている。裏を返せば、成年年齢に達すれば、親権に服さなくなるということである。よって正しい。

イ 未成年者は経験や判断能力が不十分であると考えられるので、民法では、未成年者が契約する際には、原則として法定代理人（基本的には親権者である両親）の同意が必要であり、同意のない契約は後から取り消すことができる（未成年者取消権）とされている。

ウ 公序良俗とは、民法にある「公の秩序又は善良の風俗」という文言の略語である。要するに、社会的な秩序や一般的な道徳と考えれば良い。民法では、公序良俗に反する法律行為（契約など）は無効とされている。よって「相手方がそれに合意する限りにおいて、その契約は有効」は誤り。

> **Point** 「公共」では「主に法に関わる事項」も出題範囲に含まれるということは問2で述べたが、未成年者に関する法律は、2022年に民法における成年年齢が18歳に引下げられたこともあり、青年期との関連で出題が予想される。基本的には「政治・経済」の学習内容で足りるが、教科書にある「法の意義と役割」「契約に関するルール」などのコラムを活用して、理解を深めておくと良いだろう。

第2問 人口減少社会の課題〈公共〉

問1 ┃ 5 ┃【アリストテレスの正義】正解 ②

A 古代ギリシアの哲学者アリストテレスは、国家（ポリス）において実現すべき正義を、各人の能力に応じて地位や報酬を分け与える配分的正義と、補償や刑罰を通じて各人の間の不公平を是正する調整的正義とに分類した。空欄Aには、「各人の能力や功績に比例して決められる」とあるので、

「配分」が該当する。

B アリストテレスは、配分的正義や調整的正義を状況に応じて行っていくことで、国家（ポリス）全体の正義である全体的正義が実現すると考えた。よって「全体」が該当する。

> **Point** これまで、「政治・経済」でも「現代社会」でも、アリストテレスと言えば出題されるのは「人間はポリス的（政治的）動物である」という言葉であったが（本冊 p.12 ❶参照）、本問では思想の内容まで踏み込んで正義について出題された。┃ 1 ┃でも述べたように、人名や用語を覚えるだけで満足しないようにしよう。

問2 ┃ 6 ┃【出産・子育て支援策】正解 ⑥

ア 図1を見れば、日本よりも合計特殊出生率が低い国のうち、「現金給付」対GDPが日本より低い国は、日本の左下に位置する1国のみであり、それ以外の右下に位置する国は日本よりも高い。よって「すべての国」という記述は誤り。

イ 図1によると、「現金給付」対GDP比と合計特殊出生率の相関関係 r は 0.10 と弱い。r の値が1に近く、強い相関があれば、国を表す点は左下から右上に一直線に並ぶはずだが、図1では散漫としている。よって「強い相関がある」は誤り。

ウ 図2を見ると、日本の左上にある国、つまり、「現物給付」対GDP比が日本より低いが、合計特殊出生率が 1.60 を上回る国は多数ある。また、このデータから『現物給付』の充実を提案する前に諸外国の状況を調査してはどうか」と提案するのも妥当である。

エ たしかに、図2で示されているのは、「現物給付」対GDPと合計特殊出生率の相関関係であって、因果関係ではない。また、その点から、「『現物給付』の充実を提案するためには別の資料も準備した方がよい」と提案するのも妥当である。

> **Point** 本問で用いられる図は散布図と呼ばれるものだが、これは2つの要素の相関関係を示すものであって、因果関係は示さない。そして、エの解説のとおり、相関関係と因果関係の違いが正誤を判定するうえでのポイントになった。論理的に考えるには、こうした2つの要素の関係を見極めることも重要である。

問3 ┃ 7 ┃【望ましい社会保障のあり方】正解 ③

A 「1980年から2015年にかけて、図3中の他のいずれの国よりも急速に高齢化が進行した」国であるので、この期間中に他のすべての国を追い抜いた日本であると判定できる。

B 「高齢化率も社会支出の対GDP比も相対的に

低い水準にある」というので，特に高齢化率で2015年の時点で最も低い**アメリカ**であると判定できる。

C　「1995年から2010年にかけて社会支出の対GDP比はほぼ横ばい」「他国と比べて高水準の社会支出対GDP比」とあることから，**ドイツ**であると判定できる。

D　「Cに次いで1980年に高齢化率が高かった」とあるので，**イギリス**であると判定できる。

E　高齢化率の高いドイツとイギリスは，社会支出対GDP比を大きくしているということを踏まえれば，「一定期間における高齢化率の伸びに対する支出の対GDP比の割合を大きくするか否か」という視点が妥当であろう。もう一つの候補は，「高齢化率を大幅に抑制し続け」ているのは，市場経済を重視する**アメリカ**であり，「市場経済と社会保障の双方を重視する政策」に合致しない。

> **Point** 　本問は，グラフの読み取りと資料文の読み取りを組み合わせた問題である。共通テストでは，公民の各科目において初出の資料を用いた問題が増加している。共通テストがこれらの読解力を重視していることを肝に銘じて，問題演習に励んでほしい。

問4　**8**　【高齢者に対する施策】正解 ④

A　「新しい社会保障の施策」を「**効率の面**」から考えるのであるから，「入札を実施して，ノウハウをもつ民間企業に委ね」るとある**ア**が合致する。**イ**は，「住民の求めるすべてのサービスに対応」とあるとおり，公正を重視した提案である。

B　Aに引き続き「**効率の面**」から考えるのであるから，「無駄な経費を抑える」とある**エ**が合致する。**ウ**は，「費用が多少増えても」とあるので，効率を重視しているとは言えない。

C　「**公正さの確保**」という視点から「新しい社会保障の施策」を考えるのであるから，行政が企業によるサービスの提供後に「その内容を確認する」とある**カ**が適当である。**オ**は，入札に任せているだけでは，「すべての利用者が適切にサービスを受けられる」という公正さを確保することはできない。

> **Point** 　本問は，パターン別問題演習の「**7** 異なる複数の立場から考える問題」に当たる。高齢者に対する施策も，公正さと効率という2つの側面から捉えることができることを，問題の会話文を通じて理解を深めてほしい。

第3問　不当な格差のない社会〈政治・経済〉

問1　**9**　【男女の平等に関する法律】正解 ①

労働条件の最低基準を定めた**労働基準法**（1947）では，第4条で**男女同一賃金の原則**が明文化されている。

② **育児・介護休業法**（1995）では，男女を問わず従業員（労働者）からの育児休業・介護休業の申請を認めることを事業者に義務づけている（拒否できない）が，労働者に育児休業の取得を義務づけているわけではない（本冊 p.130 **14** 参照）。

③ 2022年の民法改正により，女性の婚姻開始年齢は16歳から18歳に引き上げられ，男女ともに18歳となった。よって「引き下げる」は誤り。

④ **男女雇用機会均等法**は，1999年の改正で，募集や昇進などに関する男女差別の解消が，努力規定から禁止規定に内容が強化された（本冊 p.130 **14** 参照）。よって「努めなければならない」が誤り。

> **Point** 　男女の平等に関する法律は，「公共」で出題されても不思議ではない。男女共同参画社会基本法なども理解を確かなものにしておこう。

問2　**10**　【人権条約と日本の批准状況】正解 ③

ア　1965年採択というだけで判定するのは難しいが，**イ**と**ウ**から解答は決まる。子ども（児童）の権利条約は1989年，**人種差別撤廃条約**は1965年，障害者の権利条約は2006年の採択である。

イ　日本が批准していないということから，国際人権規約B規約（市民的及び政治的権利に関する国際規約）の**第二選択議定書（死刑廃止条約）**と判定できる（本冊 p.42 **2** 参照）。

ウ　「経済的，社会的および文化的権利に関する国際規約（社会権規約）」とは，**国際人権規約A規約**のことである。日本は，公務員のストライキ権，公休日の報酬などについて留保したうえで，1979年に批准した（本冊 p.136 **4** 参照）。

> **Point** 　人権に関する条約は，センター試験の時代から頻出である。共通テストになっても，基本を固めることが重要であることに変わりはない。

問3　**11**　【一票の格差】正解 ②

衆議院議員総選挙で**小選挙区比例代表並立制**が導入されたのは，**1996年**の選挙以降である（本冊 p.70 **6** 参照）。表2を見ると，1996年以降の一票の格差はすべて2.50を下回っている。

① 中選挙区制で行われたのは1993年までだが，1983年は4.40であり，4.00を超えている。

③ 2009年・2012年・2014年の3回の選挙において，最高裁は違憲状態であると判決を下した。

④ 一票の格差は選挙区の有権者数から算出される
ものであるので, 投票率とは関係ない。また, 近
年では投票率の低下が問題になっているように,
1980年の総選挙より2017年の総選挙の方が投票
率が高かったとは考えにくい。実際に, 1980年
は74.57%, 2017年は53.68%であった。

Point　　一票の格差に関する問題は, センター
試験でも出題されたことがある。衆院選・参院選
のたびに, 一票の格差は発表され, また, 選挙の
無効を求める訴訟も起こされるので, ニュースに
も注目していたい。

問4 ┃　12　┃【常任理事国の拒否権の発動】正解①
　表3より, 1946～1960年の期間で最も多く拒否
権を発動したのは**ソ連**（96回）であると分かる。
この期間内には, 1950年に朝鮮戦争が起こるが,
ソ連が拒否権を発動したため安保理は機能不全に陥
り, 代わって総会が**「平和のための結集」**決議を
行った（本冊p.140**2**参照）。
② 1961～1975年の間に最も拒否権を発動したの
　は, イギリス（11回）ではなくソ連（18回）で
　ある。
③ **キューバ危機**は1962年の出来事である（本冊
　p.141**9**参照）。
④ **湾岸戦争**は1991年の出来事である。

Point　　表の読み取りと知識を組み合わせて解
く問題は, センター試験の時代から見られる。戦
後の国際関係についても, しっかり学習しよう。

問5 ┃　13　┃【最高裁判所の違憲審査】正解②
　「一」において, 「当事者の主張に基いて」合憲・
違憲の判断を下すときには, 「小法廷においては裁
判をすることができない」とされている。また,
「二」において, 「前号の場合を除いて」, つまり,
「一」で示された「当事者の主張に基」くものでは
ない場合も, 「法律, 命令, 規則又は処分が憲法に
適合しないと認めるとき」, つまり, 違憲判決を下
すときは, 「小法廷においては裁判をすることがで
きない」とされている。この2つを合わせ考えれば,
違憲判決を下す際は, 「当事者の主張に基くか否か
にかかわらず」, 小法廷では行えないことになる。
① ②で見たとおり, 違憲判決は小法廷で下すこ
　とができないので, 「小法廷において行うことが
　できる」は誤り。
③ 「三」において, 「意見が前に最高裁判所のした
　裁判に反するとき」は, 「小法廷においては裁判
　をすることができない」とされている。
④ 小法廷で行うことができない場合については規
　定があるが, 大法廷で行うことができない場合の

規定はない。

Point　　純粋な資料文読み取り問題だが, 場合
分けするのに手間取るかもしれない。「パターン
別類題演習」でトレーニングを積んでほしい。

問6 ┃　14　┃【人間の安全保障】正解②
　人間の安全保障とは, 従来の軍事力や外交によっ
て国家の存立を守る国家安全保障に対し, **病気・貧
困・戦争などから人々の生命と生活を守る**という考
え方である（本冊p.139**13**参照）。②の「ひとしく
恐怖と欠乏から免かれ」という文言は, 1941年に
アメリカのフランクリン・ルーズベルト大統領が一
般教書演説で提唱した**「4つの自由」**のうちの, 「欠
乏からの」と「恐怖からの自由」を踏まえたもので
あるが, **平和的生存権**（平和のうちに生存する権利）
の保障は, 人間の安全保障の理念にも合致する。

Point　　教科書に必ず掲載されている日本国憲
法前文であるが, 本問では踏み込んだ理解が求め
られている。普段から, 文言の意味を考えながら
法律や条約を読む学習が欠かせない。

第4問　日本の雇用慣行〈政治・経済〉

問1 ┃　15　┃【戦後の日本経済のあゆみ】正解③
ア 完全失業率が5%近くまで達していることから,
　バブル景気が崩壊し, **「失われた10年」**と呼ば
　れた1990年代と判定できる（本冊p.117**8**参照）。
　1997年に消費者物価指数の変化率が跳ね上がっ
　ているのは, **消費税率の3%から5%への引上げ**
　によるものと考えられる。
イ 消費者物価指数が前年比20%強の上昇を示し
　たというのは, **ドル・ショック**, **第一次石油危機**
　に田中角栄内閣の**「列島改造」**政策による混乱が
　重なり, **「狂乱物価」**の様相を呈した1974年以外
　には考えられない（本冊p.110**13**参照）。よって
　1970年代と判定できる。
ウ 完全失業率が緩やかに回復していることから,
　アベノミクスが行われた2010年代であると判定
　できる（本冊p.118**11**参照）。2014年に消費者物
　価指数の変化率が跳ね上がっているのは, **消費税
　率の5%から8%への引上げ**によるものと考えら
　れる（本冊p.106**9**参照）。

Point　　目盛の数値や幅が違うことに気づいた
だろうか。グラフの読み取り問題はこれまでも出
題されてきたが, 近視眼にならず大枠をつかむこ
との重要性を, 本問は示唆している。

問2 | 16 | 正解 ①

説明文1　**スウェーデン**は「賃金水準が勤続年数とは独立に決まっている」というので，表の（ア）賃金水準で勤続年数によって数字があまり変化していない**D**に当たると判断できる（A～Cは勤続年数の伸びとともに上昇している）。

説明文2　（イ）勤続年数を見ると，説明文1で決まった**D**を除き，どの年齢階層においても**C**は**A・B**よりも平均勤続年数が短い。よって**C**が**イギリス**であると判定できる。

説明文3　残る**A・B**が日本とドイツのいずれかであるが，ドイツ・スウェーデンは日本と賃金交渉の集権度が違うというので，（ウ）より，**A**は**D**のスウェーデンと3で同じ**ドイツ**，**B**は1で異なる**日本**と判定できる。

Point　条件文をもとに表に該当する項目を判定する問題というのは，かつてセンター試験の現代社会で出題されていた。注意力をもって文章の内容と表の数値を読み取る必要がある。

問3 | 17 | 【**年金の仕組み**】正解 ②

賦課方式の説明として正しい（本冊 p.128 **3**参照）。現在の日本の年金制度は，賦課方式を柱に組み立てられている。

① 基礎年金である**国民年金**の原資は，2004 年に国庫負担の割合が3分の1から2分の1に引き上げられた（本冊 p.129 **9**参照）。要するに，半分が国庫，半分が保険料ということである。また，国庫は主に税収によるが，公債金も含まれる。よって，国庫から公債金の分を差し引けば，税収が「最も大きな割合を占めている」とは言えない。

③ **デフレーション（物価の下落）**は貨幣の価値が上昇することで生じる（本冊 p.99 **9**参照）。**貨幣の価値が上昇すれば，積立方式により自らが積み立てていた年金は，同じ給付額でも実質的に上昇する**。

④ **厚生年金**の受給額は在職中の報酬に比例する（本冊 p.130 **10**参照）。

Point　年金はセンター試験の時から頻出の項目であるので，本冊 115 ページを活用して整理しておこう。また，インフレ・デフレの影響は，理詰めで押さえておきたい。

問4 | 18 | 【**さまざまな経済学説**】正解 ④

ア　**通貨供給量（マネーストック）**の調節を行い物価の安定を図る金融政策が効果的であるとする，**マネタリズム**を主張したのは，アメリカの経済学者**フリードマン**である（本冊 p.82 **4**参照）。**ガルブレイス**も同じくアメリカの経済学者だが，消費者の購買意欲は，消費者自身の内面から湧き上がってきたものというよりも，企業の宣伝や広告によって喚起されたものであるとする，**依存効果**を提唱したことで知られる（本冊 p.122 **5**参照）。

イ　「自由貿易がもたらす国際分業によって関係国全体での生産量が増えると論じた」のは，比較生産費説を提唱したイギリスの経済学者**リカード**である（本冊 p.151 **2**参照）。**マルサス**はイギリスの経済学者で，著書『**人口論**』において，人口は幾何級数的に（2倍，4倍などという形で）増加すると主張した。

Point　選択肢群に挙げられた学者はいずれもセンター試験の時代から出題されている。アダム・スミスやケインズも含め，経済学説についても抜かりなく学習したい。

問5 | 19 | 【**現在の雇用**】正解 ④

ワーク・ライフ・バランスとは，仕事と生活の調和のこと。2007 年に制定されたワーク・ライフ・バランス憲章によれば，「国民一人ひとりがやりがいや充実感を感じながら働き，仕事上の責任を果たすとともに，家庭や地域生活などにおいても，子育て期，中高年期といった人生の各段階に応じて多様な生き方が選択・実現できる社会」と定義されている。選択肢文は**ワークシェアリング**の説明になっており，誤り（本冊 p.126 **9**参照）。

① **労働者派遣法**の 2015 年改正により，同一の職場への派遣期間は原則3年とされた（本冊 p.127 **10**参照）。

② **ワーキングプア**の説明として正しい。

③ 高度経済成長期には日本型雇用慣行が安定し，正規雇用（正社員）が8割以上を占めていたが，近年は，グローバル化の進行により，**非正規雇用（パートタイマーなど）**が3割を超えている。

Point　時事的な内容が問われるというのは，センター試験の時代から変わらない。普段からニュースに目を向けよう。

問6 | 20 | 【**技術進歩が賃金に与える影響**】

正解 ①

ア・イ　新しい技術によって労働を節約できるようになると，企業からの労働に対する需要が低下する。つまり，労働需要曲線はA（左）にシフトする。

ウ　「他の条件が等しい」とあるので，労働供給曲線は変化しない。よって，新たな均衡点は左下に移動し，均衡賃金は低下する。

本問では財市場ではなく労働市場におけるメカニズムが示されていたので，戸惑った諸君がいるかもしれないが，需給曲線の見方は何も変わらない。本冊 p.90 以降に多くの問題を用意しているので，演習を積んでほしい。

第5問 現代社会の変化と生活への影響 〈政治・経済〉

問1 21 【日本経済の変化】正解 ④

持株会社の説明として正しい。1997 年の**独占禁止法改正**によって持株会社が解禁された（本冊 p.95 **4** 参照）。

① 1980 年代には，**日米貿易摩擦**の激化と，**プラザ合意**（1985）による急速な円高の進行を背景に，外需主導型経済から**内需主導型経済**への転換が図られた（本冊 p.100 **13** 参照）。

② **郵政民営化**など 2000 年代に**小泉純一郎**内閣の下で進められた構造改革は，民間にできるものは民間に任せるという形で，**「小さな政府」**を志向するものであった。

③ 「モノそれ自体よりも知識や情報の重要性が高まっていく変化」とは，産業の空洞化ではなく経済のソフト化である。**産業の空洞化**とは，国内の企業が生産の拠点を海外に移すことで，国内の産業が衰退することである。1980 年代半ば以降，貿易摩擦と円高の影響で産業の空洞化が進んだ（本冊 p.167 **16** 参照）。

いずれの選択肢も，過去に出題されたことのある内容である。基本事項の徹底のため，過去問を積極的に活用してほしい。

問2 22 【情報化の産業への影響】正解 ②

実質付加価値の増加率は製造業がサービスを上回り，一人当たり労働生産性を算出する際に分母となる就業者数が，製造業はマイナスなのであるから，計算しなくても，製造業の方がサービス業よりも一人当たり労働生産性の増加率が大きいと判断できる。

① 農林水産業では，就業者数の減少率が実質付加価値の減少率を上回っているため，一人当たり労働生産性は上昇していると考えられるが，就業者数がマイナスで実質付加価値がプラスの製造業の上昇率を上回るとは考えにくい。念のため概数で計算してみても，農林水産業は約 150 から約 200 で約 33％のプラス，製造業は約 600 から約 1,100 で約 83％のプラスである。

③ 上で見たとおり，一人当たり労働生産性の増加率は製造業がサービス業を上回るので，サービス業が「最も大きな率で上昇している」ということはない。

④ 少なくとも，製造業は付加価値が増加し就業者数が減少しているのであるから，一人当たり労働生産性は確実にプラスになる。よって「すべての産業において低下している」ということはない。

本問は，実際に計算しなくとも，定義を考えれば正誤を判定することができる。むしろ，いきなり計算するとミスをすることもある。最終的に計算して確認するにしても，まずは定義や計算式から見当をつけるということを心がけよう。

問3 23 【年齢階層別の端末利用状況】正解 ③

グラフを見れば，間違いなくどの年齢階層においても「携帯電話・PHS（スマートフォンを除く）」よりも「スマートフォン」を利用している人の割合が高い。

① 70 ～ 79 歳および 80 歳以上でも，スマートフォンを利用する割合は 50％を下回っている。

② パソコン利用者の割合を見ると，13 ～ 19 歳は 50％弱，60 ～ 69 歳はほぼ 50％であり，60 ～ 69 歳の方が上回っている。

④ 6 ～ 12 歳では，「タブレット端末」の利用者の割合が「パソコン」のそれを上回っている。よって「すべての年齢階層において」は誤り。

本問は，センター試験の時代から出題されていた，純粋なグラフの読み取り問題であった。確実に正解できるよう，演習を積み重ねたい。

問4 24 【インターネットをめぐる状況】

正解 ③

ア **知的財産権**とは，著作権・商標権・特許権といった，知的な創作物に対する権利のことである。この定義からして，インターネットにつながる自由は知的財産権には当たらない。むしろ，表現の自由の前提となる「知る権利」の方が当たっている。

イ 2001 年制定のプロバイダ責任制限法により，誹謗中傷や虚偽情報により権利を侵害された者が，**インターネット接続事業者（プロバイダ）に対して発信者情報の開示を請求できる**と定められた。また，同法は 2022 年に改正され，開示請求の手続の簡略化が図られた。よって正しい。

ウ **デジタル庁**は，デジタル社会の形成に向けた行政事務の迅速かつ重点的な遂行を図るため，2021 年に発足した。

エ 「一定の期間であれば無条件で契約の申し込みを撤回したり契約を解除したりできる」というのは**クーリングオフ**制度のことであるが，この制度は訪問販売などを対象としたものであり，「イン

ターネットを用いた通信販売」は対象外である
（本冊 p.122 **4** 参照）。

問5 　25 　【違法・有害情報への対策】正解 ⑤

ア 　LはKに対して，「違法・有害情報対策を，事
業者の自主的なコンテンツ・モデレーションの取
組みに任せておく方法」の是非を問うている。そ
れに対する答えになっているのは，「事業者の考
えや好みによって」対応が両極端に分かれる「可
能性」を指摘している **c** である。

イ 　KはLに対して，「違法な情報」に対して「義
務を事業者に負わせる」という「法律を作るとい
う方法」の是非を問うている。それに対する答え
になっているのは，「違反に対して罰則があった
ら」と仮定している **a** である。

ウ 　MはKに対してどのような「方法」があり得る
かを問うている。それに対する答えになっている
選択肢は，「仕組み」とある **b** 以外にない。

問6 　26 　【インターネット時代の世論】正解 ⑤

ア 　発表原稿では，インターネットやSNSが「世
論の分断化」を招く恐れがあるとして，特定の意
見や情報ばかりが届く「エコーチェンバー」や
「フィルターバブル」が指摘されている。よって，
「世論がより極端な意見や立場に分断していって
しまう」という発言は，報告の内容に合致する。

イ 　発表原稿では真偽不明な情報や虚偽情報に対し
て言及されていない。また，「有権者の理性的な
判断が妨げられてしまう」というようなことも述
べられていない。よって誤り。

ウ 　発表原稿では，インターネットと対比する形で，
「かつては自分の好みや考え方に合わない情報に
もマス・メディアを通じて触れる機会がありまし
た」と指摘されている。よって，マス・メディア
が「インターネット時代でもその重要性が失われ
たわけではない」という発言は，報告の内容に合
致する。

第6問 　ヨーロッパにおける人の移動〈政治・経済〉

問1 　27 　【EU 加盟国内での人口移動】正解 ⑥

ア 　2009 年には，**ギリシャ財政危機**に端を発した
ユーロ危機が EU 全体に波及した（本冊 p.161 **2**
参照）。**金融ビッグバン**とは，1986 年にイギリス
のサッチャー首相が行った，金融証券分野におけ
る大規模な規制緩和のことで，日本もこれにな
らって 1990 年代に（日本版）金融ビッグバンが
行われた。

イ 　EU は，2004 年にチェコ・ポーランドなど旧社
会主義圏の東欧諸国を一挙に加盟国に加えた。こ
れを**「EU の東方拡大」**という。2013 年は，現在
のところ最も新しい加盟国であるクロアチアが加
盟した年である。

ウ 　東欧諸国では，**計画経済**に基づく社会主義体制
が崩壊し，自由主義体制の**市場経済**に移行した。

問2 　28 　【EU 加盟国の法定最低賃金】正解 ③

ア 　前半の記述は，資料1〜3から読み取れる内容
として正しい。そこから引き出された，後半の「EU
域圏内の他国での就労などを目的とした移住が
EU 加盟後に増加した」という推察も妥当である。

イ 　前半の記述は，資料1〜3から読み取れる内容
として正しい。そこから引き出された，他国から
の移住も他国への移住も増加したという後半の推
察も妥当である。

ウ 　前半の記述は，資料1〜3から読み取れる内容
として正しい。しかし，そこから引き出された，
「EU 域内の他国での就労などを目的とした移住
が EU 加盟後に減少した」という推察はおかしい。
法定最低月額賃金が低いので，他国への移住が増
加したと考えるべきである。よって適当でない。

問3【イギリスのEU離脱】　29　正解①・
　　　　　　　　　　　　　　30　正解②〈完答〉

ア　イギリスは，2回にわたる国民投票をへて，2020年に正式にEUから離脱したが，国民投票の際に残留を支持した人たちの理由としては，経済面でのリスクが大きく，**①EU市場へのアクセス**の問題もそこに関連するものであった。1986年の**単一欧州議定書**に基づき，EUが発足する前年の**1992年にはヨーロッパ単一市場が完成**しており，EUから離脱すれば，そこから得られる域内関税の撤廃なども失われてしまうことになる。現に，EU離脱後には，イギリスにあった生産拠点をEU内に移転する動きなども見られた。

イ　EU離脱を支持する人たちの理由としては，**②**の「イギリスのことはイギリスが決める」という意見が妥当であろう。実際に，**欧州議会で制定されたEU法が国内法に対して優越となり，経済政策などでも自由度が小さくなっていた**。

②　**欧州自由貿易連合（EFTA）**はもともと，**欧州経済共同体（EEC）**に対抗すべく，イギリスが中心となって1960年に結成されたが，1973年にイギリスは**欧州共同体（EC）**に加盟し，欧州自由貿易連合から脱退した。

④　イギリスはもともと統一通貨ユーロに参加していない。

Point　イギリスのEU離脱は時事テーマとして「政治・経済」および「現代社会」で出題されている。EUの歴史の一つとして整理しておこう。

問4　31　【ヨーロッパの難民問題】　正解②

ア　2010年末に始まるチュニジアにおける民主化革命（ジャスミン革命。翌年には政権交代を実現）をきっかけに，2011～13年にはアラブ諸国で民主化を求める運動が広がった（**アラブの春**）。しかし，**シリア**では政権交代は起こらず，アサドによる独裁政権がその後も続いている。というよりも，政権交代が実現しなかったから，政府軍と反政府軍による**シリア内戦**が生じたのである。よって「シリアで政権交代が実現した」は誤り。

　　この事実を知らなくとも，ギリシャ，オーストリア，ドイツ3か国の庇護申請者の割合の減少と，シリアでの政権交代（仮にあったとして）の間には因果関係を見出し難いので，誤りと判定することはできる。

イ　2015～16年は，アで触れたシリア内戦が最も激化していた時期である。内戦の激化により庇護申請者数が急増したと考えるのは，妥当であると判断できる。

ウ　イで見たとおり，シリア内戦の激化により，

EU諸国やシリアと国境を接するトルコには難民が殺到していた。そこで，2016年にはEUとトルコの間で協議が行われ，トルコが難民を引き受け，その見返りとしてEUが経済援助を行うことで合意に達した（EU・トルコ声明）。2017年に庇護申請者数が減少したのはその影響である。**パグウォッシュ会議**とは，哲学者のラッセルと物理学者のアインシュタインの提唱で，1957年に開かれた国際科学者会議であり，誤り。

Point　本問は，グラフの読み取り問題というよりも，時事的な内容を問う問題という色合いが濃い。2010年代のアラブの民主化については，すでに教科書にも記述があり，確実に学習したい。

問5　32　【難民認定数と難民認定率の比較】
　　　　　　　　　　　　　　　　　　　正解⑧

ア　資料6を見ると，難民認定率は54.9%の**カナダ**が最も高い。

イ　**カナダ**は，フランス系住民を中心とするケベック州と，イギリス系住民を中心とするその他の州で構成されている。英語・フランス語をともに公用語とするなど，**マルチカルチュラリズム（多文化主義）**の政策を採用している。**ユニラテラリズム（一国行動主義）**とは，国際社会において一国だけで物事を進めようとする態度で，同時多発テロ（2001）やイラク戦争（2003）の際にアメリカがのぞかせた姿勢である。

ウ　1951年に国連総会で採択された**難民条約**では，迫害の恐れのある難民を送還してはならないとする，**ノン・ルフールマンの原則**が採用されている。また，eの「困窮」，すなわち経済的な理由による難民は保護の対象としていない（本冊p.145 **3** 参照）。

Point　本問は，グラフの読み取りと知識を組みあわせて解くパターンの問題である。共通テストでは最も多い型と言えるので，問題演習を積み重ねたい。

問6　33・34　【移民・難民の受け入れに対する提言】正解①－③，②－①，③－②

ア　「日本への移民・難民の受入れを考える前に」すべきことがあるという意見であり，受入れには消極的であるので，「答えは受入れ以外ないと思う」と断言するaは除外される。移民・難民が発生している国の事情に言及している，bとcの組合せと考えるのが妥当である。

イ　まず，「移民・難民の受入れとは考えなければならない選択肢の一つ」と述べているので，aを

踏まえていることが分かる。そのうえで，「日本の社会や歴史，文化を深く理解してもらう」必要性や，「在留資格や国籍取得の要件」の厳格に言及しており，これらは，「生活習慣や文化の違いでその地域の住民と摩擦が起こりそうだ」というbの懸念を踏まえたものと考えられる。

ウ まず，「多様な人材を日本に受け入れる」ことに積極的な意見であるので，aを踏まえたものであると言える。そのうえで，「受入れ後の制度について既に移住している人たちと一緒に考えるべきだ」としており，「いろんな言語や宗教の人たちの考え方や意思を尊重してあげたいな」というcの意見に合致する。

Point 👆 2つの意見の組合せを考えるという，これまでにない形式の問題であるが，与えられた文章を丁寧に読めば，確実に判定できる。落ち着いて，書かれている要素を拾い上げていくことを心がけよう。

MEMO